毛慶蕃年譜長編

毛静 编著

学苑出版社

图书在版编目（CIP）数据

毛庆蕃年谱长编 / 毛静编著. -- 北京：学苑出版社，2024.5. -- ISBN 978-7-5077-6981-4

Ⅰ．K827=52

中国国家版本馆 CIP 数据核字第 20240HU174 号

出 版 人：洪文雄
责任编辑：周鼎
出版发行：学苑出版社
社　　址：北京市丰台区南方庄 2 号院 1 号楼
邮政编码：100079
网　　址：www.book001.com
电子信箱：xueyuanpress@163.com
联系电话：010-67601101（营销部）、010-67603091（总编室）
印 刷 厂：廊坊市印艺阁数字科技有限公司
开本尺寸：710 mm×1000 mm　1/16
印　　张：32　　　彩插：1
字　　数：524 千字
版　　次：2024 年 5 月第 1 版
印　　次：2024 年 5 月第 1 次印刷
定　　价：500.00 元

毛庆蕃坐像

毛庆蕃常用印（黄牧甫刻）

宮保大人鈞鑒頃奉
鈞諭以漢陽鐵廠擬派工匠至敝局練習鍊鋼事宜等情查敝局於泰西鍊鋼之法亦未能悉備賴洋匠彭脫篤實精詳幸而集事則以滬廠已著之成效資中國工匠之考求公誼所關自當照辦謹已飭知廠員洋匠矣尊□□□頃敬請
鈞安伏乞
垂鑒 職道慶蕃謹稟

毛庆蕃致盛宣怀函

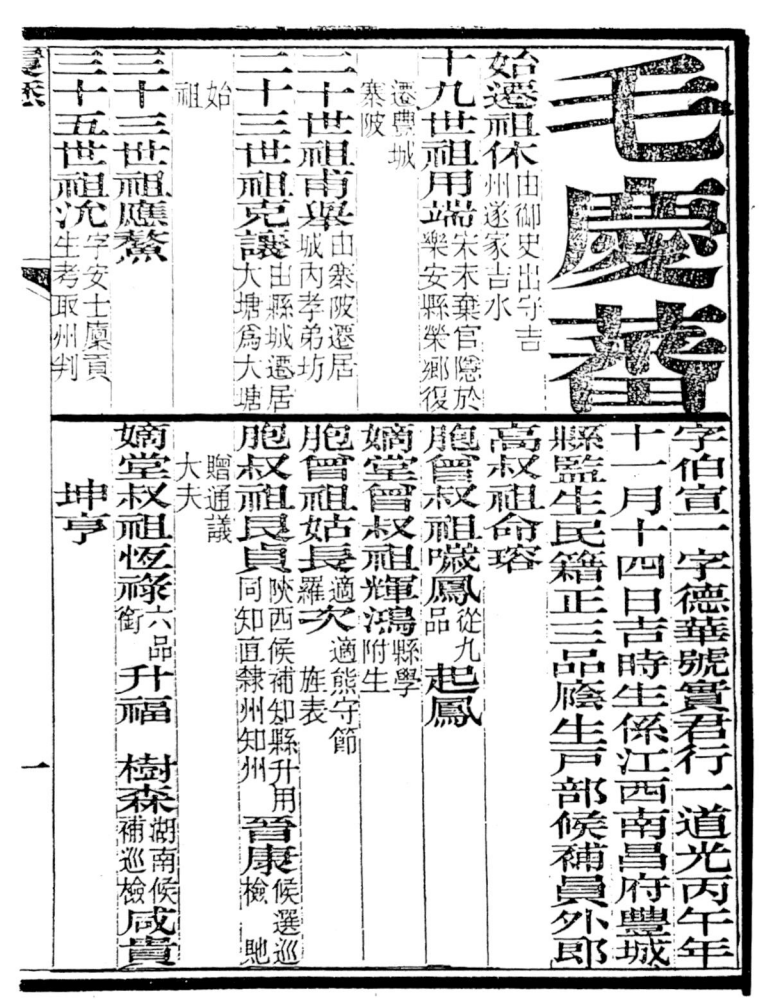

毛庆蕃会试硃卷

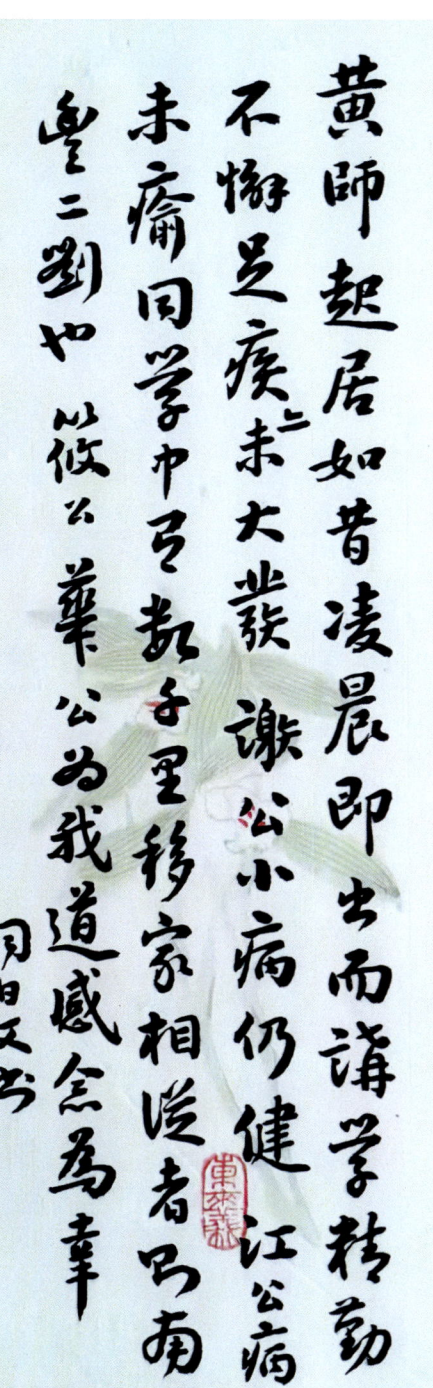

黄师趋居如昔，凌晨即出而讲学精勤不懈足慰。米大、谈、谢公小病仍健，江公病未瘳。同学中马敬子、里移家相迨者马甫卿、二刘也。从公菜公为我道感念为幸。

则日又书

戊辰仲春新会梁启超敬观

毛庆蕃致贾君玉札及梁启超跋（徐景发藏）

風雨空山意杳然國香零落感秋烟一花一葉仍無恙往事低徊二十年（百）

甲寅秋九月味閒主人屬題 豐城毛慶蕃初稿

毛庆蕃题味闲主人手卷（马骥藏）

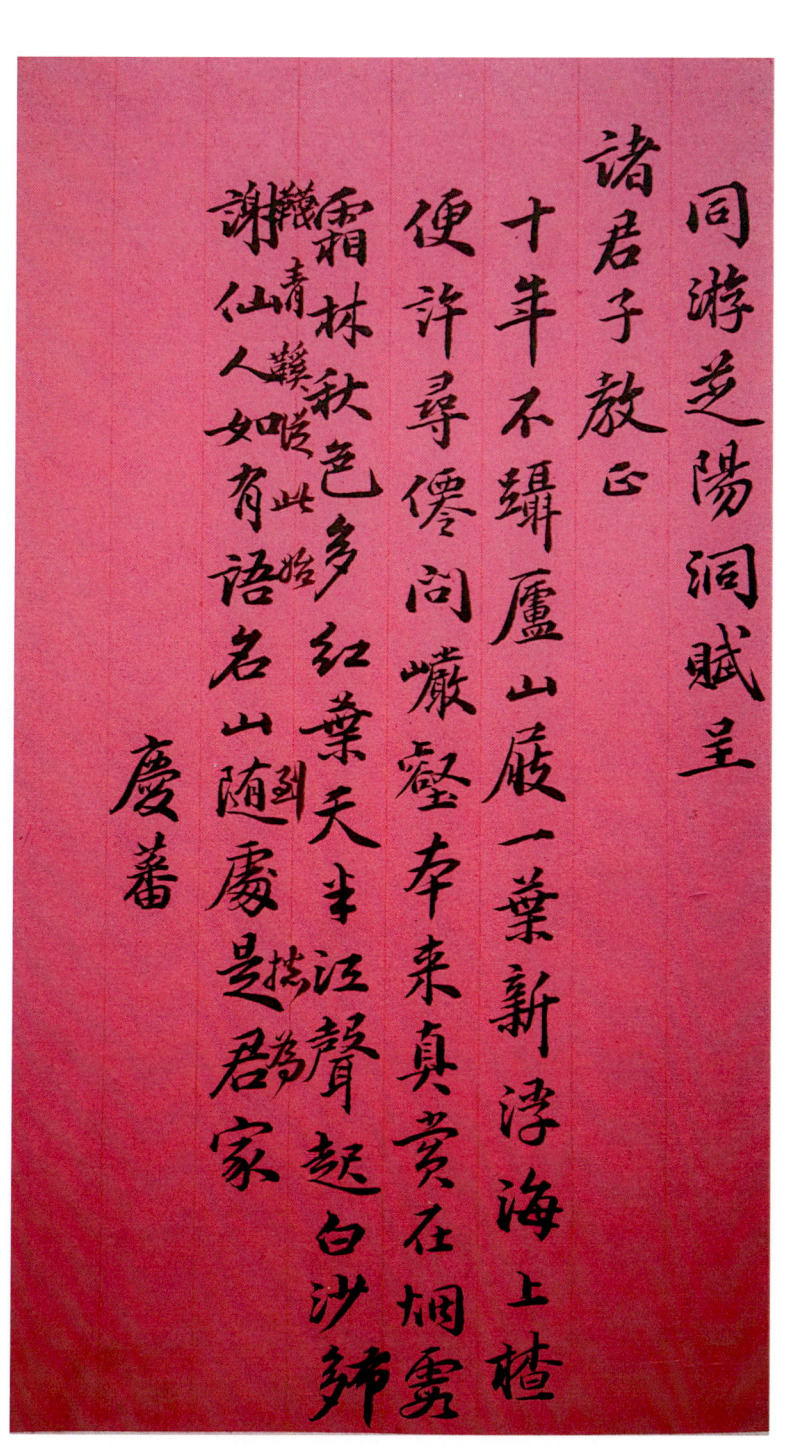

毛庆蕃游芝阳洞诗（卜若愚藏）

重修豐城義園記

嗚呼是吾鄉人封殖之區也古者任於其國民之老
徒無出鄉遠適異城則人悲之自郡縣既一求仕者
奔走於天子之都下建瓴及轉輓執事之人亦往
往不遠數千里而驟其死不克歸者為之邁厄於
□城布豪藏之鄉人相與守護於□園天下之通誼也施
豐繍□□

國朝嘉慶大修拓□之事
前會者杨君□祖南徐君□楊公以□事京師誼以
訪揚楊君朋內外因□稽昭之□□□會禁遂速
棨檢廢謁遇郡下成以工□□□□公車□□□見而遂
處與楊君啓出三十金盡□王□□□□□□□則
議付於楊君□始補葺雖蔫□雖□□□往呈而不足
談檢□□□□國□安熊□傳□□□於丙戊之三月
初有故守為貧德□□□□□□□□□□日僕
刑部尚書意種□凱記之利凝□□金憂□□
君之一老慮竊恐地之□凱捨□□□揚君之解金也見□
且咸進士也吹雲□衆至揚君□諾賀之者意多
凌歐陽公所謂為善最樂不其然與。楊君降福以□以
誥後之人恪慮君□譚□□□□□永若吾鄉□神

（款識落款略）

毛慶蕃撰《重修豐城義園記》碑拓

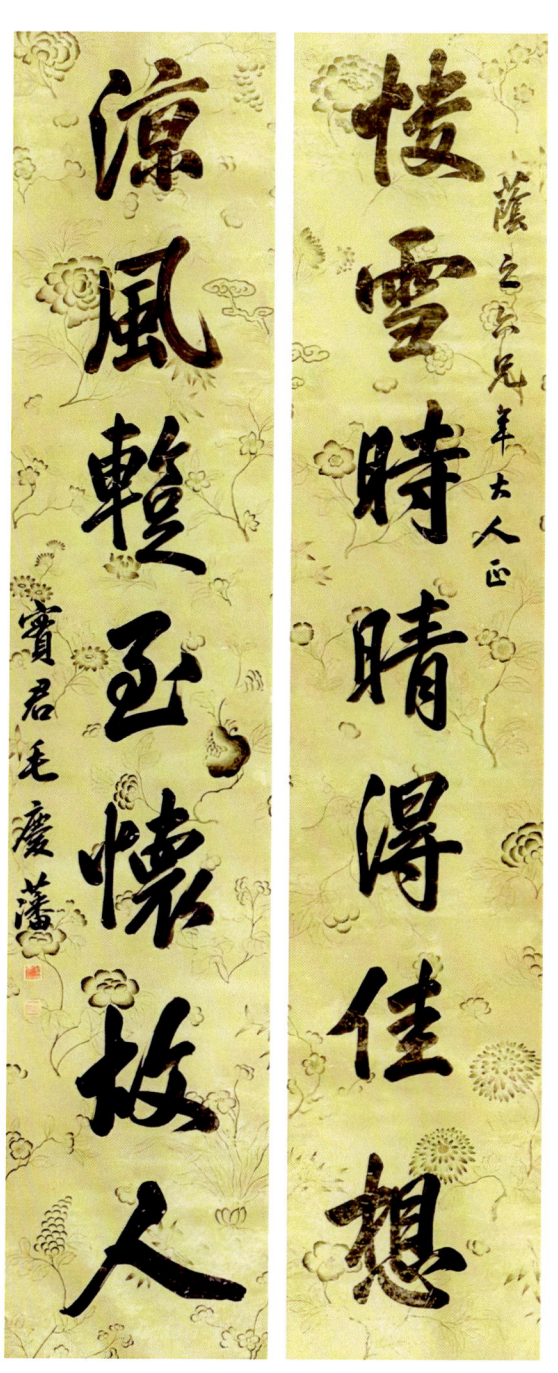

毛庆蕃手书对联

毛庆蕃主持兰州大铁桥竣工通车仪式

民国初年兰州黄河铁桥明信片

凡　例

1. 本谱辑录毛庆蕃个人及家族史料，编年为谱，排日系事，不能确定具体日期者，附于本年之末。

2. 本谱以农历年月日编排，有具体时间者，均换算公历日期；以干支纪年月日者，换算农历及公历日期。

3. 本谱前列毛氏清官世家传记资料，其余相关事件穿插于对应年月。

4. 毛庆蕃师友生卒年份及相关活动，列于谱中。各人小传、当年国内外重要事件，均易查证，故不赘录。

5. 凡涉毛庆蕃本事者，使用黑体，附录用宋体，资料出处用仿宋，按语用楷体，以示区别；无法辨识文字，用"□"代替。

6. 全书除特定含义人名、地名外，均以简化字行文。

7. 谱尾附录中国第一历史档案馆毛庆蕃档案目录及白云词人所写有涉毛庆蕃事京剧剧本《潘烈士投海》。

8. 相关史料搜集截至2024年5月，此后如有新见史料，备存俟补。

目　录

谱前 …………………………………………………………………… 1

正文 …………………………………………………………………… 29

 道光二十六年（1846）………………………………………… 31

 道光二十七年（1847）………………………………………… 31

 道光二十八年（1848）………………………………………… 32

 道光二十九年（1849）………………………………………… 32

 道光三十年（1850）…………………………………………… 32

 咸丰元年（1851）……………………………………………… 33

 咸丰二年（1852）……………………………………………… 35

 咸丰三年（1853）……………………………………………… 35

 咸丰四年（1854）……………………………………………… 35

 咸丰五年（1855）……………………………………………… 35

 咸丰六年（1856）……………………………………………… 36

 咸丰七年（1857）……………………………………………… 36

 咸丰八年（1858）……………………………………………… 36

 咸丰九年（1859）……………………………………………… 37

 咸丰十年（1860）……………………………………………… 38

 咸丰十一年（1861）…………………………………………… 38

同治元年（1862）··· 39

同治二年（1863）··· 39

同治三年（1864）··· 40

同治四年（1865）··· 40

同治五年（1866）··· 41

同治六年（1867）··· 42

同治七年（1868）··· 45

同治八年（1869）··· 46

同治九年（1870）··· 47

同治十年（1871）··· 47

同治十一年（1872）··· 47

同治十二年（1873）··· 50

同治十三年（1874）··· 51

光绪元年（1875）··· 54

光绪二年（1876）··· 54

光绪三年（1877）··· 55

光绪四年（1878）··· 55

光绪五年（1879）··· 65

光绪六年（1880）··· 67

光绪七年（1881）··· 69

光绪八年（1882）··· 70

光绪九年（1883）··· 70

光绪十年（1884）··· 72

光绪十一年（1885）··· 73

光绪十二年（1886）··· 75

光绪十三年（1887）··· 76

光绪十四年（1888）··· 80

目 录

光绪十五年（1889）……………………………………………… 81

光绪十六年（1890）……………………………………………… 88

光绪十七年（1891）……………………………………………… 89

光绪十八年（1892）……………………………………………… 90

光绪十九年（1893）……………………………………………… 90

光绪二十年（1894）……………………………………………… 91

光绪二十一年（1895）…………………………………………… 93

光绪二十二年（1896）…………………………………………… 106

光绪二十三年（1897）…………………………………………… 112

光绪二十四年（1898）…………………………………………… 115

光绪二十六年（1900）…………………………………………… 134

光绪二十七年（1901）…………………………………………… 136

光绪二十八年（1902）…………………………………………… 158

光绪二十九年（1903）…………………………………………… 178

光绪三十年（1904）……………………………………………… 192

光绪三十一年（1905）…………………………………………… 224

光绪三十二年（1906）…………………………………………… 248

光绪三十三年（1907）…………………………………………… 298

光绪三十四年（1908）…………………………………………… 319

宣统元年（1909）………………………………………………… 335

宣统二年（1910）………………………………………………… 433

宣统三年（1911）………………………………………………… 443

民国元年（1912）………………………………………………… 449

民国二年（1913）………………………………………………… 454

民国三年（1914）………………………………………………… 457

民国四年（1915）………………………………………………… 458

民国五年（1916）………………………………………………… 459

民国六年（1917） ····· 460

民国五年（1916） ····· 460

民国八年（1919） ····· 460

民国九年（1920） ····· 460

民国十年（1921） ····· 461

民国十一年（1922） ····· 461

民国十二年（1923） ····· 462

民国十三年（1924） ····· 462

民国十四年（1925） ····· 462

民国三十一年（1942） ····· 463

附录 ····· 465

附录一：中国第一历史档案馆藏毛庆蕃档案目录 ····· 467

附录二：潘烈士投海 ····· 479

后记 ····· 498

谱 前

毛姓出周文王之子叔郑。武王立国，封弟叔郑于毛（今陕西岐山、扶风一带），以国为氏，世为上卿大夫。春秋战国后，毛姓播迁河南、河北，其著者，赵国之毛遂，西汉之毛苌、毛亨，三国之毛玠。晋将毛宝，始家江南，侨居衢州江山。唐末自三衢迁于江右者凡二支，一为新建钱洲毛侒，一为吉水毛休、毛让。毛侒之子毛雅后裔居于丰城城内者，为著棋巷支；毛让后裔居于丰城城内者，为孝弟坊支。孝弟坊支始迁祖毛用端、毛甫举，宋末由吉水龙城八都迁居乐安荣乡，继由乐安迁寨陂，再迁丰城城内孝弟坊（今老城区剑光街道毛家湖）。元末明初，毛克让自孝弟坊迁城南二十五里四坊广丰乡大塘（今丰城市石滩镇里城村委会大塘村），至今六百余年，毛庆蕃为第四十二世。

据毛庆蕃《会试朱卷》及《毛氏宗谱》，三十五世祖毛沅，字安世，县学廪贡生，考取州判；三十六世祖毛云辂，字步青，号汉峰，县学廪生；三十七祖毛为黼，字章采，号苏园，赠通奉大夫、陕西布政使；三十八世祖毛翰，字汉飞，号凌轩，县学附生，赠文林郎、通奉大夫、陕西布政使。毛翰子毛辉凤，孙毛震寿，曾孙毛隆辅，玄孙毛庆蕃。

曾祖毛辉凤，以名儒起家，官终四川巴县知县，循声卓著，祀名宦、乡贤，有《讼过斋日记》六卷、《求仁堂诗草》五卷、《文录》一卷、《管蠡杂谈》二卷存世。

毛辉凤，号觉生，为人精明而浑厚，以圣贤之道治己，即以宽猛之政驭民，故治盗极严，而于民不轻加刑责。凡讯案，务得两造情，尝云："无心之失，闻或有之，要以克尽厥职为无恨。"喜与士子讲正心诚意之学，有愿拜门墙者，欣然容接之。稍干以私，即绝其人，不再见。虑綦士读书少，莅治之明年，即于书院修森宝楼为藏书，计取东坡先生"天上玉堂森宝书"之义。卒卒未暇，十八年秋抄，值仁怀穆贼之变，贼巢铁匠坝，界邑西偏，相去二百里，公得报，以无分畛域，偕章汛率兵勇驰往，而仁怀王令先到，已汹汹如鼎沸，谋火攻。章汛以轻贼被戕，贼遂肆重庆镇，张太守、汪统兵弁来綦，寻扎营东溪，恃公如左右，俄而川督之严札至，无使一贼阑入境，沿江津、合江一带堵御严密。俄而云贵之将弁迭至，黔兵□而蜀兵单，綦城独当其冲，不特邑人寒心，大吏亦恒为此说。时届冬仲，天气晦蒙，十步外不辨人畜，仍雨雪交下，诸兵勇寒颤无人色。该贼等假邪术，各花面疑神疑鬼，每执械出不过二三十人，兵勇见之，皆惊散，由是讹言四起，巴南之民则下渝涪，江津以上则奔泸叙，綦城无官，无一兵一役，无行旅，诸盐号典商皆束装待，而又羽檄交驰，报马之声不绝。妇孺相对，惟有饮泣，余提军则故迟不到。公一面支兵饷，一面督守边之众，仍一面安慰，邑人无骚动。其在大营，则孤城摇摇，夜深不卧，亦不寐，旋署则贼势如巨川之将溃，汪守又时刻催唤，手支付将二万匹，两月余，丰满之容不觉顿形黧黑。直至十二月初五，伊中堂按辔来，分十八营围逼贼巢，飞旗督战，枪炮之声雨下，竭三昼夜力，乃始擒渠扫穴。好音至，邑士女相庆如更生。凯旋之日，沿途焚香拜不绝。父老攀舆问青天无恙，有泣下者。公亦不觉沾襟，盖几经危殆，而后即安良，亦不堪回首。士民彩仗迎至桥坝河，大书"保我黎民"，不足以道其艰苦，厥功诚伟矣。先公欲于北街修申明亭于石佛岗，建旌善亭，业鸠工而仍止。九年春，自省旋，乃竟其功。采邑中七人旌而次第之，皆月旦评所推许者。大宪欲酬公劳，于是年秋调署乐山繁缺，适马边不靖，依然军务倥偬。特捐廉为綦购书，自十三经、廿一史以泊楚词唐诗等，凡九十六种、三百三十四套、二千二百七十三卷，装潢齐整，专差送贮森宝楼，谕庠序人遍读，并寄四百金，属另修节孝祠，毋仍在黉宫内。及刘将军祠，殆未尝须臾忘綦矣。廿一年调知巴县，公不负上宪知，驭繁以简，恩威并用，以渝城之大，不三月而高楼曲巷，平日欢呼畅饮，摇钱好叶子戏者，寂然不知何往。间里讴歌相庆，究以泛应大广，劳瘁不能起，巴民泣涕，走相告，即綦人可知也。嗟乎，以公之醇正，方欲发奋为清白吏，以偿夙愿，乃在綦则有穆贼之乱，在乐山则有马边之扰，在巴又偏值英夷之多事，皆戎务旁午，无片刻暇。其胸中所核弹积者，未尽施行。向使再治吾邑三五年，其赐福于綦人，必无暨矣。虽然，公于吾邑已与瀛山夔水同为不朽，于清白吏何歉，况又为国家御侮乎。公喜为古文，甚峭傲。工书，蜀人多珍视之。荣县王明府培荀《听雨楼》中载其事。长君名震寿，现官于蜀，去年丁未，邑人士请公入名宦，公卒时，年才五十有四云。

（道光）《綦江县志》卷五《政绩》

毛辉凤，字梧生，一字觉生，四坊大塘人。由廪生中式道光戊寅恩科乡试第二名。丙戌大挑一等，以知县签发四川，权篆彭县。县民以灌溉不均，构讼数十年不决。辉凤创设平梁，分七河水，均其利，民争以息。署灌县，筑都江堰，疏九邑水源，民利赖之。旋以父忧归。服阕，署江油县事。革除差徭积弊，及诸苛额，有政声。丙午，题补綦江，岩邑也。适贵州仁怀县穆逆蠢动，唇齿相依，督练勇袭击之，川境以安。大府以辉凤协舆情，悉边务，檄署乐山篆。下车后，立万全营，扼五渡溪险要，狌夷无犯。又调巴县，行保甲，严捕缉，奸宄遁逃。所莅六县，听政之余，夜必焚香告天。蜀人以"毛青天"目之，口碑载道。年五十四，卒于巴旧治，父老千里来吊者，黎收而拜，立位以祀焉。

辉凤生平，绮岁能诗，长博通经史，崇正学，辟异端，私淑濂洛关闽，尝言学者下手工夫，端须主敬，语多纂录，独契明道心源，益以经济。如论水利、盐政、漕务、捕务诸大端，力救时弊，实能见诸行事。其事亲也，母早弃养，每雷电作，绕茔前跪哭，告曰："儿在此，毋恐。"侍父不假仆从，亲涤槭腧。父疾笃，焚香乞身代，刺血和药以进，衣不解带者百有六旬。没尽哀，殡葬尽礼。昆季父手已析箸，遗逋欠，独力偿还。遇岁时伏腊，合家人酒醴为欢，叙天伦乐事，且立义塾，置义田为乡纷教养计。贫乏有资不废学，赒恤亲族又不待言。此蜀人所不尽知也，大略如此。著有《求仁堂诗》《古文集》《管蠡杂谈》《讼过斋日记》待梓。道光戊申，彭县、綦江、乐山、巴县诸绅民请入祀名宦，同治丙寅，邑人翰林院侍读徐士谷请入祀乡贤。奉旨俞允。以子震寿由知县浮升陕西布政使，诰赠资政大夫。

（同治）《丰城县志》卷十五《儒林》

辉凤，字瑞呈，号梧生，晚号觉生，孝弟坊支大塘人。凌轩公生三子，长即府君。生而岐嶷，甫能言，苏园公爱而自教之。稍长，肆力经史。丙寅，年十九，补县学生，试则高等。食饩。举优行，既冠，读宋五子书，慨然有志圣贤之学。精思力践，深造有得。为学教人，一以《近思录》为标准。戊寅，乡试中式第二名举人，四试礼部不第，名益高。同乡官京师者，多执贽为弟子，万比部启心其一也。丙戌，大挑一等，以知县用。签掣四川。己丑，入蜀。辛卯，署彭县。凡八月，无□事、无冤民。少暇辄与诸生讲学，题楹联曰："此心盟白水，有眼看青山。"设平梁一事，尤啧啧，至今益天台、九峰诸山之水，至彭门下曰关山者，东西流下更为七河，溉田二十万亩。乾隆中大水，失故道，岁苦利不均，持械聚哄者率数千百人。府君单骑按覆得要领，视灌田多寡，判分水丈尺，遂召七河民会水口，量石立七柱，为平梁。民大悦，讼遂不兴。壬辰，署灌县。未几，奉凌轩公讳。乙未夏，起复，旋署江油县。瓜期及，邑绅联名上大府乞留，格于例，不行。老弱走相送，一如去彭去灌时。未几，补綦江，以学校为人才所自出，摩厉以正学，延名宿、立学规，士风丕变。邑少书籍，为购经史子集数千卷，创森宝楼贮之。又建节孝祠，修刘猛将军庙，立申明、旌善二亭，有益风化者，无不毕。戊戌秋，贵州仁怀穆继贤乱作，与綦接壤，焚掠居民，势张甚。府君闻变，星夜领壮勇出境，疾驰二百里，密约本汛外委章君、仁怀令王某，直抵贼巢，围攻之，盖欲及其始扑灭之也。而王某见逆势猖獗，□先退。府君恐贼四出，害且及川东，遂偕汛弁督兵放大炮攻之，炮忽□，再放再□，不可用，贼乘间突从山后冲出，外委殉焉。兵勇役隶死者数百人，失及冠，府君屹然不动，逆党侯龙扬旗大呼曰："吾辈欲甘心者谁？此綦江毛青天也，何忍犯！"挥其党使去，府君收散卡，严守御，势复振，遂生擒伪军师慈□道人、雪山和尚，伪元帅余仕受、伪先锋穆如俸、穆绍周等，立枭示。苏中丞廷玉护总督，谓府君锐进失机，宜撤任司防堵，一应军需，令捐□。大兵既集，云贵总督使相伊里布公视师，用府君言，四布□游骑，据要害，贼不敢逸，死守本寨中。使相亲督战，一举歼焉。事平，相国宝兴公总制来川，刘制军韵珂亦以布政至蜀，得府君出境攻贼状，昌言曰："一县令耳，孰不画地自守者。如毛君忠勇任事，不力荐，更持吏议因之乎？"即饬回任。己亥秋，猓夷扰峨边，蹂躏乐山南境。大府谓君知兵，飞札署乐山。至即巡视猓夷出没，得要隘三十七所，急督民团练，筑□堡，修炮台，募乡勇，以五渡溪为会，哨地建公所，并修行署兵房数十间，周以城垣以卫军实。流亡者招□安集之民暂复业。竹坪，乡市也。介峨、马、屏三厅县之间，当夷冲。时议建营资镇压，而所规地属屏山县，大府檄府君任其事，坚厚完固，猓夷自是不敢犯。暇时仍以勤学正德为务。购书数千卷□东岩书院。烈妇李不再字，殉夫投江死，府君祷江神，幸毋损，又十日得其尸下游四十里，色不变，衣带密缝如故，为合葬夫墓，立后，使持丧，建祠请旌。士大夫歌咏成帙，题曰《完节录》，以□风教。邑苦火灾，火制□火具，扩火神庙□之。复教兵民□获法，自火不为害。调补巴县去。巴为水陆交衢，商贾云屯，五方杂处。府君发奸摘伏，视他邑为特严。奸究遁逃，善良安堵。讲求民隐，次第举行。而于时大兵赴粤，师□连过境，又提调校士事，供亿繁费。夜听民讼，漏五下休，或劝稍息，府君已以四月四日自乡回署，疾遂作，越十二日捐馆。远近罢市巷哭，綦江士民走数日程，赍□酒楮币，趋奠于路。

府君孝性天生，家少贫，凌轩公每□归，则然香山谷以俟。母病，刺血为文，祷天乞代。有弟二人，既授室，齿多，绌生计。凌轩公命析产，固辞不得，则偕徐太夫人跪乞独奉养，而抚弟如故。凌轩公晚岁鳏居，尤先意以事。入蜀江行，遇风辄起，抱父足，竟夕不寐。及寝疾，衣不解带者百五十三日。弥留谕曰："孝在保身，哀不废礼，先王之制，不可过也。"府君泣受命。盖居母王夫人丧时，哀毁稍过，故遗命如此。季弟少多疾，曰家言屋库下亟高其檐，弟残血，恤婺妇甚至，千里致孤子官舍，躬教之，毕婚嫁，岁时族戚有助，尝欲设学，义田义仓，疾革，犹以未成为憾。吾族自占籍丰城，垂五百年。谱牒多佚，世次失考。府君得旧本于先世废篓中，改据详确，义例谨，号称善本，为他族所不逮。道光三年，县令徐君清选修县志，稔府君学行，聘主志事，士论翕服。里居足迹远城市，行介而和，人咸服其德。从游者众，教必先躬行。所造之士，循循各有绳检。居官至诚，恻恒不事矫饰。故所至无奇誉，常有去后思。

性醇笃，不喜道过。人与交，则切偲恳至，勉其所不及。苟有善尤，必奖劝诱掖之。生平无他嗜，惟笃志正学，终身不厌。晚年涵养尤粹，有浩然之气。署其斋曰"讼过"，所为日记，皆躬行心得，体验精密，学者谓足拟《读书录》《呻吟语》云。古文有法度，遇节烈事，则淋漓呜咽纪之诗。萧疏淡远，出入陶韦间。有《讼过斋日记》六卷，《求仁堂古文》十卷，《诗》十八卷，《制艺》四卷。易箦时，震寿请遗训，府君曰："此心洞若太虚，□然不动，去来皆得自如。我历六县，焚香告天，入庙誓神，清不敢近刻，慎不敢生疑,勤不敢生事,百姓都信我是个清白人。这便是留尔辈地步尔。他日出仕,须虚心静气,正大光明,不可任性、逞才丧心弄巧,我愿尔作循吏,实不愿尔作能吏,失却本来面目。向所书"要能稳把中流舵,切莫轻撑顺水船"一联,可作座右铭,子孙辈督令崇正学,黜浮华,培根本,学吃亏,在恕、忍、淡、实、拙五字上用力。手制书籍,善为珍护;族间义田、义学、义仓,我早立此愿,如此下场,实为耿耿。尔能作牧令,体我意,勉行之,我当含笑九原矣。"言已,正襟安坐而逝。先一日,夕漏下四□,忽有鼓乐呼叱之声,自署蜂拥而出,入城隍庙内外惊起者数十百人。厥后灵异屡示,奸民为府君阴杖者数,疮痕甚著,众以府君为巴县城隍城云。既殁十年,彭县、綦江、乐山、巴县士民请祀名宦,又二十年,邑人徐侍讲士谷等请祀乡贤,旨允之。同治十一年重修县志,《儒林》有传。

丰城大塘《毛氏重修宗谱》卷之八《人物录》,1989年启承堂活字排印本(下同,后略)

曾祖母徐氏。

曾祖妣氏徐,处士讳宗贵公女,六品衔,讳文凰公胞姊,县学附生名庚耀胞姑,附生名膺荣胞祖姑,敕封孺人,诰封太夫人。

毛庆蕃《会试朱卷》

赠通奉大夫巴县知县辉凤公配徐太夫人,年十八来归,孝敬仁俭,根于天性。是时家贫甚,姑王太夫人多疾,左右奉事,得其欢。王太夫人尝曰:"我后死数年,徐氏妇力也。"王太夫人既殁,事凌轩公益谨。起居饮食,所需罔不先意,戒饬二十年如一日,凌轩公疾革,谓巴县公曰:"尔妇诚孝,子孙必大,尔识之。"老年寝疾久,家人欲更其卧褥,恐旧者不适体,□夫人怒曰:"毋然,昔翁姑求如吾所卧者而弗得,予已过矣。而敢求多耶?予旦夕死,无使予无以见先人于地下。"家人遂不敢。自巴县公出仕后,至方伯公贵显,布裙蔬食如常,未尝自治一衣一食之奉,待臧获辈,惟恐伤其意,闻鞭扑声则不乐,教方伯公恤刑尤谆谆。每决囚,常不敢使太夫人知也。卒年七十四。

《毛氏宗谱》卷之八《列女录》

庶曾祖母张氏。

侧室张氏，四川新都人，生于嘉庆乙亥年十月初七日巳时，守节，旌表。以嫡子震寿官嘉定知府，赐封恭人；以子艮贞官知县，敕封孺人。殁于光绪丙申年二月初一日酉时，葬梨树下。

《毛氏宗谱》卷之二《大塘世系》

祖毛震寿，以监生起为知县，官至陕西布政使，祀乡贤、名宦，有《居易山人随笔》二十卷、《可闲老人曼语》十卷、《馀年绩记》不分卷存世。

毛震寿，江西丰城监生。二十四年七月署，下车伊始，不动声色，胥吏不敢欺，民情无不达。二十五年三月去任，二十乡民攀辕卧辙挽留，如失慈父母。后以督办军务来彭，屹然川东保障。事平，洊升至四川按察、陕西布政。

（光绪）《彭水县志》卷三《职官·知县》

毛震寿，字小梧，江西丰城县监生，咸丰七年由梁山县知县升绵州。刚正果决，吏治裕如。厘宿弊，惩大猾，执法如山，强梁敛迹，民心依赖，教化风行。涪旧有堤，夏秋涨冲，渐啮城东脚，乃及时培修，更倡筑新堤九十五丈，以捍卫之，城始无恙。署大堂久倾颓，依址重建，焕然一新。自撰楹联云"所愿力为苍生造福；此心誓与白水同清"，其居心行政类如此。所著有《河堤碑记》，古致简峭，纯用《尚书》，载在《艺文志》。后升陕西布政使。

（同治）《直隶绵州志》卷三十八《政绩》

震寿，字仁夫，号小梧，晚号晓吾，孝弟坊支大塘人。巴县公子，幼警敏，思出人表。年十七，读《通鉴》，晓然于邪正公私之辨。自是行身斩响，遂定明年侍父入蜀。遂谢举子业，明习律令，于名法家言，若神悟。方弱冠，佐巴县公宰剧邑，谳牍屡上屡折，府君改定一二语上之，狱遂决，老吏笃服，巴县公亦叹曰："是子始有别材也。"更历数县，称神明，胥府君助理，始终无废事、无谰言。巴县公好读书，典籍校勘，率出公手，以是博通故实。巴县公疾寝，语曰："汝吏才，吾愿尔为良吏，不愿尔为能吏，失本来面目。"府君泣受命。既以知县发四川，仪观秀伟，识度过人。大吏交重之。甲辰署彭水县，府君为治，务在达民情，善折狱，诉则霁容，诱使尽言，不轻用刑，狡黠者尤待以平易。与而居游，琐屑事，意若不属，情实毕见。急指赴的，则屈服无所遁。胥役有罪，惩治不少贷。暇则反复教诲，使不罹于非。入乡召父老子弟言孝弟忠信，悉以至情。雨耕收米盐，贾值罔不及，民以是乐而亲之。丁未，署新津，是时蜀中啯匪四起焚掠，戕官抗兵，掳富民、索重金为赎。欲不餍则加刃焉。新津士民多被劫，人情汹汹。前令某以不职罢。府君行保甲，练民团，以缉捕为己任。受事次日，单骑四周，廉贼去来踪迹，头目、徒众地址，一一籍记。又得捕役杨先沅、杨存仁，比贼受，泄师期状，立置重典。于是贼之声息绝，则深夜率差团，扬言趋某处，中道忽指其地，以次搜获贼，则研鞫城隍神前，示无枉滥。巨匪如杨照照、郭喜喜、徐老五、杨体仁等大府悬重赏购不得者，悉擒送行省，置诸法。又于邻县路岐，设下坐探□迎击，匪相戒不敢犯。康二花脸纠众千（余），踞仁寿县华严寺，闻报即督练夜半渡江，呵道直前。团民闻声趋赴者三万余人。匪闻锣声，惊曰："新津官至矣！"焚寺遁。府君望火光，整队驰追，擒十余人，天始曙，自是贼胆落。

城外通济堰者，始于唐，溉新津、彭山田无数，岁于冬暮编篓实石，引江水入渠，费至巨万。府君知堰差利岁修，故纵奸民割篓，土人有"镰刀水发"之谣。易装密侦得实，立枷示堰上。是岁屹然过省费半彭过，山民鼓吹榜福星于堂，纪其事。县东北农田，旧赖千功堰灌溉，争水讦讼者六载。府君一履勘平，其争讼遂息。新津当孔道，藏卫贡使络绎至，供应向资民力。乾隆中奏定夫马费不敷，仍加派。府君独称应，不更累民。又购书数千卷，藏通津书院。暇则至院，与多士相问难，有领解成进士者。邑无试院，劝民修之。

府君官蜀，所至称"青天"，新津尤感颂次骨，多为□私祀。去官日，焚香执酒送者数万人。离筵相属，自城中至双流县郊外五十里不绝，攀辕挽送，欷歔流涕。一老丐借钱偻舆前，负斗米、钱九百，跪以献。府君曰："若行乞，吾何德及若？"丐顁曰："往者盗横行，乞食无所，苦不饱。公来，小人亦蒙福矣。感公德，无以报，区区耆，谨献公。"府君为受其米焉。去数月，士民建"清官亭"于乡，建坊于孔道，额曰"畏威怀德"，其得人心如此。

己酉署丹棱，地僻，治尚清简，民安之，遂用民财起试院、申明亭、崇圣祠，又汛官僦民屋以居，亦建汛衙如制。庚戌，徐恭勤公泽醇督蜀，锐意兴举盐政，选贤吏任其事。府君于是历五通桥、自流井各厂，杜苞苴、究利弊，言事侃侃万余言，恭勤异焉。壬子冬粤逆扰武昌，檄赴夔、巫设防转运，兵民称便。癸丑冬，贼复上犯，奏派率兵扼巴东。

乙卯署梁山，总督晋江黄公宗汉奉嘉定知府，饷渐绌。川东王兵备廷植，承转馈，兵益振。十月拔猫猫山老巢，川黔边界肃清。擢道员。于时滇逆围壁山，重庆戒严。府君分兵逼贼垒，贼引去。辛酉春，署川东道，声威益播，重庆遂安。旋授成绵龙茂道，是夏省城日告警，署总督文勤公崇实，飞檄带印往，途次诏迁按察使。既而督师骆文忠公秉章制蜀，布政使缺人，奏委府君兼署。湘黔勇哄于绵州，往定之。壬戌春，湘乡刘公蓉受布政使印，李逆永和踞青神，官军围攻久不克。往视师，贼溃去。

蜀中命盗案多破家，檄全蜀州县举行三费。骆公求人材，数举循吏牛树梅、强望泰、蒋若采，后牛公以知州即家拜按察使，继府君。后强公亦同知起知重庆府，时颂得人。三月擢陕西布政使，时秦中回匪蜂起，而滇匪蓝天顺、邓添亡诸剧寇分道窜入汉南，奉命率川师往剿，督办汉南军务，总统诸军，节制镇道。刘公不欲分劲旅，仅举新募绿营及汰余楚师千五百人畀之。川兵故惰窳，不可用，而秦事日棘。中旨趣就道，遂挟以行。初入秦，蹙邓添亡于上元关，一战歼之，蓝逆陷洋县，师东向，诏援省城。比次凤翔，诏回军汉南。返□经月，贼得为备，攻之猝不下。而我军自入秦后，馈饷久绝，冬大哗溃，贼薄城固，府君集溃卒，登陴力御之。明年正月，粤逆伪遵王赖文光等与捻匪合，诏征厘，谓府君信于民，权监于犍、富、汉三厂，岁得三十余万金，乃请设商学，封井神。大府上其议，部从之。下恤商情，上利国帑，折中定制，民无怨仇。是时□扰江浙，漕运梗阻，惠亲王总户部，合词请转川米道□运京，大府檄履视陕甘，水陆运途遂出栈道，达宝鸡、凤县，遥两当、徽县、略阳入广元、昭化、苍溪、保宁，具言故道万山丛杂，一线溪流，不通舟楫，迨合白水江，亦恃人力曳缆，上溯陆行，出宝鸡，攀援岩涧，人不能负担，综计水陆舟马，运价石逾五丙，转输到京，费更过之。姑十万石，计经费至百万余金，无补仓储，徒糜国计。不如拆价招□天津，增值免税，效速费省。大府如所议上，得俞旨，府君受文宗之知，自此始。

丁巳知绵州，城东北濒水，旧堤多溃水城及城脚，府君度地修筑，增置维汉堤于外，铸铁牛镇之，水不为患。戊午冬，贵州思南教匪扰州，酉阳州牧殉焉。总督闽县王公庆云，檄府君往剿，除夕克胡家坪贼巢，王公请以知府记名。婺川团匪贺济泮、王代周不靖，府君驰赴彭水江口御之。己未，伪翼王石达开围宝庆，湖湘大震。诏蜀严备，府君于是移防秀山，会黔之松桃教匪郎焕倡乱，甘龙口游击战殁。府君遂就近督剿，田提督兴恕亦以偏师来会。庚申，连战皆捷，总督曾公望颜，请赏孔雀翎。八月，□挟众三十万，由鄂西驱逼兴安，蹂褒洿合，围汉中，蔓延七百里，秦震动。府君领饥疲之军，大□于其间，军士日裁支米六，合钱十文。然且不继。而民间迭苦蹂躏，搜刮一空，艰苦奇穷，军营所未有也。府君遍布条款，泣自咎，日以忠义厉将士，于是易刺史佩绅等力扫宝山等处贼垒，贼退入洋县，遂进次南郑青石关，亲督战，冀解府城之围。时游击陈天柱、徐邦道先领偏师力战入城，与南郑县周蕃寿死守。卢又熊者，故无赖，走皖北军营，所至焚掠，因缘故督师胜保，积阶副将。至是率党投军前，府君之□，蕃寿，其乡人也。联官绅名，白巡抚留之，名三千，实已万人。又熊故纵贼至汉中，已入城，日婪索馈糈，擅杀士绅，以是内外交困。当是时，陕西大吏以回氛遍腹地，兵粮不暇，及南境又势位逼，不能无嫉忌，蜀中大吏则又专驱贼入秦，迨麇聚汉南，重兵不越境一步，饷无锱铢应者，鄂中亦然。府君自恨剿贼无效，上疏自劾。屡陈军事，并言艰窘状，旨皆报可。初，特诏李桓来代，桓道至称病，是上亦知所处之艰与贼之不易办矣。中旨迭趣川鄂往援，并授刘公陕抚。鄂帅见贼盛，终不前。八月，刘公至巴州，蜀援楚军两万入陕，再战，败溃。郡县遂陷，诸将皆镌职，赖朝廷圣明鉴，擔柱危局，孤立无助，罢职，仍留军营，此则圣恩高厚，非臣子所敢逆料也。府城之陷也，又熊实纵火逸去，府君请严拿正法，厥后贼东走齐豫，忠亲王僧格林沁战死，即此贼也。时曾大母徐太夫人讣至，府君以忠孝两负为恨。甲子，刘公抚秦，饷不继，谓府君得蜀人心，奏请劝谕蜀民输饷，集资三十万，奏入，诏复道员，乞假葬亲。归则徜徉山水间，遂不复出。戊辰，丹棱公迎养入川，逾年归，数至嘉鱼视先五叔为治若何。甲戌，复归。明年，得疾，是冬卒，年六十有四。

府君达治体，识议明敏，器量沉宏，初至蜀，即为潘文毅铎、王中丞兆琛所器，后总督徐公、王公礼遇殊绝，有大事，司道议不当，则环坐延府君，入一言定。或属草，叹曰："吾固谓非君不可。"而府君一承以谦，故同僚咸服焉。在官三十年，不名一钱，负债至白金二万。家居待乡人温颜巽语，惟恐或伤。尤卑贱，尤磬折与之。好看山，尝乘小车，一人挽之以行，见者不知为达官也。新津、丹棱、绵州请祀名宦，丹棱父子并祀，山阴傅琰后，不数见也。所著《毛氏治谱》六卷，人谓与汪龙庄《治说》相伯仲。又有《可闲老人随笔》一百二十卷，《居易山房稿》十四卷。

《毛氏宗谱》卷之八《人物录》

祖母白马寨杨氏。

祖妣氏杨，署新淦县训导赐赠朝议大夫丹棱县知县讳起凤公长女，敕封修职郎讳明访公、贡生讳明诵公、贡生名森凤公胞侄女，附贡生讳鹤立公廪生讳鹤寿公胞姊，诰赠夫人。

毛庆蕃《会试朱卷》

道光戊子（1828）十二月八日，杨夫人来归。而先大夫截留在籍候咨，竟欲北上，以应己丑春闱。摒挡旅费，尚不及半。杨夫人闻之，请于太父曰："箧中存有洋蚨，乞翁携置行囊，以济不足。但洋蚨一物，不知京都犹行否。"入门未匝月也，不以私富，并计及洋蚨销路，是时杨夫人年甫十六，思虑如此周密，太父极重之，亦此也。识力深远，后来诸媳中，未有能及之者。

（清）毛震寿《可闲老人曼语》卷一

陕西布政使震寿公配杨夫人，家故度丰，年十六来归，操作忘为贫家，方伯公以是重之。明年己丑，巴县公应礼部试，苦无资。夫人闻之，亟奉嫁奁百缗以进，巴县公大叹异，谓贤明识大义也。年二十二卒，方伯公义终身不再娶，作悼亡十二章。某观察将以女继室，力谢之。巴县公乃为置簉室，以全其义焉。

《毛氏宗谱》卷之八《列女录》

叔祖毛艮贞，陕西商南、麟游知县。

世系

辉凤五子，行昌十，字定夫，号景梧，监生。陕西补用知县，署商南县知县，调署麟游县知县，卒于官。生于道光丙申年五月二十三日卯时，殁于光绪己丑年十月十五日申时，葬梨树下。

《毛氏宗谱》卷之二《大塘世系》

父毛隆辅，以监生捐知县，历知四川丹棱等县，祀名宦，《清史》列传。

隆辅，震寿长子，行学三，字亮工，号翼卿，一号揖青，监生。咸丰六年丙辰，遵筹饷事例，报捐知县，指发四川。咸丰己未，以劝捐江西军饷出力，四川总督奏，奉上谕补缺。后以同知直隶州知州升用，先换顶戴。同治三年甲子，署新都县知县，乙丑补授丹棱县知县，丙寅赴任。丁卯，以平邻县洪雅教匪叙功，奉旨赏加运同衔。戊辰，调署德阳县，甫三月，积劳得咯血病，己巳五月卒于任，是年八月，丹棱士民请祀名宦。癸酉，四川总督吴棠疏题礼部议准，奉旨依议。光绪乙亥护理四川总督文格又以丹棱士民胪陈政绩，请传史馆，编立《循吏列传》，并由士民捐建专祠，礼部议允立传，以业祀名宦，毋庸再建专祠，旨从之（国史《循吏列传》）。诰授朝议大夫，著有《自治官书》《汉南奏议》《揖青诗草》《吟风醉月轩词钞》。生于道光庚寅年十一月二十四日子时，殁于同治己巳年五月二十二日辰时，葬雷西山。娶上点杨氏，诰封奉直大夫亨公长孙女、赐赠奉政大夫四川丹棱县知县玭公长女、诰封恭人。生于道光庚寅年闰四月十一日寅时，殁于光绪庚辰年十一月十四日未时，葬雷西，子午向，公妣合葬。子五，庆蕃；天保，早世；庆椿，继与胞弟隆普为嗣；庆云，早世；庆兰，继与胞弟隆觐为嗣。女三，长适孙，十五岁殁，葬四川省城外多宝寺；次适贵州贵筑县同治戊辰科进士、翰林院编修、掌江南道监察御史李振南长子国钧。以节著。三棣孙，十八岁殁，葬大坟山，有孝女毛棠村墓碣，有传。

《毛氏宗谱》卷之二《大塘世系》

循吏毛隆辅列传

（清）龙文彬

毛隆辅，江西丰城人。咸丰五年，由监生报捐知县，分发四川。同治三年，署新都，甫下车，延访正士，询间阎疾苦。民愿朴，隆辅政尚慈惠，或讽以立威，谢曰："立威必严刑，严刑则民无所措手足，吾弗忍也。"四年，补丹棱。地故瘠，屡破于贼，蹂躏无完土。隆辅至，涤除烦苛，期与民休息。旧有户首之役，支应差徭，吏因缘为奸，甚蠹民。隆辅革之。时军粮亟，大府檄派邑捐金四千，隆辅以民敝求免，大府曲从之。善听讼，日坐堂皇，投牒者，立予判结，虽不设钩距，而洞见情伪，奸猾慑伏。邻境民冒丹棱籍投诉，却其词，则稽首曰："公，青天也，特来求直耳。"隆辅用片词剖解，欢感而去。有骨肉争讼，以天伦至性之言，反复婉导，皆泣且悔，因手其牒还之，曰："毋使若有相讼名。"

邑故多盗，隆辅举行保甲，酌条目二十有二，保长、甲长牌首以次递相保荐。有犯连坐者，首者免。乡里有小忿，令质于保甲。造循环册二，凡山川、道路、桥梁、渠堰、村落各图载之，每六阅月，置酒召保长更番呈验，人无敢欺，且乐为用。有一民被窃，次日盗知为丹棱境，悔甚，夕潜还其物，置户外。故邻境苦盗，往往乞附丹棱保甲，得无患。隆辅念团练，本足卫民，行之不善，反为民厉，因刊布程式，编二十八团，择众所推服者，充团总于农隙，教习技艺，月游巡二次，申明禁约，届期躬自点验。又令团首保送壮丁三十户，出丁一米斗八，练乡兵七百余人，分为武毅中、左二营，以楚军营制部勒之。孟冬调城操演，仲春归耕。

会马边逆匪宋侍杰勾结洪雅贼目尹一山等，窜踞八面山，与丹棱毗连。隆辅调集民团，营南北两山为犄角，而自率乡兵出境，会援军合剿，旬日间扑灭。事闻，赏加运同衔。后宁远府请兵防猓夷，大府谕之曰："曷不仿丹棱办团，纷纷乞兵，何为也。"乃下其法于边郡。

邑系土城，近毁于贼。隆辅修复，易以石。戴笠督工，杂处徒役间，费万计，民不知役。因山多田少，常苦旱。劝民依山开沟，引至平冈，凿塘潴水，以时灌溉。教民种桑，先于郊外隙地植数千株为之倡。社仓谷久亏，历任追比，社首或至倾家。隆辅集社首于庭，分别新旧久暂，谕令秋收偿之，不役催，皆感泣，如期输纳无爽者。旧存谷九十余石，越二年，积至一千四百石。值旱，开仓平粜，全活甚众。设义塾九所，巡乡便道入塾，稽课程，正句读，刊《孝经》小学诸书，详为讲解。尝行田野，与乡民详咨风土人情，诲以孝弟忠信忍让之言，肫肫如家人父子，民亦忘其为官长之尊。西山乐只坡虎噬人，牒城隍神，引咎自责，越二日，村人缚虎以献。

七年八月，调署德阳，士民涕泣攀援，道路为塞，勒去思碑于白崖山。德阳地辽阔，盗多于丹棱，稔隆辅名，咸远飏，终岁无报窃者。八年五月卒官。所著有《自治官书》《揩青诗草》。十二年，丹棱士民请入祀名宦祠，光绪二年，护理四川总督文格奏称已故丹棱县知县毛隆辅遗爱在民，请将政绩宣付史馆，编入《循吏列传》，得旨允行。子庆蕃，举人。

（清）龙文彬《永怀堂文钞》卷七；《清史列传》卷七十七《循吏传四》

母白马寨杨氏，家政娴肃，抚育有方。

妣氏杨，诰封奉直大夫晋赠中宪大夫户部主事讳亨公孙女，候选布理问赐赠奉直大夫赐赠中宪大夫户部员外郎讳玳公女，赐赠奉直大夫赐赠中宪大夫讳良玠公、议叙从九品赐赠中宪大夫讳瑓公、五品衔候选直隶州州同诰赠中宪大夫户部主事讳珍公胞侄女，四川候补县丞名熙亮公胞姊，候选布理问赐封中宪大夫名熙绩公、光绪丙戌科进士户部主事名祖兰公、候选盐大使名熙纯公、候选府经历名熙光公、县学附生讳祖苾公、监生名祖芬公嫡堂姊，县学附生名宗煌、候选巡检名宗燮、业儒名宗煜胞姑，诰封恭人。

毛庆蕃《会试朱卷》

运同衔丹棱知县隆辅公配杨恭人，年十五来归。温恭明大义，事王姑徐太夫人二十年。丹棱公居官守，不与外事之戒。及丹棱公中殁，恭人知方伯公之痛冢嗣也，侍左右，不敢有戚容。方伯公晚岁郁郁卒，恭人隐伤之。及小祥，一恸晕绝。仲母早寡，将以身殉。徐太夫人止之不可。恭人亟手弥月儿庆椿，内仲母怀为之子。

恭人行身刻苦，有贫家妇所不逮者。庆蕃以为言曰："汝少不俭，迟日多后不得为廉吏，吾为是惧耳。"庆蕃家居，陈兵备宝箴招入湘，商量旧学，庆蕃意犹缓之，恭人趣行，为治装曰："汝东归，孤陋日甚。人生处乡里，不与贤师友亲，能奋厉者鲜矣。吾闻陈君杰士，奈何行迟迟？"遂掉扁舟，走千里，□□晨夕焉，其训子有如此。卒年五十一。

《毛氏宗谱》卷之八《列女录》

四叔毛隆恩，四川眉州直隶州知州，祀名宦。

隆恩，震寿四子，行学九。字乾申，号季彤，监生，报捐四川候补知县。同治癸酉年署盐源县，甲戌年补授苍溪县知县，兼理南部县知县。光绪庚辰年署资州直隶州，是年补授眉州直隶州。生于道光丁酉年三月二十三日戌时，娶三江口万氏，文生致中公女，生于道光乙未年又六月二十一日亥时，殁于咸丰丙辰年正月初二日巳时，葬梨树下，诰赠宜人。继娶浙江德清县四川候补知县嵇仰洙公女，生于道光戊戌年五月十八日寅时，殁于同治壬戌年四月十九日卯时，诰赠宜人。三娶安徽怀宁县原任四川盐亭县知县钱涛公女，生于道光庚子年三月二十三日午时。侧室四川邹氏，生于同治甲子年二月二十四日辰时。子三，祥麟，殁；惠霖，嵇出；昶云，殇，钱出；庆馨、庆华，继与胞弟隆清为嗣。

丰城大塘《毛氏重修宗谱》卷之二《大塘世系》

眉州直隶州知州毛君墓志铭（庚寅）
（清）乔树枏

光绪十三年，树枏官户部，同曹有丰城毛庆蕃者，始以文字相识。其年六月，改官知县，选授四川眉州之青神，庆蕃叔父季彤先生适牧眉，树枏到官，侍先生凡二年，而先生以没。

先生自其上三世皆官于蜀，持廉宣能，章闻于时。先生亦援例为知县，分发四川。时富顺盐贾争岸，断断讼延百年，先生一谳而定，大府惊嘉其能，委管嘉州厘局，寻檄查嘉州盐务，陈旧灶征税八事。同治十二年署盐源县知县，夷人睢盱陷地茶民，摽场萧条蠕行距。先生设计禽煽夷奸民，置之法，夷胆折技穷。继谕以诚，坦受诉屈，乃大感歔，煽巢奔趋，悉返侵地。遂就其酋编夷团，募少壮数百人为乡勇，以夷团辅之，更次守望，内外以救。总督吴勤惠公录其功，以直隶州知州升用。逾年，补苍溪县。将受代归，邑民私谓地瘠不足縻留，使君为岁输金六千，言之大府。时代者至，遂寝其议请。卸事，居学宫，讼者争之先生，填喧于门，先生不自宁，徂跟驰归，夷民追送于涂，赆金七百，牵裾涕咨，先生好言慰辞，不顾径去。至苍溪，械讼徒，熏室盗穴，上下堰，争水均。其时江水啮城县根，埶刉为强堤，以弱其流，危者获安。逾年丁父忧，贫不能归，士民醵钱为补公负。留其妻子，假屋居之，米薪、盐浆、蔬醢，月将日输，两载不绝于室。平远丁文诚公移督四川，诹咨良吏，川北道董公润以先生应。会改盐政，武宁罗君亨奎以能荐先生，时总其事者为前云南巡抚唐公炯，一是章画皆左右，先生剸扶爬梳，挈提维纲，殚虑殚力，政成为劳，以功署知资州，旋补眉州。莅眉未一月，唐公升藩云南，丁公檄先生总理盐政。事竣，叙其劳，加知府衔。

癸未调署忠州。时大竹逸贼张豪义啸众不轨，乃练乡兵二百人，教以举旗击金进退离合之法，其制一如盐源。酆都火烬民庐，出俸以劝，人争委施，民不知灾。乙酉回任眉州，眉故者好讼好斗，先生芟锄陋规，一治以和，简身饬行，奸民无短长挟持。蟆颐堰故堤，岁穿涸民田，先生改筑以石。整孔子庙墙之圮者，延宾邑士讲学昭礼，奸顽格迁。树枏岁尝以事过眉，其士与民世业勤事，彬彬悾悾，有轨无，颇益用，叹嗟惊服先生之所设施措张，为神不可测也。

戊子九月，先生将以重九日招树枏与湘乡杜俞游蟆颐山，登高歌诗为乐。其先一日，对客坐逝于署内之万鉴堂，年五十有三。是夜树枏与杜俞驰往治其丧，权厝于州城之龙祠。邑民士会丧者千百人，焚香奠酒，咨嗟塞涂，且曰："吾侪生无以报，死当以功祀之。"遂建祠于北门冲衢，观者叹羡。明年，其子庆诚将卜葬于眉州之某山，以其生母恭人稽氏祔，縗然服丧，请为铭墓之文。树枏最知先生者，乃不辞而叙其氏，系以为之铭曰：

毛之系，出于周。繇汉苌，逮唐俦。家豫章，禄有绿。宋之休，迁吉水。后丰城，丽繁祉。居大塘，让泉子。曾祖翰，名诸生；祖辉凤，世鹓声。宰巴綦，治信成。天炽汝，子震寿。藩西秦，罹群丑。劳于军，施不久。公两代，贵视身。妣王徐，封夫人。天语煌，诏后昆。于先生，是为父。母杨氏，赵所乳。名隆恩，季彤甫。尹盐源，牧忠资。择滂洋，卒于眉。岁不鬘，天夺之。配恭人，万与稽。钱后归，为继妻。佩祁祁，淑以娓。子三人，庆诚长。志远硕，载氏望。菜暨华，与颉颃。女孙三，俣醴笴。叙氏系，俾世稽。臧于幽，昧之诒。

（清）乔树枏《陶庐文集》卷一

五叔毛隆安，湖北嘉鱼、京山知县，祀名宦。

毛隆安，字宪卿，江西丰城监生。随父陕藩毛震寿军营，选嘉鱼，调京山知县。同治十一年莅任，其父亦迎养在署，家范凛然。终日治事，诘盗严，四境肃然。积劳不数月而卒，贫无以敛，邑人为买棺鸠资以归。

《京山县志》卷九《秩官志·名宦》

隆安，震寿五子，字镇圻，号宪卿，行学十，监生。军功保举，遇缺即选知县，同知衔。赏戴蓝翎。同治己巳年选授湖北嘉鱼县知县，壬申年调署京山县知县，卒于官。生于道光戊戌年十一月二十一日丑时，殁于同治癸酉年十二月十二日寅时，葬梨树下。娶老袁坊监生袁铭谦公孙女、邑庠生本椿公女。生于道光戊戌年九月初四日戌时，诰封宜人。殁于光绪辛丑年七月十五日□时，葬四川眉州。子三，庆长，早世；庆绶，早世；庆熙，有传。

《毛氏宗谱》卷之二《大塘世系》

八叔毛隆章，湖南龙阳知县、澧州知州、南洲抚民厅通判。

隆章，震寿八子，行逊七，字裔遐，号旭卿，监生。报捐同知衔，湖南试用知县。委署益阳县知县，大计二次卓异，奉旨嘉奖。补授龙阳县知县，调补邵阳县知县，升署武冈州知州，调署南州，升授澧州直隶州知州。生于道光戊申年八月初八日卯时，殁于光绪丙午年十二月初十日子时，葬湖南省浏阳门外私山。娶上点杨氏，原任南康县教谕起凤公孙女，附贡生鹤立公长女，生于道光戊申年七月三十日午时，殁葬湖南省益阳门外私山。子三，庆亮、庆年、庆端。女，长字湖南溆浦县头品顶戴、赏穿黄马褂、记名提督法什尚阿巴图鲁刘鹤龄公长子。次适湖南武冈州翟公长子。

《毛氏宗谱》卷之二《大塘世系》

澧州直隶州知州毛君墓志铭
（近）陈三立

君讳隆章，字旭卿，姓毛氏，世为丰城人。自祖父诸昆三世皆为四川县令，皆相继祀名宦，天下称之，父官至陕西布政使，有子十五人，君次居八。少通句读，已从父兄习吏事，究生民利病，严毅简默，志节皎然。光绪初，以知县发湖南，至则谢绝征逐，独与蜀人沈知县锡周相切砺。沈亦健吏，后与君齐名者也。权厘岳州，有巨效，遂试署益阳。益阳俗滑多盗，号难治，先是有盗行劫杀三人，久不获，君之官中途，阴遣所随卒骤侦捕，置之法，县人惊服。益编户口，奖农工，务绝盗源，别设求志学校，诱士刮旧习，备效时用，竟三年，政化大行，用超次补龙阳。值夏涨溃围堤，荡没无算，君枕藉泥淖中，御决堤，益请帑二万，竟工。明年水尤大至，不为害，民歌诵称为"毛公堤"云。

厥后调补邵阳，擢补武冈州，调署南州厅，擢澧州直隶州。垂二十年，治无改其初，所至争慕向，拟为神明，及去，则又皆惶急如失慈父母，于是长官愈益廉君贤能，凡荐卓异及传旨嘉奖、特旨送部引见皆至再。即湖湘之间，名循良吏，课绩可指数，亦无不首推君矣。君为政躬亲巨细，艰卓精勤，出肺肝相示。又传先世治术，习知情伪，于讼狱尤持重，务尽人之辞，不轻笞捶，坐堂皇反复穷诘，竟日夕未食，或溺出渍裈襦，悉忘无觉以为常。其在邵阳、武冈，咸以减税粮、弭匪乱、备灾兴学为民所思。

南洲厅者，本濒湖，淤地错数县，土客民争据地，讼斗无已。君官龙阳时建议设厅资镇抚、定经界，图公私久远之利，卒如君言，调君摄厅篆。君履行阡陌，立上中下科则，杜侵欺，扩种植，易嚣而驯，蕃聚无扰。寻还任武冈，遂擢澧州。时方更始行新政，君首设学堂，酌中外宜忌次第，号最善，复兴警察，裁胥役，不欲苟为具文。而君适病痹，乞假还省，治久不瘳，于光绪三十一年十二月卒，享年六十几。君貌削而神，寂而群，兄弟多擅才智，以干略显，君厕其列，恂恂若无所短长，乃卒验所就古之遗爱，无以远过，不独并驱争先而已。士固贵自立，议者复推本世授治谱遗型，成绩遵轨，程功渐摩揣，究非无自也。故三代世官不迁其业，其制实善，未可狃所承弊害，尽诋为不合时变。且谓今犹当师其意行之，治乃有效，观君终始，其亦憬然有以知之矣。曾祖讳某，妣某氏。祖讳某，妣某氏。父讳某，妣某氏。皆以父布政公贵，赠如其阶。生母郭氏，赠淑人。配某淑人，子庆亮，湖南候补知县，庆年、庆端。孙几人。

卜以宣统元年三月某日，葬君长沙某里某原。余与君累世交旧，尤于君犹子今甘肃布政使庆蕃为执友，又最习君生平者也，乃为之铭。铭曰：明明厥祖，肇化蜀都。奋起名儒，德教旁敷。父子继承，同迹三世。声香昭濯，祠祀孔闳。君始一官，浮羁湘馆。韦布匡床，逢迎悃款。日月几何，政加绩播。湖孺沤思，召杜孰过。惟君贞干，弥显毛宗。海宇瞻耸，为虬为龙。淹疾阕施，尸祝曷极。援爱桐乡，永护兆域。

陈三立《散原精舍文集》，钱文忠标点，辽宁教育出版社，1988年12月版，第94页

九叔毛隆光，直隶任丘、南和、雄县知县，大计卓异，传旨嘉奖。

隆光，震寿九子，行逊八，字契龙，号葆卿，监生。以父震寿官四川按察使，捐输京饷，奉旨移奖子弟，议叙盐（运司）知事，报捐京府通判，改广西试用知县，加同知衔，内分直隶。历署任丘、南和、雄县等县知县，大计卓异，奉旨嘉奖。因胞侄庆蕃简放永定河道，回避山东。生于道光己酉年五月十四日子时，殁于光绪戊申年十二月初三日卯时，葬东架门。娶金溪县郑氏，理问衔原任四川荣县典史之模公女，生于道光庚戌年四月十九日巳时，光绪丁未年奉旨诰封恭人，殁于光绪乙未年九月，葬东架门。侍妾明氏，四川眉州人，生于咸丰戊午年四月十八日巳时。子四，庆翱，郑出；庆翎，明出。庆翔，郑出；庆翚，明出。女一，郑出。

《毛氏宗谱》卷之二《大塘世系》

堂弟毛玉麟，以四川知县、知府升兵工厂总办，调云南盐法道，政绩优异，奉旨嘉奖。

惠霖，恩次子，原名庆诚，官名玉麟，行关六，字彦名，号笃斋，监生。候选府经历，改捐知县，仍留四川试用。历署内江、金堂、郫县等县知县，卓著循声，奉旨嘉奖。补授綦江县知县，升邛州直隶州，办匪有功，保升嘉定知府。调署叙州知府，四川总督锡、云贵总督李交相保奏，奉旨简放云南盐法道。生于咸丰庚申年五月十九日卯时。娶新建县夏氏，咸丰丙辰科进士、翰林院编修、户科掌印给事中、广东督粮道献馨公次女，生于咸丰己未年正月三十日卯时，殁于光绪辛巳年四月十一日辰时。继娶云南镇南县道光庚戌科进士四川泸州直隶州保宁府知县刘钟璟公六女，生于咸丰己未年五月初四日丑时，殁于光绪甲申年二月初二日丑时。三娶四川涪州候选知县陈肇颖公长女，生于咸丰庚申年前三月十三日丑时。子云逵、云博。

《毛氏宗谱》卷之二《大塘世系》

谱主毛庆蕃，一作庆藩，字伯宣，号实君，以祖荫为户部员外郎，继由举人、进士，奏调东征湘军粮台，历江南制造局总办、大清户部银行总办、天津道、永定河道，署直隶按察使、布政使，调江苏提学使，迁甘肃布政使、护理陕甘总督，入民国不仕。为太谷学派传人，学者。

庆蕃，隆辅长子，行关一，字伯宣，号实君，以祖震寿咸丰十一年官四川按察使恭逢穆宗毅皇帝登极恩，正三品荫生。同治九年庚午遵例报捐监生，加捐员外郎。中式癸酉科本省乡试第三十五名举人，光绪庚辰科会试挑取誊录，签分户部山东司兼河南司行走。己丑科会试中式第一百八十名进士，覆试一等第三十三名。殿试二甲第六十三名，朝考呈请，仍归本班。奉上谕：以户部员外郎即用。辛丑年拳匪作乱，宋军门庆，奉调随营办事，改试用道。江南总督刘奏留江南，委上海制造局总办。甲辰直隶总督袁奏调直隶试用，历办委差，旋奉上谕：简于湖北荆宜施道，改放直隶永定河道。又历署通永道、直隶按察使司按察使、直隶布政使司布政使。放天津道，计授江苏提学使司，又计授甘肃布政使司布政使，兼护陕甘总督。生于道光丙午年十一月十四日戌时，娶赣州府龙南县城内刘氏，县学生瑷卿公孙女、道光甲辰恩科举人大挑知县同知衔四川永州知县仰祖公长女，于道光乙巳年七月二十一日子时殁，于光绪戊寅年九月十五日辰时初葬南湖山，不吉，迁葬大脑岭。继娶四川华阳县叶氏，原籍安徽桐城县同知衔湖北署江陵县知县树楠公六女，咸丰己未科进士、吏部验封司郎中布政使衔记名海关道毓相公补用知县树棠公、咸丰辛酉科副榜江西永宁县知县湛元公、同治乙丑科进士工部屯田司郎中毓荣公胞侄女。生于咸丰庚申年二月二十一日巳时，丁未年劝夫捐资修家庙，又劝捐金五百为家庙购祭祀田贰拾余工，诚巾帼丈夫也。侧室蒲氏，四川成都人，生于咸丰庚申年十月初五日辰时，殁于光绪丙子年正月十四日午时，葬大坟山。侧室董氏，四川新津县人，生于咸丰戊午年。子五，毓祥，小名定懋，生于同治戊辰，三岁殁。瀛，殁，刘出。毓汉，董出；毓洛，叶出；毓涵，董出；女。

《毛氏宗谱》卷之二《大塘世系》

清故护理陕甘总督甘肃布政使毛公行状

（近）叶玉麟

公讳庆蕃，号实君，江西丰城县人。先世官蜀，故生于蜀。曾祖辉凤，嘉庆戊寅举人，四川巴县知县。祖讳震寿，陕西布政使。父讳隆辅，四川丹棱县知县。三世祀名宦，而巴县公兼祀乡贤，皆赠光禄大夫，列国史《循吏传》。曾祖妣徐，祖妣杨，妣氏杨，皆赠一品夫人。

公笃信程朱刚恪，务为絜清，思缵名绩。自巴县公讲求性道，会乡先进饶拱宸、罗亨奎两先生方仕蜀，因从之游。其后与乔树楠、马其昶、刘孚京交，而陈公三立兄事之。由员外郎，中同治癸酉举人，官户部。至光绪乙丑始成进士，官仍部曹。沈滞久，天寒俸薄，屋壁萧疏，妇稚食蔬粝。

光绪三十年，钦差大臣裕某，奉派四川查案随员。明年，钦差大臣刘忠诚公奉调办湘军粮台，蠲除平余折色诸积弊，刘公叹服，陛见面保，奉命存记。庚子拳匪乱，颠顿南下，寄孥泰州。刘忠诚方重公，因以道员留总办江南制造局。崇实考工，为前总办弥公亏七十万。

是时，两江总督、山东巡抚、闽浙总督交疏荐，屡存记、召见，又以道员留直隶，署永定河道，调通永道，授湖北荆宜施道，未上，调补永定河道。明年，调补天津道，再署直隶按察使，一权布政使。直督袁世凯最任用公，枢府疆臣又争扬誉，于是清标照海内，雅负盛名，而公刻意孤行，廉洁峻厉，衡材畀任，远避私亲，或面斥人过差，盛怒抵几，以故名日高而毁亦至。初，巴县公善言德行，著《讼过斋日记》。布政、丹棱皆有述作。毛氏世以学行政事相教勉，礼经被自孩稚，每以三世名宦自矜。

三十三年，授江苏提学，素欲端士习，乃严束诸生，有过失，坐堂皇戒斥之。时泰州黄隰朋先生，方讲学于苏，其始共师李先生晴峰，所谓太谷学派者，兼贯佛、老，世或疑之。公至是以老友折节师事，而黄先生遇之，酷于后生。

宣统元年，命授甘肃藩司。甘肃故久旱，公抵治，祷于太白泉，牲牢既荐，雨湿前驱。既兼护总督篆，率僚佐祷于仙女祠，神应甘澍，遂解凶馑，事具公《请加封神祠》与赈案诸折中。度支部令直省设清理财政局，公奏言外省财政，与地方吏治相关，此次清理，贵在核实，不致启扰累之端。又以举劾属僚，奏言吏治修废，实关水旱之灾，将欲感召天和，必先澄清吏治，庶民可蒙庥。荐翰林张林焱，知州潘龄皋、周务学，总兵马福祥，参将马骐，以为可大用。劾道员端裕、武进士凌云、都司杨杰等。既与财政监理官刘某不惬，乃有蜚语达亲贵，以阻扰新政落职。人闻公去，感泣载途。既罢官，服御俭薄，尝冬月典衣也。

自服膺太谷，稍变所学矣。顾虚衷抑损，克己过严，时或戚戚寡欢，俯仰局蹐，黄先生思有以宽其意，终不开解，或遭呵斥，天下传以为怪。七十后，主敬斋庄，危坐终旦夕，论议清典名贵。著《江苏学务公牍》六卷、《古文学余》十卷、《奏议》六卷。十六年七月，终于苏，年七十有九。娶刘夫人，早卒。继室桐城叶氏，玉麟之姑也，清德亦如公，年七十余，尚自炊爨作苦人，为廉吏伤之。妾蒲氏、董氏。子：毓汉、毓洛、毓涵，毓涵早逝。孙二人。女一，适刘氏。十七年四月，葬于苏州光福之龙山。毓洛乞铭于陈公三立，而玉麟为具公行状。

（近）叶玉麟《灵贶轩文钞》卷一；另见卞孝萱、唐文权编著《辛亥人物

碑传集》，凤凰出版社，2011年9月版，第574页至575页

清故护理陕甘总督甘肃布政使毛公墓志铭
（近）陈三立

岁甲子七月九日，吾友前护理陕甘总督甘肃布政使毛公卒于苏州寓庐。呜呼！公于三立之交，相摩以道义，相输以肝胆，规我之过，警我之顽，诱掖我，爱护我，终始数十年如一日，平生所兄事，引为畏友，盖无以逾公云。

公讳庆蕃，字实君，江西丰城人。曾祖讳辉凤，嘉庆间举人，官四川巴县知县，有《讼过斋日记》，善言德行。毛氏宗宋儒，垂为家范，自巴县君始。祖讳震寿，陕西布政使。父讳隆辅，四川丹稜县知县。三世皆祀名宦祠，皆赠光禄大夫，父并列国史馆《循吏传》。曾祖妣氏徐，祖妣氏杨，妣氏杨，皆赠一品夫人。

公幼而端凝质重，既承传累叶法式，复从饶先生拱辰、罗先生亨奎游，益究性道经世之要。两先生俱乡人，仕于蜀，为名儒，罗先生又三立外舅也。同治癸酉，公本户部员外郎，中式乡试举人，至光绪己丑，始成进士，仍官户部。公列曹郎久，饬躬治事，践履笃实，皎然不欺其志，京师贤士大夫莫不信重相结，尤与乔君树枏、李君本方、刘君孚京数辈切磋，为密友。甲午中东之战兴，朝廷授两江总督刘忠诚公为钦差大臣，出督师。先公时官直隶布政使，兼总东征粮台，而粮台设天津，特任公往代，擘画精详，弊端刮绝，忠诚公叹曰："自军兴，转粮诸僚吏，罕有其比也。"陛见面奏，盛推公，交存记。及庚子拳匪之乱，公颠沛奔金陵，忠诚公为公改道员，留总办江南制造局，核工械，减浮费，躬廉勤为，率有大效，所赢且补偿前总办所负七十万。是时公声绩隆起，风采倾天下，忠诚公、山东巡抚、闽浙总督复交章论荐，遂承旨以道员留直隶。未几，署永定河道，调署通永道，授湖北荆宜施道。未上，调补永定河道。明年，调补天津道，凡再署直隶按察使，一权布政使。三十三年，拜江苏提学使之命。公务端士习，惩邪说诐行，与吴中柄学务者异趣，类訾其顽旧，屹不为所夺也。

宣统元年，擢甘肃布政使，寻护总督。时久旱，公屡祷雨辄应，民归其至诚，歌诵弗衰。会度支部设各行省财政监理员，甘肃所置员为轻剽少年刘

某,日督责作气势,公与之忤,刘恚而构蜚语达诸亲贵用事者,坐阻挠新政落公职。公既归,赁庑移苏州,久之,穷窘至冬寒不能具敝裘,晏如也。公为人耿介特立,以绳墨自矫,严克治,内讼已过,不毫发宽假。与人交,输写悃款,反覆不厌,见有过,必直摘极规,或有片长小善,亦激赏倾倒,揄扬不容口。所学笃守程朱,不阑入他说。

光绪初,公方壮年,过谒先公长沙,得间,三立偕公寻衡岳。及登祝融峰,遇暴风雨,衣襦沾湿,达僧寺,张灯就饮,倚几纵论,涉学派。三立意向阳明王氏,微不满朱子,公怫然变色,责其谬误,径去而强卧。夜半闻公辗转太息声,乃披衣就榻谢之曰:"犹未熟寐耶?顷者语言诚不检,然自揣当不至为叛道之人,何过虑至此耶?"公不语,微昂首颔之。晨起一笑而解。公虽少慧,然迫切厚我之肫诚逸事类此者,有不能忘。其后获师龙川李先生,遂不复坚持夙昔所见矣。李先生者,仪征人,所传道术,莫窥其涯涘,徒党服其教甚盛。李先生殁,其高足弟子泰州黄先生葆年继起讲学,公复折节转事黄先生,而黄先生晚岁遇之暴,公愈恭谨,不改常度,其求道笃挚如此。

公得年七十有九,著《江苏学务公牍》一卷、《奏议》六卷、《书牍》六卷、《古文学余》十卷,待刊。娶刘夫人,前卒。继娶叶夫人、恭俭持家,年七十余,犹炊爨作苦,世为廉吏伤之,又以为于公克配其德。侧室蒲氏、董氏。子三人:毓汉,毓洛,毓涵,毓涵早世。女一人,适丹徒刘某。孙二人。公卒之明年乙丑四月,葬公苏州光福之龙山。越六年,三立始获追铭公墓。自顾夙忝期待,迨耄期且死,终归暴弃无所成,综考遗躅,益憾此生负公九原之隐痛已。铭曰:

峨峨大门,验收儒效。化迹尸祝,三世有耀。绵延衾聚,挺出得公。光新之姿,初旭生东。回翔京师,练才蓄德。精感弥纶,望崇朝列。历从政役,务持纲纪。综核不遗,弊绝包苴。迂缓图功,所就愈伟。违天一官,掷视敝屣。始范于学,洛闽式遵。别授要道,几哜圣真。为通为蔽,孰诘厄言。坚操苦志,终泣鬼神。老赘戮民,谊贯生死。猥显风概,以翼后起。

陈三立《散原精舍诗文集(增订本)》中册,李开军点校,上海古籍出版社,2014年10月,第1074页至1077页

剑川按:毛庆蕃初娶赣州龙南刘氏(1845—1878),道光甲辰恩科

举人、四川永川知县刘仰祖女,生毓瀛;继娶安徽桐城寄籍四川华阳叶氏(1860—?),湖北江陵知县叶树南女,生毓洛;侧室成都蒲氏(1860—1876)、新津董氏(1858—?),生毓沆、毓汉、毓涵。

子四:长毓祥,小名定楸,三岁殁;次毓瀛(1877—1889),业儒,夭葬京师;三子毓沆(1880—?);四子毓汉(1880—?);五子毓洛(1884—1947),娶社里史氏,香山知县史继泽侄女、平乐府同知史焕青女;继娶安徽桐城叶氏(1905—1955),清华大学教授。六子毓涵(1890—?),娶抚州临川刘氏。女三,长女聘四川华阳县刑部主事乔树枏之乔静寿,未嫁而殁;次女聘丹徒刘鹗之子;三女聘未详。侄女二,一嫁江西南丰县进士、刑部主事刘孚京三子刘怀,一嫁太谷学派传人、山东泗水知县黄葆年之子黄寿三。

正文

道光二十六年（1846） 丙午　一岁

十一月十四日（12月31日）戌时，生于四川。

公讳庆蕃，号实君，江西丰城县人。先世官蜀，故生于蜀。
（近）叶玉麟《清故护理陕甘总督甘肃布政使毛公行状》，《灵觋轩文钞》卷一

剑川按：时庆蕃父毛隆辅随祖父毛震寿在四川彭水知县任上，则毛庆蕃似生于彭水。

是年，祖父毛震寿（1812—1875）三十五岁，祖母杨氏（1813—1835）三十四岁，父毛隆辅（1830—1869）十七岁，母杨氏（1830—1880）十七岁，四叔毛隆恩（1837—1889）十岁，五叔毛隆安（1838—1873）九岁。

王茂荫（1798—1865）四十九岁，徐士谷（1803—1866）四十四岁，李光炘（1808—1884）三十九岁，郭嵩焘（1818—1891）二十九岁，李鸿藻（1820—1897）二十七岁，李士棻（1821—1885）二十六岁，李鸿章（1823—1901）二十四岁，李兴锐（1827—1904）二十岁，许振祎（1827—1899）二十岁，翁同龢（1830—1904）十七岁，王文韶（1830—1908）十七岁，刘坤一（1830—1902）十七岁，陈宝箴（1831—1900）十六岁，龙湛霖（1837—1905）十岁，张之洞（1839—1909）八岁，廖树蘅（1839—1923）八岁，吴汝纶（1840—1903）七岁，蒋文田（1843—1909）四岁，盛宣怀（1844—1916）三岁，黄葆年（1845—1924）二岁。

道光二十七年（1847）　丁未　二岁

祖父毛震寿调署新津知县。

丁未,署新津。

《毛氏宗谱》卷之八《人物录》

道光二十八年（1848） 戊申 三岁

是年,八叔毛隆章（1848—1906）生。

道光二十九年（1849） 己酉 四岁

祖父毛震寿改署丹棱知县。
是年,九叔毛隆光（1849—1908）生。

黄牧甫（1849—1908）生。

道光三十年（1850） 庚戌 五岁

三月,曾祖父毛辉凤崇祀彭县、綦江、乐山、巴县等县名宦祠。

（道光三十年）三月乙亥。予故浙江镇海县知县王梦弼、江苏昆山县教谕何锡九、江西广信府同知顾麟趾、云南迤南道胡启荣、四川巴县知县毛辉凤、陕西白水县知县徐元润、平利县知县司徒修、河南河南府知府萧元吉、汤阴县知县马应宿,入祀名宦祠。从总督刘韵珂、李星沅、陆建瀛、林则徐、琦善、布彦泰、巡抚潘铎请也。

《清文宗实录》卷三,道光三十年三月乙亥条是年，乔树枏（1850—1917）生。

咸丰元年（1851） 辛亥 六岁

毛庆蕃约于是岁前后发蒙读书，师从饶拱宸、罗亨奎等。

公笃信程朱刚恪，务为絜清，思缵名绩。自巴县公讲求性道，会乡先进饶拱宸、罗亨奎两先生方仕蜀，因从之游。

（近）叶玉麟《灵贶轩文钞》卷一

公幼而端凝质重，既承传累叶法式，复从饶先生拱宸、罗先生亨奎游，益究性道经世之要。两先生俱乡人，仕于蜀，为名儒，罗先生又三立外舅也。

（近）陈泣《清故护理陕甘总督甘肃布政使毛公墓志铭》，《散原精舍诗文集（增订本）》中册，李开军点校，上海古籍出版社，2014年10月，第1074页至1077页

受业师

向勉堂夫子名钊，四川彭水县庠生。

世伯席玉樵夫子重熙，四川彭县廪生。

叔父敉卿夫子隆普。

席桐村夫子咸熙，彭县庠生，入祀昭忠祠。

穆海航夫子其琛，四川成都县道光丙午科优贡，己酉科举人，原任巴县训导，安徽无为州知州，崇祀乡贤祠。

世叔席虹舫夫子鸿熙，彭县庠生，贵州候补道。

刘露腴夫子葵生，四川华阳县人，咸丰乙卯科举人，拣选知县。

世伯彭镜湖夫子润芳，四川新津县人，咸丰乙卯科解元，丙辰科进士，刑部主事，湖南即补知府。

饶涤生夫子拱辰，新城县道光辛巳恩科举人，壬辰恩科进士，原任湖北

武黄同知。

牛雪樵夫子树梅，甘肃通渭县人，道光辛卯恩科举人，辛丑恩科进士，前四川按察使司按察使。

李平山夫子光炘，江苏仪征县廪贡生，候选教谕。

问业师

外舅刘梦仙夫子仰祖。

父执罗惺四夫子亨奎，武宁县人，咸丰辛亥恩科举人，四川候补知府。

世伯傅理庵夫子燮，四川新都县人，道光巳酉科举人，陕西即补知县，前署镇安县知县。

潘席卿夫子先珍，星子县人，咸丰壬子科解元，原任四川宜宾县知县。

傅石樵夫子大贞，四川洪雅县人，同治乙丑科进士，兵部主事。

受知师

吴仲宣夫子棠，安徽盱眙县人，道光乙未恩科举人，原任四川总督，谥勤惠。

刘岘庄夫子坤一，湖南新宁县人，优廪生，前任江西巡抚。

刘銮坡夫子承辇，广东阳春县人，道光丙午科举人，同治壬戌科进士，江西候补同知，癸酉科同考官。

达峰夫子乌拉喜崇阿，咸丰丙辰科进士，现官兵部尚书，癸酉科江西正考官。

张秋生夫子道渊，同治癸亥科进士，户科给事中，癸酉科会试同考官。

陈芸敏夫子琇莹，光绪丙子科进士，翰林院编修，庚辰科会试同考官。

曾怡庄夫子树椿，四川庆符县人，辛酉科拔贡，丙子科举人，癸未科进士，兵部员外郎，本科会试同考官。

廖仲山夫子寿恒，江苏嘉定县人，癸亥科进士，礼部左侍郎，本科会试总裁。

潘伯寅夫子祖荫，江苏吴县人，壬子探花，工部尚书，本科会试总裁。

宗室小峰夫子崑冈，壬戌科进士，工部尚书，本科会试总裁。

李兰孙夫子鸿藻，直隶高阳县人，壬子进士，礼部尚书，本科会试总裁。

剑川按：毛庆蕃会试朱卷，载有其自幼时起至会试止受业师、问业师、受知师名目，时间跨越较大，暂系之本年。

是年，王树柟（1851—1936）生。

咸丰二年（1852） 壬子 七岁

咸丰三年（1853） 癸丑 八岁

是年，陈三立（1853—1937）生。

咸丰四年（1854） 甲寅 九岁

是年，杨祖兰（1854—1920）生。

咸丰五年（1855） 乙卯 十岁

十二月，祖父毛震寿补授梁山知县。

吏部尚书花沙纳《题为遵议准以毛震寿补授四川梁山县知县事》，咸丰五年十二月十二日。

中国第一历史档案馆原件，档号02-01-03-11149-011

刘孚京（1855—1896）生；陈炽（1855—1900）生；徐世昌（1855—1939）生。

咸丰六年（1856） 丙辰 十一岁

十一月，祖父毛震寿补授绵州知州。

吏部尚书花沙纳《题为遵议核准川省请以毛震寿补授绵州直隶州知州事》，咸丰六年十一月初六日。

中国第一历史档案馆原件，档号 02-01-03-11200-022

史继泽（1856—1924）生。

咸丰七年（1857） 丁巳 十二岁

是年，刘鹗（1857—1909）、陈夔龙（1857—1948）生。

咸丰八年（1858） 戊午 十三岁

祖父毛震寿在绵州任上。

直隶绵州知州毛震寿重修县衙大堂，咸丰八年成，作联："只宜任事毋生事；不可沽名要立名。"

（同治）《直隶绵州志》卷十五《公署》

是年，易顺鼎（1828—1920）生。

咸丰九年（1859） 己未 十四岁

祖父毛震寿以嘉定知府衔，总办酉阳、秀山等处军务，督毛隆安等率部剿灭猫猫山等处匪巢。与胡林翼书信往返，论川黔局势。

（咸丰八年）十一月，绵州牧毛震寿来州查办军务。是月二十九日夜，官军攻破青龙堡，克之。九年正月初三日，进克胡家坪，田逆遁。十二月十六日，官兵与贺逆战于木蜡庄，互有伤损。大宪复奏调绵州牧毛震寿为总办，以节制各军。

咸丰九年九月二十日，官军进攻张家湾，克之。二十一日，官军入猫猫山，郎逆、吕逆、陈染匠等皆就擒。二十二日，众贼伏诛。十六日，总办毛，委员程葆光、毛锡麟留办善后事宜，自班师回省。

《酉阳直隶州总志》卷二十二《武功志》

复四川总办酉秀黔彭防务毛小梧太守（十九）

来书所论蜀边地势，如张子房之借箸、马伏波之聚米，令人一目了然，曷胜钦佩。来示虑石逆假道于黔，勾结而西，具见深识远虑，必能为未雨之绸缪。盖该逆久蓄伺蜀之谋，计在取径楚南，兼扼鄂之背，此次不获逞志于楚，傥阑入黔中，万不敌此狂寇，而思南、铜仁各处紧要，与蜀边毗连，扼要设防，当惟长城倚重耳。

（清）胡林翼《胡文忠遗集》卷六十五

胡文忠抚楚时，不识何以知我之名，手札先施，殷殷以人才军务为问。余抒所见，胡公深韪其言。当时豫抚英香农中丞，曾有指调我师改防襄樊之请，并令毛某裹粮而来之语。果尔，则余必诣鄂垣一见文忠，定邀特识，以奇才遇我，则遭逢之蹙，未见文忠，此生之恨耳。文忠之函，汉阳之陷，悉落于敌人之手，惜哉，惜哉。

（清）毛震寿《居易山人随笔》卷二

是年，袁世凯（1859—1916）生；贺涛（1859—1912）生；赵启霖（1859—1935）生；赵惟熙（1859—1917）生。

咸丰十年（1860） 庚申 十五岁

闰三月，祖父毛震寿赏戴花翎。

（咸丰十年闰三月）戊午。又谕：曾望颜奏《官军会剿猫猫山逆匪连拔逆寨》一折。四川猫猫山逆匪郎官等，盘踞茶溪、红岩坪等处，筑寨负嵎。办理酉秀防务之绵州直隶州知州毛震寿，会同地方文武印委各员，分起进剿。三月十四等日，连将茶溪老巢、红岩坪险寨，攻克平毁，叠次斩获甚多。官军夺险扼要驻守，其狮子岩、苦竹坪、张家岩各贼寨，亦于十六日分路进剿，各有斩捡。即着该署督饬令带兵文武，乘此声威，速图进取，尽歼丑类。

以四川酉秀办防出力，赏知州毛震寿花翎。

《清文宗实录》卷三百十四，咸丰十年闰三月戊午条

是年，堂弟毛玉麟（1860—1912后）生；郑孝胥（1860—1939）生。

咸丰十一年（1861） 辛酉 十六岁

四月，以祖父毛震寿升四川按察使，毛庆蕃荫官三品。

（咸丰十一年四月）乙丑，云南布政使陈景亮、因病解任。以四川按察使萧浚兰为云南布政使，四川成绵龙茂道毛震寿为按察使。

《清文宗实录》卷三百四十八，咸丰十一年四月乙丑条

以祖震寿咸丰十一年官四川按察使，恭逢穆宗毅皇帝登极恩，正三品荫生。

《毛氏重修宗谱》卷之八《人物录》

同治元年（1862） 壬戌 十七岁

祖父毛震寿升陕西布政使、总统汉南军务，率川军赴援陕西。

以四川按察使毛震寿为陕西布政使。

《清穆宗实录》卷十九，同治元年二月丙寅条

着骆秉章迅催毛震寿，带兵前赴汉中，总统诸军，迅扫贼氛，毋再延缓。谅该大臣等公忠素著，必能权衡缓急，用慰西顾之忧。将此由六百里加紧，各谕令知之。

《清穆宗实录》卷二十七，同治元年五月癸未条

同治二年（1863） 癸亥 十八岁

祖父毛震寿以汉中、城固二城为太平军所陷，夺职自效。

己巳，谕内阁：本日据吏、兵二部奏，遵旨严议毛震寿等处分一摺。陕

西布政使毛震寿、候补知府易佩绅办理汉南军务，疲玩迁延，日久无功。甘肃肃州镇总兵何胜必、记名提督萧庆高带兵援陕，连失二城。该文武各员等，均有统带专营之责，不能迅解城围，以致汉中、城固两城相继失陷，实堪痛恨。萧庆高、何胜必、易佩绅，均着照该部所议，即行革职，并着仍留军营，以观后效。至毛震寿督办汉南军务，各营将士，均归统率，兵力不为不厚。且在营已及一年之久，乃一味迁延观望，以致连失二城，厥咎甚重。经吏部先后两次遵旨分别严议，毛震寿，着即革职，交刘蓉差遣委用，责令戴罪杀贼自效。倘再不知愧奋，即着刘蓉从严参办，重治其罪，以示惩儆。

《清穆宗实录》卷八十，同治二年九月己巳条

同治三年（1864） 甲子 十九岁

父毛隆辅署新都知县。

毛隆辅，字翼卿，江西人。其为人温雅，然性刚方有断才。大、小案件，是非立判。邑差务繁冗，官稍不慎，下人每借公干滥支，乃身带图记，流弊遂除。正因寺僧多违犯，逐之，以庙田租入减文武童应试卷赀之半，今归邑中学务局。

（光绪）《新都县乡土志》卷四《政绩录》

同治四年（1865） 乙丑 二十岁

毛隆辅所至，有古循吏风。

毛隆辅，字揖青，辉凤孙，震寿子也。性廉介，人不敢干以私。好读书，

究心图史，久历戎幕。善笺奏，随父震寿任，蜀之山川形胜、阡陌纵横，历志之，兼资吏治。顷之，援例摄新都篆，重农讲艺，有循吏风。任丹棱，风土一变。甫下车，树桑作棠舍，案无留牍。种木棉，歌声往来。暇日集山农，戍楼、城堡、炮台次第修筑。又广积储，活饥民万计。联保甲弭盗一方。座右自书"心存利济，志在澄清"。见四方多警，合乡勇团练，立"果毅军"，仿李崇治究，村置一楼一鼓法家制，一梆动，则响应。一日，洪雅寇起，踞八面丛山，势蜂涌。辅督团练左右甄叠，出奇计破之。大府器其才，调德阳。邑繁剧，部署无少暇。甫三月，积劳成疾，咯血卒。生平治遵祖范《县谱》，半道言，易篑时，犹手执李二曲《反身录》不释，遂附入殓。柩至成都，牛雪樵方伯抚棺哭失声，绅耆执绋者数百人。

（同治）《丰城县志》卷十四《仕绩》

是年，刘尔炘（1865—1931）生；潘宗礼（1865—1906）生。

同治五年（1866） 丙寅 二十一岁

是年，庆蕃从学黎川饶拱辰于眉州书院。

《讼过斋日记》，吾乡毛觉生先生手著也。先生以江右宿学，为名孝廉，出宰蜀邦，所至皆为循吏。既没，而嗣君震寿，亦官蜀，由令宰至方伯，有声。冢孙隆辅，今又令丹棱，孳孳好学求治，皆辱与拱辰倾契。同治五年，拱辰掌眉州书院，曾孙庆蕃，又尝来学于书院月余，亦佳士也。丹棱明府奉方伯公命，将以先生书付梓，请拱辰校订，意笃而词恭。於戏！有后勿弃，基孝慈之心，固如是也。拱辰虽不敏，乌得不尽心以报？

（清）饶拱辰《讼过斋日记序》，载同治十一年（1872）成都刻本《讼过斋日记》卷首

四月，祖父毛震寿开复道员，升叙加衔。

（同治五年四月）丙申，以四川劝办甘肃军饷出力。予已革布政使毛震寿开复道员，馀加衔升叙有差。

《清穆宗实录》卷一百七十四，同治五年四月丙申条

父毛隆辅赴丹棱知县任，修筑城垣，有功地方。

毛隆辅宰丹棱，清廉、勤政、爱民。每巡四乡，民有诉讼，即止于道旁，坐交椅，写签付原告，传被告来，立刻审讯具结。实授五年，卸任。无路赀，借属吏郭梧生五百两回江西，嗣后汇还一千两。绅民心理学其德，具陈报奏，诏祀孔庙名宦祠。其父毛震寿，在前亦宰丹棱，有德政，张场建清官亭纪念之，民间称"老毛太爷"及"小毛太爷"云。

《丹棱文史》第 3 辑，中国人民政治协商会议丹棱县委会文史资料研究委员会编，1989 年 11 月版，第 27 页

秋，太谷学派"黄崖山教案"起，张积中等死之。
是年，罗振玉（1866—1940）生。

同治六年（1867） 丁卯 二十二岁

十二月，曾祖父毛辉凤入祀丰城县乡贤祠。

（同治六年十二月）乙未，予安徽故内阁中书洪钧、江西故四川巴县知县毛辉凤、浙江故江苏淮徐扬海道朱善张、直隶东安县知县倪承弼、钱塘县训导方坰、平湖县优贡生顾广誉、定海厅贡生黄式三、福建故翰林院编修林春溥、河南商丘县知县孙珩、惠安县优贡生孙经世、河南故江西进贤县知县高殿举、安阳县训导庞慎修、山东故河南候补知州李德林、山西故直隶玉田县

知县赵逢年、陕西故四川候补直隶州州判张鹏飞、石泉县廪生张翎、入祀乡贤祠。从巡抚英翰、刘坤一、马新贻、李鹤年、丁宝桢、赵长龄、刘蓉、护巡抚周开锡请也。

《清穆宗实录》卷二百十九，同治六年十二月乙未条

头品顶戴兵部侍郎兼都察院副都御史巡抚江西等处地方兼理军务提督衔硕勇巴图鲁臣刘坤一，谨题为敬陈刍荛，仰祈圣鉴事。

据布政使司布政使孙长绂详称，案奉行准礼部咨："嗣后凡请入祀名宦、乡贤者，令该省督抚、学政秉公确查，核实具题，并将事实册结，送部查核，照例汇题。又例载崇祀名宦、乡贤，应确核事迹，倘名实不能相副，即行指驳"各等因，遵照在案。

今据署南昌府知府盛元，转据署丰城县知县陈汝霖，详准儒学教谕胡苏亭、训导刘振邦牒，据阖邑绅士前翰林院侍讲徐士谷等呈称：

"兹有本邑已故举人、原任四川巴县知县、崇祀名宦毛辉凤，幼即岐嶷，生而颖悟；品端学粹，性笃行高。儿时即号以神童，人言不间于孝子。当椿树方荣之日，正萱花忽谢之时。墓苦无庐，雷雨弗迷于趋视；门传问寝，星霜不懈于晨昏。过庭而训凛义方，胫何庸杖；卧榻则亲调药饵，股也可锥。此固纯笃之深、肫诚之至者也。

嗣以亲心顾虑，每虞食指耗繁。为区负郭之田，代析中厨之爨。机云有屋，暂住东西；康惠联床，无分上下。友以谊笃，毁伤其薪木以何妨；病祷情殷，纵坏其墙垣而不惜。怜苏季乏多金之产；适潘璋值负债之时。弟也修文，父兮就老。引为己任，既深教养于伶仃；迥出人情，不吝赀财于婚配。此则共征其孝友、见信于乡邻者也。

耕借砚田，收凭墨稼。以束脩之所入，为事畜之常供。家比析薪，每惧不胜其负荷；邻还扑枣，多情更听其取携。虽无范文正之义田，犹赡宗族；窃比司马公之济涸，遍及乡邻。室有芝兰，不徒工对白描黄之艺；门多桃李，尽成就纡青拖紫之人。此又贫贱之时，而未遂其显扬之至者也。

未几而荣膺乡荐，举为孝廉。以江夏之无双，屈眉山于第二。公车屡上，暂滞探花；毛檄旋膺，尤多建树。天彭窥井络，辟千秋水利之源；灌口溯源头，极一代风规之峻。正庆循陔之养，忽惊陟岵之悲。痛不欲生，念报国承

家于何日；归而卜葬，尤尽哀称礼以终天。

俟尔三年，翻然再驾。泷冈初表，聊存小子之心；蜀国重游，用继先人之志。始停车于刚氏，甘雨相随；继受篆于南平，从风尽偃。不图小丑，竟称跳梁；爰率团民，相为对垒。筹边有略，果靖鸱张；策胜出奇，群归虎拜。以玉检雕龙之彦，驰金戈铁马之间。捷月频赓，望风而靡。此又纯儒之所不及、良吏之所难能者也。

无何，大府荐其名，宸衷知其姓。嘉州防堵，功高直比于凌云；巴国量移，泽润更深于渝水。民歌来暮，望岁方殷；士切去思，假年莫续。正群情之属望，忽甲马之相惊。此又方歌羔豹之诗，莫解龙蛇之厄者也。

至于立心行事，公私必辨于天人；睦族恤邻，施济无分于穷达。若敖之无双馁矣，为培七尺之坟；赵氏之孤茕然，厚恤一家之赒。怜贫敬老，好义济公。投妖象以绝祸，端戒愚顽而遵法。守寓阐扬于邑乘，秉笔从严；勤种植于土宜，扶犁永赖。功同救蚁，爰造舟以为梁。义集哀鸿，俾旧宅于安堵。访河山之世系，千里何辞；砺丰水之廉隅，一毫不苟。由受书之日，及赴召之年。自始至终，存诚主敬，此又守寒儒之素、安廉吏之贫者也。

而且既深经史子集之文，复精濂洛关闽之学。堂升孔孟，室入朱程。著为成书，裒然成集。头头是道，心源岂托于空谈；面面俱图，指画更征于实践。公余偶暇，雅有诗怀；遣兴消闲，复深画意。以云林之妙趣，写工部之吟情。此又正学之统宗、大儒之余事也。

迄今维桑卓著，宰树苍茫。颂起棠甘，遥听口碑于全蜀；型留梓里，难忘心版于西江。谨具事实甘结，呈恳详请具题，倘邀俞允于九重，用播馨香于千古。褒崇先达，矜式来兹"等情，并据开具事实册结到学。

该丰城县儒学教谕胡苏亭、训导刘振邦查看得："已故举人、原任四川巴县知县、崇祀名宦毛辉凤，公忠体国，孝友传家。秋校题名，亚魁蕊榜。西川捧檄，德著棠封。源疏水利，数郡沾白郑之恩；世度金针，到处有青天之颂。课士则身先励行，化洽菁莪；治民则首重诘奸，种锄良莠。本修己以安人，由淑身而善世。阐濂洛关闽之学，存诚主敬以求仁；周邻里乡党之穷，恤寡存孤不望报。发幽光、表潜德，一县公评在志书；修谱牒、创训规，三年劳绩归宗族。核以口碑，无瑕可议；征诸舆论，有善皆称。洵足冠冕儒林，无愧蒸尝。庠右合就取具绅士暨族邻各甘结，加具印结，备造事实清册，移请转详"等因到县。

该署丰城县知县陈汝霖查看得："已故举人、原任四川巴县知县、崇祀名宦毛辉凤，事国以忠，传家以孝。三余学足，文章与贾董齐驱；百里才优，政事与龚黄媲美。遍访口碑，推原之心迹，因不忝千秋名宦；俎豆馨香，尤洵属一代名贤。士林矜式，阐其幽光。宜崇祀典，合将送到册结，加具印结，详请核转等情到府详司。

据此该布政使孙长绂，核看得："丰城县已故举人、原任四川巴县知县、崇祀名宦毛辉凤，德粹琢璋，才优制锦；孝友树人伦之表，文章抒经济之华。为政惟勤，持躬克俭。甄拔与惩威并至，恤赈与教养兼施。言物行恒，功隆望重。遗爱常留梓里，家声丕振乎箕裘。宏猷凤契枫宸，国典聿酬夫俎豆。洵是仪型足慕，生可维风，允宜祀享褒荣，殁昭懋德。兹据该府、县、儒学查造事实册结详送前来，理合详请会题"等情，呈详到臣。

该臣看得："丰城县已故举人、原任四川巴县知县、崇祀名宦毛辉凤，誉擅科名，继崇儒素；文章发乎经济，孝友根诸性情。宰治蜀江，浚水利为农田永赖；筹防边邑，坚壁垒而氛祲全消。动士庶之讴歌，碑留德政；作儒林之模楷，庐式乡间。虽宦都之肸蚃已隆，久列名山俎豆；而梓里之芳徽如昨，宜崇没世馨香。敢邀纶綍于九重，俾慰景行于一邑。兹据布政使孙长绂转据该府、县、学查明取造事实册结，呈请从祀乡贤前来，臣覆核无异，除册结送部外，臣谨会同署两江总督臣李鸿章、江西学政臣何廷谦，合词恭疏具题，伏乞皇上圣鉴，敕部议覆施行。谨题请旨。同治伍年拾贰月贰拾日。

硃笔御批："该部议奏。（六年）三月廿九，下礼。"

中国第一历史档案馆原件，档案号 02-01-005-023590-0060

是年，蒋元庆（1867—1952）生；张一麐（1867—1943）生。

同治七年（1868） 戊辰 二十三岁

九月，父毛隆辅署德阳知县，有廉能声。

毛隆辅，字益卿，江西丰城监生。同治七年九月署理，兴利剔弊，勇于有为。尤善听断，有染工借米商斗筐不还，久遂冒为己物。米商往索，反斥非控焉。隆辅命执斗筐于堂下，靛染殆遍，宛然染工物也。讯曰："若本邻好，以彼失和，是彼之罪也。"杖责斗筐，落糠屑满地。染工服罪。一日，独外出，遇妇詈骂万端，往问故，则曰："偶不在，鸡为人攘去。"隆辅曰："速唤同居，无少长男女咸出，吾为若讯之。"齐集遍问，皆不之承。曰："有麦乎？"妇应曰："有。"取升麦来，戟指作符咒状讫，令直伸肱，各与勺麦，曰："紧握，无使泄气，攘鸡者，麦必芽，非则否。"因与谈廉洁事，时微睨之，有少妇屈伸其指者再四，隆辅曰："麦不易芽，何能久待？"然已知攘鸡者，即彼少妇也。命妇同长老搜诸其家，得之床下。其理讼多智术类如此。初同治六年，邓仁垣奉臬宪牛树梅札，饬设"三费局"以除民累。集绅议六、七两年，每条粮外，输钱一千，以资经费。城乡如遇人命、盗伤、路毙等案，相验、缉捕、招解各费，皆出自局，不用民钱，费苦不敷。隆辅禀抽肉厘，用遂饶裕。勤于政治，吏民莫不畏感怀德。竟以劳瘁致疾，四月卒于官，至今民犹惜之。

（光绪）《德阳县乡土志》卷一《政绩录》

同治八年（1869） 己巳 二十四岁

五月，父毛隆辅病逝于德阳县衙。

丁卯，以平邻县洪雅教匪叙功，奉旨赏加运同衔。戊辰，调署德阳县，甫三月，积劳得咯血病，己巳五月，卒于任，是年八月，丹棱士民请祀名宦。
丰城大塘《毛氏重修宗谱》卷之二《大塘世系》

庆蕃持父丧，旅榇暂厝眉州蟠龙山，身负筹费之责。

己巳十月，奉故太夫人偕长男揖青两榇，厝于蟠龙山，为趁水势未落，便于登岸。是时四儿告差，前赴富顺、泸州，一切之费，皆长孙筹之。吾儿复虑不足，乃向化成寺僧峻山称贷廿金，至今未偿，如何对得住人。余智至如此，可为浩叹。化成房租，亦不容缓，大约亦在三十内外，四儿当亟适楚，毋招人指摘为是。

（清）毛震寿《居易山人随笔》卷二

胡思敬（1869—1922）生。

同治九年（1870） 庚午 二十五岁

庆蕃援例报捐国子监监生，加捐员外郎。

同治九年庚午，遵例报捐监生，加捐员外郎。

《毛氏宗谱》卷之八《人物录》

同治十年（1871） 辛未 二十六岁

同治十一年（1872） 壬申 二十七岁

秋，在成都刊行曾祖父毛辉凤《讼过斋日记》并作跋。

右《讼过斋日记》六卷，盖先曾祖所手著，而先君子仿《呻吟语》目录，参以诸家体而编定者也。先曾祖年逾弱冠，慨然有志圣贤之学，德性浑成，内行修笃，足迹不入城市。读书有得，则学横渠札记，以自考镜。年四十后，廷挑令蜀，益默自体勘，务用力于慎独。充养纯粹，造道愈深。晚以"讼过"名斋，遂署是编曰《讼过斋日记》，卒年五十有四。入祠名宦，并祀于乡贤。家大父尝欲刊布遗著，质之海内君子，顾以鞅掌驰驱，弗果。就先君子锐志成之，又念是书精理名言，散而无纪，非别白而统一，无以备穷其义蕴，亦无以便学者之览观。于是思仿吕氏分类之法，勒为一编，而固志焉。未逮也，及宰丹棱残破之区，修废举坠，几于日不暇给。往往夜分之后，风雨一编，孤灯危坐，孜孜排纂，鸡既鸣，不少休。是时涤夫饶先生拱辰，主讲眉山，往复商订。泊移治德阳，养疴新都，皆奉以自随。病且革，复属王煦亭孝廉昀，雠校再四。易箦前一日，命小子曰："《日记》原本、副本，煦亭计已校毕，其索归。"呜呼！先君子之拳拳于是编者，可谓至矣。家大父既退居林下，屡驰书蜀中，命登梨枣。乃乞省斋牛先生树梅重为校字，付诸手民，牛先生间以己意评骘其上，亦附刊之。

同治十有一年壬申秋，长曾孙庆蕃敬书于成都寓斋。

《论过斋日记》跋

冬，将赴丰城省亲并北上，拟至湖北嘉鱼拜别祖父、叔父。

长孙拟于江水平静，便可东来，由楚北上，赴部供职。若能就近至家一省亦好，即应虔诣家庙，一申祭飨，邀集族姓以□。其余报答祖先荫佑，借以联会宗支，约需廿金，尽足举办。

（清）毛震寿《可闲老人曼语》卷一

我能安居乡井，长房子孙与我同处，乃可放心，长孙则行至部曹，为自己科名之计，便不致分心。虑及家累，若似以家为念，将恐名不能成，而家不得振。

（清）毛震寿《居易山人随笔》卷二

十二月，父毛隆辅入祀丹棱名宦祠。

同治十一年十二月丙寅，予故直隶深州知州张杰、易州知州夏子龄、江苏徐州道王梦龄、高邮州知州魏源、靖江县知县齐在镕、赣榆县知县袁坦、浙江湖州府教授许正绶、福建诏安县知县杨福五、河南荥阳县知县罗凤仪、山东胶州知州张同声、栖霞县知县方传植、陕西鄜州知州托克绅、四川候补道蒋若采、忠州知州吴友篪、彭县知县吴应莲、丹棱县知县毛隆辅，入祀名宦祠。从总督李鸿章、吴棠、巡抚张之万、刘坤一、杨昌浚、王凯泰、李鹤年、丁宝桢、护巡抚谭钟麟请也。

《清穆宗实录》卷三百四十七，同治十一年十二月丙寅条

头品顶戴兵部尚书兼都察院右都御史总督四川等处地方提督军务兼理粮饷管巡抚事臣吴棠，谨题为详请崇祀名宦事。

据四川布政使王德固，详据署眉州直隶州知州余隆廷申，据丹棱县知县庄定域，详准儒学温恭牒，据在籍候补主事李昶元等呈称：

窃国家操驭贵之权，不外报功崇德；臣下矢奉公之节，共期著绩分猷。伏查已故运同衔升用同知直隶州原任丹棱县知县毛隆辅，西蜀循良，南州望族。钟丰城之剑气，志切搏鹏；扬学海之文澜，才雄倚马。昔趋庭而鲤对，说礼敦诗；迨捧檄以凫飞，承欢养志。百里试牛刀之用，一官展骥足之才。初摄篆于新都，人喜福星之照；继下车于丹邑，群欣甘雨之流。时则残破之余，万家待命；励精而治，百废俱兴。裕明礼达用之才，展纬武经文之略。正己率物，学道爱人。扫邻邑之狼烟，登民生于乐土；建崇墉之雉堞，集众志以成城。由是追轨里连乡之绩，复比闾族党之风。严木柝于重门，盗皆改行；购缥缃之万轴，士赖通经。四郊闻弦诵之声，教隆乡学；三载慎书升之选，典重宾兴。蘖茹青年，阐孤嫠冰霜之操；杖扶黄耇，企成周风俗之隆。若夫问疾苦于民间，警惰游于陌上。子妇教之颐养，丁男望慰丰亨。普乐利于闾阎，桑麻在望；话平康于里巷，鸡犬咸安。又如律己矢无妄之怀，同寅服有恒之政。焚香午夜，忧旱涝之不时；布谷辛田，幸阳春之有脚。囹圄草满，听讼企无讼之休；案牍日稀，明刑著无刑之化。临风而怀公德，德本如风；酌水而励臣心，心原似水。消公余之暇晷，托琴堂一卷之书；听谁嗣之歌谣，遍花县万人之口。凡夫曰清、曰勤、曰慎，恪守官箴；有猷、有守、有为，早符民望。类兹身教，难以言宣。方欣为政得人，永作千家之佛；望君如岁，真同百谷之膏。无如职报莺迁，难借寇恂于既去；感深蚁慕，莫邀荀令之再来。闻化鹤于仙乡，途嗟巷泣；忆割鸡于下邑，人往风微。今将所

见所闻，胪陈已事，乞以实心实政，上予申详。倘邀国典之酬庸，合顺舆情而入祀等情，经该县学查明，取其事实册结，加具印结，由该州核明申送到司。该司覆核无异，理合将赍到事实册结具文，详请会核具题等情到臣。

据此，该臣看得原任丹棱县知县毛隆辅，秉性慈祥，持躬清慎。宣抚字之嘉猷，官箴是凛；树忠勤之遗爱，民感难忘。自应庙食以承恩，请顺舆情而列祀。兹据布政使王德固，转据该县学查明，造具事实册结，由州加结送司，详请具题入祀名宦前来。臣覆查无异，除事实册结送部外，谨会同学政臣夏子鎕，合词具题，伏祈皇上圣鉴，敕部议覆施行。为此，具本谨题请旨。同治拾壹年贰月贰拾玖日。

同治十一年五月初一日下礼（部）。朱笔御批："该部议奏。"

中国第一历史档案馆原件，档号 02-01-005-023634-0073

同治十二年（1873） 癸酉 二十八岁

是年秋，毛庆蕃中式江西乡试第三十五名举人。

乡试中式第三十五名。

毛庆蕃《会试朱卷》。

《江西乡试题名录》。

毛庆蕃（丰城）。

《申报》1873年12月18日（十月二十八日），第2版

是年，五叔毛隆安调署京山。

湖北巡抚奏：襄阳府印务，以补用知府刘荣署理。京山县员缺，以嘉鱼县知县毛隆安调署，所遗嘉鱼县印务，即以京山县知县张金澜调署二片，也全报列后。

郭柏荫片：再，嘉鱼县知县毛隆安，现经调署京山县事，所遗嘉鱼县知县印务，即以京山县知县张金澜调署，据藩臬两司会详前来，除檄饬遵照外，谨会同督臣李瀚章附片具陈，伏乞圣鉴。谨奏。军机大臣奉旨："知道了，钦此。"

《申报》1873年2月8日（正月十一日），第1版、第5版

梁启超（1873—1929）生。

同治十三年（1874） 甲戌 二十九岁

七月，四叔毛隆恩补授四川苍溪知县，有循良名。

协办大学士吏部尚书臣宝鋆等，谨题为详请题补官员事

吏科抄出四川总督吴棠题，前事内开：据布政使王德固、按察使英祥会详称，苍溪县知县员登魁休致遗缺。查有分缺间前补用知县毛隆恩，现年三十七岁，江西监生，遵筹饷例捐知县，分发四川试用。同治柒年陆月初捌日到省，遵例捐分缺间补用。复遵银捐、例捐，分缺间前补用。查毛隆恩，年壮才敏，办事勤能，以之请补苍溪县知县，实堪胜任，与例相符。该员系分缺间前补用知县，请补知县，衔缺相当，毋庸送部引见。但系捐纳之员，仍令试俸三年，请销试字会详请题前来。臣查毛隆恩，年壮才明，以之请补苍溪县知县，实堪胜任，与例相符。臣谨恭疏具题，伏乞皇上圣鉴，敕部议覆施行。谨题请旨。同治拾贰年玖月拾壹日题，拾贰月拾玖日奉旨："该部议奏，钦此钦遵。"于本日抄出到部。

该臣等议得四川总督吴棠疏称，苍溪县知县员登魁休致遗缺，查有分缺间，前补用知县毛隆恩，年壮才明，以之请补苍溪县知县，实堪胜任，与例相符。该员系分缺间前补用知县，请补知县，衔缺相当，毋庸送部引见。但系捐纳之员，仍令试俸三年，请销试字等因前来。查定例，各省知县如遇告病、病故、休致三项缺出，系应归月选者，准其将一缺题补，各项候补，并即用之员，以一缺题补本班前先用大挑举人，以一缺题补本班大挑举人等语。

又臣部奏定章程内开，外官道府以至佐杂、休致之缺，以接到部文之日作为开缺日期，应令各省于每月叁拾日截缺一次，系应按班次者，仍由该省按班补用。如有缺项相同者，令该首签掣缺之先后，按班序补。又户部会议，八成新章内开，拟请嗣后外官道府，以至未入流，俱先用新班，遇缺先三人，次用新班，遇缺一人。再用各项轮用班次一人，以五缺为一周。知县以及佐杂并盐务等官，于试用正班到班，准将分先前、分间前，分班插补。其仅捐分先、分间人员，应俟捐纳正班到班，分先前分间前无人，方准插用。至候补即用、委用，以及各本班先到班，应不准插用分先前、分间前及分间之员等因。同治捌年陆月初叁日，奉旨"依议，钦此钦遵。"各在案。

今苍溪县知县员登魁休致遗缺，臣部坐于同治拾壹年拾贰月贰拾肆日行文，按四川省照限捌拾日减半计算，应扣至拾贰年贰月初肆日接到部文之日，作为开缺日期。归贰月叁拾日截缺，系简缺，应归月选，先经该督声请扣留外补。是月分出有温江县知县、永川县知县、渠县知县、苍溪县知县四缺，例应签掣先后序补。前据该督咨称，掣得温江县知县第一，永川县知县第二，渠县知县第三，苍溪县知县第四等因在案。查该省病、故、休遗缺知县一项，上次用至大挑仅先，后至分缺先前，止其签掣第一之温江县知县缺，应用新班遇缺，先查新班遇缺，先不合例，应用新班遇缺之人。该督题请以新班遇缺知县李承保补授。签掣第二之永川县知县缺，轮应大挑到班，该督奏请以大挑知县李应观、刘仰祖二员比较到省先后，以到省在先之员署理。经臣部核计，系刘仰祖到省在先，应以刘仰祖奏请署理。签掣第三之渠县知县缺，应用新班遇缺先。查新班遇缺先不合例，应用新班遇缺之人。该督题请以新班遇缺知县杜瑞澄补授，经臣部核准，各在案。今签掣第四之苍溪县知县缺，轮应各项班次，系分缺间前到班，应用分缺间前之人毛隆恩，江西监生，遵筹饷例捐知县，分发四川试用。同治柒年肆月贰拾壹日给照，陆月初捌日到省。遵例捐分缺间补用，复遵银捐、例捐分缺间前补用，臣部过班知照，于同治柒年闰肆月贰拾日行文，按四川省照限捌拾日减半计算，应扣至伍月叁拾日接到部文之日，作为新班分间前到省日期。核计该员接到新班分缺间前过班知照部文，已用过各项班次一人，与题补之例相符。该督既称该员年壮才明，以之请补苍溪县知县，实堪胜任，与例相符等语，应如该督所请，分缺间前补用知县毛隆恩，准其补授苍溪知县。该员系分缺间前补用知县，请补知县，衔缺相当，毋庸送部引见。再该员系捐纳之员，仍令试俸三年，恭候命下臣部，遵奉施行。

再此本科抄于同治拾贰年拾贰月拾玖日，抄出到部拾叁年柒月初肆日，办理具题合并声明，臣等未敢擅便，谨题请旨。

同治拾叁年柒月初肆日，协办大学士吏部尚书臣宝鋆、尚书臣毛昶熙、左侍郎臣魁龄、右侍郎臣宗室载崇、右侍郎臣殷兆镛、文选清吏司掌印员外郎臣崧蕃、掌印郎中臣何枢、员外郎臣文启、员外郎臣傅大章、员外郎臣刘泽远、主事臣白桓、候补主事臣杜瑞凝、候补主事臣唐景崧、候补主事臣张维俊。

御笔硃批："毛隆恩依议用，馀依议。"

中国第一历史档案馆原件，档号 02-01-03-11699-014

毛隆恩，字季彤，江西丰城县人也，清同治十三年出宰苍溪，廉明慈惠，行政有方。莅官数月，民皆畏服。又以安良除盗，必先正本清源，乃行编联保甲法，置十家牌，互相稽查，户无藏奸，犯则连坐。分一县为若干保，上之督宪，以其法颁行于全省。苍之有保甲，自隆恩始也。初邑之考院门，由衙神祠入，隆恩以为非士子出由之路，欲改易之。而邑绅罗喆即愿捐地基一亩，且撤其房舍数间，由别开一门，由东转南外向。武当山上建奎光阁，并新增号舍东西各三楹，盖谓堂内向离，叶文明豹蔚之象；门外位震，符雷雨云龙之占。苍溪士风不振，与有功焉。又好接儒士，喜吟诗，尝与邑绅刘克绍相唱和，而克绍亦相尚以道义，言不涉私，时论谓有武城澹台之风。在任期年，崔符潜踪，胥役归农，以光绪元年丁艰去官，留别有诗，载志艺文，今犹人人诵之不置。

民国《苍溪县志》卷十四

孙宝瑄（1874—1924）生。

光绪元年（1875） 乙酉 三十岁

光绪二年（1876） 丙子 三十一岁

四月，护理四川总督文格，疏请毛隆辅国史立传。

暂护四川总督布政使奴才文格跪奏，为已故知县遗爱在民，胪陈政绩，恳恩宣付史馆，并准士民自建专祠，恭折仰祈圣鉴事。

窃查接管卷内，据丹棱县在籍进士李旭元、举人罗锡申等呈称，已故运同衔补用同知直隶州、原任丹棱县知县毛隆辅，制行刚迈，操守廉洁，爱民如子，政绩卓然。前蒙题准入祀名宦祠在案。今士民等以该故员流风善政，历久弥彰，遗泽在民，感怀不置。胪陈事实，呈请奏恳天恩，宣付史馆，并准自建专祠，以伸余慕等情。当经前督臣吴棠批行丹棱县确查去后，兹据署丹棱县知县杨治具禀，该故员毛隆辅，于同治五年到任，值丹棱用遭兵燹，涤除繁苛，与民休息。务培元气，凡所设施，首以正人心、原风俗为本。在任三年，无一上控之案，无一不结之词。其大端可纪者，剿邻匪以固严疆，建城垣以资保障；编保甲、练乡兵以消乱萌，举节孝、兴乡学以端风化。以及购备经史，积储社谷，凡有关教养之事，无不实力举行。惠泽长留，讴思难泯。造具事实清册，详请具奏，由前督臣移交前来。奴才伏查同治十一年十一月二十四日，奉上谕："祁隽藻奏，弭盗安民，必资循吏。请分别表彰录用等因，钦此。"又查近年已故功臣循吏，各省士民请建专祠，均经各督抚大臣奉准往案。今据丹棱县士民，以已故该县知县毛隆辅政绩循声，堪垂信史，而列祀典，合词吁请，情出至诚。合无仰恳天恩，敕下史臣，将该故员事迹，编入《列传》，并准丹棱县士民自建专祠，以顺舆情，出自圣裁，除将该员赍到事实册结分咨外，理合恭折附片具奏，伏乞皇太后、皇上圣鉴，训示施行。谨奏。

军机大臣奉旨："礼部议奏，钦此。"

《申报》1876年5月16日（四月八日），第4版，《光绪二年四月初八日京报全录》；另中国历史档案馆藏文格奏疏原件，档案号04-01-13-0332-041

光绪三年（1877） 丁丑 三十二岁

光绪四年（1878） 戊寅 三十三岁

三月，来湘访旧，宿于陈宝箴抚署之闲园。

廖树衡《自订年谱》："光绪四年戊寅三十九岁。是岁馆闲园。三月，丰城毛庆蕃实君来湘，同寓园庐。"（徐一士《一士类稿》，第一八七页）

毛庆蕃《毛布政使书札》后附有按语："毛方伯庆蕃，字实君，清举人，江西丰城人，清末官至甘肃布政使。与陈先生三立凤好。当光绪四年，公馆陈氏闲园。三月，毛公来湘访旧，与公同寓园庐。四月，邀公与陈先生作麓山游，夜宿县人童君光海斋中。"

（清）廖树蘅《珠泉草庐师友录》册二卷七，页四五至四六，转引自廖志敏撰《廖树蘅年谱长编（上）》，凤凰出版社，2020年12月版，第110页至112页

四月初四日，与陈三立、廖树蘅游岳麓，廖有《游麓山记》。

岳麓踞湘水以西，去郡郭约六七里，自宋以来，建书院，经朱张讲学，名益彰。余以同治丙寅、庚午之岁读书山中，虽尝寻历其所有，然犹以未尽其奇为咎恨。

光绪四年戊寅，馆于分宁陈公右铭邸中，适其乡毛实君孝廉来湘，梦想山中胜状，忻然欲往。遂于浴佛前四日，招余与陈公之子伯严，从两奚唤小舠，绕橘洲而南。风日淡洁，湘波鳞皱，洲上橘花作缬，如木樨，时有细香掠水际。垂杨千挺，逐帆而移。逾时抵山口，舍舟而徒，约二里，达书院。买空卖空经重修，规模甚饬。先圣祠尤巨丽，甋棱颓壤，与丹崖翠壁相焕发。院前桐梓交阴，紫薇十数株，互叶骈枝，隔离曦景。条桑、女贞、石榴、紫荆之属，霏香骇绿，凉映襟裾。出院门，循径西上，经爱晚亭，度清风峡，林木水石益幽邃。跬步间，苔石交紫，而泉声鸟声蛙黾声，以次而作。选石危坐，旋有疏钟堕林隙，则万寿寺晚斋未散也。人天劳扰中，忽于空山中闻粥鱼声，令人萧然生出世想。寺藏两峰之间，由峡折入仅数武，而非闻钟不知有寺，幽可知矣。寺前六朝松前岁为雪所折，《麓山志》：松原两株，乾隆时大风拔其一，今则尽矣。而书院之紫阳樟亦于近岁被毁，岂先贤遗爱与象王雄力，所至均有所既欤？入寺少憩，旋穿左扉出，观所谓白鹤泉，清澈可鉴人影，味甘冽，近有达官作亭泉上，中矗巨碑，镌朱张唱和诗。折而南，为御碑亭，中嵌"印心石屋"四大字，成庙书以赐安化陶文毅者也。再折回而上，为云麓宫，地绝高，可以望远。天将雨，常有云气触石而起氤氲，类黄海，故又名"灵麓"云。羽流出茶瓜饷客，同游者以日向暝，相与辞出，还至书院，遂止宿焉。

诘朝起，相率穷院之幽与高，凡先圣先哲之祠与乡贤名宦遗迹，罔不毕览。最后登赫曦台，晓露未晞，山光如沐。是日立夏，田中分秧者麇至，农歌四起，环顾风雩、吹香两亭，宛在水中，波影空灵如镜，清明之气令人洒然。昔朱子筑此台以观日出，至今犹想见平旦振衣，悠然会太极之乐。饭已，由屈子祠登道乡台，泉光山色，别开畦町，盘桓久之。由台右直上，为禹碑亭，山之最高处也。麓山双峰角立，右为云麓，左即禹碑。云麓林石萦萦不断，有磴道可循，故游者日至。此处峰势崛岉，弥望黄茅白苇，非有志探奇者不一至焉。循道中庸、极高明，两亭距碑所可三里，碑字摩崖多刓剥，状尤奇诡，艰于辨识。

登陟就疲，各藉草坐，俄而微雨四合，罡风泠然送寒。下视麓山寺，藏深树中，亟投之，蓦坡注涧，不复遵途轨。比近寺，则巉崖峭壁，不容错趾，势难半途返。乃援藤葛而下，旋蹶旋起，衣乌半渍苔痕。一路古木大皆数围，树巅为风雪所髡，如鬼臂夜叉，森然怖人。根附岩际，如龙战野。松毛败桑，积地厚数寸，低洼处时有积潦痕，盖人迹罕至之所也。正惶惑间，忽见檐牙卓林隙，谛视之，则向者之白鹤泉亭也。群人休憩，则皆喘汗不已，相与瀹泉盥漱，就亭阴徙倚。方循岩而下也，危栗万状，僮仆推挽力竭，讥怨并作，即余亦颇悔之。及出险履夷，彼此复大快，以谓非经历险阻，不足尽游山之奇。且自有宇宙，即有此山，游者不知凡几，计未有搜剔尽致如今日，岂非介甫所谓"奇伟瑰怪非常之观，非有志者不能一至"耶？

寺中以是日受沙弥戒，首坐僧殊陋，演说了无深义，诸受戒者近百人，亦不过随众膜拜而已。昔孙文定过灵隐，听僧徒说法，谓愚民断绝父母妻子之爱，以入彼教，情殊足悯，而归咎于长民者之失教，岂非然哉？风雨骤至，同行者虑城阃不得归，遂出寺门。至清风峡，雨益甚，万木刁萧，涧泉经雨益壮，激雪溅雷，怒从丛薄中泻出，不似来时之琤琤作寒玉声。一旦暮间，而景物之变迁如此。冲泥至书院，衣履尽湿。饭已，雨稍止，遂沿西麓附官渡以归。

是游也，往返才两日，而友朋之乐，山水之奇，天容涧声之离合变易，均非意料所及，而为他日所不能忘者也。

（清）廖树蘅《珠泉草庐师友录·珠泉草庐文录》附录，凤凰出版社，2016年9月版，第252页至253页

四月，四川总督丁宝桢，题请将毛震寿入祀名宦。

太子少保头品顶戴兵部尚书兼都察院右都御史总督四川等处地方提督军务兼理粮饷管巡抚事臣丁宝桢，谨题为详请崇祀名宦事。

据布政使程豫详准，成都龙茂道丁士彬移，据署成都府知府徐景轼，详据新津县知县廖葆桓申准教谕萧国瑞牒，据举人刘筠等呈称，窃查已故陕西布政使、前署新津县知县毛震寿，方印绶之初膺，值崔符之不靖。济宽以猛，寓兵于农。豹略遥颁，闻警则东西相应；鹿车遍访，缉奸则踪迹咸知。志惟切于除暴安良，境无分乎此疆尔界。是用穴清狐鼠，巢戢鹰鹯。不徒本邑之藩篱，亦且邻封之保障。至若筹维水利，更敷远迩恩膏。百丈横堤灌溉，畅东南万顷；陆年积牍平反，慰西北千村。他如僻壤遐陬，莫不嘘枯润槁。凡

此恩威并用，教养兼施，非慈惠以居心，曷经权之应手。厥后所至有青天之目，始终盟白水之心。叠除贰品头衔，实出九重心简。第龚黄善政，遐迩虽仰其神明；而桑梓沾恩，祗奉未昭乎肸蚃。犹存遗爱，不已追思；恳乞入祀名宦，以顺舆情。为此开呈履历事实，公恳赐文申详。

又据绵州直隶州知州文棨，详准儒学训导，兼理学正罗琨申据绅粮孙秉喆等禀称，窃已故陕西布政使、前绵州直隶州知州毛震寿，才足救时，志存济物。凛四知于暮夜，覆数载之棠阴。当商辐贾辏之区，值时事纷繁之会。恩威并用，良莠修分。书院则增置课额，书籍则捐俸广储。溉田开通济之渠，筑堤保万民之命。修文备武，奇功屡逮于边陲；秉臬开藩，恺泽遍敷于全蜀。生既有功于民，殁应崇祀于社。谨具事实，恳请入祀名宦各等情。经该州县查明取具供甘各结，造具事实清册，由该管府道层次加结移司。该司覆核无异，理合将赍到事实册结具文，详请会核，具题等情到臣。

据此，该臣看得原任陕西布政使、前四川绵州直隶州知州毛震寿，学道爱人，实心为政。懋著循良之绩，共切去思；允符名宦之称，不虚遗慕。兹据布政使程豫，转据该州县学查明造具事实册结，由府道加结送司，详请具题入祀名宦前来。臣覆查无异，除事实册结送部外，谨会同学政臣谭宗浚，合词具题，伏乞祈皇上圣鉴，敕部议覆施行。为此具本谨题请旨。

四年六月初七日下礼。御笔硃批："该部议奏。"

中国第一历史档案馆原件。档号 02-01-005-023715-0029

六月二十四日（7月23日）至七月初九（8月7日），与陈三立、廖树蘅、郑砚孙同游衡山十五日，易顺鼎寄诗壮之，廖有《游衡山记》。

三立执别经年，玩愒如昔。自夏初毛实君兄抵湘，游处数月，辩难之余，时贻药石。实君质直负气，勇于规摘，虽比以为苦，然志意由此稍稍奋惕矣。但一曝十寒，狂奴故态，终未知所底耳。六七月之交，复偕实君及笙陔、砚生棹小舟为衡岳之游，炎风灼肌，瘴暑熇骨。既登祝融之峰，乃遇暴风烈雨。衣袂飞舞，肤体濡湿，仆夫痛嗟。薄莫抵僧寺，始群拘火御寒，煮酒慰魄。流连宵旦，归宿岳庙。既而金尽裘敝，狼狈而归。是游也，往返计十有五日，不复成一字焉。此诚振古之所奇闻，山灵之所腾笑，即我实甫闻之，亦必哑然称觞，大呼杀风景者也。实君既去，游踪乃倦。（中略）前毛旭卿大令返自古城，出示老伯手讲《民劳诗说》，亲切警动，蔼然仁义之言（后略）。

三立再拜白，八月初三日。又：实君稍迟当上书老伯大人，属先为达意，此及。

北京保利拍卖公司 2008 年 12 月拍卖件，转引自李开军点校《散原精舍诗文集（增订本）》下册，上海古籍出版社，2014 年 11 月版，第 1255 页

与毛实君庆蕃、陈伯严三立游衡山宿祝圣寺
其一
长松并作海涛鸣，棕榈新安晓更清。雏橘雨余低缀子，攲墙藤蔓暗连甍。人天劳扰难成佛，瓶钵皈依易息争。随分灵山得闲憩，云堂清听粥鱼声。
其二
碍日舱棱矗上方，青苔蚀遍旧宫墙。燔柴昔寝时巡议，剃草今成选佛场（寺为赵恭毅所建，以备圣祖南巡者）。涧户阴云交翠气，经楼秘笈发奇光。相逢世外忘言说，瓦鼎松风透茗香。

廖树蘅《珠泉草庐诗钞》卷二，转引自廖志敏《廖树蘅年谱长编》上册卷三，凤凰出版社，2020 年 12 月版，第 122 页

戊寅六月，余与陈三立、毛庆蕃同来宿寺中，殿宇岌岌将颓。时主修岳庙者为李方伯元度，赖余介义宁陈公一言，求庙工竣后分盈羡重新此寺。

（近）徐一士《一士类稿》，页 169 至页 170。转引自廖志敏《廖树蘅年谱长编》上册卷三，凤凰出版社，2020 年 12 月版，第 122 页

先是，光绪四年六月，公（廖树蘅）与陈先生三立、丰城毛实君孝廉庆蕃（后任甘肃布政使）游衡山。

释永光《壬戌八月由长沙入沩山途中怀人得长律四首录一》附按语，廖树蘅《珠泉草庐师友录》册一卷三，页 54。转引自廖志敏《廖树蘅年谱长编》上册卷三，凤凰出版社，2020 年 12 月版，第 123 页

白［伯］严同毛实君廖笙陔郑砚孙游衡山遇雨而归四人皆无诗以书来告作九言体八百余字代为解嘲

闻君乃作祝融峰顶游，开函已觉云气蒸双眸。目迷心炫准备读奇作，朗吟大句宿疾当全瘳。尺书阅尽四顾若有失，意中所必往往偏难售。闲园索居想君高兴发，醉呼明月便上湘江舟。荡起二客君更添其一，笔床茶灶命侣而搜述。绿蓑红笠照影亦清绝，即此踪迹已不惭盟鸥。余闲且作四子讲德论，崇议闳辨聚听来鳞鯈。烟波游湖微同范少伯，雪夜泛剡却异王子猷。潇湘缥缈中有异人住，万重绿意深裹渔家幽。扣舷高歌呼之如欲出，飘飘仙气结想真灵俦。胸中早吞天九云梦泽，耳畔惟听廿五烟骚讴。布帆九转倏随落照落，山城一角半信浮岚浮。行三十里始见松下寺，筍舆轻快岂必夸鸣驺。岳灵微笑拱手似相待，振衣千仞直上休夷犹。七十二峰峰峰豁宿霭，四百八寺寺寺悬灵湫。南天无人下视云海白，疑登岱顶九点横齐州。天门霎开破空飞电出，赤者如马黄者如金虬。雷声泉声合沓难复辨，枫杉栝柏杂以梧松楸。山鸣谷应万壑相震动，奔涛咫尺身外成浮沤。此时四山响沸人语断，但闻天垂海立摇飕飕。丰隆列缺方严逐客令，九天九地颇觉人焉廋。狂奔狼狈不顾山鬼笑，风声鹤唳若避仇家仇。一云缺处一寺补其缺，敲门急入幸未逢比丘。烘衣解履满身雾尚滴，微红芋火速乞山僧篝。须臾雨止始复返岳庙，相视而笑问有诗篇不？眼前奇景那可乏奇句，此四人者不答皆摇头。得无误信司空表圣说，不著一字谓足称风流。玩物丧志或守宋儒戒，朱张理学刻意追前修。两庑特豚虽拟下一箸，核诸平日未免相盾矛。二者云云吾斯未能信，劝君且作语不惊人休。乾坤清气万古凝结处，题诗不称只赘烟霞疣。混沌书眉佛头着鸟粪，何若一词不赞犹为优。赤城赋霞仅许孙绰独，庐山咏瀑漫洗徐凝羞。吾曰否否是盖别有说，天所不与人力难强偷。古来惟有才人最横绝，能使真宰聚泣精灵愁。神天万怪欲遁不可得，山魂石骨一一伤雕镂。山神因之御诗比御敌，空中灯火夜聚群真谋。停云蓄雨本为今日用，悉索敝赋不特操戈殳。使彼一身自顾且不暇，疲于奔命岂复能冥搜。谁知诗人细思计亦得，各从其便借脱诗中囚。虽无某邱某壑纪游草，名山胜概早被心魂收。宁我负山无使山负我，直言不讳更是奸雄尤。君闻鄙言心印当首肯，一洗俗见耳食兼毛求。二十年前我本一行脚，岳云深处定有茅庵留。莲花峰头三生净业在，尘世堕落欲往嗟无由。他年与君寻诗复寻梦，芒鞋踏破上界层层秋。向平婚嫁未知何日毕，故人有约待我山中楼。

（清）易顺鼎《丁戊之间行卷》第六卷《古今体诗》

游衡山记

陈君、毛君与余游麓山，历险阻，睹怪玮，余既为之记。三人者，乐险好怪，无所发舒，复欲作衡山游。

以六月二十六日申刻登舟，移棹江心之水陆洲泊焉。洲多橘树，方志一名橘洲，弥望皆沙，首尾二十余里。秦以长沙名郡，殆以此。郡于前汉为长沙国，属荆州，后汉、晋为长沙郡，永嘉初置湘洲，隋改潭州。唐潭州长沙郡属江南西道，后升钦化军，复更武安军。五代唐改长沙府，宋潭州长沙府，属荆湖南路，元为天临路，属湖广行省。明为长沙府，属湖广布政司。国朝康熙三年，分置湖南布政司，治长沙。此其大略也。按湖广之名始于元，而广之义未闻。或曰：跨湖二十余州，地莫广焉。及考古今舆地沿革，元分天下为十道，以武昌至桂林为一道，设湖广行中书省，始恍然于所谓广者，兼广西言也。

夜舟潆甚，城上灯光对出，水面如繁星乱流，刁斗声竟夕喧聒。

二十七日，发橘洲，三十里至平塘，登岸谒曾文正公墓。墓在同熙寺后，去江岸约三里，穹碑石阙，辟邪、天禄之属，骈罗道周。汉唐勋戚多陪陵，高冢祁连，与国无极，易世之后，或不免于发丘摸金之惨。近世皆还葬乡里，非惟首丘之义宜然，亦所以远害也。公身后易名之典，与范希文同，而勋业过之。相与振衣肃谒，不胜子瞻生晚之思。入寺少憩，回舟已过午候。二十里至昭山，石气空青，草树蓊翳，下临澄潭，微风激浪，咽入石窍，隐隐作笙镛声，湘水最深处也。《寰宇记》："山以昭王南征至此得名。"考三代幅员，殷、周皆极褊小，江以南尽成荒服，南征之言，殆不足据，吾县黄本骥氏辩之韪矣，独谓下为兴马洲，此山因马希范封文昭王得名，则尤为傅会。黄氏以金石名家，凡事必求证据，故援洲为此山立义，独不思昭潭之称，唐以前即有之，方志著其名，亦无他义，安知山不犹是哉？凡此皆可不必深求者也。夜泊鹧子岩。

二十八日，午抵湘潭县，市肆栉比，亘十余里。湖外未置省时，贸迁之盛，以此地及衡州为最。自行省立，商旅皆趋长沙，衡州之市易遂微。自五口通商，夷舶往来海上，此间商务，亦远不如昔。地气随人事转移，信矣！

泊马家河，入夜南风大作，大波轩然，竟夕不安。

六月二十九日，热甚，舟子牵百丈，伛偻水次，劳瘁可悯。午过楮洲，考亭、南轩岳游后分袂处也，旧有分袂亭，今圮。泊石家埠。

六月三十日，过空灵岸，风利不泊。申刻抵淦田。夕阳西匿，余热犹蛰，与实君、伯严散步江岸，菱田苻港，左右交通。村农三五相逢问讯，真率如武陵源人。

七月初一，过朱亭，至此可以望岳。三十里至黄石望泊焉。

初二日，抵衡山县。

初三日，舍舟而舆，绕城西上十五里为师姑桥，村人趁墟者纷集。过此以往，坡阜绵延，一路蝉语松风，泉光山色，令人应接不暇。明人游记多称，由县至岳庙三十里，夹道皆虬松老桂，今无一株存者。舆中望石廪、天柱诸峰，削绿堆青，矗立天际，不必登峰造极，青苍之气已落我襟带间。午抵岳市，寓祝圣寺。寺为赵恭毅所建，以备圣祖南巡狩者，高甍大栋，颓壤腾文，犹想见昆吾御宿之遗。寺后古木千章，粥鱼钟磬之音，与松涛相应和。寺僧有曰默安者，居此有年，闭关禅定，罕与人接，与之语，深静有味，实君尤赏异之。日昳，诸上人邀过岳庙，礼而无祈。五岳秩视三公庙，制准藩府，红墙绀宇、金爵瓠棱之属，颇极宏丽，惜新被灾，树木之近殿城者半就焦萎。出后北门为接龙桥，松枥大皆数围，选石小憩，乱蝉斜日，清风满襟。庙枕朱明峰，相传元世祖尝感异兆，谓朱明峰有天子气，诏有司沟绝之，孰知为代兴者之氏号。明时州守某埋之以土，无所谓桥也。返寺，与默安谈至夜分，议以明日遍览山中之胜，其徒有号宝池者愿为导师。

遂以初四日清晓，乘竹兜上山。其式拗筱为兜，斫竹成杠，两人舁之，履险如飞，游山莫此为便。德清俞荫甫氏释兜为笃，谓即竹马遗意。岳高十五里，由庙市逾祝融峰至山后，皆青石砌成梯级，十年前所无也。右上数里为福严寺，清泉古木，修藤巨竹，略同麓山之万寿寺，寺中设伊蒲馔。饭已出寺，左转为七祖衣钵塔，封树蔚然。稍下为碧云岩，径路埋塞，披荆棘而入。至则石屋岿屼，纵广可二丈，上下左右无非石者，惟前面豁开，用乱石堆砌，略具牖户，以为启闭。室中刳石为池，潴泉以供汲饮。老尼一人居之，年约七十余，自云居此已五十年。山中岩洞七十二处，向皆有人栖止，近稍稀矣。洞中冬燠夏凉，春则阴寒刺骨，岩溜如雨，最难禁受。月黑风寒之夕，尝有饥虎攫扉而噑，或雨雪封山，往往经旬不得粒食。盐酪之味则终岁不一沾唇。门外植瓜蔬盈畦，木槿花一大丛，尼笑指曰："此即老尼余粮也。"伯严悯其穷苦，与之千钱，辞不受。强之，返其半曰："即此已感大惠，过多将为人攫去，徒以滋累。"相与叹息而出。

古者巢居穴处，后世圣人教之以宫室，制为养生送死之礼，于是人道始备，咸得若其性以全其天。自佛法入中国，愚民惑于生死轮回之说，乃至断绝天属之爱，忍其嗜欲，以冀幸于惝恍无凭之果报，自谓能识取本原，而不知弃康庄而入荆棘，与上世狉獉之俗无以异，如此尼者亦大可哀矣。

由岩越陇斜上，约二里即山前蹬道，经竹篙岭，陡峻如梯，日夕抵南天门。下视众山，皆出脚底，时有白云一缕出岩隙，微风漾之，弥满山谷，咫尺莫辨，行者恐栗。入庙少息，实君拟即投宿，道者以无供具辞。会雾雨稍开，复命舆前进。其处距上封寺不盈一里，以为顷刻可至，及度岭，猛雨如注，罡风乘之，如百万军声，壑谷皆应。地复险绝，左右壁峭，下临无地，徒侣前后相失，舆夫跧伏草间，不敢少动，余亦遍体淋漓。时风雨愈横，俯视群山，云气瀹郁，类波涛汹涌，此身如陷稽天巨浸中，茫然不知所届。因念随园老人《游武夷记》有《犁头尖遇雨》一则，情景与此相肖。游山，乐事也，而忽遇至险，然非险亦不足以尽耳目之奇。少焉，风势稍杀，遂冒雨行至狮子岩，实君在焉。相与同诣上封，伯严已先至，皆襘袯沾濡，相视无人色，僮仆讥怨互作。山高风劲，寒不可当，僧徒热秸秆烘之，始稍稍收召魂魄。行囊皆留岳寺，无以御冷，主仆并假僧衣加毗庐帽焉，居然衲子。灵山会上忽添此一段因缘，不觉抚掌大笑。寺僧出粗粝供客，伯严携有良酝，相与濡首痛饮，渐觉此身有生意。是日同人皆受怖苦，惟宝池笠屐无恙，因念尘世诸楚，皆从享受而生，使我辈无仆从之烦、衣楛舆轿之累，亦如宝公之行止自适，何至狼狈若是？到此不觉又生出世想。

初四日鸡初鸣，寺僧笼烛导登观日台望日出。台居寺之左方，同人东向坐，红霞一缕横亘天际，须臾而隐，宝池谓日中当有风雨。台上有舍利塔，明李宗伯腾芳撰记，碑字完好如新。宗伯湘潭人，当明神宗时，举朝为建储事，上章极谏，首辅王锡爵迎上意，创为二王并封之议，大为同朝所疾，合疏纠之，锡爵愤甚，持之益坚。宗伯时官庶常，婉词讽锡爵，动以利害，锡爵为之感泣，卒赖其言，以成回天之力。尝谓明季党人，大都假公义以快其私，群吠所集，上下易形，口舌之疴，卒以亡国，如亓诗教一流，后来多舞蹈贼廷，改节本朝，视东汉党人抑末矣。独吾湖外人，无激聒沽名之习，而大义所在，仍懔然不可逾，宗伯为一焉。惟惜溺于释氏，名山梵刹，莫不留文字以阐宗风，论者谓为裴休后身，是或然欤？

下台沿石路上，谒祝融君祠。祝融峰为衡之最高处，峰尖右偃，形家目为朱鸟咮。峰顶石岩出古松一枝，侧挺旁生，古翠可掬。余语实君此松托地最高，幸不为朱勔辈所识，得以全其天，可谓有畸士之行，实君领之。循祠左转为罗汉洞，危石悬度，下临不测，过者耀然。祠南向，倚扉凝眺，群山皆落睫底，湘水缭白萦青，小如匹练。《明统志》：自回雁至仙上七峰在衡阳县界，自祝融至天柱五峰及巾紫、金简、降真、芙蓉等五十五峰在衡山县界，吐雾、碧岫、屏障、日华、岳麓则在长沙府境，共为七十二峰。宝池指点若为石廪，若为烟霞，初亦了然，移时仍茫然昧其主名，但见青嶂森森，蒸云泄雾而已。

右下数武为会仙桥，即古之青主坛，巨石凸出岩外，广可半亩，同人皆悸不敢登。宝池谓冬晴无事，寺僧多缘出石之悬绝处，负暄取暖，了不为异。归经观音岩，古松三五为雪所压，偃蹇如龙钟叟。相传罗洪先曾读书于此，此其手植，人呼为"念庵松"。返寺饭讫，周历庭庑，摩挲碑刻。寺经曾威毅重修，费白金九万两，规制不甚高大，而石墙铁瓦倍极坚致，每大风起，瓦森森如鱼鳞翕张，可见高山风力之劲。殿脊有壶，高可数尺，璀璨作黄金色，云系风波铜所铸，价与金垺。郎瑛《七修类稿》：唐太宗以黄银带赐近臣辟邪。此其黄银。与时雾雨冥冥，风势犹烈，亟于言旋，遂冒雨行，经昨遇雨处，犹惴惴不敢逼视。至丹霞寺，少霁，僧人出茶瓜饷客，轩槛明洁，神为之怡。下半山亭，则赤日当天，酷热不可当。一路树影蝉声，袅袅不断，转眴之间，苦乐殊矣。午抵祝圣寺，回望南天门，如在天上，祝融不可复识矣。

初五日，留居寺中，余与伯严犹欲作方广之游，实君以天热止之。方广去此四十里，泉石幽丽。昔人谓高如祝融，幽如方广，为游衡者必至，天气酷热，遂留此名山未了缘。日昳，随诸上人出步市廛。岳市僻在一隅，陂陀起伏，无半里平衍，而储大文《南岳市纪游》谓东南敞朗，可容十万人，引宋潭州守向士璧遣将败兀良鲋事为验。夫元起沙漠，兵出不遵常轨，魏源氏讥为至拙，是矣。考兀良鲋由大理交趾略地至湘，果欲下潭州，当由前年粤寇犯长沙之路，以避湘江之险，计不出此，绕出衡山之麓，是为不识形，便蹈绝地，士壁败之宜矣。因此归美于形胜扼塞，谓可宿重兵以绾东南数省之毂，宁非好为高论之过与？

初六日，与诸上人别，默安以云雾茶见饷。茶产云雾峰下，谷雨前野人披榛频采，终日不盈一掬，色香味出龙井、君山、芙蓉之上。闷采岩阿，不致以尤物充头纲之贡，使山民受烘焙碾磨之扰，不得谓茶之不幸。时僮仆已严驾，诸禅侣送至寺外，山雨忽至，默安笑曰："是尚有缘分未尽，宜少留。"回寺小坐。雨旋止，遂行。日夕返舟次。

初七日，解维东下，顺风扬帆，瞬息百里。泊花石戍，登岸访杜少陵祠。

初八日，过空灵岸，小泊，宿马家河。

初九日午候，返长沙。

光绪四年七月初十日，廖树蘅记，距麓山之游盖七十日矣。

（清）廖树蘅《珠泉草庐师友录·珠泉草庐文录》附录，凤凰出版社，2016年9月版，第253页至257页

光绪五年（1879） 己卯 三十四岁

春，致书廖树蘅，论及刘倬云（朴堂）、刘典（克斋）等当世人物。

毛布政使书札

荪畡仁兄先生有道：

湘垣小住，幸接紫芝眉宇，且得同数晨夕者，三月有余。每聆亲言，如霏玉屑。读君诗，萧闲清旷，超然万物之表，而冲乎有以自得，其胸次高为何如。而鄙人性质粗戾，忽忽不自觉道之弃而身之灾，非我兄热肠古谊，岂能直指其症结之所在，而痛下针砭？是其交友之忠，与人之壹，又有非寻常所能几及万一者。直谅多闻，圣人所尚，如我兄者，殆其人与？安得时时过从，变化我气质乎？

庆蕃还棹南州，叠见骨丹之戚，心绪即时时作恶。重以人事牵率，学业

益荒。缅我良朋，愧悚无极。大著游记，文境清绝，幸录一通惠我，以践前诺，以答远想。朴堂观察晤时，烦为问讯。克帅竟作古人，可胜叹惋。人行甚迫，匆匆不尽百一。附上《二语合编》四本，希察入。序尚阙如，可知迩来心境。手此敬问侍安，惟珍重珍重。

愚弟毛庆蕃顿首。

（清）廖树蘅《珠泉草庐师友录·珠泉草庐文录》附录，凤凰出版社，2016年9月版，第126页至127页。另载廖志敏《廖树蘅年谱长编（上）》，凤凰出版社，2020年12月，第136页

剑川按："毛布政使书札"名目，显系毛庆蕃署理直隶布政使或调任甘肃布政使后补题。

四叔毛隆恩兼摄资州事，整顿井研盐法。

毛隆恩，字季彤，丰城人，祖辉凤，巴县知县。父震寿，以州县起家，官至陕西布政使。督汉南军。兄隆辅，德阳知县。皆以循绩伟略，爱思于民。奉旨祠于名宦，今蜀中所称三代名宦者也。

隆恩以名家子，禀承先训，任苍溪、盐源知县，以廉惠有声，擢升眉州知州。光绪五年摄资州事，时井研改设票厘，章条多草创，总局檄令资州轻辖，有所更除，悉转咨而行。至光绪七年，局员施德培上言，县民食无厘花盐，致令商灶趋利改煎，有碍巴盐厘，若一律榷收，岁增饷数甚巨。总局檄隆恩察办，隆恩覆陈灶民疾苦，且言井研系引税丁之县，例免重征。通计花盐灶洞才二十九，产盐仅数十万，给本境民食外，余盐无多。若必搜括净尽，于厘饷无大裨益，而穷灶失业者众，由是议遂罢。商灶至今赖其利。唐炯定盐法，一是倚畀隆恩，故所陈多见信纳。其乘间为民请命至众。卒于眉，眉人立祠祀之。其墓前香火岁时不绝，今成集矣。

（光绪）《井研志》传二《官师二》

是年，毛隆恩再刻毛辉凤《讼过斋日记》于眉州廨署。

是年，李根源（1879—1965）生。

光绪六年（1880） 庚辰 三十五岁

三月，会试挑取誊录第十名，签分户部山东司兼河南司行走。

剑川按：毛庆蕃《朱卷》：庚辰会试挑取誊录第十名；《毛氏宗谱·世系》："光绪庚辰科会试挑取誊录，签分户部山东司兼河南司行走。"

五月，陈宝箴向郭嵩焘盛称毛庆蕃才干。

初五日。陈右铭见示毛实君孝廉（庆蕃）致伯严书，论俄事利病，与鄙人持论正同。毛君为小梧方伯之孙，翼卿大令之子，祖、父、曾祖，均祀名宦，其积累厚矣，所学尤有根柢，亦今日不易得之人才也。书中言泰州黄锡朋（葆年）学究天人，其本师曰李平三先生（光炘），至以一见黄君为生平之幸，而谋走泰州一访李平三先生，以志向往之殷，斯可谓有志之士矣。自言有论时事书及与惺丈论日本事书，必有精微之论，为函复右铭，得此二书，必一送阅。

初八日，陈右铭过谈，询知毛实君家世（世为丰城人），三世任四川知县，皆祀名宦。曾祖觉斋先生，习程朱性理之学。祖曰震寿，即所称"小梧方伯"者也。父曰隆辅，号抑卿。皆承觉斋先生之后，莅仕四川。而抑卿才尤长，年四十卒。其弟曰隆安，号宪卿，官湖北嘉鱼县知县，亦早卒，亦祀名宦。凡三世，得名宦四人。而实君气概非凡，所成就必远且大，亦他省仕宦之家所罕见者也。

《郭嵩焘日记》，光绪六年五月初四日条。《郭嵩焘全集》第11册，岳麓书社，2018年1月版，第266页至267页

八月，郭嵩焘向陶福同询及毛庆蕃。

廿一日，陶伟仲、罗小垣过谈。伟仲丙子进士，签分礼部，于洋务颇能知晓。询及毛实君，则其癸酉同年也。自言两道上海，能窥见洋务仿佛，未能知其深。

《郭嵩焘日记》，光绪六年八月廿一日条。《郭嵩焘全集》第11册，岳麓书社，2018年1月版，第297页

黄葆年北上遇毛庆蕃，赠诗，有引入龙川门墙意。

庚辰北上赠丰城毛实君

君登泰山巅，我行泰山侧。高下虽不同，人心本无隔。相逢大道间，忽如旧相识。黄河从天来，浩浩开胸臆。人生得友朋，如鸟张羽翼。拔君但一毛，助我成六翮。光景如飘风，身世如轻尘。得失争鸡虫，琐屑安足陈。惟有不朽业，可以全吾身。茫茫无师友，劳劳多苦辛。东来方骑牛，西狩正获麟。时哉弗可失，含意谁当伸。君如欲问津，我为渔丈人。

（清）黄葆年《归群草堂诗集》卷一，载方宝川主编《太谷学派遗集》第二辑，江苏广陵古籍刻印社，1998年元月版，第2册，第71页至72页

毛君又有同行之约诗以决之

独立秋风里，乡心雁与飞。十年侍函丈，终日爱余晖。相待敢云久，同归心所希。吾师今老矣，朝夕忍多违。

赠毛实君并序

庚辰仲秋，予将南归上丁，毛君陪祀太学，礼毕即来相送，兼问圣人之道于予，予作此赠之。

大道如青天，我犹坐井观。君来问消息，为言良独难。太息秦汉来，微言久不传。蹉跎晦庵后，大义谁能诠。寂寂二千载，茫茫五百年，有志斯道者，望古空长叹。平山山不高，莫能登其巅。龙川川不深，莫能穷其源。我常游其中，廿载忘归还。其乐不可名，强名曰孔颜。坐风始知春，立雪始知寒。升堂始闻丝，入室始闻兰。殷勤问珍错，不如一饱餐。恭敬执豆笾。不如一亲贤，君果志于道，无为俗所牵。有志事竟成。是气曰浩然。爱君宏毅

才，赠君诚实言。良马闻秋风，跌足思腾骞。

再赠实君

千里此为别，临风再鼓琴。自惭非绝调，何以谢知音。寂寂燕山暮，洋洋沧海深。国风存枕杜，好对大毛吟。

（清）黄葆年《归群草堂诗集》卷一，载方宝川主编《太谷学派遗集》第二辑，江苏广陵古籍刻印社，1998年1月版，第2册，第93页至96页

跋刘慈民先生诗集后

予少时好读曾文定文集，比长，从当世士大夫游，则南丰为最多。房师赵莘野先生籍南丰，吴太史子登，同门友也，亦籍南丰。及游京师，得交毛实君、陈伯言［严］、刘镐仲诸贤，皆江右人也，而镐仲亦籍南丰。予固想见其地脉雄厚，其山川隐秀，以生此人物也。

（清）黄葆年《归群草堂文集》卷二，载方宝川主编《太谷学派遗集》第二辑，江苏广陵古籍刻印社，1998年1月版，第2册，第93页

光绪七年（1881） 辛巳 三十六岁

是年，供职户部。

员外郎河南司兼山东司行走毛庆蕃（实君），江西丰城人，癸酉举人。

（清）文蔚堂《大清缙绅全书》册一，页二十，《户部·额外司员》

剑川按：查《清代缙绅录集成》所载光绪元年至十年《缙绅全书》《爵秩全览》，唯文蔚堂《大清缙绅全书》光绪七年冬版《户部衙门》部分载有毛庆蕃衔名，列之《额外司员》，其余荣禄堂版等均无。此辑缺光绪六年相关刻本，迄今所见，毛庆蕃职衔名字最早出现在光绪七年（1881）冬季《缙绅全书》，故推断其留户部供职，当在会试结束之光绪六年，与光绪二十九年（1903）引见时个人材料所述一致。

十二月，为《毛氏重修宗谱》作序，并撰传若干。

（前缺）者也。亲亲之道，舍此奚由？为子姓者，诚各化夫偏私偷薄之念，而群勉为孝友任恤之行，雍睦咸敦蒸为善俗，岂惟子孙之贤，族目滋大，而人材之出，国亦将昌矣。安溪李文贞公曰："以父母之心为心，无不友之兄弟；以祖宗之心为心，无不厚之族人。以天地之心为心，无不爱之民物。"噫！斯其志量为如愿，与诸宗人共勉之。

光绪七年辛巳岁冬十二月，癸酉科举人、户部山东司员外郎，大塘四十二世孙庆蕃撰。

（民国）《毛氏重修宗谱》卷首《序》，民国四年启承堂活字版

光绪八年（1882） 壬午 三十七岁

光绪九年（1883） 癸未 三十八岁

六月，于扬州拜李光炘（龙川）为师。

九年癸未，七十六岁（中略）。六月，丰城毛庆蕃来。

谢逢源《龙川李夫子年谱》（《李龙川年谱》），光绪十五年写本

是年，为从外祖父杨珍撰墓志铭。

清覃恩诰赠朝议大夫户部主事加三级杨公墓志铭

光绪九年（1883）五月二日，玉峰杨公卒。庆蕃闻之流涕曰："於戏！吾乡耆德尽矣！"

自庆蕃东归，不及见姻故长老，犹幸得见公，窃聆嘉言嬺行以自壮，公

亦笃爱庆蕃，至喜动颜色，日夜语不绝。庆蕃滞京师，公竟长往矣！未几，公子熙积、祖兰等书来曰："子知府君深，事之谨。府君又夙重子，铭幽之交，宜有托。"庆蕃敬诺，不敢辞。

公讳珍，号玉峰，先世自宋占籍丰城四坊。曾祖尚位，友爱绝人，潜德弗耀。祖际轫，客铜仁。文襄公福康安征苗，遇诸逆旅中，奇之，命司转运事。已，不受官，贸迁沅湘间，家以大起。父亨，有厚德，缵述多才，拓而张之，望实益隆。娶熊宜人，生子四，公其季也。幼羸多疾，母戒勿习举业。年二十四，念父春秋高，请往代治事。至则沈毅精密，秩然有法度，人以谓杨氏世有其人。粤贼陷江西，亟护父母避贼，行二千里，栖保湖南之浦市。已而贼至，走湘潭，又走武陵。是时烽燧四起，转徙艰迍，阖门数十口，赖公得无恙。贼既平，奉母浮江归。耄年恶闻转舵声，则市大艇，出新意，设低榻其中，若处板屋，不类舟居者，其曲承亲志多此类。母疾，日搜讨方书，药进辄效，由是博通医术。天性笃厚，一以亲亲为务，明断有远识，善持大计。中岁父命析产，家事则始终一身持之，无内外巨细，罔弗关白。有劳于我任，有怨于我归。叔兄嗜学，不出户，尽弟职，尤供趋事服劳，白首无斁。视兄子如己出，不少姑息假借。或出或处，皆以贤著。

家世贾辰州，贼氛逼，从兄荧，以名诸生主出纳，止公问计。曰："苟保郡城，金尽何害；不然，俱贼有耳。"于是悉出以充军实，兵不哗散，贼退城完，至今郡人德之。而业已大耗，有力者弗顾。忾然曰："此十数家食衣之原也，败则生计尽矣！"独倾私财以济，厥后精心规度，通困持危。总计出入，严立条纪，约用丰蓄，内外斩斩。其始期功之亲，咸若龃龉，谓奈何操切我？执争愈力，坚不可回。行之十数年，滋息充盛，卒复承平丰豫之旧。一门利赖，亡匮乏忧心事。至是始大白，乃叹公不独才力过人，而至性动人，尤有超出今世万万者，乌乎贤已！遇事侃侃持正，不随俗浮沈。不喜为甘语，人多病其戆［戆］，事后则悔憾叹服。好述先世艰勖，感欷太息。自遭乱后，痛屏巨室豪奢习，尚布袍疏食，服御俭素，少涉靡费，禁督立除，作则于躬，家人感化。重学喜读书，晚尤嗜《论语》，日紬绎，期见诸行事，尝作《问心图》以自警。宾礼师儒，诎己下志。辟先祠，构家塾，课子姓，其中续学敦行，多所成就。义方训尤严，诸子侍立终日，听受弥谨。以是知公之教，行于家也。疾革，以父殁湘中，戒子孙勿移正寝，言动多可诵法者。其它葬淹槥、完弃妇，戚党穷乏者，招致子弟来学，或赎产给之。诸懿行不可选纪，特志荦荦大者如此。

方贼扰江西，命输军饷，首解巨金以应，叙直隶州州同加二级，父母暨兄嫂得封奉直大夫、宜人如例。生道光五年八月二十九日申时，年五十有九。配涂宜人，同县封翁绍棠女。柔顺祗饬，令德无违。子五，长熙积，母命后仲兄；祖兰，己卯科举人；熙纯、熙铭、熙采，日昌大不可量。女四，婿曰县学生李韵莱，监生万兆鉴，县学生清江熊忠觐，同知衔南昌熊育录。孙文穆、文曡、文开、文酌。孙女六，一字余从弟庆图。

先是，文学夏君焕昌，早为卜兆于二坊水东。葬以明年七月戊申，前事使来促铭。公于庆蕃，为外从王父。生平事寡嫂甚至，先妣自幼时见母泣，辄走告公，为顾藉，庆蕃闻之夙矣。故所以铭公者，无愧辞。系曰：

天属凉薄，始自嬴秦。二男不分，赋倍常民。降焉愈漓，骨□道路。滔滔一辙，丰悴曷顾。允矣杨公，德孰与俦？仁心内涵，义气外流。一本之爱，已寒已饥。精诚菀勃，苦口砭规。始或望公，是胡不情；卒乃感诵，肫肫其仁。庸行之常，奇节之光。子大厥家，天锡以祥。水东以山，窈深盘郁。维公生存，归墟早卜。敬述懿德，以挽颓风。铭辞不窕，永奠幽宫。

清诰授奉政大夫户部员外郎广东清吏司行走愚侄外孙毛庆蕃顿首拜撰

《上点杨氏七修族谱》卷之终《碑志·墓志》

光绪十年（1884） 甲申 三十九岁

六月，李士棻有诗分咏易顺鼎、毛庆蕃。

李芋仙刺史卧游诗

谪仙低首谢宣城，我亦逢君心独倾。诗视韩碑钞万本，人如晋士在今生。才方鹦鹉年犹弱，愿作鸳鸯福不轻。径拟浣花溪上去，草堂粉壁看题名。（易实甫）

心中无妓程夫子，今见毛生果不虚。每听清歌思楚些，譬看小说有虞初。花丛回顾偶然尔，柳下坐怀何碍渠。肯赋金钗银烛句，韩公豪宕世谁如。（毛实君）

《申报》1884年7月13日（五月二十六日），第9版

光绪十一年（1885） 乙酉 四十岁

春，为曾祖毛辉凤《管蠡杂谈》誊正本题记。

《管蠡杂谈》二册及《讼过斋日记》一册，先丹棱公以乞新城饶先生涤夫审定时，先生已病，感先公勤恳，力疾为之。眉上行间红圈，皆先生手自识别者。

光绪乙酉春日，庆蕃理视，谨注数语。

（清）毛辉凤《管蠡杂谈》稿本卷首，上海图书馆藏

五月，赴扬州，谒龙川先生李光炘。延好友陈三立同谒，欲师未果。

光绪十一年乙酉，七十八岁。五月，还清和坊。毛庆藩［蕃］自豫章来谒。

（近）谢逢源《龙川夫子年谱》，光绪十五年己丑刻本

夏五月，实君自江西来谒，日侍游宴。其友陈伯严孝廉自湘之沪，因实君谒师于旅馆。师叩所好，曰："好文、好友、好女色。"师曰："文、友、女一也。"与之讲论经义十数日，伯严服膺，愿执贽。师喜，实君亦喜，忽为乡人某阻，不得行。师叹曰："命矣夫！"从此吾门下钥矣，虽王公不纳焉。后师将归，实君乞言。师曰："有一毫上人之心，德必不成；有一毫求知之心，行必不成。"

（近）谢逢源《李龙川年谱》，光绪十五年写本，十一年乙酉，七十八岁，夏五月条

国民如散沙，披离数千岁。近儒合群说，哓哓强置喙。日责爱国心，反唇笑以鼻。疴痒本非我，我爱焉所寄。生今探道本，亦可决向避。天地有与立，绸缪非细事。吾尤痛民德，繁然滋朋伪。东掖踬于西，宁独窒厥智。环

球悬宗教,始赖缮万类。厮养炀灶间,上帝临无贰。俗化得基础,然后图明备。嗟我号传孔,梓潼杂儿戏。回释既浮剽,耶和益相悊。向见龙川翁,组织别树帜。谬欲昌其说,用广师儒治。惜哉畏弹射,又倚厌世义。徒党散四方,杳茫竟谁嗣。

(近)陈三立《散原精舍诗》,《感春五首》其三

太谷大弟子之著称于世者,为福建韩子俞、安徽陈子华、仪征张石琴、李晴峰。而石琴、晴峰为尤著。石琴名积中,为北派。居山东肥城之黄崖山,晴峰名光炘,号平山,世称龙川先生。为南派,居江北之里下河一带。后游四方,以传道自任。南派再传弟子曰泰州黄隰朋葆年,曾宰山东之泗水。从政十余年,弃官归,授徒于苏州。为教主。记述颇夥。而悉本于晴峰。所撰染丝歧路说、游学说,尤于新理多所会通。与隰朋同学者,有王启俊、吴慕蕖、赵明湖,及毛实君方伯庆蕃、刘铁云观察鹗,若乔茂萱左丞树枏,实未亲炙于晴峰。惟曾瞻拜晴峰遗像,厕于私淑之列,至荣华卿尚书庆,则有志而未逮也。

《泰州教》,载《清稗类钞·宗教类》

八月,陈三立招李士棻、毛庆蕃、黄葆年饮,李有诗。

陈伯严孝廉招同毛实君农部饮于聚丰酒榭即席得句索和并呈黄锡朋明府教鉴

韶华如矢去堪悲,英妙当杯醉莫支。道义琢磨前日事,脊梁竖起盛年时。难从诗草寻陈迹(往在成都,与实君之先大夫揖青先生,及伍松生、孙琴泉、沈鹤樵、胡澹泉诸君尝游浣花草堂、青羊宫诸名胜,皆各有诗。事逾卅年,拙作竟失其稿,暇当补赋,借永前尘),不遣莺花误厚期。一往图南九万里,扶摇直上是天池。

同沤居士李士棻拜稿。

《申报》1885年9月10日(八月初二日),第13页

是年,邹容(1885—1905)生。

光绪十二年（1886） 丙戌　四十一岁

二月，在京与赵惟熙互访。

二月十五日，阴。未刻，实君来访。

二月廿五日，晴。申刻，访小卿、郁轩、振卿、实君、揆云、恒谦、仲霖丈。

（清）《赵惟熙日记》，第1册，光绪十二年

十二月，五叔毛隆安病逝京山知县任上。

兵部侍郎兼都察院右副都御史巡抚湖北等处地方提督军务臣郭柏荫，谨题为详请具题开缺事

据湖北布政使林之望详称，据安陆府知府李庆霖，转据京山县典史杜致谦申，据署京山县事、本任嘉鱼县知县毛隆安家丁王瑞禀称：窃家长毛隆安，系江西丰城县人。由监生遵筹饷例，报捐府经历，不论双单月选用。投效四川酉秀军营，攻克胡家坪贼巢出力，蒙保奏，咸丰拾年陆月初陆日，奉旨："着免选本班，以知县，不论双单月即选，并赏给六品顶戴、蓝翎。钦此。"嗣因攻克猫猫山贼巢出力，蒙保奏，拾壹年陆月初肆日，奉旨："着免选本班，以知县，不论双单月，遇缺即选，并赏戴蓝翎。钦此。"均先后奉旨行知。嗣在云南行营捐局报捐同知升衔，同治叁年赴部投供。捌年叁月，签掣前职。肆月，经钦派王、大臣验放领凭，玖年叁月贰拾日到任。嗣奉委调署京山县，于拾壹年拾壹月贰拾柒日到任。拾贰年秋后，因感受暑热，染患红白痢疾，业已调治渐愈。讵于拾壹月内，赴堤督工，又为风霜所袭，致复加剧，竟于拾贰年拾贰月拾贰日病故，禀请转报等情，由该县典史申府转报到司。据此，该司查实缺州县以上人员，遇有事故，例应恭疏具题开缺。

兹据安陆府申报，署京山县事、本任嘉鱼县知县毛隆安，于同治拾贰年

拾贰月拾贰日，在署任病故等情前来，相应详候查核具题开缺，并请揭移吏部科暨江西抚院查照等情，呈详到臣。该臣看得实缺州县以上人员，遇有事故，例应恭疏具题开缺。兹据湖北布政使林之望详称，署京山县事、本任嘉鱼县知县毛隆安，于同治拾贰年拾贰月拾贰日，在署任病故等情，请具题前来，臣覆查无异，除揭移部科暨江西抚臣查照外，理合会同湖广总督臣李瀚章，合词恭疏具题，伏乞皇上圣鉴，敕部查照开缺施行。再所遗嘉鱼知县员缺，楚省现有应补人员，请扣留容另拟员请补，合并陈明。臣谨会题请旨。

同治十三年正月二十五日。硃笔御批："吏部知道。"

中国第一历史档案馆藏奏疏原件，档号 02-01-03-11694-010

光绪十三年（1887） 丁亥 四十二岁

正月，桐城姚永慨随马其昶拜访毛庆蕃。

（丁亥）初二日晚晴。由寺巷到良臣叔、郑八姨、方寿臣兄弟四处贺年。（中略）姊夫来久坐，与之同访毛君庆蕃。毛君丰城举人，叶环浦丈之婿，去岁入京过此，因留居焉。颇有文学，自言到此有三愿：一、访桐城人物，二、愿求桐城遗书，三、愿游桐城山水，故署门联云："山川幸慰平生愿，文献犹逢作述家。"父亲与姊夫皆与之交，今日访之，以病未出。

（清）姚永概《慎宜轩日记（上）》，黄山出版社，2010年10月版，第283页

正月，叶昌炽记毛庆蕃博学能诗。

（丁亥正月）二十一日，蒲孙云，江西毛庆蕃实君，癸酉孝廉，博学能诗，师鄮云在齐鲁间，见其题壁诗甚多。

（清）叶昌炽《缘督庐日记钞》卷四

毛庆蕃北上，寓桐城二月，马其昶为作《送毛实君序》。

吾读《棠棣》之诗，至"丧乱既平，既安且宁。虽有兄弟，不如友生"，以谓人情乖剌失序，乃诚有是，何诗人状物之悲切也。安居无贤不肖，各朝夕昵侪偶，不可割舍。一旦际仓卒，生死呼吸利害镌肌肤，匪天属之亲者，宁足赖乎。然而《伐木》之求友声，则曰"神之听之，终和且平"，吾又疑夫世之出肝腑相然许，乃至缓急无可倚者，益非友也。笃其谊，足以和神人之听，则其厉摩薰益，必且有侪天属之穷者矣。

吾之生鲜兄弟，而幸不见弃绝于友。吾乡人暨凡与吾接果贤者，皆得师而友之。又尝一至京师，欲阴求天下奇士，今吾之归，而索处也久矣。丰城毛实君孝廉入都，道吾邑，恣游乎山川，凭吊乎先民之遗烈。留两月不去，幸亦辱友于余。告我曰："西江有陈伯严三立者，洞庭之阳有程伯翰颂藩者，皆今之才贤人也。"更为我言其他高材方闻之彦，殆六七人，惜乎吾不得与数子者游处。而君且去也，风雨如晦，鸡鸣不已，余能无思乎。抑余读《周诗》曰："朋友攸摄，摄以盛仪。"然后乃益知《伐木》诗人之所云"和平"者，道在积诚，以弸乎中，而形诸外；至声气之应求，与困厄之不相背负，又末也。吾闻春秋士大夫言志，辄赋诗。君行矣，请诵诗以为别。

（近）马其昶《抱润轩文集》卷五《送毛实君序（丁亥）》

陈三立致书许振祎，荐毛庆蕃、文廷式、刘孚京、陈炽等。

仙屏世丈方伯大人钧览：

京师游说，披挹德辉，清风回翔，引为至幸。违别未几，旋悉诏旨，畀藩南都。南都地大物博，山川雄丽，明公英姿伟略，填抚其间，当愈益发舒，效其素抱。

吾乡不振久矣。道、咸以还，硕公巨卿发名成业者为数觏。公则声望超隆，颇已曜神县而溢方甸。康时宏道，恢张大猷，以综群伦，以开风运，名世之业，会有所归。江天在望，颂祷以之。

三立谬举礼科，以楷法不中律，格于廷试，退而习书。既返湘庐，便遭家弟之变，念之惨痛。家公近虽抵粤，勉应明诏，亦庄生所谓"与之委蛇"而已。

兹有干请一事，内兄俞恪士明震，山阴人，年逾弱冠，饥驱出门，省舅于钟山之下，恪士才思不俗，作为词章，大都雅丽。意欲为营一栖止，如关局之类，冀岁入稍丰，了其贫累，且以洒年来束手坐视之耻（恪士与其弟，明岁皆须赴京兆试，而游费无所出。其本志盖在早有所获，以为进取之责而已）。明公弥纶万变，必有以推爱及之也。恪士才器，亦为曾重伯所素知，已告重伯，述其微旨矣。骧云有志行而好言文章，书记翩翩，颇足自娱。不拉杂抒臆，伏惟鉴登，敬叩政躬百宜。世小侄期陈三立上启。花朝后十日。

又：文道希小留湘上，近营葬南昌，贫不可支，公能稍披拂之否？道希霸才横绝，与毛实君、刘镐仲、陈次亮同为乡国后起之秀，乃皆以饥驱无所就，可念也。

三立再拜上。

据南昌新风楼藏陈三立致许仙屏手札原件录入

番禺汪兆镛以优贡来京，与毛庆蕃、乔茂萱等同游京师伏魔寺。

京师伏魔寺与丰城毛实君庆蕃、华阳乔茂萱树枏、胡砚孙延夜话

侧身处人海，长啸对春残。论治无三策，忧时感万端。夜堂攲树暗，风幔逼灯寒。万籁此俱歇，萧森足静观。

《汪兆镛诗词集》，《微尚斋诗》卷上，邓骏捷、陈业东编校，广东人民出版社，2013年12月版，第7页

在都数月，闭户时多，出游时少。同乡中惟谒李仲约宫詹文田、潘峄琴侍读衍桐、张延秋编修鼎华，余则丰城毛实君部郎庆蕃、华阳乔茂萱刑曹树枏、胡砚孙同年延数人时一畅谈而已。九月出都。

《汪兆镛诗词集》，附录一《微尚老人自订年谱》，邓骏捷、陈业东编校，广东人民出版社，2013年12月版，第251页

八月，作序送别御史王邦玺。

光绪十三年八月，丰城毛庆蕃先生送行序（节录），序云：或谓，故事，书房翰林入见，数语而毕。君独对至移晷刻，人以是疑君面弹政府。黄某故李使相邑子，近不相中，发愤走京师，言使相任用非人。人以是又疑君入黄某言，面弹使相。嗟乎！君诚敢言天下事，然以儒臣初直禁近，遽欲于召对之顷，指斥内外，枋用隆贵之人，少习事理者所不出，而况于君，然当时已翕翕焉疑而忌之矣。

（清）王邦玺《恭纪光绪十年九月十八日奏对语》，其孙王泗原附注，载《贞石山房奏议》卷四，人民教育出版社，1993年3月版，第126页

九月，与乡人重修京师丰城义园。

重修丰城义园记

呜呼！是吾乡人封骨之区也。古者仕于其国，民之死徙无出乡。远适异域，则人悲之。自郡县既一求仕者，奔走于天子之都，下逮工商及转移执事之人，亦往往不远数千里而辏集焉。其死而不克归者，为之兆域，而瘗藏之，乡人相与守护于勿替，固天下之通谊也。

丰城义园入国朝，尝大修于乾隆之季，今又几百年矣。冢日倾陁，骼髅有暴露者。陈刑部福谦见而伤之，欲修葺，苦无费。适杨户部祖兰、徐吉士嘉言方以公车来京，语以故，杨君恻然，翌日即偕徐君走视，愿解百金任是役。墓在今广宁门内，往返且二十里，督工匪易。会宋巡检庆谒选都下，咸以工属宋君，鸡鸣而往，星见而返，杂处徒役，钩校精密。既固既安，旅魂以宁。费不足，则宋君与杨君各出三十金益之。工始于丙戌之三月，讫于秋初。刑部属庆蕃记其事，善乎！宋君之言曰：墓之陁也，有故守者贪隙地种艺之微利，操犁锄，日侵削焉。而墓不保矣。优其廪给，而严戒不得私垦，是在吾乡之人岁加之意哉。抑吾闻杨君之解金也，是夕刑部家一老妪，梦鼓吹人众至杨君所，若贺之者，意且成进士，已而果然。呜呼！天道无亲，唯与善人，鬼神之为德盛矣。从之儒者，或讳而不言。观杨君降福之速，欧阳公所谓为善无不报者，其信然矣。并书之，以验后之人。

毛庆蕃记。

刑部主事陈福谦、户部主事杨祖兰、翰林院庶吉士徐嘉言、广西临桂县苏桥巡检宋庆，刑部主事傅绎功、户部员外郎毛庆蕃同立。光绪十有三年丁亥秋九月谷旦。

剑川按：庆蕃次子毓瀛，殁葬京师丰城义园，即此。

是年，与乔树柟（茂萱）、额勒精额等交游。

光绪十三年，树柟官户部，同曹有丰城毛庆蕃者，始以文字相识。

（清）乔树柟《眉州直隶州知州毛君墓志铭（庚寅）》，《陶庐文集》卷一

额勒精额正直自矢

额勒精额，字裕如，四川驻防旗人。以进士官农曹，正直自矢，不婵阿，与屠梅君、毛实君、朱蓉生辈讲求为己之学。清介绝俗，及为广东按察使，清名益著。

《清稗类钞·正直类》

是年，武清张汝曦刊陈宏谋《陈文恭公手札节要》于直隶，序之。

剑川按：序待访。

光绪十四年（1888） 戊子 四十三岁

十二月廿一日，郭嵩焘晤朱振镛（次江），为毛庆蕃、乔茂萱延誉。

廿一日。阴，寒。接周笠樵信，亦致周荔樵、蒋幼怀二信。朱次江、邵燮廷过谈。天寒日短，顾景炱炱。朱次江言，京师惟毛实君（庆蕃，江西

人)、乔茂萱(树萱,四川人)可与深谈。

《郭嵩焘日记》,光绪十四年十二月廿一日条。《郭嵩焘全集》第12册,岳麓书社,2018年1月版,第352页

光绪十五年(1889) 己丑 四十四岁

三至五月,预会试、殿试。会试中式一百八十名贡士,殿试中式第二甲第六十三名进士,朝考二等三十名,户部员外郎即用。

会试朱卷(光绪己丑科)

中式第一百八十名贡士毛庆蕃,系江西南昌府丰城县监生,民籍,正三品荫生,户部员外郎。

同考试官兵部员外郎则例馆总纂加三级曾阅、荐批。

大总裁礼部右侍郎总理各国事务大臣加三级廖批、取批。

大总裁经筵讲官太子太保头品顶戴工部尚书管理火药局沟渠河道八旗官学大臣会典馆副总裁兼管顺天府尹南书房行走加三级潘批、取批。

大总裁经筵讲官工部尚书正蓝旗汉军都统管理户部三库事务光禄寺左翼幼官学稽察右翼宗学京通十八仓会同四译馆对引管宴专操大臣加三级宗室崑批、取批。

大总裁太子少保武英殿总裁玉牒馆副总裁礼部尚书加三级李批、中批。

本房原荐批:

气魄沉雄,识议英伟,后二饶有名味。次包罗富有,三骎骎入古。诗适。

聚奎堂原批:

首艺酝酿深厚,次有包蕴,三亦疏宕入古,迥不犹人。诗不俗。

子曰:行夏之时,乘殷之辂,服周之冕,乐则韶舞。

毛庆蕃

权四代制作之宜，为大贤言之也。夫四代之治，颜子辨之审矣。子以时辂冕韶，立制作之准，非颜子，殆不及此欤。昔春秋有孔子，抱圣人制作之才，而无其位，论者慨焉。使孔子有天下，其将制礼作乐，驾百王而上之乎，而不必然也。古帝王典则，昭垂其精神，皆足自永于数千百年之间，圣人于此，亦惟权古今之宜，定率曲之准，以自守其述而不作之心，则圣人之大也。说在子答颜渊之问为邦，夫渊在圣门，固恢恢乎裕内圣外王之略者也。吾子其何以告之夫。子知治术升降之故，惟回也辨之最详，故晚近非所安，不得不进求皇王经世之规，而特精其损益。夫子知心法精一之传，惟回也，研之素密，故本原可不论，而惟是博考制度文为之事，期悉底于精纯。夫为邦者，亦权天地神人所有事，而监于成宪，斯可矣。一征之时，后世畴人失职，而占星测候，绝学且擅于遐方，不知盛德在木，古先王所行者，固冠三正而莫之，或易也。夫子曰，监于夏，一征之辂，末世艺术日工，而水火呈能，奇技竞传于异域，不知大朴不雕，古先王所乘者，固范九围，而莫之能外也。夫子曰，监于殷，一征诸冕，上古章服未崇，而爵冕采疏，典制未臻于美备，不知焕乎其文。我先王所服者，固合五帝四望之祀，而弥虔也。夫子曰："吾从周。"若夫乐舞者，非徒鼓吹休明之谓，其谓象一代功德之所存也。尽美尽善，迈三朝而独出者，谁氏之乐乎。子则神往于韶矣，曰："不图为乐之至于斯也。"则尝比而论之天下之患，莫甚于袭古人之治迹，而昧于本图兴王经国之书，强用之，即以误国。圣主喻民之具，伪托之，转以诬民，千古圣德大业之君，莫不各有精意之所在，苟非深探乎其本，而第泥其迹，以相蒙将。子所谓夏时殷辂、周冕韶乐者，亦徒为庸流粉饰之虚文，而世卒无以见祖帝宗王之实政，然天下之患，莫甚于高视皇古之经纶，而自安卑近。际承平而言制作，谦让或有未遑；开明堂而议礼文，缺略每多未备。千古创制，显庸之主，莫不各有其规制之独隆。诚使治法已究其大原，而更精一心，以求醇备，将子所谓夏之时、殷之辂、周之冕，乐则韶者，庶足慰差等百王之素愿，而世即以见宪章祖述之宏模。故曰，权四代制作之宜，夫子盖为颜子言之也。

本房加批：

以意运笔，以气举辞，顾视清高，胎息深厚，尤妙。提要钩元，结构有法，李将军之敢战，程将军之谨严，殆兼之矣。

取人以身、修身以道

毛庆蕃

取人视乎身,则修之宜亟矣。盖人之取也,视乎身,而身之修也,本于道。君人者可不慎行所以哉。且人主莫不有延揽人才之心,而人才日以乏,莫不有检摄吾身之念,而吾身日以疏。此其故,何哉?

千古人才之消长,归本君心;一代主极之醇疵,关乎学问,不此之察,而欲众正盈于廷、一人端于上,有以成主圣臣贤之治也,势必不能为。政在人,诚以人道,莫敏于政也,则所以取人者,宜亟矣。庙堂下求贤之诏曰:"从吾游者,吾能尊显之;修选士之文,日佐吾治者,吾将薰沐之。"岂不谓取人之大法,而天下莫之应也。尝见币聘致其诚,而主术未端,有适坚肥遁之志者矣。几杖隆其貌,而宸躬多懈,有激成远蹈之举者矣。铺张粉饰,中坐失几辈之真才哉。且夫人也者,固与人主之精神相为感应者也,则身要焉。执爵禄为奔走,英贤之具,则志士耻入其网罗。故必恭己以临,而后上下之交,固恃权术为驾驭才俊之资,则识者不受其笼络,故必维皇建极,而后堂陛之谊,孚一人首出,而群材神鼓舞焉。不然,驰想乎登庸之盛轨,而未能显树其仪型。则有当时事艰难,而慨然动乏才之叹者,而不知以一身立斯人之则者,无其本也。是所以修身者,宜亟矣。

朝廷举讲学之仪,老师宿将,使坐而论,下悔过之诏,天时人事,将以省厥愆,岂不谓修身之令典,而天下以为文也。尝见法古亦勤思制作,而才意之广,有扰其外而不静者矣。临朝亦自饬威仪,而嗜欲之感,有动于中而不觉者矣。宴安鸩毒,中沉溺几朝之令主哉。肯夫身也者,固与圣王之学术相为砥砺者也。则道要焉清净者,上古敦庞之治,后世袭之,则多诬故危微精一之传,约之,在尧廷数语。名法者,后王杂霸之规,盛世屏之而不道。故肃乂哲谋之训,守之在《洪范》一篇。维皇降衷,而百王严祓濯焉。不然,浮慕乎神圣之则,而未能根极乎理要,则有改起居之注,以饰其寡过之修者,而不知以道立一身之准者,无其功也,而修道又不可缓矣。

本房加批:

劈分两比,气象万千。取之原委,修之端绪,逐一还他实落,绝非浪使才华。

曰：子不通功易事，以羡补不足，则农有余，粟女有余，布子如通之，则梓匠轮舆，皆得食于子。

毛庆蕃

通时人之蔽，先以俗情晓之焉。夫天下事不同，而为功于人也，则同明乎通功之说，则农女可知。即梓匠轮舆，亦可知，孟子故反覆晓之欤。且万物各有为功于人之处，而人不知。即万物各有得食于人之故，而人或不察。其见为无赖，而沾沾焉。执浅见，相訾謷者，知有所不明识，有所不通也。大贤于此，不得不即俗情之易晓者，反覆以喻之焉。不然，战国时若孟子者，功在天下，而食报且在万世者也。何更犹以无事，而食疑士哉。孟子知其中有所蔽也，骤所其非，而彼仍不悟也。彼言事，吾不仅与之言事，而与之言功。彼言士，吾且不与之言士，而降而与之言农、言女，且及农与女之外，所谓更端以晓之，多方以譬之，徐以导其所明焉尔。

今天下熙熙而来，皆为食来；攘攘而往，皆为食往。盈天下，皆食中人也。天下不皆从事于食之人，天下究无一非得食之人，何也？为其事而有其功也。天下事不同，而为功于人则同，则通之说也，即以羡补不足之说也。信如子言农之粟不得通，而农必辍耕而叹，女之布不得通，而女必投杼而嗟，且非独农与女然也。虽曲艺如梓匠、轮舆，亦芥然。其交困各处于有余，即各处于不足，而天下穷矣，而子亦穷矣。且夫井蛙不可以语海，拘于墟也；夏虫不可语冰，囿于气也。事理之所疑，更端以晓之，则疑者不终疑；物情之所蔽，多方以譬之，则蔽者不终蔽。凡人识解明昧之故，只争一念转移之闲，能转移则通矣。通则梓匠、轮舆之事，虽与子不相谋，而梓匠、轮舆之功，要为子所不废，其得食于子也，非操其有余以补子之不足哉。而农可知，而女亦可知，子亦可恍然矣。夫梓匠、轮舆，其小焉者也？

本房加批

挥洒自如，动与古会。每段着一二闲笔，最得史公家法。广场中具此识力，足征标寄不凡。

赋得马饮春泉踏浅沙（得泉字五言八韵）

毛庆蕃

试策寻春马，欣逢漱玉泉。饮来新水活，踏处浅沙穿。辔络桃花映，溪桥柳线牵。绿波侵齿润，碧草印蹄圆。酣畅休施勒，徘徊不假鞭。气吞鱼浪外，迹托鹭洲边。凫鸭相嬉地，骅骝自适天。良材承渥泽，遵道庆平平。

本房加批：

黄金低纸珠排字。

（五月）乙卯，引见新科进士（中略）。户部候补员外郎毛庆蕃，着以员外郎即用。

《清德宗实录》卷二百七十，光绪十五年五月乙卯条

（五月初十日）邸钞：诏新科一甲进士三名，张建勋、李盛铎、刘世安，业经授职外，杜本崇、周树模、饶士腾、刘彭年、丁惟禔、费念慈、魏时钜、许叶芬、曾广钧、江标、叶昌炽、张孝谦、陈祥燕、恽毓鼎、程械林等八十六人，俱改为翰林院庶吉士；叶祥麟等八十人，俱分部学习；钟承祺等九人俱以内阁中书用；杨德鑅等一百三人，俱交吏部掣签分发各省以知县即用；户部候补员外郎毛庆蕃等四人，俱以原官即用；分发四川道员张华奎，仍发原省以道员补用。

（近）李慈铭《荀学斋日记·癸集下》

回户部供职，派充山东司帮主稿、北档房总办。

（毛庆蕃），己丑科会试中式贡士，经翰林院带领引见，奉旨：着仍以户部员外郎即补，派充山东司帮主稿、北档房总办。

秦国经主编《清代官员履历档案全编》第7册，《光绪朝》，华东师范大学出版社，1997年版，第320页

以李鸿藻荐，与李本方、乔茂萱出都赈济畿辅灾民。

岁己丑，畿辅大祲，李文正公鸿藻，属君及毛君庆蕃、乔君树枏督振务。君固谙利弊、胜劳劬，毛君、乔君倚君画策，竟其役，君以善举振名于世，

自此始。

（近）陈三立《清故赠太仆寺卿衔兵部郎中李君墓志铭》，《散原精舍诗文集》，辽宁教育出版社，1988年12月版，143页

九月，四叔毛隆恩病故于眉州知州任上，绅民感其德政，葬之眉山。

头品顶戴兵部尚书兼都察院右都御史总督四川等处地方提督军务兼理粮饷管巡抚事振勇巴图鲁臣刘秉璋，谨题为知州病故开缺，详请具题事。

据布政使崧番详准，建昌道移据兼理眉州直隶州知州、青神县知县王树枬详称，本任知州毛隆恩，现年伍拾叁岁，系江西丰城县监生，议叙同知改捐知县，指发四川，分缺间前补用。复捐同知衔，同治柒年陆月初捌日到省，题补苍溪县知县，拾叁年拾月到任。因防剿峨边蛮匪，保以直隶州知州在任，候补请咨引见。蒙钦派王、大臣验放，领照起程。于光绪伍年拾月初壹日到省，奏补令职。光绪捌年贰月贰拾日到任。调署忠州知州，交卸。拾贰年叁月拾贰日，回任。因感冒风寒，触发痰喘旧疾，于光绪拾伍年玖月拾陆日，在任病故。详请转报等情，由道移知过司。该司覆核无异，除移取该故员家属供医各结，照例禀送外，理合具文，详请察核，具题开缺，并请咨明吏部暨江西巡抚。其所遗眉州直隶州知州缺，系冲、繁、难调要缺，例应扣留在外，拣员请补，合并声明等情到臣。

据此，该臣看得，知州病故，例应具题。兹据布政使崧蕃详：眉州知州毛隆恩，系江西丰城县监生，于光绪拾伍年玖月拾陆日在任病故，详请具题开缺，其所遗眉州直隶州知州缺，系冲、繁、难调要缺，例应扣留在外，拣员请补等情前来，臣覆查无异，除供结送部外，理合具题，伏祈皇上圣鉴，敕部查照施行。为此，具本谨具题闻。

（光绪十五年十一月二十九日）。御笔硃批：该部议奏。

中国第一历史档案馆原件，档号：02-01-03-12379-035

毛隆恩，字季彤，江西丰城县监生。八年二月二十五日莅任，十二年后任。清简慈惠，慎于任人。时户科积弊甚重，于人民完纳正供外，每户苛派

银一钱八分，名"戥头"，官胥窃其赢余，上下相蒙，阅二十年不革。州绅李燧上诉系省狱，民苦无告。隆恩问知其弊，毅然与民剔除。集绅算积，解耗银杂费，定一六征收详请主案，勒石仪门（每粮一两连各杂款准收市平银一两六钱）。培修学宫，尊礼耆宿，行政持大体，不察察为明。卒任，葬眉，士民哀悼，为醵金立"遗爱祠"。

（民国）《眉山县志》卷九《职官志》

毛季彤墓，治西多悦镇关门山莲花坳。季彤，名隆恩，历官忠、资等州知州，卒眉州任，有传。新城王树枏铭其墓。其子官云南盐运使，名玉麟，墓附名。

（民国）《眉山县志》卷一《地理志·坟墓》

是年，为刘人熙《琴旨申邱》题写书名。

剑川按：《琴旨申邱》，白纸线装一册全。前有主书名，署"王芝祥谨题"，副页及牌记页为："《琴旨申邱》，江西毛庆蕃署""蔚庐所著书第二种，光绪己丑刊于京师"。内页题"赐进士出身诰授中宪大夫四品衔工部主事浏阳刘人熙撰"。

是年，八叔毛隆章在湖南龙阳知县任上，与易佩绅、易顺鼎父子游。

九月初九日（10月3日），佩绅招饮龙阳知县毛隆章于函楼（易园南楼）。毛隆章，字旭卿，江西丰城人。自祖父诸昆三世皆为四川县令，父毛震寿官至陕西布政使。旭卿系震寿八子。光绪初以知县发湖南。权厘岳州，署益阳，补龙阳，再补邵阳，擢补武冈州，调署南州厅，擢澧州直隶州。光绪三十一年（1905）十二月卒。毛、易两家为世交。隆章之父震寿（小梧）、兄隆辅（翼卿）系佩绅旧交。隆辅之子庆蕃（实君）又与顺鼎、顺豫交好。

陈松青《易佩绅易顺鼎父子年谱合编》（上），湖南师范大学出版社，2018年8月版，第327页

闰二月，赵惟熙数度来访，月底宴之福涤堂。

闰二月初五，阴，午刻，访毛实君。

初八日，晴，是日，丹铭、实君、仲成文、卓明仲（华阳相国之曾孙）、绥伯、让吾、蕴华、禹堂、善丞，先后来拜。

十二日，晴，访毛实君、刘孚京等。

十七日，晴，访汤寿潜、毛实君等。

《赵惟熙日记》，光绪十五年闰二月

光绪十六年（1890） 四十五岁

五月初九（6月25日），谒翁同龢言吉林开矿事。

山东司毛实君来商吉林三姓开矿事，力言金匪可虞。此通才也。

《翁同龢日记》，光绪十六年五月初九条，中西书局，2012年1月版，第5册，第2411页

九月初，乔茂萱从缪荃孙处取走江藻亭、毛庆蕃所留款项。

九月朔，戊辰，晴。茂轩持江藻亭二百金去。

九月二日己巳，晴。茂轩持毛实君二百金去。

（近）缪荃孙《艺风老人日记（一）庚寅日记》，《缪荃孙全集·日记1》，凤凰出版社，2014年9月版，第139页

是年，与陈三立、刘孚京、陈炽等时相过从。

余友南丰刘君镐仲（中略），与君同列乡试举人，朋聚于南昌。自后七八

岁,每计偕必与君俱,留京师数月,或逾岁。当是时,海内才俊故旧集萃下,过逢络绎,而日以道义术业相切磨,晨夕眤语,为余所兄事而弟畜之者,独君与丰城毛君实君两人而已。实君笃挚整厉,用绳墨自矫;君则坦中磊落,相携使酒嗜饮食,诙调杂出。故余于两人者,敬爱无间同,尤与君意气倾倒相狎云。

(近)陈三立《刘镐仲文集序》,李开军校点《散原精舍诗文集(增订本)》中册,上海古籍出版社,2014年11月版,第885页至886页

光绪十六年庚寅(1890),三十六岁,在京,与毛实君、陈竹香、刘镐仲、文廷式诸友交游。

赵树贵、曾丽雅编《陈炽年谱简编》,《陈炽集》附录,中华书局,1997年4月版,第389页

是年,与同乡进士任宗泰,为姻亲联三先生题词。

联青三兄亲家大人正鉴:

维名器之难假兮,洵任用之相当。羡中通而外直兮,等玉润与珠光。常挺然于案上兮,直洞若于席旁。值冠冕其欲下兮,觉位置其允臧。

实君弟毛庆蕃题。

转引河北马景致《两位丰城籍进士与一对浅绛彩琮式瓶》,2013年06月21日《收藏界》网站

光绪十七年(1891) 辛卯 四十六岁

是年,于北京寓宅宴程颂万等,程有诗。

叠饮毛实君员外宅兼赠乔茂萱刘镐仲两主事次悼先户部兄

胐魄生庭除,回焱激元抱。鸿低碣石野,驼啮桑干草。予怀日耿耿,君

义弥皎皎。相看一万里，那得华颜好。乔刘当世才，儒林并奇藻。名高道以永，服暗时为宝。存身比祥龙，悁胵企飞鸟。高踪厉芳途，嘉会合清醥。微冥信多幸，结契青霞表。

湘皋望鳞羽，神剑乖延津。鸡栖长安道，朝夕犹一邻。悲风彗鸰原，百鸟号其群。灵肩一己谧，达义兹隃昏。亮哉三子徒，实与农部亲。连镳执宏简，抱踵来儒门。分张各异域，促坐怀灵芬。矧予恩纪良，劝学为诸昆。常怀野馗驾，服彼都庄轮。余欢不可作，千载为沾巾。

（清）程颂万《楚望阁诗集》卷二，重光单阏（光绪十七年）

光绪十八年（1892） 壬辰 四十七岁

户部供职。

光绪十九年（1893） 癸巳 四十八岁

十一月，毛庆蕃在户部代看《盐法志》稿本，并上条陈。

十一月廿七（1月3日）。看《盐志》一本，毛实君所校不免挑剔，无一处是，真难事也。

《翁同龢日记》，中西书局，2012年1月版，第六册，2696页

冬，太谷同门朱渊寓京留别，有诗。

将去燕京留别毛实君先生
又见秋风飘落英，韶光易老太伤情。离人不是多悲感，最怕凄风苦雨声。故人将别意愀然，偏是今宵月色寒。寄语同游诸学者，银河易渡上舟难。

去岁良朋常满座，今年独我醉春风。春风醉后人归去，欲说相思付梦中。一唱骊歌动别愁，黄花开后是深秋。行云纵欲为君住，只怕西风吹白头。

（清）朱渊《养蒙堂遗集》卷四，载方宝川主编《太谷学派遗集》第一辑，江苏广陵古籍刻印社，1997年3月版，第5册，第240页至241页

光绪二十年（1894） 甲午 四十九岁

四月，乡试同年、南丰举人刘孚周来访不遇，晤毛庆兰。

四月初四日，晴（前略）。未刻，与聘翁、云叔到老墙根黄小霁姻伯处谈。予顺往隔壁候毛实君，未晤。晤其令弟，即怀侄之泰山也。

《刘孚周日记》（稿本），光绪二十年四月初四条

剑川按：毛庆兰为刘孚周堂侄刘怀之岳父。

四月，毛庆蕃入川办差，至翁同龢宅辞行。

四月十二日（5月16日）。晨起即不适，午益寒噤，晚乃发热，然客至犹见。廖仲山、毛实君皆为查办川事，章丹甫辞行。

《翁同龢日记》，中西书局，2012年1月版，第6册，第2735页

十月，四川办差事竣，即于武汉请假返乡。

裕德等片：再，臣等奉命查办事竣，于九月十三日具奏。即日起程，二十五日行抵四川巴县地方，据随带司员吏部郎中李绍芬呈称，请假一个月，就近回湖北原籍，又于十月初十日行抵湖北汉阳县，据随带司员户部候补员外郎毛庆蕃呈称，该处距原籍江西较近，请假一个月，回籍省亲，假满即行回京当差等因，节经臣等批准，理合附片一并具陈，恭祈圣鉴。谨奏。奉硃

批:"知道了,钦此。"

《申报》1894年12月19日(十一月十四日),第12版

携叶玉麟与陈宝箴、陈三立、李本方宴集于汉口,李本方书论甲午之战善后。

致毛实君户部

汉皋握别,未及百日,不意世变致斯,良可叹也。昨晤伯严,知右老奉命督办粮台,引兄助理。兄在司农多年,理财转饷,精心讲求,正可借展夙抱。不意右老拔茅连茹,采及刍荛,来电已请新宁奏调会办。粮台事关全军命脉,即隐持兵气盛衰;此何事也,而可以不才虱乎其间耶?复电请勿奏调,容当以私谊来助。非矫情也,盖有故焉。美锦学制,斯未能信。姓名未经上达,去留犹可自审。责任稍轻,愆尤是寡;兼之全眷浮寄中途,势不能骤然舍去;饷事孔亟,乌能久待,此区区之实在愚忱也。右老虚怀纳善,国士相知,人非木石,岂不欲得当以稍答知遇?至于执事相待,真若有嗜痂之癖者。清夜扪心,究不知何以得邀青盼?昔贤爱才造士,每先为推许,以励将来;阁下其勉余将来耶?一俟眷属付托有人,即当航海来津。北翔针芥有素,业已两电速驾,当可即来。

再,中国屡失要隘,皆误于分守汛地、将不能战,又乌能守?见敌攻人,辄曰汛地不可轻离;敌来攻我,又辄曰汛地实不可守。名曰各守汛地,实无一人真守汛地;沿海均应设防,兵力愈分愈单,骤然大股来犯,众寡亦实不敌。不如择要置汛,余营派为活兵,就近闻警策应,可预伐包抄后路之谋。各省派来援兵,多系实缺提镇,力敌势均,直如散钱满地;军事贵一、忌纷,大犯兵家之忌。可否请右老禀商钦帅,择威望较著并为数大枝;钦帅指名奏派,不患不能统摄。

聂功庭军门屡与倭战,津人颇为推重,且系直隶提督,似宜调回关内,外可以镇定民心,内可以稍固根本;缘战事已经亲历,即守局亦较有把握也。

旅邸愤叹,聊作面谈。

(清)李本方《颐园书牍》卷上,转引自中国史学会主编《中国近代史资料丛刊·中日战争》第5册,新知识出版社,1956年10月版,第320页至321页

上陈右铭中丞

去冬道出汉皋,备聆钧诲。嗣后实君户部来函,辄道宏奖,殷拳采及下士,仰荷盛德,自惭弗称,而知己之感,深铭肺腑。屡属实君转达下忱,想蒙鉴及(后略)。

(清)李本方《颐园书牍》卷上

余始侍先君,旁得进见。后从毛实君姑夫游,见先生兄事之甚恭。别汉上,拱立待车发也,交游古处,无异易堂诸老之风。

(近)叶玉麟《陈散原先生八十序》,《灵觌轩文钞》卷一

是年,太谷同门朱渊留别,有诗。

留别毛公实君

一寸柔肠一寸心,天南地北有知音。暖风吹醉人千里,化雨重沾价万金。愧我亲居情更懒,多君吏隐德方新。韶华易老休言老,珍重胸中尽是春。

自是君家雨露深,窗前小草亦生新。珠圆真可超凡界,玉润休教染俗尘。座上每来三益友,尊前尽有四时春。银河本许牛郎渡,我欲从之去问津。

为爱先生造诣深,一回相见一回亲。心空对镜还忘镜,性定居尘不染尘。举世谁知新故我,吾侪各要认前身。玄珠已得须温养,莫使依然叹赤贫。

(清)朱渊《养蒙堂遗集》卷四,载方宝川主编《太谷学派遗集》第一辑,江苏广陵古籍刻印社,1997年3月版,第5册,第249页至250页

光绪二十一年(1895) 乙未 五十岁

二月,刘坤一奏调毛庆蕃赴天津襄助陈宝箴办理湘军粮台,约三月到任。

钦差大臣刘坤一等代奏调毛庆蕃来津襄办台务电

光绪二十一年二月初十日（1895年3月6日）

据办理湘军东征粮台布政使陈宝箴禀，请奏调户部山东司候补员外郎毛庆蕃来津襄办台务，理合请旨下户部查照。刘坤一、王文韶代奏。（宫中电报档）

戚其章主编《中国近代史资料丛刊续编·中日战争》，中华书局，1989年3月版，第2册，第473页

（二月癸丑），又谕：电寄刘坤一等，电奏请调户部员外郎毛庆蕃。赴津襄办陈宝箴粮台事务，已令户部饬令前往矣。

《清德宗实录》卷三百六十一，光绪二十一年二月癸丑条

四月二十一日（5月15日），张之洞致电毛庆蕃。

天津湘军粮台毛部郎实君：长材济运，承借湘饷，感谢。和议后患无穷，台端与右铭方伯有何良策？祈示。洞，马。

光绪二十一年四月二十一日未刻发。

《张文襄公电稿墨迹》，第1函第7册；《张之洞电稿丙编》，第53册

五月，易顺鼎将赴台，毛庆蕃晤之天津。

（五月）己卯，乘轮车抵天津，见夔帅及陈右丈，晤毛实君、徐进斋、徐仲虎、欧阳君重诸君，询台湾电信，有言相持三昼夜，广勇杀倭甚多者，有言倭已由三貂登岸者。

（清）易顺鼎《墨盾拾遗》卷六《魂南记》

闰五月初八日（6月30日），刘坤一来书告撤兵事。

复毛实君（光绪二十一年闰五月初八日）

此次军务，征调各省防营，头绪既属纷如，事权又不归一，以致劳师糜

饷，未见立功，良可惜也。现在势局渐定，整顿海防实为刻不容缓之事，而尤以选将为第一要义。将才十不得一，大将之才更百不得一。值此用人之际，惟有舍短取长，拟酌保十数员，以备圣明采择。

各军除留防外，一律饬回原省，应留应遣，由该省督抚酌量办理，此间自可毋庸代谋。至遣撤事宜，卓见各条均系切当不易之论，与敝处日前具奏各节大致相同。其间有应略事变通者，则以营数太多，章程不一，不得不察酌情形，以期允协。

已嘱营务处冯侍御、曾观察暨津海关盛观察随时随事与执事商度，总期斟酌尽善、弭患无形，想诸君全局罗胸，不难从容坐理也。

《刘坤一集》，陈代湘校点，岳麓书社，2018年4月版，第63页至64页

六月，与易顺鼎电洽赴台筹饷事。

六月十一寄天津，湘军粮台毛鉴：

弟寓文正书院，候岘帅、右丈及兄示存款望汇交伯严，附禀祈转呈大帅钧鉴，庚、青两电祗悉，台北易复，而刘镇苦难兼顾，坚约职道助之，职道本欲回家，所迟迟者为此，然非有接济及兵柄，何能轻率再往。伏乞钧示。鼎，真。

六月十三天津来，毛实君部郎。文正书院易实甫观察鉴：转达岘帅、右丈银交伯严，今日汇讫。蕃，元。

（（清）易顺鼎《墨盾拾遗》卷四，乙未三月至九月

七月二十八日（9月16日），刘坤一、陈宝箴密荐毛庆蕃等。

密保军中得力文员折

光绪二十一年七月二十八日。

奏为密保军务得力文员以备简用恭折仰祈圣鉴事。

臣维人之有才，蕴之于心，施之于事，必与共事日久，方可觇其心术之公私、才具之短长。臣行营文员大小不下百余人，相与盘错经年，就中察看

为守兼优，始终罔懈。其于军务，颇得要领，堪备异日驰驱之用者，仅得四五人，亦可见人才之难矣。查有襄办湘军粮台户部员外郎毛庆蕃，学有本源，志存经济，此次初办外事，即能处处认真。凡于各军饷糈，综核名实，酌剂盈虚，不使告乏。或遇数目轇轕，则必勾稽入细，体会至周，人莫能欺，亦无敢怨。至于随宜损益，以节度支，尤为仰体时艰，公忠在抱。（中略）以上四员在军营中，实为出色。臣此次得免陨越，端赖该员等相助，为理为敢壅于上闻，仰恳天恩，敕交军机处记名，以备简用。倘该员等庸劣不职，臣系原保人员，不敢辞咎。谨恭折密陈，伏乞皇上圣鉴训示。谨奏。

《陈宝箴奏疏》卷二十四；刘坤一奏疏原件，存中国第一历史档案馆，档号 03-5328-061

八月一日（9月19日），为李光久部运输事，致函金陵支应局总办盛宣怀。

杏荪观察大人阁下：

久未趋聆雅教为怅。启者：李健斋观察光久，接统钢武军，驻札榆关，现在奏准裁撤，钦帅以李观察领饷轮运来电，饬台查照办理。查该军三营两哨，内有一营湘勇五百人，此外又百余人，共约湘勇七百人，须由轮载送汉口，月内启行。贵局前开致远各轮，何船在津，可载若干人，以及何日可驶至榆关某处口岸，上船之处，统祈速赐酌定示知，并即函知李健斋观察、行营营务处是所感荷。除函达黄花农观察外，专肃奉布，敬请勋安。

愚弟毛庆蕃顿首。

上海图书馆盛宣怀专档，毛庆蕃致盛宣怀函，光绪二十一年八月一日（1895年9月19日），档号 SD056852

八月，为武威等军撤回运输事，与黄建筦往返致函。

花农仁兄大人阁下：

顷闻东征粮台送阅锦州转运局电称，魏中丞所统之武威军，与陈方伯西征之福寿军［蛀失十余字］赶备不及，拟请以利运、镇海为［蛀失十余字］

武威军用，福寿军头起约明后日到［蛀失五字］即商陈右铭中丞，适勉林观察在座，道及福寿军由锦来津，业经执事回明夔帅，派普济往载，想见苌猷硕画，先事预筹，良深钦佩。第该军十营接续到锦，一轮恐不敷用，如利运、镇海两轮在锦，似可就近载运。如在津沽，可否饬往装载之处，仰恳阁下函商可荪观察［蛀失八字］示复是祷。专此奉［蛀失四字］勋安。鹄候回玉，不一。

愚弟毛庆蕃顿首。

上海图书馆盛宣怀专档，毛庆蕃致黄建筦函，光绪二十一年八月十一日（1895年9月10日），档号 SD056747-4

实君仁兄大人阁下：

敬复者，本日下午申刻，奉昨夕手示，敬悉一一，正拟遵照函商，适接盛观察来书，以接到胡云楣方伯来信，准用镇海、普济两□等语，查镇海在津，已由盛观察钧知，先开锦州。普济□十五、六日到津，即□续□前往，专此为复，即请勋安。

愚弟黄建筦顿首，八月十二晚。

上海图书馆盛宣怀专档，毛庆蕃致黄建筦函，光绪二十一年八月十二日（1895年9月30日），档号 SD056747-3

黄建筦复盛宣怀函

光绪二十年八月十二日，天津

敬肃者：两奉手示，敬悉一一。"普济"沪电，昨早直开来津，到时即当饬开天桥厂受载。惟"镇海"所装不过二三百人，"普济"可装六百人。如五营则三次可了，未悉究系几营也。毛实翁顷亦来函，刻已照情函复，兹将来去函录呈，敬祈鉴阅。胡云翁函附缴。专此，即请勋安。

弟黄建筦谨肃，八月十二晚。

陈旭麓、顾廷龙、汪熙主编；季平子、齐国华编《盛宣怀档案资料》第1卷《甲午中日战争（下）》，上海人民出版社，2016年12月版，第201页

八月，为湘军撤归事，连续致函盛宣怀。

杏荪观察大人阁下：

十一晚接阅东征粮台送电，以关外陈军与魏军同时由锦开行，需车较多，拟分水陆行走。自是正办间，花翁已禀商派普济往运，当又作笺奉达。昨接花翁复函，已欣悉与公商定，派普济、镇海两轮，佩甚。顷东台函称两轮可运七百余人，因思陈军系十营，倘荷我公设法添派一轮，尤为感仰。前信录呈，专肃敬请勋安。

愚弟毛庆蕃顿首。

上海图书馆盛宣怀专档，毛庆蕃致盛宣怀函，档号 SD031147

杏荪观察大人阁下：

昨上一笺，计荷垂察。并分别电致魏、李各军，夜分得健翁来电，湘勇拨归魏部，已遵帅谕办理，别录呈览。魏军如有复电，并即奉闻。专泐敬请勋安。

毛庆蕃顿首。

花农观察均此致候。

上海图书馆盛宣怀专档，毛庆蕃致盛宣怀函，档号 SD110704-1

杏荪观察大人阁下：

顷承复示，敬聆种切。榆关驳船甚难，风雨皆不能上舡。自应仍以大车到唐沽为便。本日已电达健翁，并陈明岘帅矣。至沪局派船，俟复到时，尚祈示悉，并径电健翁为荷。敬请勋安。

愚弟毛庆蕃顿首。

上海图书馆盛宣怀专档，毛庆蕃致盛宣怀函，档号 SD110706

杏荪观察大人阁下：

昨奉台函，海定廿八可到，当已电达健斋观察矣。健翁前曾见语，钢武新到湘卒一营，士皆精壮可战，原募本地两营，不甚得力，接统后，曾请早撤，蕃甚颂之，谓方今为统领者，乃肯请撤所部不甚得力之营，亦可谓朝阳鸣凤矣。

此次遣撤，亦拟赶于月内蒇事，惟钦帅昨饬营务处电致魏午帅，嘱其函商健斋，挑留精壮，似此则廿八之期，尚难遽定，诚恐轮船已至，停待为艰，用特先期奉商，如湘勇未及成行，海定到时，可否变通装货，抑或如何办理之处，敬祈酌度。执事胸有智珠，不难旋转如意。敝处谨当随时奉闻，以便筹办。专肃敬请勋安。

毛庆蕃顿首。

花农观察均此致候。

上海图书馆盛宣怀专档，毛庆蕃致盛宣怀函，档号 SD110707

八月二十一日（10月9日），陈宝箴奏请湘军粮台更换关防并由毛庆蕃接办事宜。

刊换粮台关防折

光绪二十一年八月二十一日

奏为刊换粮台关防，一面清理各军饷项，以资结束，恭折仰祈圣鉴事。

窃自设立湘军粮台以来，部饷南饷，正款杂款一切井井有条，实为得力。兹以总办该粮台直隶藩司陈宝箴，升授湖南巡抚，应即刊换关防，不列本衔。文曰"钦命办理湘军东征粮台关防"，所有粮台事务，即交襄办该粮台之户部候补员外郎毛庆蕃接办，以资熟手，将来报销仍由陈宝箴覆核具奏。

查湘军粮台经理各营，领部饷者一半，领南饷者一半，南饷各营内有陈湜十营，现驻津关，听候谕旨。如令添拨十营，共二十营率令西征，相去日远，月饷应由何处接济，自应另筹。余如刘光才、李占椿、万本华、张国林、申道发各五营，与护军两营，系江南防军，似可发给恩饷，遣令南旋。领部饷者，以魏光焘二十五营为大，现令挑选凑足三十营，驻防山海关，局面迥异，自应由该抚自设粮台。余如张星元分统铁路正五营，拟令归并魏光焘三十营内；方友升分统铁字副五营，归并陈湜二十营内。杨金龙添招之护军三营，亦令归并魏光焘，以补淘汰之缺。仅有余虎恩十营，移扎近畿，仅可自行赴部领饷。计九月内各军部署就绪，湘军粮台可以裁撤，维时陈宝箴计适出都，由津赴任。粮台出入款目，亦正可截数清厘矣。臣商之该抚，意见相同，所有刊换粮台关防及清理军饷各缘由，谨恭折具陈，伏乞皇上圣鉴训示。谨奏。

（清）陈宝箴《刊换粮台关防折》，《陈宝箴奏疏》卷二十四

九月二十七日（11月13日），刘坤一、陈宝箴代奏湘军善后事。

奏为湘军遣撤留防各营正饷恩饷已由湘台一律发清，恭折由驿驰陈，仰祈圣鉴事。

据办理湘军粮台户部员外郎毛庆蕃详称，窃查关内外各军分别撤留回防，籍隶直省者给饷一个月，籍隶外省者给饷两个月，留防作为正饷，遣撤作为恩饷。业经奏明准行在案。

兹查湘台发饷垫饷各军计先后遣撤曹州镇王连三添募三营两哨，并带回山东练军八百名，马队一百名。道员李光久接统纲、武两营两哨，又老湘五营两哨，陕西抚臣魏光焘所部武威副右一营、亲军一营，卫队四哨，炮队一哨，恺字小马队五十名，及各营汰勇三百九十八名，副将方友升升字前、后两营，提督杨金龙护军中、前、右三营，又兼统行营亲兵一哨，大同镇刘光才五营两哨，皖南镇李占椿果胜五营一哨，提督万本华长胜五营，副将张国林仁、义、智三营，琼州镇申道发四营三哨，又马队一旗，统计遣撤回防共步队四十一营十六哨三百九十八名，马队一旗一百五十名，均于十月二十日以前一律南旋。其遣散钢、武两营两哨给予一月恩饷内有籍隶外省者四百四十一名，另加一月饷银。遣散武威等营内有籍隶直省者四百四十九名，系给一月遣饷，其余各军均分别照章发讫。此外尚有陕西抚臣魏光焘援甘三十营，江西布政使陈湜驻关二十营，高州镇余虎恩填札河西务十营饷项，亦发至九月底止，自十月起即归北洋支应局经理。所有以上遣撤留防各军正饷、恩饷暨另拨援甘各军行饷二十六万两，均由湘台一律发清，其各军轮船水脚及正杂各饷，由台垫发者，应由各省核明清解列收，造报湘台，即行截清总数，专办报销。由该粮台详情具奏前来，臣覆核无异，除咨部查照外，理合恭折驰陈，伏乞皇上圣鉴。谨奏。

（清）《陈宝箴奏疏》卷二十四。又刘坤一亦曾转奏毛庆蕃呈文，即《遣撤留防各军正饷恩饷一律发清折》（光绪二十一年十月二十五日），载陈代湘点校《刘坤一集》，岳麓书社，2018年4月版，第2册，414页

十一月，湘军粮台事竣，刘坤一代奏善后事宜。

钦差大臣两江总督臣刘坤一跪奏，为湘军粮台划清界限分案报销，以杜轇轕，恭折仰祈圣鉴事。

据办理湘军粮台升任湖南巡抚前直隶布政使陈宝箴详称，窃查湘军东征粮台，前蒙奏派本司办理，现因升授湖南巡抚，刊换关防，所有粮台事务，交襄办粮台之户部候补员外郎毛庆蕃接办。将来报销仍由本升司覆核具奏，业蒙奏明在案。

兹查湘军粮台自二月初四日开办之日起，截至八月底止，共收到部拨津沪广东各款折合湘平银二百三十余万两，历经发给各军正、杂饷项及支应转运各局，并垫发南军各饷，现在各军如李占椿、万南华、张国林、刘光才、杨金龙、申道发，陆续撤回。其陈湜、李光久两军，候旨遵行，至驻扎山海关之湘军三十营，驻扎河西务之虎字十营，十月以后饷项应由各该军分别自行赴部请领。所有湘台经用军饷，一俟各军撤竣，九月底截清饷数，由毛庆蕃将收发各款分别汇案造报，乃由本升司覆核具奏。其行营支应局及湘鄂各军转运局用过银两，均由该局开报送台，一并汇报。至湘鄂各军及魏光焘武威军饷项，在二月底以前者，由前帮办军务湖南抚臣吴大澂报销，三月初一日以后由湘军粮台报销。以此划清界限，款用可免轇轕。详情查覆具奏前来。臣查九月十六日钦奉电旨：湘军粮台，着仍由部拨款供支，无庸赴部请领等因，当经恭录行知毛庆蕃钦遵办理。惟陈宝箴已赴湖南巡抚之任，所有经手湘台饷项，自应截至九月底止，由毛庆蕃造报。该升司覆核具奏，以了首尾。至魏光焘等和军二月底以前饷项，与湖南粮台无涉，据请归吴大澂报销。自系正办除分别咨行外，所有湘军粮台划清界限分案报销各缘由，谨恭折具陈，伏乞皇上圣鉴。谨奏。奉硃批："该部知道。钦此。"

《申报》1896年1月8日，转发光绪二十一年十一月初七日《京报》全录

十月二日，为借贷军饷事，致函盛宣怀。

杏荪观察大人阁下：

久未趋挹教言，时深企仰。辰维莆履绥和，荩猷卓越为颂。昨接金陵支

应局咨，健斋观察老湘军饷，截至八月底止，正杂各款，应找领银二万六千余两，计连九月分饷，共四万余两。此军现须裁撤，其后路委员来台请领，自应奉闻，健翁前借尊处之款，度阁下必与健翁商明办理也。专此奉布，敬请勋安。诸惟亮照，不备。

毛庆蕃顿首。

上海图书馆盛宣怀专档，毛庆蕃致盛宣怀函，光绪二十一年十月二日（1895年11月18日），档号SD056690-3

杏荪观察大人阁下：

昨领教言，快甚佩甚。承示垫付健翁杂款饷银三万，其微大君子维持调护之雅，钦服良深。健翁处领饷委员黄君国熙、李君陟嵩，已令其如命趋候拨领。专肃敬请勋安。

毛庆蕃顿首。

廿四日。

上海图书馆盛宣怀专档，毛庆蕃致盛宣怀函，档号SD005411

致陈宝箴二札，言及己病及陈炽、陈三立论时事。

毛庆蕃 二通

右翁世丈大人钧鉴：

十月廿九日自津启行，曾先期肃上一函，计此时可荷垂察。矿款千金，来电奇缘，不奉复示，每切悬悬。濒行前二日，夔帅饬孙君慕韩见告，已得尊电，遂即拨付矿局（夔帅言即交矿局张燕谋，以免周折），并具钤领一纸前来，俟后寄呈（途中不知收于何处，顷寻出，并张函附上）尊处归档备查可也。廿七日曾致伯严数行，匆匆未将此款道及。昨复电陈，用释钧注。高阳相国强起销假，实未全瘳。此次见面大非昔比，殊难为怀。初闻贱子之至，即遣使相招，继闻贱子车中误伤眉额，又趣令勿出，盖朔日入都，初七痂□脱始往见也。颇言以西苑谢恩之故，奔走四里，不复能支，俟到吏部任，仍当请假。此老忠诚，中朝罕有其匹，但以后人，直恐未易易。自望病愈甚切，侄颇慰藉，拟再见时以多续假为言。惟时事更无可望耳（初七徐荫老在彼坐久,又须入城,侄小坐,即求退,均在卧室见也。约日内再详谈)。

矿事渐有把握,闻之甚慰。承示领绸捐封一事,次亮以属黄君英采。黄君方见询,今奉手谕,侄即当照办,都下士大夫又以天下已治已安矣。其言时事者,又以铁路等事为已举办矣。若辈睡梦沉酣,未知何日醒也。公度使德尚未定局,因英使一言(新嘉坡领事时一案,公度甚得体,英使亦并未以为出使不可),而忽改德(庆邸之意),又因德使之拒而文电交询译署,举动如此,国不国矣。公度处之顾甚泰然,贱子始以津关需人,又见夫近办交涉之多谬也,两启夔帅,谓此席公度最宜,请其密荐,帅以一身行止未定为言,其后慕韩入白,不谋而合,帅谢不能而以荐其出使为言。其使英也,合肥之意盖以加税望之也(公度自言,在津与合肥谈及加税,合肥即属意,合肥亦与贱子言诸使非才也)。农部派还洋款,高阳甚谓其非,言常熟以为不过是一句话,各省何从知其为一句话耶?(高阳以此诘之)直隶明年亦不得了(今年勉强敷衍),各省办不动,无款可拨,尽可据实回复。某公此时不胜计相之任,高阳夏初曾与贱子深谈及之。手肃,恭叩勋安。

侄庆蕃谨启,十一月十五日。

伯严仁弟均此。

再,湘案临行续得前途书,言户部复议尚未定。遣撤营哨统领委员两月薪水公费,将驳议。侄到部,知驳议已具奏,湘台所发委员尚无两月薪水者(岘帅处有之)。惟营哨两月,今部议只给一月薪水(统领全无),湘台经手须赔缴千余金(俟户部奏复再说)。兵部之件,前已寄陈,何时出咨,祈示悉。工部已全销,咨文中有催解一厘饭费之语,乃是官话,前途言可不过问也。侄又上。

右翁老叔大人,侍者年前奉电示,寻两承手谕,伏维新春万福,至为慰仰。京曹薄宦,叠叨厚贶,私心感镂,如何可言。镐仲蒙大力护持,凡在同志,靡不叹颂欢跃。贱体重荷垂注,向来气虚而血亦虚,补脾气药作丸,缓缓服之,不秘峻补。尊论至不可易,欲求惠赐一作丸之方为盼。恃爱则以干渎,悚甚。命致各处信件,年内悉送讫,回条附呈。手肃,敬叩年祺。

年世愚侄庆蕃谨启。正月廿三日。

叔母夫人福安。

再者，次亮云云，侄与茂夔向亦为当然。兹者固人情所应有，非格外也。来单内如荣宅（此公有不之官之意），系如命封入饬投（此公见客方毕，阅信，给回信，并赏家人八缗），余皆无误。惟单内有徐季文卅，初疑为徐仲文之误，继见与少云之侄同列，又旁注伊兄弟从无信来往，遂以为恐是少云季子。时侄方痔疾大发，不能出门开单。其季子之号，而仆人仍不得力。窃谓尊者笃于故旧，则即投送，后始知为仲文，谨如数另函送去。少云家只好将错就错矣。度尊者亦不过以为非也。至单内尚余之银，命侄酌量，有极应送而未送者，思之初无其人，继就同乡往来交好求之，莫如徐仲文。次之则伍展峰，于伯严爱厚者，则华再云同乡，此日年辈渐老，于尊者致燕而有礼，则朱君小堂。初恐卅金不勇分布，即欲置之，继知仲文已别送，遂以尊悃致伍、华各十二金，朱廿金，仲文亦以为可并致。诸君言尊者已回本任，岁暮仅于同乡一二交好薄具微仪，不足为外人道也。次亮读公书，甚惶仄。侄语之乃安。尊者俯从其说而告以正义，亦其近年所不易闻，乃知我公陶冶后进之盛心，为不可及也。次亮正初得其太公之讣，二月内南归，其于友朋之事，颇觉多情，亦甚难得。渠行后，一二往来处遇有相属之件，拟交王莆卿接手。据云同班中人才寥落，有文学而气味相亲（亦不嗜利，能自爱），知拳拳于海内贤人君子者，竟无如莆卿。盖金君领班尤忙冗，恐书札往还不能甚速。二班中多托一人，亦自可也（二班中自两领班外，诸事倚莆以办，云执笔皆不之及，亦有才难之叹也）。伏维财择，侄同日又上。

湘帅处，叔峤昨有书托，次谓彼中近亦无人，以后宜常通信云云。现拟稿交莆卿，恽松云处亦然。密老、忠甫各信均送去，忠甫已由阁读学而迁仆少，来信仍书吏部，谨已易封。此等细琐事，伯严似宜一过目，文正当日小处似亦留神也。

再者，均州牧马君玉如云龙，请求吏治，笃实不浮，侄初见而异之，既乃知曩从李雨亭尚书有年（在鄂晋），渊源固自不同，询之芗垣，极称其官声最好，甚能办事。近来州县中如此君者，恐已不多得，伏惟垂察。

侄谨又上。

《陈宝箴友朋书札》（四），柳岳梅整理，载上海图书馆历史文献研究所《历史文献》第六辑，上海古籍出版社，2004年2月，第149页至152页

助湘军余部伤员返乡。

幸获生还

余友胡君锡吉,号志学,系湖南湘阴人。自幼从戎,转战匪逆,历保花翎守备。光绪十七年投入老湘后营,充当哨官。去岁日兵犯顺,该营奉调东征,开赴海城前敌,遂与日兵接仗数次,每战必胜。本年二月八日牛庄之役,以孤军深入,得地自早至晚,鏖战一天,只以寡不敌众,又兼敌以劲旅为伏兵突起,将锡吉之营主谭提督桂林轰伤。锡吉赶前救护,其时炮子势如雨下,营主死。锡吉之左脚伤,而右足则已伤脱,遂为日兵擒,解海城拘。因六月,备尝艰苦,求生无方,求死不得,旋经洋医医治,将右足自膝以下截断成废,嗣以议和释归,沿途经过奉天州县暨各将军、统领,均蒙赏给川资。又蒙湘军粮台总办毛庆蕃大人逾格怜恤,得以由天津附轮南返,行至申江,仰荷同仁医院接成木脚,步履如常。倘蒙当轴诸公录用,仍能如曩日策马疆场,纵横杀贼,他日建功寰宇,皆毛君及同仁医院之赐也,亟录报端,以供众览。目睹情形人代白。

《申报》,1895年12月18日,第12版

是年,回友人札,言及湘军回调及代寻吴赞诚手札等事。

辰修仁兄大人麾下:

月初肃复寸缄,计登签阁。顷承手示,并寄到王太史润笔二百金,尝已转交。太史负海内盛名,得其片楮零缣,无不珍为拱璧。其碑版则照耀寰区,尤为宝贵。而麾下表扬先德,善必归亲,尤堪钦敬。至于致陈副戎赙分,更见垂情兰掯、忱助麦舟,论交无间于死生,使人增友朋之重,缅怀云谊,感助尤深。

大部骑营赴调,而步队暂缓启行。此时可托长城,良深欣慰。前属觅寄吴春帆观察一函,业经加函递去,高君当为随时留意,以副雅怀。专复寸笺,祗请勋安。不一。

愚弟毛庆蕃顿首。

剑川按:据原件录入。

光绪二十二年(1896) 五十一岁

二月,庶曾祖母张氏(1815—1896)逝。生前遇毛庆蕃甚厚。

赠通奉大夫巴县知县辉凤公侧室张恭人,年十六归巴县公,事嫡甚谨,适徐太夫人,亦亟称其知礼。二十有七而寡,抚两子一女至成立。中岁患痼疾,旋愈,恭俭慈和明大礼。子景梧公狷洁自好,安于贫,母亦淡然相忘,俾全其操焉。景梧公在方伯公前,执弟道最恭,母之教也。晚岁数为庆蕃道徐太夫人之贤,其言恳恻,爱庆蕃甚,至侍,语则不名庆蕃,矍然起立,指曰:"是固巴县公嫡长孙也。"庆蕃益悚惕,而母曰:"则吾病时,巴县公若默牖〔佑〕之,非吾之能贤也。"同治五年在籍呈报,奉旨旌表,现年六十有七。

《毛氏宗谱》卷之八《人物录》

三月,刘鹗由京抵沪,作《春郊寓目》,毛庆蕃、梁启超、罗振玉、汪康年等六人和诗。

刘鹗《春郊寓目》
郊游骤见海棠花,亚字栏杆一树斜。蝴蝶忽然飞屋角,羁臣何以在天涯?千枝翡翠笼朝雾,万朵胭脂艳朝霞。寄与春光休烂漫,江南荡子已思家。
可怜春色满皇州,季子当年上国游。青鸟不传丹凤诏,黄金空敝黑貂裘。垂杨满地闻嘶马,芳草连天独上楼。寂寞江山何处是,停云流水两悠悠!

新会梁启超次韵
自古文明第一州,卧狮常在睡乡游。狂澜不砥中流柱,举国将成破碎裘。燕雀同居危块磊,蛞蝓空画旧墙楼。漏卮真成西风岸,百孔千疮无底愁。

酉阳宋伯鲁次韵

铸错如何误九州，孤鸿网脱向南游。君心修补空成衮，国事庞茸退赋裘。有志进贤开道路，无端度诏下宫楼。未央野雉临朝雊，少帝深居病可愁。

南丰［丰城］毛实君次韵

羡君冠冕重南州，化鲤龙门破浪游。万里安澜平似砥，满腔热血暖于裘。大千世界大千佛，第一江山第一楼。此后胜鳞成沃壤，解除宵旰九重愁。

海陵黄锡朋次韵

归海群流赴泰州，岳墩与我共同游。雾深三尺常停履，酒费千金不惜裘。捧日曾登东鲁岱，拱辰独上北燕楼。遭逢自是风云会，圣眷初隆且莫愁。

八弟梦莲次韵

山气葱葱起五州（镇江城西有五州山），松楸犹忆故乡游。联床风雨常同被，把钓烟波未脱裘。碧草梦回春夜枕，青衫惯典酒家楼。逼人自有千秋任，宦海归来不解愁！

《人间世》第28期，1934年版。转引自郭长海《刘铁云杂俎》，载吴晓峰主编《中国近代文学史证：郭长海学术文集》上册，吉林人民出版社，2005年3月版，第193至194页；《刘鹗年谱长编》第293页

四月，直隶总督王文韶奏请毛庆蕃暂留北洋。

直隶总督王文韶又奏：北洋事务繁要。请将上年调津襄办粮台之户部员外郎毛庆蕃暂留，以资臂助。允之。

《清德宗实录》卷三百八十八，光绪二十二年四月丙寅朔条

直隶总督北洋大臣臣王文韶跪奏，为北洋事务繁要，恳恩准留京员助理，恭折仰祈圣鉴事。

窃查户部员外郎毛庆蕃，于上年二月间，经陈宝箴在直隶藩司任内，呈由臣会同钦差大臣两江总督刘坤一奏调来津，襄办粮台事务，声明将来办理

报销,仍由陈宝箴覆核具奏等因在案。兹据该员呈称,湘军粮台收支饷项,业经督同委员等逐一核明,赶造报销清册,派员赍呈湖南抚臣陈宝箴覆核,奏咨余银三万五千余两,亦拨解天津支应局收讫,并无经手未完事件。应即销毁关防,回京供职,呈请奏报前来。

臣查毛庆蕃器识宏远,操履笃实,在津年余,不特办理粮台,勾稽精细,丝毫不苟且。于北洋重要事务,随处讲求,了然心目。臣不时接晤,已心□其为人。伏念臣以衰庸,谬膺重任,常觉竟蹶不遑,近奉特派会同湖广督臣张之洞办理芦汉铁路事宜,将来体察商情,综核利弊,关系尤重。非有结实可靠之人相助为理,益复无从措手。合无仰恳天恩,俯准将户部员外郎毛庆蕃暂留北洋,由臣随时派办要务,俾收指臂之助,冀免陨越之虞。微臣幸甚。所有请留京员助理缘由,理合恭折陈请,伏乞皇上圣鉴训示。谨奏。

奉硃批:"着照所请,该部知道。钦此。"

《申报》1896年6月8日转载光绪二十二年四月十九日《京报》;原件存中国第一历史档案馆,档号 04-01-12-0573-031

四月初十日(5月22日),谒翁同龢。

四月初十(5月22日),晚毛实君(庆藩,户部员外,调办湘军粮台,极清,今王夔石又奏调),谈一时许,极好。

《翁同龢日记》,光绪二十二年四月初十条。中西书局,2012年1月版,第6册,第2948页

秋冬之交,黄葆年任福山知县,召太谷同人毛庆蕃等游芝阳洞。

同游芝阳洞并序

福山濒海,东尽之罘(中略),丙申夏,予来兹土。秋冬之交,同人先后至,而登山怀古之兴作焉(中略)。是会也,先者若朱玉川、达听香二老,后者若颜杏甫、吾甥李平孙二生,长者若谢石溪、朱莲峰、蒋子明、高星仲、毛实君五君。从者若钱希范、袁淡秋、葛仲修三子,皆素心人也。其童子而

得与于渐者,则刘子颐仲,次儿彭,三儿三也。

(清)黄葆年《归群草堂诗集》卷一,载方宝川主编《太谷学派遗集》第二辑,江苏广陵古籍刻印社,1998年元月版,第2册,第136页至142页

同游芝阳洞赋呈诸君子教正

十年不蹑庐山屐,一叶新浮海上槎。便许寻仙问岩壑,本来真赏在烟霞。霜林秋色多红叶,天半江声起白沙。布袜青鞋从此始,名山到处□为家。

庆蕃。

剑川按:据苏州卜若愚先生所藏册页录入

八月二十九日(10月5日),王文韶代奏毛庆蕃因病拟回户部销差。

户部员外郎毛庆蕃,前因襄办湘军粮台事竣,经臣奏请暂留北洋委办海防支应局事务。半年以来,综核度支,丝毫不苟。当此饷需支绌之时,一切正资臂助。兹据呈称,该员向有脾泄之证,在京医治就痊,到津年余,旧恙时作。实缘天津为五河总汇,水性甚杂,于脾疾尤不相宜。应恳察核奏明,仍令回京供职,以便就近医治等情。臣查毛庆蕃才堪大用,年力正强,时事多艰,储材尤亟。自应及时护惜,俾得养成有用之精神,以备朝廷委任。除准其销差并咨户部查照外,理合附片陈明,伏乞圣鉴。谨奏。

御笔硃批:"知道了。"

光绪二十二年八月二十九日。

中国第一历史档案馆原件。档号 04-01-12-0575-046

十一月二十五日(12月29日),刘坤一专折保荐毛庆蕃等。

酌保人才折

光绪二十二年十一月二十五日。

奏为遵旨保人才,以备简用,恭折仰祈圣鉴事。

窃臣钦奉光绪二十一年闰五月十六日上谕："为政之要，首在得人。前谕中外臣工，保荐人才，业经次第擢用，当兹时事多艰，尤应遴拔真才，借资干济。着各部院堂官及各直省将军督抚等，于平日真知灼见、器识闳通、才猷卓越、究心时务、体用兼备者，胪列事实，专折保奏。其有奇才异能，精于天文、地舆、算法、格致、制造诸学，必试有明效，不涉空谈，各举专长，俾资节取。该大臣等当念以人事君之义，一秉大公，详加考核，倘或苟且塞责，谬采虚声，甚至援引私人，瞻徇情面，滥保之咎，例有专条定惟原保之人是问等因，钦此。"

仰见皇上廑念时艰、求贤若渴之至意，下怀钦佩，莫可名言。顾臣迟至年余之久，不敢轻举一人者，诚以真才难得、亦难知，非细察其立心制行，以及才力精神，无由知其为守兼优，仰酬高厚。（中略）又查有前办湘军粮台户部员外郎毛庆蕃，器识闳深，践履笃实，其生平抱负，为湖南巡抚臣陈宝箴所深知。自调赴关津，与臣共事颇久，观其运筹之密、综核之精，洵足理繁治剧。至于任劳任怨，不吐不茹，风骨尤为难及。和议甫定，该员即陈善后六条，汲汲以裁兵节饷为请。臣虽未能尽用，实心服其公忠。事竣撤差，拟请奖叙，该员深自谦抑，再三恳辞，亦足觇其所守矣。臣无知人之明，于该二员尚堪相信，夫人才兼天资学力，亦由历练而成，今该二员年皆富强，正可勉图报称。倘蒙天恩简用，俾展所长，错节盘根，定成远到之器。所有遵保人才各缘由，恭折具陈，伏乞皇上圣鉴训示。谨奏。

（清）刘坤一《酌保人才折》，载陈代湘校点《刘坤一集》，岳麓书社，2018年4月版，第2册，第484页

十二月，毛庆蕃劝阻翁同龢倡开亩捐一事。

（十二月）十七日（1897年1月19日），毛实君庆蕃贻书规余，极言亩捐不可行。

（十二月）十九日（1897年1月21日），毛实君庆蕃、孙景裴毓俊两君来阻亩捐事，直谅可敬。两君意在节流，其言甚辩。

《翁同龢日记》，光绪二十二年十二月十七日、十九日条。中西书局，2012年1月版，第6册，第3013页

（光绪二十二年）十二月，部中欲请办亩捐，已具稿矣。司官毛庆蕃、孙毓骏力争不可，余用其言，撤不办。

《自订年谱》，载《翁同龢日记》，中西书局，2012年1月版，第7册，第3867页

十二月，九叔毛隆章调署武冈州知州。

头品顶戴湖南巡抚臣陈宝箴跪奏，为要缺知州需员，拣员升补，恭折仰祈圣鉴事。

窃照湖南宝庆府属武冈州知州沈金润修墓遗缺，于光绪二十二年八月初四日奉旨，按第五日行文之例，照湖南省程，限七十日减半计算，扣至九月十四日接到，作为开缺日期，归九月分截缺，咨部在案。查定例，州县应题缺出，先仅候补正途人员题补，无人，准以应升人员题升。又，州县以上应题、应调缺出，如系题缺请升、调缺请补，俱令于折内详细声明，方准升补。又题升州县以上官员，俱令送部引见。其奉旨指明以何项官员升用人员，均令该督抚以本项之缺题补。若一时并无本项缺出，过有别项应升之缺，亦准该督抚保题升用。又州县应升缺出，该督抚将卓异引见回任候升人员，先仅升用。又应行引见之升任官员，有曾经卓异引见，未满三年者，停其调来引见。已满三年者，仍令赴部引见各等因。今武冈州知州系繁、疲、难兼三要缺，民瑶杂处，讼狱繁多，非精明干练之员，不足以资治理。南省虽有曾任实缺候补知州人员，均与是缺人地不甚相宜，未便请补。自应照例于应升人员内拣选题升，应将卓异引见回任候升人员，先仅升用。

臣督同布政使何枢、按察使桂中行，逐加遴选，查有邵阳县知县毛隆章，年五十一岁，江西丰城县人。由监生遵例报捐知县，指分湖南试用，并加同知升衔。光绪元年十二月初十日，蒙钦派王、大臣验放，奉旨："着照例发往。钦此。"是月二十七日闻讣，丁亲父忧，回籍守制。光绪二年九月接丁生母忧，四年十二月服满，并案起复。六年五月到省，十三年遵例报捐分缺先补用，免试用。十四年补授龙阳县知县。十五年六月到任。十八年大计，保荐卓异。二十年三月，准调邵阳县知县，请咨赴部。九月十七日引见。奉旨："着准其卓异，加一级，仍注册回任候升。钦此。"遵即领照起程，二十年十

月二十五日回省，奉饬赴邵阳县调任。光绪二十一年正月初一日到任。该员勤事爱民，廉能素著，为牧令中不可多得之员。以之升补武冈州知州，洵堪胜任。惟系题缺请升，与例稍有未符，第人地实在相需例，得专折奏请，合无仰恳天恩，俯念员缺紧要，准以邵阳县知县毛隆章升补武冈州知州，实于治理有裨。如蒙俞允，该员系曾经卓异引见，未满三年，照例停其调来引见。再查该员由知县升补武冈州知州，系属初升人员，任内参罚案件毋庸核计，所遗邵阳县知县系繁难要缺，例应在外拣选题补，容俟奉准部覆，另行截缺拣员请补。此案系光绪二十二年九月分之缺，应于十月初一日起限，扣至十二月初十日拣补，七十日限满，合并陈明。谨会同湖广总督臣张之洞，恭折具陈，伏乞皇上圣鉴，敕部议覆施行。谨奏。光绪二十二年十二月二十一日。

御笔硃批："吏部议奏。"

中国第一历史档案馆原件，档号 04-01-12-0578-031

光绪二十三年（1897） 丁酉 五十二岁

正月，湘抚陈宝箴题补毛隆章署南洲通判。

再，湖南南洲直隶厅通判缺，甫经新设，尚有查勘经界、清丈淤地田亩事宜，至关紧要。查有邵阳县知县毛隆章，廉正勤明，处事精审，尤能耐苦任劳，堪以调署。所遗邵阳县知县缺，应行拣员署理。查有长沙县知县张祖良，才识练达，办事精祥，堪以调署。据藩司何枢、臬司桂中行会详前来，除批饬遵照外，谨会同湖广总督臣张之洞，附片具陈，伏乞圣鉴。谨奏。

光绪廿三年正月廿六日，御笔硃批："吏部知道。"

中国第一历史档案馆原件，档号 04-01-12-0579-071

二月十七日（3月19日），刘坤一来书，勉励毛庆蕃才宜用世。

复毛实君（光绪二十三年二月十七日）

我辈立身，自有本末，任事当计始终。夔帅初以创办铁路相需甚殷，萦之维之，似宜相助为理。来示谓郎署浮沉为本分，仕途进退为有命，何辨之明而处之当，以视毁方求合、跃冶自鸣者，超然远矣。惟天下才为天下用，古来豪杰之士，明知事无可为而强为之，以冀人定胜天。今天下事尚可为，顾恝然置之乎！

弟风尘俗吏，不敢言好士，亦不足知人。第当代名公巨卿，如叔平宫保、右铭中丞，莫不推重左右。观所取者知所与，则其贤可知。且自榆水同舟，诸资擘画，刚柔并用，劳怨不辞，虽不足以测高深，亦尝有以窥余绪矣。

如阁下之学识宏通，操履笃实，斧柯假手，必能干济时艰。但愿趁此盛年，及时展布，俾竟全力，以收成功，是则有心世道者所深盼也。

陈代湘校点《刘坤一集》，岳麓书社，2018年4月版，第93至94页

三月二十五日（4月26日），刘坤一来书，谈湘军粮台善后事。

致毛实君（光绪二十三年三月二十五日）

撤台归局，以后用款自由敝处核办。部饭一厘，为数无几，先经应付，毋庸校矣。执事才堪干济，理财是其绪余。且处膏脂而不自润，脚脚踏实，有何轇轕不清，固非东征粮台所可比拟也。常熟初虑湘军寄食，呼应不灵，力劝专设一台，并先达上听，荐用右帅，其用意至为深厚。

此次裁兵节饷以还洋款，亦是老成谋国苦衷，舍此别无善策。上年弟初回任，无暇及此。现在商之展帅，拟先裁江苏水陆勇丁七八千人，约省饷五六十万，俟定局后，再裁水陆制兵及各炮台勇。总期多节一分之饷，即多还一分之债，不使农部独为其难。尚望婉劝常熟，善自珍卫，勿过焦劳，天下安危在此老耳。

承嘱黄公度事，容缓图之。

陈代湘校点《刘坤一集》，岳麓书社，2018年4月版，第98页

八月二十九日（9月25日），与友人函商售屋及湖北赈捐等事。

二兄大人阁下敬启者：

前奉手示，敬悉一切。前云承受之屋，弟已交定银二百，现无资，不能与其交易。该屋如此价银，亦可谓便宜，请吾兄受之，祈汇银到港，以便交易。或先汇七百元，亦可此屋即使承受后，自己不悦，出让与人，亦可包不缺本也。弟刻下有小病，心绪弗宁，拟九月念日左右赴申，恭聆教训。至于湖北赈捐，现约收有二千余两，存实收尚有十余张，俟用完，一齐扫数报解，第三次也。至于头次报解，各捐生部照现未奉到，五中耿耿。刻下各捐生叠催换照，一切回复，亦已唇焦舌干，祈吾兄致涵总局，催其将部照寄港，幸勿再迟，是所切祷。家内大小平安，请无记念。专此敬请福安。

弟庆蕃谨启。

八月念九日。

敬再者，容达舫太亲翁，日昨邀弟到叙，道及中国银行买办之职，前曾向分董吴伯涛兄求其税项，伊云自己乃是分董，且自顾不暇，何敢妄为等语。闻言之下，遂亦中止。今细阅十四条章程，内云用人系由总董主权，回思太亲翁为楂打银行创办之功臣，其身家之殷实，人事之慎重，合港钦佩，独患其不肯出耳。今惠然肯出，嘱弟修涵转求吾兄，向当道保荐，若要银三五万至十万担保，或要地纸担保，或入股一二十万，均无不可等语。务祈吾兄鼎力吹嘘，倘事有济，不特于银行大有裨益，而弟亦可占一小席，是否能行，伏祈示悉，以便作复。前途是为切祷。肃此再请福安。

弟庆蕃再启。

八月念九日。

上海图书馆盛宣怀专档，毛庆蕃致？函，光绪二十三年八月二十九日（1897年9月25日），档号SD048845

光绪二十四年（1898） 戊戌 五十三岁

正月初五（1月26日），翁同龢保荐毛庆蕃等。

（光绪二十四年正月）初五日。见起四刻，极陈宜破格用人，保毛庆蕃、那桐、端方，并言赵舒翘宜外任，刚公亦有论荐。

《翁同龢日记》，光绪二十四年正月初五日条。中西书局，2012年1月版，第7册，第3136页

闰三月初二（4月22日），刘孚周在京应试，拜会庆蕃于京师铁门。

初二日（4月22日），微晴，大风（前略）。旋往铁门晤毛实君（庆蕃），阎王庙街路东晤李筱垣（豫）同年。

《刘孚周日记》（稿本），光绪二十四年闰三月初二日条

四月，奉命赴上海开办昭信股票。

四月初二日（5月21日），司员毛实君（庆蕃）来见，派其赴沪办昭信股票也。

《翁同龢日记》，光绪二十四年四月初二日条。中西书局，2012年1月版，第7册，第3175页

四月初九日（5月28日），毛实君辞行。

《翁同龢日记》，光绪二十四年四月初二日条。中西书局，2012年1月版，第7册，第3177页

四月，毛庆蕃、高子愚邀蒋文田至沪上小住，拟聚太谷同

人，并为江月三荐职。

近者毛伯因公到沪（子愚同回），电信相招，予即于四月廿日动身至海上，住天后宫，盘要不是甚乐。近公事已竣，拟节后至苏同游。（中略）月三丁母忧，在家甚窘。现毛伯荐之制造局，当可成功……子明手书，五月初二书于申江旅次。

刘德隆《太谷学人蒋文田家书浅析（二）》，载《南京理工大学学报·哲学社会科学版》，1998年，第2期

送毛实君
相逢才一笑，相别顿生愁。袅袅西风夕，萧萧木叶秋。今朝一杯酒，明日泇河头。不如泇河水，日夜送君流。

（清）蒋文田《龙溪先生诗钞》，方宝川主编《太谷学派遗书》，江苏广陵古籍刻印社，1992年月版，第2辑第4册，第65页

戊戌孟夏丰城毛实君偕吾乡高子子愚由京至沪招游西湖月夜泛舟至三潭印月却赋

西湖水，西湖水，一叶中流清见底。沧桑来往几千年，惟有西湖长若此。丰城毛君翩然来，剑气拂拭沧溟开。谁欤从者有高子，登高能赋真英才。闲云一片无心出，海上移情忘不得。三叠琴心寄与谁，美人一去无消息。饮君酒，听我歌，人生不乐当如何。电光石火须臾耳，客亦知夫水月乎，与君游戏人间世。踏破铁鞋从此始，春申江上已无春，欲往西湖问西子，可怜湖畔亦无聊，闲煞苏堤第六桥。苏小小名都寂寞，菊香香冢更萧条。晴漪十里明如玉，毕竟西湖看不足。映日荷花朵朵红，牵风水荇丝丝绿。忆昔金台两遇君，泇河河畔送行人。春花秋月相思苦，此日论交意更真。清夜沉沉湖水阔，停舟坐待凉风发。南屏钟动悄无人，惟见三潭印明月。

（清）蒋文田《龙溪先生诗钞》，方宝川主编《太谷学派遗书》，江苏广陵古籍刻印社，1992年月版，第2辑第4册，第67页至68页

毛子逊归自索诗口占以赠

闻诗已喜传家学，负笈还期读素书。几度相看吾老矣，青瞳望子更何如。

（清）蒋文田《龙溪先生诗钞》，方宝川主编《太谷学派遗书》，江苏广陵古籍刻印社，1992年月版，第2辑第4册，第73至74页

剑川按：毛子逊系毛庆蕃四子毓汉（号潜之），随父同往上海。

寄毛实君书

与足下别久矣。自去年接奉手书，随有复函，计当入览。惟惠书言旧岁曾有信见示，乃并未受到，想信局遗失故耳。夫面晤不易，通信亦难，两地正相思无已，其令人何以为情也。

足下游历京华，交游至广，想高轩过从，必有赏识之人，可朝夕晤语否？近闻锡朋交卸到省，不识能常通信息否？实甫病累，未能脱体，殊切隐忧。想吉人天相，久久当勿药有喜也。弟株守无能，乏善可述，第与同志朝夕切磋，期于相观而善，所可自信者。此心已无二事，此事已无二心，期与足下始终相成而已。

近者群贤散处，天各一方。离群索居，难资讲习之益。然往来赠答，惠我好音，示我周行。则千里一书，愈加珍重。望足下不遗在远，幸赐教言，以当良觌也。《诗》曰："青青子衿，悠悠我心。但为君故，沉吟至今。"弟尝三复斯言，而不能忘情于足下。想知音者，芳心自同也。弟以为人生事业，只在求友。得友则能移情，移情则能得息，得息则能除一切苦，真实不虚矣。夫因缘时节，得之甚难，而失之甚易。寄语有心人，此事惟血性男子，柔情女子，乃能承当得起，相邻得过也。足下以为何如？

（清）蒋文田《龙溪先生文钞》卷一，方宝川主编《太谷学派遗书》，江苏广陵古籍刻印社，1992年月版，第2辑第4册，第49页至52页

六月回京，与户部云南司同仁签议冯桂芬《校邠庐抗议》。

公黜陟议

谨案：厚议其恉，以得人为归。其法以公好恶为主，其必广会推之法，

于庶僚通保举之权于下位者，盖庶僚较重臣耳目为长，下位较大吏见闻为确。古者爵人于朝，与众共之。而泰西各国议院之官，悉由公举，亦本此义。至以所举得人与否，为各官考绩，是既收得人之效，于朝廷而又可以觇原荐者之识量心术，诚一举而两得者也。另议"通籍后不再试"一条，量材器使，皆取公论，亦均可行。

户部云南司员外郎昭彝、主事张允言、员外郎毛庆蕃等谨识。

《清廷签议〈校邠庐抗议〉档案》，线装书局，2008年1月版，第9册，第3766页

汰冗员议

谨案：原议裁汰冗员，诚为要义。如所论漕务各官宜裁，王芑孙已尝论之。义主转般之法，语见《经世文编》，曾国藩言漕运，亦持此议。漕督可裁，而所辖兵勇宜酌留。徐、海民俗强悍，去省较远，淮扬道有漕河各务之责，宜均加按察使衔，以资镇摄。粮道并之藩司，则藩司事太繁冗，现在粮船罢废，当无助丁需索情事，宜就各省情形，从容体察。

河务糜费，承平时以南河为最，自铜瓦厢改道南河，总督已裁，官属亦裁，而费亦减。今山东实居黄河下游，河督之事，巡抚任之。地段最长，巡抚事繁责重，不宜兼河务。国朝治河名臣，惟靳辅、张鹏翮为最，而皆在康熙时。又全河设一总督，故能统筹全河利害。今宜复康熙之旧，以河督通主之，而不宜裁，而地段绵长，员弁兵夫未易归并。

盐官情形，原设实缺，尚不为冗。冗莫冗于今日候补盐官之多，而又不独盐官之多也。督抚同城，意见难合。今福建巡抚已裁矣，未闻有废事也。似可省去一缺。大省留督，小省留抚，明初承元制，设行省，有布政、按察两司，而无督抚。今泰西亦设按察之官，意在慎重人命，各有专责，似不可并。惟道员及同知之无分防者均可裁。詹事府自可归并翰林院，其他冗员可裁者尚多，而汰冗员尤宜去兼差，汰冗员则无废人。去兼差则无废事，其差之繁要者，宜特设额缺，许中书以上言事之法，似可行。惟今日候补之冗员数倍于实缺，似宜统加考试，择其优者，照缺额酌留二三，倍以供差委，余令罢归，或为学生，或归家学习，悉听其便。俟前者叙补过半，再招集考试，去留如前法。如此则仕途自清矣。

户部云南司员外郎昭彝、主事张允言、员外郎毛庆蕃等谨识。

《清廷签议〈校邠庐抗议〉档案》，线装书局，2008年1月版，第9册，第3668页至3770页

免回避议

谨案：回避之例，南北调选，唐宋以前，令甲所无。明代始有之，相沿日久，积弊日深。篇中所云"大吏特简者，不论外府厅州县各官，皆选近省；县丞以下不出省"，于变通旧例之中，极有斟酌。此条可行，决无疑义。

户部云南司员外郎昭彝、主事张允言、员外郎毛庆蕃等谨识。

《清廷签议〈校邠庐抗议〉档案》，线装书局，2008年1月版，第9册，第3772页

厚养廉议

谨案：廉俸不足以资事畜，则廉者累于衣食，不能专力政事。下焉者纳贿营私，不可问矣。迩来吏治之不清，皆由人心之好利。朝廷一令举一政事，甫萌芽而攘夺剥削之徒已随其后，是可叹也。西人著《中国度支考》亦云："欲清理财政，不可不增各官俸禄。"考西国臣工，其廪俸莫不于赡身家而外，使有余赀，且于服官数十年，无过之人退休之后，仍酌给俸禄以终其身。故有枉法者，通国即置之不齿，今拟内廉俸，以原议之数为准，其差缺繁要者，更宜倍之。然后定久任之法，严枉取之诛，则无不尽心之官，无不易举之事矣。此系正本清原之计，宜速议行。

户部云南司员外郎昭彝、主事张允言、员外郎毛庆蕃等谨识。

《清廷签议〈校邠庐抗议〉档案》，线装书局，2008年1月版，第9册，第3773页

厚养廉议

谨案：西国立法，用一官必养一官，用一人必养一人。或取诸国，或资诸民，莫不于养身赡家而外，使有所余。故其国无一冗员，而内外大小百官，无一不尽其职。西官接晤，以是相劝勉，亦以是为儆警，此实西国法制之善过于中国，而即西国自强之本也。今日中国言自强自变法始，变法自得人始，

得人自重禄始，外是皆枝节矣。

户部云南司员外郎毛庆蕃谨识。

《清廷签议〈校邠庐抗议〉档案》，线装书局，2008年1月版，第9册，第3774页

许自陈议

谨案：京官改外用，外官改内用，皆可许其自陈。惟既改之后，除升调外，不得再改，不称职者，处分从严。至篇中所论"不许辞者，惟烟瘴及一切苦差烟瘴用地"。近年壮之人，苦差分二途，一恤其筋力，一赡其匮乏，实为仁至义尽之道，是宜与厚养廉一条相辅而行。

户部云南司员外郎昭彝、主事张允言、员外郎毛庆蕃等谨识。

《清廷签议〈校邠庐抗议〉档案》，线装书局，2008年1月版，第9册，第3775页

复乡职议

谨案：今之邑董，虽由公举，而自好之士，往往不为。由州县视之太轻，而其人亦不复自爱也。今改为民举，得理争讼，自足以通闾阎之情，是在贤牧令破除故习，择贤而任之。不愿就者，固请之，优致月俸，以尊养之。如汉守令敦辟功曹之尖，而后虚心采纳，遇事详求临问，断时令所举之人，旁坐听之，则枉断者自少矣。

户部云南司员外郎昭彝、主事张允言、员外郎毛庆蕃等谨识。

《清廷签议〈校邠庐抗议〉档案》，线装书局，2008年1月版，第9册，第3776页

省则例议

谨案：则例繁冗，亟宜清厘，现已奉旨施行，此条可无庸议。

户部云南司员外郎昭彝、主事张允言、员外郎毛庆蕃等谨识。

《清廷签议〈校邠庐抗议〉档案》，线装书局，2008年1月版，第9册，第3777页

议胥吏议

谨案：胥吏之弊，自明季顾炎武、黄宗羲即太息言之。盖胥吏持权，至明而极。文法惟明最严，例案亦最繁，而大权遂隐落胥吏之手。夫汉代公卿，率由小吏，昔何以多名臣硕彦之选，今何以为舞文积弊之丛？平心而论，此辈固多不善，亦由所以待之者，未尽其道也。后世胥吏，虽有出身，而登进不广，又养之也薄，则无以赡其身家，视之也贱，则无以激其廉耻。进不得遂功名之路，退且不免饥寒之苦，有为奸利，轻犯法已耳。论治者莫不嫉之如仇，卒不能取此辈而尽空之，盖去一蛇蝎，仍来一蛇蝎也，去一蟊贼，仍来一蟊贼也。夫胥吏既不能去，而又不能不用，正本清原之计，莫如广登进而厚廪给之。六曹视司事多寡，置吏勿滥，其给事者，人岁予数十金，久而能者数百金，贤者岁予千金或千余金，无过者终其身；入官者听，舣法者抵罪勿贷。如是而吏胥不自爱重者，未之有也。虽然，此犹得半之道也，六部之事，非数百司员分任之，乎何以权归胥吏？此不得专病胥吏也。司员而尽贤，明彼胥吏行文书而已，他何与焉。胥吏之持权，司员之过也。然此又不得为司员病也。士人入官，精力半耗于时文，官书又非所素习，而朝夕刍米之不给，尤足以损其神明，分其心力，累其操行，虽贤者，亦冀早得外任以去。故又必重部员之禄而久任之，岁予千金，多者二千金，视曹事轻重，服官久暂，尤多者三四千金，罢去外放道府之条，贤者岁久，则增其秩，本部长官阙，则取材焉。如是则司员之职举，而胥吏之源清矣。

户部云南司员外郎昭彝、主事张允言、员外郎毛庆蕃等谨识。

《清廷签议〈校邠庐抗议〉档案》，线装书局，2008年1月版，第9册，第3779页

折南漕议

谨案：南漕改折，近人多主其说，谓为大利。惟近年米价翔贵，南北皆然。若案例价一两有奇，以为折放办理，尚多窒碍。且统查近年折漕之案，以去年苏漕减运每石米价运费等项，折银三两有奇，为最多。而较之每石十八金之数，相悬实巨。此议谓京仓以甲米为大宗，兵丁领米易钱合银一两有奇，而慨然于国家岁运南漕艰难险阻共归宿，仅为每石易银一两之用，因欲援案折银一两四钱，谓有增无减，兵心必喜。然必稽诸八旗兵丁实情，果系

如此，又必如原议。岁有南粮百万，流通市中，足当近年转漕之数，兵食乃不至于空乏，否则未易言也。京、通招商贩运，事本可行，同治十二年李鸿章议覆河运一疏，谓河自河而漕自漕，其言甚为扼要。即多采用冯桂芬之说，篇末亦有津通采买一义，运河自张秋以至临清，数百里间，汶源已断。同治初年，议复河运，不得已而为借黄济运之策，于是运河病、卫河病，而直隶下游之海口亦病，不独此也。漕船必候黄水大涨而后进口，往往前帮已进，后帮甫至，而黄水忽落，运期迫促，人夫牵挽，艰难阴滞，劳费万状。而黄水本浊，泥沙入运河则运河日淤，入卫河则卫河日淤，现在天津下游海河百余里，以至海口淤淀异常，九河下游宣泄不畅，畿辅水患年年增剧，推原其故，则黄流入卫三十余年，河道受淤之为害烈也，此不可不急思变计也。诚能行转般之法，自无须借黄济运，匪特有利漕务，而畿辅水害亦可少息耳。

户部云南司员外郎昭彝、主事张允言、员外郎毛庆蕃等谨识。

《清廷签议〈校邠庐抗议〉档案》，线装书局，2008年1月版，第9册，第3780页至3782页

利淮鹾议

谨案：淮北改票，始于陶澍。淮南改票，始于陆建瀛。而守轮、保价诸法，大备于曾国藩。所定规画，遵行至今。此议作于金陵未克、淮岸未复之前，故如建仓诸说，其后多有曾国藩所已行者。而轮船运盐，则又曾国藩力斥其非，而李宗羲亦坚持于后，以为万不可行者也。

户部云南司员外郎昭彝、主事张允言、员外郎毛庆蕃等谨识。

《清廷签议〈校邠庐抗议〉档案》，线装书局，2008年1月版，第9册，第3783页

改土贡议

谨案：我朝土贡，不责之民间，国家广大之恩，诚亘古所未有。如所议不出其地之物，自不妨删改变通，非其地不出之物，仍令常供如例，亦核实之一端也。

户部云南司员外郎昭彝、主事张允言、员外郎毛庆蕃等谨识。

《清廷签议〈校邠庐抗议〉档案》，线装书局，2008年1月版，第9册，第3784页

罢关征议

谨案：原议欲罢关征，并之厘捐，此指当时而言也。今厘局添设既多，其弊日甚，欲议归并，殊不可行。

户部云南司员外郎昭彝、主事张允言、员外郎毛庆蕃等谨识。

《清廷签议〈校邠庐抗议〉档案》，线装书局，2008年1月版，第9册，第3785页

节经费议

谨案：八旗人生计，皆仰给于俸饷，似非经久之图。同治四年，故协办大学士沈桂芬在山西巡抚任内，疏陈八旗生计规画甚至，内有外任、罢官听置、田产不限以回京之条，惜未能切实行之。

户部云南司员外郎昭彝、主事张允言、员外郎毛庆蕃等谨识。

《清廷签议〈校邠庐抗议〉档案》，线装书局，2008年1月版，第9册，第3786页

筹国用议

谨案：银币出口漏卮，以鸦片为大宗。道光中言事者，皆有岌岌不可终日之忧。而当时办理，迄无善策，中西遂以多故。然历咸、同以至今日，中更大乱，海内银币未见匮竭，价且益贱。推原其故，一曰丝茶，一曰华工，二者岁入约数千万，足抵鸦片所出。此则盈虚消长之故，天实默持之，非华人所及料，亦非西人所能主也。今茶市日衰，宜令产茶各省殷实明干商人，自行集股，选能事者携匠游历日本、印度，自种植培壅以至采摘、烘焙各事，一一精求其所以然，而又严杜所遇厘卡之刁难，则茶利庶可稍振矣。

开矿一事，首在精延矿师，而考核非易。中国前次出洋子弟，深研矿学者不过二三人，不敷应用。宜亟设矿务学堂，慎选子弟，慎选总办，以储才，禁浮滥，禁铺张，以节用收矿之利，而不受矿之害，庶乎其可耳。

户部云南司员外郎昭彝、主事张允言、员外郎毛庆蕃等谨识。

《清廷签议〈校邠庐抗议〉档案》，线装书局，2008年1月版，第9册，第3788页

杜亏空议

　　谨案：原议杜亏空之法，皆治标之激言，非治本之定论也。今日亏空之罪，不可谓不严，牧令苟非不得已，疑未必尽不畏法，其真饱私囊而甘心任罪者，此不肖之尤，当授官时已失人矣。至所议各款，亦未允协，惟所云必俟十倍养廉之法，行乃可议杜亏空，则探原之论也。

　　户部云南司员外郎昭彝、主事张允言、员外郎毛庆蕃等谨识。

　　《清廷签议〈校邠庐抗议〉档案》，线装书局，2008年1月版，第9册，第3789页

复陈诗议

　　谨案：西国报馆之设，即陈诗以观民风之意而更导之，使言绝无忌讳，故上下情无不通。泰西各国之强，实本于此。中国自汉唐以来，势成隔阂。其甚也，君臣之情不通，官民之情不通，长官与属官之情不通，京官与外官之情不通，大小政事率患痞隔，此中国所以见轻于外人也。今我皇上特命举行报馆，蠲除忌讳，实与陈诗无异。嗣后时政之得失，官吏之贤否，听其直言无隐，皇上与内外大臣，因而精心以察之，平情以审之，采其可行者而罢其不可行者，则是合天下之耳目以为耳目，而聪明广矣。合天下之心思以为心思，而才智大矣。此即圣帝明王，谏旌谤鼓之设，平治天下之要道也。

　　户部云南司员外郎昭彝、主事张允言、员外郎毛庆蕃等谨识。

　　《清廷签议〈校邠庐抗议〉档案》，线装书局，2008年1月版，第9册，第3790页至3791页

变科举议

　　谨案：时文取士，既奉特旨更改，可不另议。今既改试时务，则考官、同考官，宜慎其选，以孚士望。所言令科甲出身七品以上之京官，各举堪任考官、同考官者三人，交军机处发部汇为一册，以得保之多少为先后，届期听简。又删覆试、朝考、学政，亦令京官公举，不论省份、官职大小；又贡监停捐，生童游京师寄大宛应试，一如原籍。生员许并计原资，咨回原籍者亦如之。又通籍后不再试，散馆大考试，差御史、军机、中书、学正等考试，一切停罢，尤得国家进贤之大本可行。

户部云南司员外郎昭彝、主事张允言、员外郎毛庆蕃等谨识。

《清廷签议〈校邠庐抗议〉档案》，线装书局，2008年1月版，第9册，第3793页

改会试议

谨案：原议改会试之法，可不必行。而现在京外人员，拥挤乡、会试，中额宜酌减数科，以调剂而消息之。此实爱惜人材之至计，保全操行之要图，何以言之士，当乡举以后所费视为秀才，时倍之。通籍以后，又数倍之。今外省即用大挑知县，十年不得一委署，六部京官，十年不得一补缺。精力暗消于内，资斧重困于外，如是而欲力自振拔，难矣。现在人员日多，差使日减，天下有官满之患，而督抚每苦无可用之人，则减科目之外，停捐纳、停例保，尤今日之急务矣。

户部云南司员外郎昭彝、主事张允言、员外郎毛庆蕃等谨识。

《清廷签议〈校邠庐抗议〉档案》，线装书局，2008年1月版，第9册，第3795页

广取试议

谨案：此议"荐举之道，宜用众不用独，宜用下不用上。宰臣以一人之耳目，收天下之贤才，遗固十八九，滥亦十二三"，诚救时之论。所言"科目之外，推广取士之法，令各州县在籍、在京、在外各绅，及诸生各乡正副董，各举才德出众者一人"等语，实足补科目之遗，可行。

户部云南司员外郎昭彝、主事张允言、员外郎毛庆蕃等谨识。

《清廷签议〈校邠庐抗议〉档案》，线装书局，2008年1月版，第9册，第3796页

停武试议

谨案：中国武士，以胆气为第一，技艺次之，膂力又次之。尝有力举千斤，临战则震掉失措者，故曾国藩、胡林翼诸臣练兵弗贵是也。同治初年，沈葆桢巡抚江西，始至，集武士举刀石及格者千人，俾武进士韩景春将之，见贼尽溃，始晓然于膂力之不足凭矣。今泰西练兵，视中国古制又别无不由

学堂出身之兵丁，无不通晓古今之大将，故其武职右于文职，专恃胆气尚不可，况膂力乎？合学校兵丁而一之，斟酌乎中西，权衡乎本末，诚当务之急矣。议授职后就士农工商旧业者，听逾时愿至者，听武改文者，许一体肄业，其意均善。

户部云南司员外郎昭彝、主事张允言、员外郎毛庆蕃等谨识。

《清廷签议〈校邠庐抗议〉档案》，线装书局，2008年1月版，第9册，第3797页

减兵额议

谨案：减兵之议，曾国藩当咸丰初年专疏具陈，而当时所裁无几。其后海内多事，众皆晓然于绿营之无用，于是有通行各省大裁制兵之文。寇乱既平，亟当鉴兵事之凌夷，停绿营之募补，深维中外之至计，别筹久远之宏规。乃金陵甫克，言者主复绿营，语侵将帅，曾国藩遂不敢自申其说。其后海内绿营相率募补，重烦今日诏书之裁汰，良可惜也。

减兵增饷之议，始于魏源，而左宗棠行之于浙江，然浙兵之饷虽增，而浙勇之坐养如故，则亦非本意也。今中国外患弥迫，度支殚竭，窃谓宜检乾隆四十六年以前天下兵饷实数，通权各省江海水陆险要情势，划定各省额饷，就饷练兵，兼采西制，举研究兵事堪胜练兵重任者一人，为兵部大臣。各省兵事悉隶之，如是而后，兵制无出入，兵械无异同，援应无透卸，养兵无铺张，不至蹈枝枝节节而为之弊。

至西法练成一兵，需费需时，甚属不易，故视兵甚重。今选兵宜良家，宜著籍，定年格二十入伍，若干岁而罢，无过者营官统领，不得以意斥云。既重卒伍、惜人材，亦免失业为盗诸隐患。兵饷不可薄，过厚亦难为继。中国服食起居较外洋为贱，参稽湘军行饷坐饷之数，而酌其中月，予实饷，庶乎得之。又宜采左宗棠《甘肃章程》，每兵除月需盐菜米粮外，余籍存公中积资，寄其家而又三分其一，长存之以为退老之需，庶人人有顾籍之思，而国家亦无多费之苦矣。

户部云南司员外郎昭彝、主事张允言、员外郎毛庆蕃等谨识。

《清廷签议〈校邠庐抗议〉档案》，线装书局，2008年1月版，第9册，第3798页至3799页

严盗课议

谨案：现在各省盗课愈严，则盗益张。讳盗之风益甚。《汉书》所言不诬也。督抚慎选牧令，而朝廷慎选督抚，庶几治之本乎。

户部云南司员外郎绍彝、主事张允言、员外郎毛庆蕃等谨签。

《清廷签议〈校邠庐抗议〉档案》第9册，线装书局，2008年1月版，第3800页

制洋器议

谨案：此议甚明切。所谓人无弃材，不如彼地无遗利，不如彼君民不隔，不如彼名实必符，不如彼洵为探本之言。至"师人长技以制人"一语，在来奉为至论，而数十年来迄无实效，患在制造各局，类以候补道府领之，其贤者廉谨自持，冀幸无过，从事数年博取海关一道员以去，从未闻别出新法，争胜西人。而于工匠之精能者，亦不闻有所识拔，有所表异。故有船厂而未收船之益，有枪炮厂而未收枪炮之益，其他事涉洋务者，莫不如是。为中国计，总局务者非亟破格以求真材，不可尤非议重禄之典，行久任之法不可，否则终无实效，徒竭中国之脂膏，贻外洋之訾议而已。又案，制器之道，贵自制器，而艺始精，尤贵自以机器制机器，而用始不穷。左宗棠于同治初年，即发此论，最为远识。近年铸造银圆，南北洋各省皆向外洋购器，惟吉林将军延茂自就枪弹厂添置铸钱机器，不复购自外洋，实他省所不及，似宜特诏褒奖，风劝海内。

户部云南司员外郎昭彝、主事张允言、员外郎毛庆蕃等谨识。

《清廷签议〈校邠庐抗议〉档案》第9册，线装书局，2008年1月版，第3802页

善驭夷议

谨案：此议于眹务最为透彻。要之外交方略，不过三言，曰势，曰情，曰理。练兵制械，所以固我势；简使臣，勤聘问，讲求公法，参酌条约，所以通我情、伸我理，然本原之地，实在乎内修政事，即斯议自强之说也。至迩来交涉日繁，遇有罪名出入之案，中外办法轻重悬殊，拟请特开西律馆，并延聘泰西著名律师数人，广译各国律例，参以中律，勒成一书，俟换约时

明告各国，嗣后办理交涉案件，概用新律以昭平允，庶乎民气不至郁愤，足以弭患于无形矣。

户部云南司员外郎昭彝、主事张允言、员外郎毛庆蕃等谨识。

《清廷签议〈校邠庐抗议〉档案》第 9 册，线装书局，2008 年 1 月版，第 3805 页

采西学议

谨案：《大学堂章程》颁发中外，采西学议已见施行；惟本原之地，有宜讲者，盖西人之学，其本端在乎务实，而其原实出于性理。《万国公法》《佐治刍言》，实西人性理之书也。即彼所谓《新约全书》，其言本不雅驯，而指点人性，皆善处，无性理之名，而有性理之实，所谓此心同，此理同也。近来西士若李提摩太、李佳白、林乐知，皆惓惓中国，无畛域之分，其言类多可采。而德士花之安所为论说，专细绎中国儒先性理之言，《自西徂东》一书序中，谓中国所学西法，如枪炮、轮船、开矿各事，中国人不能有至精之学问，出已之智慧，以成技艺，仍倚赖于人，比之树木之有寄生，日久必害其树，其言绝痛。可见孟子"性善"之旨，中外皆同。今西士探研日多，而中士之言西学者反弃之如遗，未知其可也。伏见我圣祖文德武功，迈越前代，天文历算，一一探西学之渊微，而毕生精研性理诸书，躬行实践，又为圣学圣治之本。此实我皇上暨天下臣民所宜取法，今中国言自强，言变法，急矣。伏愿君臣上下，一以祖述圣祖为心，则必能大收西学之实效，亦不致稍滋流弊矣。

户部云南司员外郎昭彝、主事张允言、员外郎毛庆蕃等谨识。

《清廷签议〈校邠庐抗议〉档案》第 9 册，线装书局，2008 年 1 月版，第 3807 页

专重对议

谨案：今日中外大局，交涉日繁。应变需才，于斯为急。故内而总署，外而使臣，膺此任者，必其公忠闳达，于环球之大势、列国之趋向、敌情之欲恶，无不了然于方寸。而复能智深勇沉，当几善断，关开节节解，机牙肆应，始足备折冲樽俎之选。所论令中外大臣各举所知，自属可行。

户部云南司员外郎昭彝、主事张允言、员外郎毛庆蕃等谨识。

《清廷签议〈校邠庐抗议〉档案》第9册，线装书局，2008年1月版，第3808页

变捐议例

谨案：捐例流弊，近来言者尤详，现已奉旨饬议矣。

户部云南司员外郎昭彝、主事张允言、员外郎毛庆蕃等谨识。

《清廷签议〈校邠庐抗议〉档案》第9册，线装书局，2008年1月版，第3809页

绘地图议（与兴水利、稽旱潦、均赋税、改河道各条附）

谨案：绘图测量，为西学要务。所议自属可行。其于兴水利、稽旱潦，亦均有裨益。惟改河道一层，现在入口之道，其迁徙情形，岁有不同，非相度得人，未可轻议。至云均赋税，则天下国家可均，未免言之太易。考均赋之论，亦因苏松赋重而言，遂欲统十八省而均行清丈之法，骚扰之害，何可胜言。康熙中靳辅行之于淮扬，而圣祖罢之，其后田文镜行之于河南，尤为人所訾议，不可不慎也。

户部云南司员外郎昭彝、主事张允言、员外郎毛庆蕃等谨识。

《清廷签议〈校邠庐抗议〉档案》第9册，线装书局，2008年1月版，第3810页

重酒酤议

谨案：雍正间禁酒之议，发于侍郎方苞。而孙嘉淦罢之。其疏最为可诵。中国禁酒实难，重酤亦不免扰累。近亦重征烟酒矣。外洋酒本重税，而西人之嗜饮者自若，宜俟异日政令大备后，徐议之，非日前之急务也。

户部云南司员外郎昭彝、主事张允言、员外郎毛庆蕃等谨识。

《清廷签议〈校邠庐抗议〉档案》第9册，线装书局，2008年1月版，第3812页

收贫民议

谨案：养民教民之事，泰西各国视为要政，实得三代之遗。而近来书院之多，国无不学之人，视咸同闻，又大不同，盖冯桂芬已不及见。今美国学校冠于泰西，日本近亦极力修举，瑞典其小焉者也，日本改制之初，乞言于美士，因成《文学兴国策》一书，虽不多而语有可采，似亦可备乙览。

户部云南司员外郎昭彝、主事张允言、员外郎毛庆蕃等谨识。

《清廷签议〈校邠庐抗议〉档案》第9册，线装书局，2008年1月版，第3813页

劝树桑议

谨案：蚕桑为养民之一端。今之言地利，讲种植者，屡著论说。各省官绅已多仿效劝办，特以小民未真睹其利益，故风气尚未畅行耳。将来州县设立学堂，人知研究地学、植物学，则不待劝而自兴矣。

户部云南司员外郎昭彝、主事张允言、员外郎毛庆蕃等谨识。

《清廷签议〈校邠庐抗议〉档案》，线装书局，2008年1月版，第9册，第3815页

壹权量议

谨案：权量不壹，流弊滋多。各省旧有部颁定式，未能画一遵行，则有司之过也。拟请敕下总理衙门，会同工部查照《会典》所载度量权衡之制，并采择泰西各种式样，参酌详议。其旧式之不甚后用者，不妨改用新式，惟度之长短、量之大小、权衡之轻重，仍以旧制为断，不得稍有参差。议定之后，发交各省机器局照式制造，除颁行直省省厅州县外，并准商民缴价购用，或领取转售，俟制造多、行用广，然后严禁私造违式之弊，庶上下均归一律矣。

户部云南司员外郎昭彝、主事张允言、员外郎毛庆蕃等谨识。

《清廷签议〈校邠庐抗议〉档案》，线装书局，2008年1月版，第9册，第3816页

稽户口议

谨案：西人治民，以巡捕为诸法所自始，盖即汉亭长游徼、周礼鄙师鄼

长遗意。故其户口无不周知,而于民亦无所苦。中国异时必将有取焉。今若遽以此责之牧令,则户口未稽,而民已不胜其扰矣,未可行也。

户部云南司员外郎昭彝、主事张允言、员外郎毛庆蕃等谨识。

《清廷签议〈校邠庐抗议〉档案》,线装书局,2008年1月版,第9册,第3817页

崇节俭议

谨案:我朝列圣相承敦崇节俭,京师凡有添设饭庄戏园,历从言官之请,随时申禁,盖惩小戒大之意也。今自甲午以后,饭馆顿增,饮食征逐,几忘国耻,宜加限制,以防其微。又都下婚丧礼仪僭越,踵事增华,习为奢靡,尤宜饬禁。原议王公百官,一概衣布,其言稍激,可不置议。

户部云南司员外郎昭彝、主事张允言、员外郎毛庆蕃等谨识。

《清廷签议〈校邠庐抗议〉档案》,线装书局,2008年1月版,第9册,第3821页

复宗法议

谨案:天下事有其名甚美,而其事实未易行,且多种种窒碍者。如此篇之立宗子,其一也。

户部云南司员外郎昭彝、主事张允言、员外郎毛庆蕃等谨识。

《清廷签议〈校邠庐抗议〉档案》,线装书局,2008年1月版,第9册,第3822页

重儒官议

谨案:此议合书院、学校为一,而后人材可振,其义甚精,泰西各国造士皆如所论。择师之法,令诸生各推本郡及邻郡乡先生,有经师、人师之望者一人,官核其所推之多者聘之,与大吏抗礼均可行,其言课法亦可采。

户部云南司员外郎昭彝、主事张允言、员外郎毛庆蕃等谨识。

《清廷签议〈校邠庐抗议〉档案》,线装书局,2008年1月版,第9册,第3823页

裁屯田议

谨案：屯田仅数归官，则运丁同时失业。深恐滋生事端，计莫若编运丁为民籍，改屯田为民田，每屯田一顷，饬运丁缴价若干，则公家既获巨款，民间亦无纷扰，乃上下均益之事也。

户部云南司员外郎昭彝、主事张允言、员外郎毛庆蕃等谨识。

《清廷签议〈校邠庐抗议〉档案》，线装书局，2008年1月版，第9册，第3825页

寓兵于工议

谨案：百工以力作为生，一日不作，即一日不得食。若不训练，则为乌合之众。若平时训练，则妨其业。所议系兵乱未平时情形，可无庸议。

户部云南司员外郎昭彝、主事张允言、员外郎毛庆蕃等谨识。

《清廷签议〈校邠庐抗议〉档案》，线装书局，2008年1月版，第9册，第3816页

通道大江运米盐议

谨案：迩来长江轮舶通行转运便利，此条已见施行矣。

户部云南司员外郎昭彝、主事张允言、员外郎毛庆蕃等谨识。

《清廷签议〈校邠庐抗议〉档案》，线装书局，2008年1月版，第9册，第3827页

垦荒议

谨案：管子筹富强之策，首重钱谷。迩来米价腾贵，小民生计维艰。禁米出口，其势既有所不能，则垦荒实为根本之至计。拟请旨通饬各省督抚，以垦荒一事，定州县之课，最凡一郡一邑，先行保甲之法，核定户口若干，再稽核田地，每年出米若干，除完纳漕粮外，必令所产米数溢于应食米数以倍，方准米粮出境。倘有不敷，即令州县劝导开垦，其西北各省有不宜稻田者，则令广种杂粮，兼植树木果蔬，益充畜牧之饶，亦务令量入以为出，如是数年之后，民食渐裕，人心益固矣。

户部云南司员外郎昭彝、主事张允言、员外郎毛庆蕃等谨识。

《清廷签议〈校邠庐抗议〉档案》，线装书局，2008年1月版，第9册，第3828页

上海设立同文馆议

谨案：译鞮象寄，详于王制。欲通洋情，当先以语言文字为重。兹者各省设立学堂，向学之士，实不仅上海一隅矣。

户部云南司员外郎昭彝、主事张允言、员外郎毛庆蕃等谨识。

《清廷签议〈校邠庐抗议〉档案》，线装书局，2008年1月版，第9册，第3829页

用钱不废银议

谨案：近年银价日贱，钱价日昂。其议遂成废弃，今欲救圜法之穷，莫若造金磅，多制小银圆，官为定价，不使驵商市侩操其利权，则非特外洋借款得所抵制，小民之受惠尤无穷也。

户部云南司员外郎昭彝、主事张允言、员外郎毛庆蕃等谨识。

《清廷签议〈校邠庐抗议〉档案》，线装书局，2008年1月版，第9册，第3830页

以工巧为弊议

谨案：当十、当百之钱，究不易行。今京中所用皆当十大钱，实则仍当制钱二文而已。惟所议"制钱质精制工，则盗铸虽分两轻，则销毁少，背署甲、子、卯数局名，则收旧充新之弊绝"数语，实今日圜法握要之言也。

户部云南司员外郎昭彝、主事张允言、员外郎毛庆蕃等谨识。

《清廷签议〈校邠庐抗议〉档案》，线装书局，2008年1月版，第9册，第3831页

九月，四子毛子逊自山东泗水黄葆年处返京，黄葆年、朱渊赠以诗。

戊戌九月送毛生子逊归省

传经千古说宗风，野鹜家鸡岂异同。黄石素书书未就，还应归问大毛公。

（清）黄葆年《归群草堂诗集》卷一，载方宝川主编《太谷学派遗集》第二辑，江苏广陵古籍刻印社，1998年元月版，第2册，第154页

送毛子逊还京

闻诗只为传家学，洙泗从游岁月多。此日咏归同与点，趋庭乐意更如何。

（清）朱渊《养蒙堂遗集》卷四，载方宝川主编《太谷学派遗集》第一辑，江苏广陵古籍刻印社，1997年3月版，第5册，第259页

是年，批校王茂荫《少宰王公奏议》。

先生咸丰元年九月廿日陈两疏，第一疏《振兴人才》，此其第二疏也。《人才疏》钞胥录置《奏议》之末，盖误也，刊时幸更之。八月廿日，庆蕃记。

剑川按：此眉批系毛庆蕃书于抄本王茂荫《少宰王公奏议》首卷《奏为敬筹济用以备采择恭择具奏仰祈圣鉴事》首页之上。此抄本十卷，藏江西萍乡市图书馆，称"清光绪间毛庆蕃抄本"，后有李士棻跋，之后毛批李跋。《少宰王公奏议》常见刻本有二，一为光绪十三年（1887）刻本；一为光绪二十五年（1899）刻本，则毛庆蕃批校本显系后者之底本，校后刻出。其批校户部长吏王茂荫议钞法币制之书，与检视《校邠庐抗议》诸书同时，故系于本年。

光绪二十六年（1900） 庚子 五十五岁

六月，"庚子事变"，毛庆蕃、丁宝铨（衡甫）、丁象震（春农）等，各借提督宋庆名义奉调出京。

（六月）廿八日，经士来，欲为不速之宾，适麟书归，殷然留客，即为扫榻。日晡，韶臣自昌平归，亦过此，久谈丁衡甫、毛实君、丁春农三同年皆夤缘宋祝帅，咨调捧檄而去，实避难也。襄平盛怒，先移文宋帅，知未赴营，即咨军机处，撤销衡甫记名，先开缺，听候参办。又移署，私自出京之司员，皆照此办理。再韩云，翰林院尚无逋亡，詹事府实缺即有出京者，至工、刑二部，则亚饭、三饭、四饭之去鲁，几于曹部一空矣。

叶昌炽《缘督庐日记》，卷八，庚子六月廿八日条

十二月，刘坤一奏请将毛庆蕃留于江苏补用。

再，南洋辖境较广，办理交涉事务极繁。际此时局艰难，需才尤亟。兹查有候选道毛庆蕃，江西进士，光绪二十一年由户部候补员外郎，经臣会同大学士、前直隶督臣王文韶奏调，前赴直隶办理湘军粮台。二十二年三月，复经王文韶奏留北洋差委。是年冬间，呈请回部当差，现在捐升今职。该员操履笃实，办理精详，平时于中外一切事宜，讲求有素，实为监司中出色之才。若留于江苏补用，似于地方洋务，均有裨益。合无仰恳天恩，俯准将候选道毛庆蕃留于江苏补用，俾收得人之效。如蒙俞允，仍饬令毛庆蕃补交未捐足班次及分发银两，以符定章。除饬取该员履历咨部查照外，谨附片陈请，伏乞圣鉴训示。谨奏。

光绪廿六年十二月十九日。

御笔硃批："着照所请，吏部知道。"

中国第一历史档案馆原件。档号 04-01-12-0599-096

年末，朱渊致信太谷同人，有南北合宗之议。

客岁渊、濂来泗，晤蒋子翁、毛实翁，云及前年到苏，与足下相见甚得，言语之际，犹不胜钦佩。濂因署内官地等事，常居于此。宽今年七月杪来，渊九月间来。礼事毕后，即与诸学长欢聚一堂，或谈学，或歌吟，移情换气，诚数十年未有之境，惜足下不得一来也。

又闻蒋子翁言，慰霞来信，足下于十月间将作东山之游，南北同学靡不

欢欣鼓舞，企翘以待，乃迄今未至，非君之不来，或为事所阻，而不得不然？殊深盼念。伏念十月之祭，举行已三年矣，南方同学无一次不虔带祭品先期而来，以供祀事。南之合于北，概可见矣。且函丈遗文，今年自秋及冬，锡翁、子翁业已敬谨校对。宽来此，得随而从事焉。南之合于北，又可见矣。南既合于北，北独不思求合于南乎？况现值土运，得友者昌，失友者亡，非南北和合，其何以不负此运会乎？足下智者，不待烦言而自明也。濂欲于明年二月内前往奉迓，略陈所见，以约同来，但道路悠悠，亦颇不易，兹乘子翁南旋之便，先为函约，明春务要束装北上，以副大家之望。否则，濂不惮跋涉以往，至酌夺何日能来，先期由马递分寄宽处、濂处，接到此信，濂即无须前往矣。

（清）朱玉川《致虞季升书》，《养蒙堂遗集》卷二，载方宝川辑《太谷学派遗集》第一辑，江苏广陵古籍刻印社，1997年3月版，第5册，第87页至89页

光绪二十七年（1901） 辛丑 五十六岁

二月，刘坤一荐毛庆蕃任江南制造局（上海机器局）总办。

二十八日，藩宪恩见：新授湖北臬宪李岷琛辞。陆师学堂候补道俞，洋务局候补道汪，候选道毛庆蕃、知府李盛钟、示奉察看道库大使舒钧、奉示验看均见。美国领事马敦会、翻译温秉忠见。三十日，藩宪恩见：军械所候补道钱，候选道毛庆蕃谢委上海机器局。

《申报》1901年4月23日（三月初五日），第9版转载《金陵官报》。

三月，赴上海接任制造局总办之职。

总办莅申

江南机器制造局总办潘芸荪观察，前奉两江总督兼南洋通商大臣刘岘庄制军撤去差使，所遗局务委候补道毛观察来沪办理，日前已乘某轮船莅沪。至前报谓庖代者系蒋观察，盖传闻之误也。

《申报》1901年4月27日（三月初九日），第2版

观察到差

日前新委本邑江南机器制造局总办毛庆蕃观察由金陵捧檄来沪，小驻行旌，旋即乘舟赴苏垣禀谒各大宪，迩已事毕，于前日遄返，昨为任事吉期，清晨七点钟时，命驾莅局。先行拜门礼，然后步至厅事中，望阙谢恩受篆。各厂委员司事，以及在沪各寅僚，咸往局中道贺。迨午后，命驾入城，赴苏松太兵备道辕，以及文武各衙门投刺报谒。

《申报》1901年5月8日（三月二十日），第3版

预备阅厂

新委本邑江南机器制造局总办毛实君观察，自本月十九日到差后，例应查阅各厂。昨由提调某君传知各委员，预备一切，以便观察定期阅视。

《申报》1901年5月12日（三月二十四日），第2版

请勘局墙

去岁北省拳匪横行，以致联军入京，乘舆西狩。各处人心惶惑，几于寝馈不安。本邑江南机器制造局为军械重地，前总办潘兰荪观察度地高昌庙西栅，缭以厚垣，以驻防兵。经营半年，工程始竣。刻已由督工提调禀请新总办毛实君观察定期履勘矣。

《申报》1901年5月16日（三月二十八日），第3版

裁汰司中

本邑江南机器制造局总办毛实君观察，前因局中经费支绌，禀奉两江督宪兼南洋通商大臣刘岘庄制军批饬，将局厂办事各人，如有冗滥者，分别裁汰，以节经费。观察奉批，业已详查各厂司事，裁去二十余名，其余工匠，

亦拟查明裁减。

《申报》1901年6月1日（四月十五日），第3版

上海巡局纪事

前晚江南机器制造局炮厂工人王天来、顾洪生相约至垆头沽饮，一醉酽腾。行经某处，见周氏妇乘车而至，即向之调笑，不料氏夫张阿弟尾随于后，见此情形，大为忿怒，立将王、顾扭送高昌庙巡防局，声诉情由。局员马午桥参军禀知总办毛实君观察，观察谕令策对公研讯。周氏投案供诉前情，王、顾一味狡赖，参军恶其酒气扑人、醉容可掬，判令各责一百板。

《申报》1901年6月13日（四月二十七日），第9版

四月十五日（6月1日），致书商约大臣盛宣怀，回复萍乡煤炭等事。

敬禀者：

昨辱惠临，饫聆雅海，至为佩仰。萍矿局张大令见过，详谈一切，事理明透，足征藻鉴之不诬。萍局焦煤，自归尊处督率讲求，必非二十二年煤质可比，可否先送四五吨到局试验，俾得督同各厂员司公同考订群晓？然于近年煎炼之精，日后即可销售。至每岁究需若干，试验后再当随时奉达，祈饬知是荷。又：三月十七侍坐之日，曾蒙谕及，得岘帅电，二成洋税，以抵偿款，仰恳我公饬将原电抄示，庶可通知本末，亦拟禀商宫保及早设法也。专肃敬请勋安。

庆蕃谨禀。

上海图书馆盛宣怀专档，毛庆蕃致盛宣怀函，光绪二十七年四月十五日（1901年6月1日），档号SD028904

四月末，在《申报》刊登启事，谢绝请托。

告白

敬启者：

蕃以菲材，谬承局事，固辞弗获，弥用悚惶。查局中委员司事，向皆派

定有人，其中更赖多年熟手。近奉督宪谆谕，裁减冗员，而诸君远道遄临，不免重花旅费，无从位置，深抱不安。敢求四方姻好，鉴此苦衷，以免跋涉，兹特登报申明，伏维垂察是幸。

上海制造毛庆蕃谨启。

《申报》1901 年 6 月 11 日（四月二十五日），第 8 版

四月二十二日（6月8日），姚永概作书寄毛庆蕃。

二十二日，晴。读《朱子集》，作函与毛实君及伦叔。

（近）姚永概《慎宜轩日记（下）》，黄山书社，2010 年 11 月版，第 807 页

四月二十三日（6月9日），袁世凯奏荐毛庆蕃，光绪帝着吏部带领引见。

（光绪二十七年四月）戊午。谕内阁：袁世凯奏《保荐人才》一折，除翰林院编修徐世昌，业经降旨交吏部带领引见外，直隶候补道孙宝琦、候选道毛庆蕃，均着交吏部带领引见。

《清德宗实录》卷四百八十二，光绪二十七年辛丑夏四月戊午条

五月，为是否赴京事，至南京谒见刘坤一。

电饬赴引

前日江南机器制造局总办毛实君观察，接奉两江总督兼南洋通商大臣刘岘庄制军来电，命即赴省领咨，趋诣行在引见。果尔，则局务须另委他员接办矣。

《申报》1901 年 6 月 18 日（五月初三日），第 3 版

总办赴省

日前本邑江南机器制造局总办毛实君观察，接两江总督兼南洋通商大臣

刘岘庄制军来电，着即赴省面商公务，然后赴行在引见。观察接电后，已于前晚乘招商局某轮船径赴金陵，俟返沪后，再行趋赴西安。

《申报》1901年6月22日（五月初七日），第3版

总办将回

日前本邑江南机器制造局总办毛实君观察，奉两江总督刘岘帅电饬赴省，因乘某轮船溯江上驶，昨日局中人探悉观察刻已事毕，将次回申矣。

《申报》1901年6月28日（五月十三日），第3版

五月，返沪整顿局务。

考验厂工

江南机器制造局总办毛实君观察到差后，亲历各工厂查阅所制各种军械。又明定章程，将工匠之在厂未满三载、技艺生疏者，逐加考核，以定去留。兹已择定本月初八日，委提调周君，及炮厂委员陈明府开岚，传集各工人次第考察，至作工三年以外者，如果精于制造、艺术通明，当优给工资，以示奖励。

《申报》1901年6月18日（五月初三日），第3版

炮工未竣

前者四川总督奎乐峰制军，以目下外侮频仍，武备亟宜整顿，行文本邑江南机器制造局总办毛实君观察，代制能容药弹三磅之快炮五十尊，以资防堵。观察遵即命炮厂委员刘太守仁树迅速鸠工督制，前日制军电催解蜀，观察查悉工程甫及其半，因即据情电覆，一面饬太守赶即竣工。

《申报》1901年7月1日（五月十六日），第3版

严查偷运

本埠江南机器制造局总办毛实君观察，以局中所有木料时有人私运出外，因即出示晓谕，责成局中司事实力稽查，嗣后不准再有违犯，如民徇隐，当撤差似儆。

《申报》1901年7月13日（五月二十六日），第3版

五月十七日（7月2日），陈宝箴保荐毛庆蕃等。

酌保人才折（光绪二十七年五月十七日）

奏为遵旨酌保人才，以备录用，恭折仰祈圣鉴事。

窃于光绪二十六年闰八月初三日，奉上谕："现在时局阽危，需才孔亟，各封疆大吏均有以人事君之责，务各激发天良，虚衷延访，如有才猷卓越、克济时艰，无论官阶大小，出具切实考语，迅速保荐，以备录用等因，钦此。"

臣维人才难得亦难知，必须久与共事，察其心地光明，器识深稳，庶几善用其才，仰供朝廷之任使。（中略）办理上海制造局江苏补用道毛庆蕃，操履谨严，性情忠笃，历官京外，忧国奉公。至于慎重度支、爱惜物力，莫不实事求是，不避怨嫌。该员等或在江苏当差多年，或与臣旧日僚友，故得悉其底蕴，信其贤能，如蒙逾格鸿施，量予拔擢，该员力正强，必能立尺寸之效，分宵旰之忧。倘所举非人，奉职无状，臣不敢辞滥保之咎，所有遵旨酌保人才，各缘由理合恭折具陈，伏乞皇太后、皇上圣鉴训示。谨奏。

（清）陈宝箴《酌保人才折》，《陈宝箴奏疏》卷三十五

五月二十七日，孙宝瑄访毛庆蕃。

（五月）二十七日晴，次申返晡偕访毛实君，纵谈即归。

（清）孙宝瑄《忘山庐日记》，辛丑，阴历光绪二十七年，阳历1901年5月

六月，醇亲王载沣赴德莅沪，参与接待。

邸驾莅申

醇亲王出使德国，道经沪上。前日清晨，宗人府宗丞盛杏荪丞宪、钦命出使日本大臣蔡和甫星使、苏松太兵备道袁海观察，同乘某轮船至吴淞口恭迎。午后一点钟时，亲王乘安平轮船戾止。四点钟时，至张家浜下碇。昨晨浦江中各国兵舰俱高悬各式旌旗，花雨缤纷，几令人目迷五色。八点钟，越

二刻，安平鼓轮至沪，系缆法界金利源马头。丞宪、星使、观察以下文武印委各官及丝业、钱业诸董事咸鹄立江干，投递职名，竭诚求见。江海关副税务司李尉良君，亦诣浦滨恭候。少选，丞宪以下诸员登船恭请圣安毕，退至跳板两旁，分班站立，既而邸驾由侍卫人等拥护登岸，李副税务司脱帽行鞠躬礼，亲王领之以首。是时，沿黄浦江一带，无老无幼，无男无女，鹭翘鹤企，瞻仰天潢贵胄者，无止数千人。咸见亲王身穿蓝纱，皿王臣襟袍，黄纱马褂，头戴暖帽，宝石顶戴，双眼花翎。□行营无换季礼出使，外洋亦如之，故季夏之初，仍戴暖帽也。（中略）旋有前任宝山县知县沈大令佺、裁缺台湾道顾观察肇熙、候选道郑观察官应进谒（注：二观察皆现弃招商局总办）。

少焉，南洋法律官入见。至江苏候补道朱观察宜振、丁观察葆元、候选知府杨太守廷杲、江南制造局总办毛观察庆蕃、提调许太守□、纺绩官局总办唐观察廉、江苏候补道林观察志道、出使日本大臣蔡星使钧、电报沪局总办朱观察玉奎、松海防同知刘司马元楷、江苏候补道王观察宗寿、黄观察承乙、已革江宁藩司瑞璋、江安督粮道效观察曾、候选道严观察信厚、上海县知县汪大令懋琨、马路工程局总办叶司马兆纲、清道局员叶大令在泗、英美租界公廨谳员张司马辰、法租界公廨谳员杜大令仁干、保甲总巡朱大令璜、朱大令枚、陈大令曾培、晏大令善埴、查大令燕绪，则仅递职名禀安。

《申报》1901年7月17日（六月初二日），第3版

行邸纪事一

宗人府宗丞盛杏荪丞宪、钦命出使日本大臣蔡和甫星使，及江苏候补道黄观察承乙、朱观察宜振、江南制造局总办毛观察庆蕃、苏松太兵备道袁观察树勋、前宝山县沈大令佺，择吉本月初四日，假张氏味莼园，公请醇邸所带参赞随员宴饮。

《申报》1901年7月18日（六月初三日），第3版

邸驾启行

昨日为醇亲王由沪起节之期。（中略）仅在码头送行者，则为江苏候补道毛观察庆蕃、程观察联堃、朱大令枚、张司马辰、查大令燕绪、朱大令宝奎、

叶司马兆纲、陈大令曾培、周大令思杰、许太守夔、杜大令仁干、王大令宗寿，迨起碇展轮时，已八点一刻矣。

《申报》1901年7月21日（六月初六日），第3版

六月初七日（7月22日），致书蒋文田，请主盂兰之会。蒋后有书来论学。

子明先生大人执事：

昨从一峰信中，得知从者元旋，伏维道履安和，以为颂仰。前读锡公书，云先生五月可到沪一游，不久当可亲炙色笑矣，快何如之。瞬届秋初，窃有奉陈于左右者，乙酉从游海上，适值中元，夫子慨然于马江之死事者未能安顿，顾小子曰："地下不安，世间亦不能安也。蕃谨识之。其后中倭衅作，高升轮之复，平壤、九连、牛庄之败，大东沟、旅顺、威海之失，兵民妇稚罹劫者多。去年拳教遘乱，自夏徂冬，祸流畿辅，山西教民妇孺枉杀亦多，计教民、拳民、平民、官军之及于难者，何可胜言！《传》曰："鬼有所归，乃不为厉。"惟夫道爱人之君子，心平气平，一念感通，人天胥格。谨具白金五百两寄呈执事，伏恳先生主持为作盂兰之会，俾此两大役，得就安平，是所跂祷。文驾何时莅止，便希示下。石公初十后回扬。弟谬承局务，昕夕鲜妙，清厘端绪，尚未及半也。

手肃，恭叩道安。

小弟庆蕃顿首上言。

六月初七日。

嫂夫人坤安。玉衡昆季均念。

刘德隆《毛庆蕃致蒋文田书浅析》，载氏著《刘鹗散论》，云南人民出版社，1998年3月版，第226页。并注："毛庆蕃致蒋文田书，书于得月楼制毛边八行纸，原件长23厘米，宽12.5厘米，共三页。"

复毛实君书

顷接手教，承询切己之学、下手之方，吾兄过矣。弟与兄同事师门，并闻至训，弟之鲁愚，万不如兄之明敏，奈何以能问于不能，以多问于寡乎？

今年春，本拟趋侍左右，得接清谈。后缘事牵，不如所愿。淡生归述足下相爱之深、相思之切，几不可以言喻，弟闻之，感愧无已。又言足下慕道之深、好善之诚，虽求之于古人中，亦不可多得。而且清慎勤敏，事事关心，几无须臾之暇。弟益私心钦佩，无日能忘。虽然，吾兄之用心勤矣，吾兄之操行亦苦矣，兄能推爱己之心以爱人，弟尤愿兄推爱人之心以爱己也。爱己如何？寻孔颜之乐而已矣。孔颜之乐，吟风弄月之乐也。欲知吟风弄月之乐，莫先于移情；欲知移情之法，莫善于学诗。此固洙泗之雅言，而尤崆峒之至教也。吾兄习闻斯语久矣，何待弟之赘言？而弟辱承明训，所以不能无言者，离群索居，尊闻不易，恐兄之乐于知新，而忽于温故也。夫陋巷箪瓢，萧然无与者，颜氏之风也；风浴咏归，悠然自得者，曾氏之撰也。斯学诗之益也，吾人志伊尹之所志，乐颜子之所乐，则虽有官守，而不为官守所拘矣。故程子曰："有《关雎》《麟趾》之意，然后可以行周官法度。"斯真明道之言，而非后儒所能及。不明夫此，而论笃色庄，后世遂有治家庭若朝廷、对妻子如严君者，此则儒者之所矜，而为先圣之所不取。

鄙见以为，齐家无法，齐家之术，修身而已矣；正心亦无法，正心之功，诚意而已矣。若不知身之所以修，而但欲齐其所不齐，则必有责善之行，而家人之道苦，不知意之所以诚，而但欲正其所不正，则必有遏欲之说，而难免正墙面而立之讥矣。其所以若此者，何也？后之人知言理而不敢言情，夫不敢言情，则其守理也拘，将有失仁之患；知求心而不能求气，夫不能求气，则其操心也苦，几无集义之方。故师门以志为人路，气为天路。明夫此，则达天之方也。谓合德曰"性分"，道曰"情明"，夫此则移情之术也。先师待问数十年，惟以学诗为宗，移情为要，换气为先。不知者以为老生之常谈，又焉知切己之学，莫切于此。岂特为下手之方而已乎。吾兄以善信之基，日臻美大之境，后学仰之，有如山斗，而尚孜孜焉不遗在远，和气谦光，日新其德，固弟所闻风怀想，而见若不及者也。弟至愚，不肖不能，有所阐发，实为师门之罪人。然承先师陶铸之功，管窥蠡测，稍有一隙之明，苟有所知，莫不倾吐所为，不敢以愚而自阻者，区区之忱，固将以报知己也。

（清）蒋文田《龙溪先生文钞》卷一，方宝川主编《太谷学派遗书》，江苏广陵古籍刻印社，1992年月版。第2辑第4册，第53页至59页

六月初八日（7月23日），两江总督刘坤一奏荐毛庆蕃等，谕军机处存记。

（光绪二十七年六月）壬寅。谕内阁：刘坤一奏《遵保文武各员以备录用各折片》，江苏特用道杜俞、试用道沈邦宪、候补道汪嘉棠、毛庆蕃；记名提督吴恒山、金德恒、记名总兵谭用宾、前陕西延榆绥镇总兵蒋云龙、补用副将王世雄，均着交军机处存记。

《清德宗实录》卷四百八十四，光绪二十七年六月壬寅条

太子少保头品顶戴两江总督臣刘坤一跪奏，为遵旨酌保人才，以备录用，恭折仰祈圣鉴事。

窃于光绪二十六年闰八月初三日，奉上谕："现在时局阽危，需才孔亟，封疆大吏均有以人事君之责，务各激发天良，虚衷延访。如有才猷卓越、克济时艰，无论官阶大小，出具切实考语，迅速保荐，以备录用等因，钦此。"臣维人才难得亦难知，必须久与共事，察其心地光明，器识深稳，庶几可得真才，仰供朝廷之任使。（中略）办理上海制造局江苏补用道毛庆蕃，操履谨严，性情忠笃，历官京外，报国奉公。至于慎重局务，爱惜物力，莫不实事求是，不避怨嫌。该员等或在江苏当差多年，或与臣旧日僚友，故得悉其底蕴，信其贤能，如蒙逾格鸿施，量予拔擢，该员等年力正强，必能立尺寸之效，分宵旰之忧。倘所举非人，奉职无状，臣不敢辞滥保之咎。所有遵旨酌保人才各缘由，理合恭折具陈，伏乞皇太后、皇上圣鉴训示，谨奏。

六月初八日，奉硃批："另有旨，钦此。"

《申报》1901年9月18日（八月初六日），第12版

夏秋之际，特借挖泥船支持地方疏通水运。

二十七年，知县汪以诚借用江南机器制造局挖泥机船淘挖闸港口外积沙。沙在口外偏南，小汛落潮透露水面，纵约二十丈，横约十七丈，衿董张鑫等请用机船撩挖，由县禀商江南机器制造局总办毛庆蕃借用挖泥机器。测见港口淤泥三千九百三十四方。六月二十八日开挖，至十月二十八日完竣，

计工匠工食煤油绳索等费银七百九十四两九钱五分一厘。益以杂费，合支钱二千一百九十二千六百七文。闸港鲁汇航头下沙新场大团三墩二团商富航船捐银九百元，复借支闸港河闸港河工经费钱一千六百余千，即于下忙内征费归还。十九保各图每亩征钱六文，十六保各图每亩征钱三文，除归还借款及旷息外，尚余钱七百九十千三百七十九文，并入闸港犀水经费项内存典生息。

（民国）《南汇县续志》卷二《水利志》

八月初一日，至上海万寿宫（江西会馆）拈香拜谒许真君。

恭祝神诞

本邑南市小普陀桥附近江西会馆内供奉许真君偶像，昨日相传为神诞之期，预由董事征召梨园子弟登台演剧。上午江南机器制造局总办毛实君观察、江苏抚标沪军营管带龙保珊游戎，均诣神前拈香行礼。

《申报》1901 年 9 月 14 日（八月初二日），第 3 版

八月中，暂缓引见，留任办事。

暂缓引见

江南机器制造局总办毛实君观察，前经两江督宪兼南洋通商大臣刘岘庄制军札饬，领咨赴行在引见等因，本定于上月中旬溯上驶江，迺忽接制军来札，着暂缓入秦，大约须俟皇太后、皇上回銮，然后入京展觐矣。

《申报》1901 年 9 月 21 日（八月初九日），第 3 版

奖励哲匠

江南机器制造局各厂工匠前经总办毛实君观察以次考验，分别去留，迺复将各工匠之精于制造者，开列名姓牌示头门，增给工资，以示奖励。

《申报》1901 年 9 月 21 日（八月初九日），第 3 版

制局设捕

本邑南市机器制造局总办毛实君观察,以迩来时有各国洋人到厂游览,深恐厂中华人不通言语,致一事端,爰商之苏松太兵备道袁海观观察,拟募华捕四名,驻守局前,以资弹压。惟此项华捕须通各国语言,见有洋人到局,问明来由,或令呈验照会方准入内,大约不日即当照办矣。

《申报》1901年9月28日（八月十六日）,第3版

上海官场纪事

昨日苏松太兵备道兼江海关监督袁观观察命驾至江南制造局,拜会总办毛实君观察。

《申报》1901年10月21日（九月初十日）,第3版

（上海北市丝业会馆筹赈公所施子英经收）：初七日,制造局毛寮君观察洋一百元。

《申报》1901年11月2日（九月二十二日）,第3版

九月底，醇亲王载沣自德归沪，视察江南制造局。

邸驾莅申

（前略）大马路一带各铺户悬灯结彩,五色相宜。居民相约来观,沿路人山人海,咸见醇王身穿黄缎马褂,蓝缎开衩袍,头戴宝石顶大帽,双眼花翎。既至洋务局行邸,文武各官已先绕道至局前站班伺候。醇王下车,步入就东便厅小憩,丞堂入侍茶点,阅片刻而出。继入者为出使日本大臣蔡和甫星使、李军门、袁观察,及赵观察有伦、沈观察佺、黄观察承乙、许观察夔、毛观察庆蕃、顾观察肇熙、严观察信厚,时已鸣钟二下,醇王传谕其余各员一概免见,遂各退出。

《申报》1901年11月4日（九月廿四日）,第3版

纪醇邸阅制造局事

出使德国道达歉忱之醇亲王,定于昨日往观江南机器制造局。清晨局中

总办毛实君观察乘马车诣行邸禀安，钟鸣八点二刻，醇邸偕参赞张燕谋京卿，乘黄缰双马车而往，后随出使日本大臣蔡和甫星使，及文巡捕马午桥参军，行经法界时捕头预派通班探捕沿途照料。至西门外斜桥一带，保甲总巡朱森庭明府督率捕勇，分投弹压。

钟鸣十下，驾抵制造局。局前各铺户均悬灯结彩，供设香案。炮队营勇丁竞奏西乐，站队恭迎。醇邸下车，步入官厅。苏松太兵备道袁海观观察、总办毛实君观察、铁路督办盛杏荪丞堂在檐下肃迎。暨就坐，上海县汪瑶庭大令、筹防局总办朱霞林明府、提右营参将廖楚材参戎均半跪请安。迨十点三刻，醇邸乘绿呢四人大轿，护以炮队营勇及局中护勇各四名，迤逦至洋枪厂，传谕工匠在厂外隙地试演后膛枪。星使、丞堂、京卿、参戎皆侍立。未几，折至机器厂、炼钢厂、炮弹厂、铸炮厂、造船厂次第察阅一周，时已十二点逾一刻五分。毛观察在局内安设盛筵款留。午膳至一点三刻，醇邸复乘轿至坞中，登南洋寰泰兵轮船，纵观一切。及二点逾十分时，换乘马车遄返行邸。方邸驾经过高昌庙西栅时，马公馆家丁某甲之子名和尚者，嬉戏街头，被撞仆地，轮由臂上碾过，以致臂骨中折，虽经扶归医治，然已不免成废人矣。

《申报》1901年11月7日（九月廿七日），第3版

醇王行邸纪事

昨晨本埠文武印委各员，均赴行邸请安。江南提督李军门占椿、北洋水师提督叶军门相珪，张观察彬、铨观察林、毛观察庆蕃、赵观察有伦、沈观察佺、苏松太兵备道袁观察树勋，均见。

《申报》1901年11月10日（九月三十日），第3版

醇邸起程

昨晨六点余钟，本埠文武印委各员，均诣行邸请安。钟鸣八下，英美两界捕头戎服佩刀，带领通班巡捕，排列大马路，竭诚伺候。未几，王穿黄马褂，乘黄缰双马车而出，沿途在印捕六名，乘马护卫。各随员及侍卫太监暨本埠各员，均随于后。邸驾由南京路至浦滩，过外洋泾桥入法界，法捕房谢、麦二副捕头戎服佩刀，带领西捕一队，擎枪迎护，至金利源码头，醇王下车，

时日本领事及兵官甘君，江海关税务司好博逊君，均已鹄立恭送。醇王一一接见，旋登安平轮船。出使日本大臣蔡和甫星使、铁路督办盛杏荪丞堂、江南提督李寿亭军门、北洋水师提督叶桐侯军门、苏松太兵备道袁海观观察，及毛观察实君、沈观察佺，俟醇王登舟后，即登钧和兵轮船，先往吴淞恭送。其在码头上排除叩送之奇兵沪军炮队等营，则俟醇王起程后始撤队而回。

《申报》1901年11月11日（十月初一日），第3版

秋，以江瀚（叔瀚）之介，重庆邹容来投，处之广方言馆，翌年夏赴日。

光绪二十七年冬（1901年1月），清廷下诏宣各省纷纷选拔青年赴日本留学。次年夏，四川总督奎俊受日人成田安辉之鼓动，也决定选派青年二十二名去日本留学。邹容对学习西方卓有成效的日本早已向往，闻此消息，极为兴奋，认为这是去外国学习新知识、寻求救国救民真理的好机会，便恳求其父邹子潘允其报考。1901年7月1日，邹容不顾亲戚长辈阻挠，毅然自重庆起程，冒盛暑，跋涉千里，历十余日到达成都。是时江瀚正在四川总督衙门作幕僚。邹容前往拜师，江瀚非常高兴，鼓励他说："去日甚好，中国无一完善学校。"并竭力推荐他参加新政留学考试。考试结果，邹容名列前茅。7月30日，邹容由留学生监督候补知府李立元引见四川总督奎俊。奎俊勉励数语，命邹容回渝整装待发。邹容随即与江瀚之子江庸一道，从锦江乘木船由水路返渝。途中，邹容不幸中暑大病，在嘉定病困十余日，始回重庆。

由于邹容思想激进，平日"非尧舜，薄周孔"，疾恶如仇，为顽固守旧者所不容。当其被录取后，便有人向当局进谗言，"历诋其种种非行不可去"。以是，正当四川首批官费留学生即将出发之际，官府突然取消了邹容官费留学的资格。邹容受此打击，毫不气馁，"东游之志仍勃勃不可遏"，终于征得其父同意，在好友杨庶堪、朱必谦的支持下，于1901年深秋乘小船顺江而下，到达上海。邹容只身来到上海，路费不多，投亲不遇，一度困坐于北京路厚记川栈，一筹莫展。幸此时其师江瀚已出川，正宦游江南。江瀚知悉邹容之困境，即致函向江南制造局总办毛庆藩推荐，邹容方得进入江南制造局附设的广方言馆补习日语。

至于邹容赴日留学之时间，历来史学界皆有争议，存在1902年、1902年春、1902年7月以后、1902年9月诸说。最近，承黄罗荃先生以江瀚之手迹《壬寅日录》借示，见其中有关邹容之记载数条。壬寅上月十八日云"邹蔚丹（邹容，字蔚丹）又有信至"（按：江瀚时在安庆安徽巡抚幕）；二月十八日云"未正回沪寓，蔚丹已久候矣，略谈"；十九日云"蔚丹、必谦偕至"。此"日录"在6月以后即无有关邹容之事。由此观之，邹容之出国必不在1902年春，当在7月以后。江瀚与邹容师生之谊甚笃，而一般为邹容传记者皆未详叙，故略述其梗概。

苏知《江瀚与邹容》，载四川省文史研究馆编《益州集粹》，上海书店出版社，1994年10月版，第4页至5页

十月，训练局勇，处理局务。

饬习洋操

本邑大南门外高昌庙左近江南机器制造局护勇及局外防营，现经总办毛实君观察谕令早晚演习洋操，不得仍前疏忽，盖亦时样文章也。

《申报》1901年11月8日（九月廿八日），第3版

试演快炮

迩来本邑江南机器制造局总办毛实君观察，饬工制就各种新式快炮，计能容药弹十二磅者四尊，四十磅一百磅者各一尊，前日报竣委员陈君，禀请亲临试演。昨晨九点钟时，观察传谕在西炮队营隙地，将炮安置，旋会同炮队营管带冯游戎国治、教习张君裕春，令勇如法试放。

《申报》1901年11月12日（十月初二日），第3版

跌伤求疗

前日本邑江南制造局船坞中所泊南洋寰泰兵轮船工人杨胜通、陈载仙，蹂升直上，修理桅竿，一失足坠入舱中，致伤其腿。总办毛实君观察闻之，急饬人昇送英界仁济医院求治，未知能保无虞否。

《申报》1901年11月20日（十月十日），第3版

上海官场纪事

本邑河南机器制造局总办毛实君观察，近因要公，须禀陈两江督宪兼南洋通商大臣刘岘帅，大约日内即须乘轮船赴金陵矣。

《申报》1901年11月20日（十月十日），第3版

裁汰学生

本邑江南机器制造局总办毛实君观察，以目下经费支绌，拟将广方言馆学生一百五十名，裁减其半，前日会同教习某君，传集考试，以别优劣而定去留。

《申报》1901年11月21日（十月十一日），第3版

十月二十五日（12月3日），勘查上海龙华火药局爆炸案。

1901年12月2日晚一点钟时，上海龙华火药局各工人烘焙火药，火势过猛，以致轰然炸裂，一发难收，各工人不及奔逃，竟遭惨毙。江南制造局中人闻之，急驱洋龙往救，比至则已烟消火灭矣。是役也，计毁去工房一所，余未殃及。次日，局中人在瓦砾场中检出尸身五具，类皆额烂头焦，不堪逼视，亦惨矣哉！以上皆访事人之言。按药局从未作夜工，岂有一点钟时尚有烘药者，其中必别有曲折，非本馆秉笔者所得而知之也。

《申报》1901年12月4日（十月二十四日），第3版

药局飞灾续述

本月二十二日之夜一点钟时，本邑醨南乡龙华火药局忽然火发，轰毁工房，大略情形已登昨报。事后江南机器制造局总办毛实君观察偕苏松太兵备道袁海观观察、上海县汪瑶庭大令，前往履勘，查得厂中毁去前后进房屋四椽，轰毙人口若干，尚难查工。当肇祸时，附近甲乙二乡民被火所冲巅毙沟内工人朱大皋等六名，则一息奄奄，受伤甚重。由委员吴耆丞明府禀请毛观察饬丁昇送英界仁爱医馆求治，刻闻观察已将勘验各情详报两江督宪刘岘帅矣。

《申报》1901年12月5日（十月二十五日），第3版

救火蒙赏

上月某日，本邑西南乡龙华火药局贰厂突然火发，轰毁房屋一所，灼伤工人六名，毙若干名。事后江南制造局总办毛实君观察查悉，当晚火炽时高昌庙街所设巡勇奋力趋救，颇堪嘉许，因特按名赏给小洋银四枚，什长每名赏给小洋银六枚，司事每名赏给洋银一元，以示奖励。

《申报》1901年12月18日（十一月初八日），第3版

十一月，处理局务，再赴金陵。

学堂肄武

本邑南市高昌庙左近江南制造局所设广方言馆，经总办毛实君观察将学生裁去其半，只留八十三名，令教习某君授以武艺，俾成有用之才。

请修兵舰

迩者南洋所辖南琛兵盘机器，略有损伤，不能转运灵捷。管带某参戎，因驶至沪上禀请，江南制造总办毛实君观察拨匠兴修。

观察试炮

前日本邑江南制造局炮厂工人鼓铸新式快炮九尊，能容药弹十二磅，另有能容四十磅、六十磅、一百磅者各一尊，刻已次第工竣由厂中委员，陈君霁南禀明总办毛实君观察，前日观察亲诣炮台如法试演。

《申报》1901年12月13日（十一月初三日），第3版

添设操场

前者江南机器制造局总办毛实君观察，禀准两江总督兼南洋通商大臣刘岘帅，就广方言馆内添设武备学堂按期考试，并在西首购得钱姓旷地一亩四分，四面缭以短垣，俾各学生于课毕后演习戎机。

《申报》1901年12月18日（十一月初八日），第3版

上海官场纪事

江南提督兼南洋兵轮船总统李寿亭军门,由松郡节辕莅沪后,昨日乘马车至江南制造局拜会总办毛实君观察,畅谈良久而出。

前日江南制造局总办毛实君观察接奉两江督宪兼南洋通商大臣刘岘帅来电,着即来首等因,大约日内即将乘舟赴金陵矣。

《申报》1901 年 12 月 20 日(十一月初十日),第 3 版

观察赴省

本邑江南机器制造局总办毛实君观察,迭接两江总督兼南洋通商大臣刘岘帅来电,着即赴省备咨要公,因于昨日命驾,登某轮船溯江上驶。

仁施惮独

前者醇亲王由德国回华,道经沪上,曾赴江南机器制造局阅视一切,归途经高昌庙西栅,轮轴碾伤居民姚桂仙之子,年甫五六龄,未几即毙命,总办毛庆蕃观察闻而悯之,特于前日饬丁传姚到局,慰以好言,令充当护勇,以示体恤。

《申报》1901 年 12 月 21 日(十一月十一日),第 3 版

添募学徒

本邑江南制造局洋枪厂委员冯二尹,以厂中工人不敷所用,禀请总办毛实君观察,添招幼童十五名入厂习艺,俾学成后因材器使。

《申报》1901 年 12 月 22 日(十一月十二日),第 3 版

示禁翻印

江南制造局总办毛实君观察,查得本局所译中□书籍,为开风气、迪民智起见,迩者书贾任意翻印,借以渔利,鲁鱼亥豕,贻误良多,殊属不成事体。爰函商苏松太兵备道袁海观观察,饬县从严禁止,并于前日出示晓谕,张贴局前。

《申报》1901 年 12 月 24 日(十一月十四日),第 3 版

制局裁军

本邑江南机器制造局炮队营亲兵,现奉两江督宪兼南洋通商大臣刘岘庄

宫太保札，饬逐加裁汰，以节饷需。总办毛实君观察遵将左右两哨裁去，独留中哨五十名，命熟习洋操之朱游戎悉心训练，前日游戎接奉札文，业已到差治事矣。

《申报》1901年12月26日（十一月十六日），第3版

局宪关防

日前本邑江南机器制造局总办毛实君观察，发出关防示谕，悬之局前。其文曰：

为关防许伪事。

照得本总办自本年三月到局以来，本局员司各仍其旧，或间有更调，亦系遴选端方公正之员，并未携有亲戚本家到此，予以事权。惟念上海为五方杂处之区，良莠不齐，保无有不法之徒借端撞骗，冒称本总办本家亲戚，在外指事招摇，假名请托等事，合行出示晓谕。为此示，仰本局员司工匠及与本局交易之各行捐客人等一体周知，须知本总办并无本家亲戚干预局事，如或有冒称族戚指事招摇，以及扶同假名请托之人，一经觉察，定即移送地方官认真严讯，照例从重究办不贷。其各遵照毋违，切切特示。

《申报》1901年12月27日（十一月十七日），第3版

上海官场纪事

日（前）江南机器制造局总办毛实君观察，奉两江总督兼南洋通商大臣刘岘庄宫太保电饬赴省面询要公，因即乘某轮船溯江上驶，昨日午后局中接来电知，日内将次返沪矣。

《申报》1901年12月28日（十一月十八日），第3版

制局窃案

日前本邑江南机器制造局机器厂中，失去四川总督奎乐峰制军饬制之轧铜机一具。南洋南琛兵舰请修之铜管若干枝，及局中历年积存之零铜百余斤。为管厂委员杨凤仪二尹查知，禀请总办毛实君观察饬捕役严加侦缉，并移知英美、法两租界公廨谳员派差协缉，务获严追。

《申报》1902年1月4日（十一月二十五日），第9版

金陵官报

（十一月）十三日署藩台巡道徐、新授江安督粮道胡延、上海机器局候选道毛庆蕃到，均见。

《申报》1902年1月4日（十一月二十五日），第9版

金陵官报

十一月十七日藩辕牌示，（中略）上海机器局候补（道）毛庆蕃见。（十八日）上海机器局候补道毛庆蕃辞。

《申报》1902年1月6日（十一月二十七日），第9版

领枪未给

前者本邑南市商船会馆董事陈钰等人联名赴两江督辕递禀，以商船载货出洋时，被盗劫，殊为商民之害，请饬知江南机器制造局每船给发洋枪五枝，借以保卫等情，督宪刘岘庄宫太保准之。前日陈等赴局请领，总办毛实君观察告以本局未奉督宪札文，尔等静候核示可也。

《申报》1902年1月8日（十一月二十九日），第3版

十二月，巡抚聂缉椝视察局务。

中丞阅厂

前任江苏巡抚调任安徽巡抚聂仲芳大中丞，于前日莅沪，驻节北洋务局，示期昨日查阅江南机器制造局。总办毛实君观察悬灯结彩，供张辉煌，并令炮队营管带朱游戎督率旂下勇丁列队迎讶。

《申报》1902年1月11日（十二月初二日），第3版

考试绘图

前者本邑江南机器制造局总办毛实君观察，就各厂工匠中挑选技艺纯熟、资质聪颖者，拨赴画图房学习绘事，兹已渐著成效，定期下礼拜一即本月初四日在局考试，以定去留。

《申报》1902年1月11日（十二月初二日），第3版

本地风光

江南机器制造局滨江一带，时有江北艒䑿船停泊，总办毛实君观察以迩来窃案迭出，或系若辈所为，爰饬保甲局员马午桥参军派地甲巡勇前往驱逐，不准逗留。

《申报》1902年1月12日（十二月初三日），第3版

示杜弊端

昨日江南机器制造局总办毛实君观察，悬示局前，略谓查本局购买物料，近年有九五扣名目，弊端杂出，啧有烦言。本总办现经禀奉督宪，严行禁止。各行户捐客人等，嗣后务须诚实交易，如访闻有不尽不实之处，行户捐客均绝往来，并将招牌姓字悬牌立案备查，经手员司宜各懔遵，毋稍自误，切切。

《申报》1902年1月12日（十二月初三日），第3版

兵船出坞

南洋南琛兵轮船，前因机器损坏，由管带禀请江南制造局总办毛实君观察鸠工庀材，大加修整，迨工竣，已于昨日出坞试行矣。

《申报》1902年1月14日（十二月初五日），第3版

总办求才

前日江南机器制造局总办毛实君观察，传集肄业广方言馆之英法文各生分别考试，冀拨奇才。昨日复传工艺学堂各生到局，察其优劣，以定去留。

《申报》1902年1月16日（十二月初七日），第3版

铸炮告成

迩来江南机器制造局炮厂中制就新式大炮若干尊，前日工竣，由管厂委员陈君禀请总办毛实君观察定期演放，以重军需。

《申报》1902年1月16日（十二月初七日），第3版

请试快炮

明日江南机器制造局炮厂委员陈君霁南，制成新快炮，能容药弹一百二

十磅,及六十磅、四十磅者共十余尊,禀请总办毛实君观察偕炮队营管带冯游戎,莅西炮台试演。

《申报》1902年1月19日(十二月十日),第3版

沪南琐语

江南机器制造局总办毛实君观察,以左近居民时时被窃,疑及江边所泊艒艒船,或有窝贼情事,札饬高昌庙巡防局马午桥参军从严骤逐,各船遂移泊南马头等处浦滨,南马头船牙以前曾奉谕驱逐,爰据情禀明马路工程局总办翁子文太守,太守饬即驱令他往,不准停留。

《申报》1902年1月20日(十二月十一日),第3版

制局停工

向例时当岁暮,本邑江南机器制造局各厂工匠均须给假回家,今岁总办毛实君观察遵循曩例,示期本月十九日停工,明年正月十九日开工。

《申报》1902年1月21日(十二月十二日),第3版

限制学生

江南机器制造局广方言馆肄业生,前经总办毛实君观察以经费支绌,逐加裁汰,兹闻议留正额四十名,此外每名须贴膳资若干,方准入馆肄业。

给牌示别

腊鼓声中,岁聿云暮。本邑江南机器制造局各厂工人经总办毛实君观察示期,本月十九日停工,俾得回家度(岁)。旋又明定新章,凡在局中工作者,每名给予腰牌一方,以便稽查而杜混冒,是亦分别莠良之意也。

《申报》1902年1月26日(十二月十七日),第3版

腊末,江西方面以受灾严重,致电本籍官员告赈。

上海道台袁观察乞转前出使日本李大臣、制造局毛观察暨陈观察公等钧鉴:

江右今岁灾区甚广，饿殍相望。来日大难，振款不继。现经省宪会绅，一面就近竭力捐募，仍恐不足，伏乞顾全桑梓垂悯灾黎，或复请发款，或广为劝募，至感并拟公牍，借重台衔，可否赐覆。如有函件，请寄江省盐道唐观察收，另详函。

李有棻、梅启熙等同叩。

《申报》1902年1月31日（十二月二十三日），第3版

夫人叶氏谏之以大料伐解事，大悟。

毛实君方伯（庆蕃），一度为上海制造局总办，事事撙节。一日，见厂外巨木堆积如山，立传该管委员告之曰："此木可解作修船之用，不必另购，多所耗费。"委员曰："此专备制作船桅之料者，无解之之理。"方伯不悦曰："此废料亦珍如拱璧耶？宜从吾言，速解之。"不三月用罄。偶与夫人语及此，夫人叹息曰："君斯举诚大错矣！例如君购绸缎，为我作衣料，虽不急制衣，决无碎之以作鞋袜之理，则巨木之不应解而修船明矣。"方伯大悟。

（近）陈灨一《睇向斋秘录》

剑川按：陈灨一《新语林》亦收此条，文字略异，见《新语林》，上海书店出版社，1997年1月版，第81页："毛实君管江南制造局，见厂外巨木叠积如山，欲解作修船之用，主管者启曰：'此为制作船桅之料者，无解之之理。'毛曰：'废料亦珍视之耶？宜从吾言，速解之。'偶以语夫人，夫人太息曰：'君误矣。例如以绸作衣料，衣尚未制，决无碎之以作鞋袜之理。巨木之不应解而修船，其理一也。'毛大悟，已莫及矣。"

光绪二十八年（1902） 壬寅 五十七岁

正月初，赴苏州、南京团拜。

初六日，候补道毛庆蕃、知府林文炳、王仁东、揭传淇、知县刘怡、戴

运寅、朱仗均由上海来。

《申报》1902年2月24日（正月十七日），第3版转载《江苏官报》

十六日，上海机器局候补道毛庆蕃见辞赴苏，见抚宪后回局。

《申报》1902年3月4日（正月二十五日），第3版

正月十九日（2月26日），制造局结束假期，恢复生产。

示期开工

去年腊杪，本邑江南机器制造局总办毛实君观察，谕令各厂工人一律停工，俾得回家度岁。昨日牌示，局前定期本月十九日起照常工作。

《申报》1902年2月24日（正月十七日），第3版

寿母考终

浙江委用道嘉定吴挹清观察，前奉盛杏荪宫保札委，赴汉口稽核铁路事宜。去岁以亲老辞差，归至沪上，江南机器制造局总办毛实君观察延主广方言馆法文讲席，观察迎太夫人至沪寓，板舆奉养，乐也融融。日前太夫人偶抱微疴，遽尔仙逝，享寿八十有三，闻将择日开丧，然后扶柩回嘉定原籍。

《申报》1902年2月28日（正月二十一日），第3版

裁勇给饷

去年两江督宪刘岘庄宫太保札，饬江南机器制造局，将亲军营裁去，以节饷需。独留中哨五十名，委朱游戎训练。迩又奉宫太保电饬，将中哨一并裁撤，总办毛实君观察遵即给发恩饷一月，遣令归农。

《申报》1902年3月6日（正月二十七日），第3版

上海官场纪事

日前江南机器制造局总办毛实君观察，乘小火轮船赴松江查勘火药栈事毕，于前日返沪。

《申报》1902年3月6日（正月二十七日），第3版

兵舰兴修

中国飞鹰兵船,近忽机器损坏,不能运棹自如,因于前日驶赴本邑江南机器制造局坞中,请总办毛实君观察饬工妥为修整。

《申报》1902年3月7日（正月二十八日）,第3版

上海巡局琐案

前日南市十二图汛捕某甲,在江南机器制造局附近查见袁正发肩负洋枪六杆,外用衣服包裹,遂拘解高昌庙巡防保甲局。局员马午桥参军升堂研讯,袁供:"小的系安徽某邑人,在弹子厂做工,此枪由某营托小的及范桃生、王世明二人修整。"参军饬传范、王研究,范供"小的在洋枪楼工作",王供"小的在木工厂工作"。旋又同称此项洋枪由小的等分修。参军命地保至袁家,查获器具甚夥,带回暂存,候禀请总办毛实君观察核示。

《申报》1902年3月7日（正月二十八日）,第3版

局工犯法

日前南市方十二图汛捕某甲,在江南机器制造局附近查获歹人袁正发,搜其身畔私藏洋枪六枝,因即解送高昌庙巡防局。局员马午桥参军研讯之下,供称"此枪由小的与王世明、范桃生二人修理"。旋押至其家,查获制枪器具,带回研诘,知袁及王、范均在局中工作,遂禀请总办毛实君观察核示。提调刘君提集三人,隔别讯究,袁、范均供此枪由某水师营嘱修,陈君恶其狡展,禀请观察一律开除,以便覆讯惩办。

《申报》1902年3月12日（二月初三日）,第3版

正月、二月,与孙宝瑄、刘葆良过从,与谈时事、物理。

（正月）初四日晴,衣冠答拜毛实君。

（清）孙宝瑄《忘山庐日记》,壬寅,光绪二十八年,一千九百二年,正月初四条

二月一日晴,日中,毛实君招饮,坐有襄孙及刘君葆良。古人无坐具,

皆席地而居，故人与人相见，行跽拜稽首之礼，以示恭敬。观于日本之风俗而知之矣。今我国久无席地之法，而独留跪拜之礼，何也？刘君葆良曰："人之谈新者动云自由，吾不知为文明之自由乎，为野蛮之自由乎？"一语破的。盖近日持自由之名义者，半皆野蛮之自由，少年多被其惑，遂欲放纵自恣，不守范围，大为人心风俗之害。

"一小地球"云云，此等语为今日谈佛与格致者所斤斤乐道，而余不敢决其必然。盖太虚中之物质既丛列而杂居，其小大以比较知之，有大世界，自有小世界，固也。然而小大之间，必有等差，有至大者，必有次大者，有不可见之小者，必有可见之小者，微尘中既有小地球为目所不能辨，必有稍大之地球为目所能辨者，如地既大于月若干倍，日又大于地若干倍，大小既殊，岂能概为目所不辨，由是以观微尘中有山河，有小地球者，不敢信也，吾但信其有微生物，有动植物耳。或曰，世界之在空际相离不相聚，如月之去地甚远，地之去日又甚远，安知无可见之微尘世界小大相去远，因之去人亦远，故人不能见耶？曰不然，凡物之大者，其相离之界大物之小者，其相离之界亦小，故物与物相离之远近，与其形之大小有正比例，盖小大有相吸之力，若太远则吸力不能到矣，微尘之地球既小，而至于目不能见则尺许之远可作数十万里、数百万里，观一若月之于地，地之于日也。岂有去人甚远而人不能见者哉（佛说粟米之中藏千世界，别有所指，非人所能知）。

（清）孙宝瑄《忘山庐日记》，壬寅，光绪二十八年，一千九百二年，二月一日条及附条

二月初六日（3月15日），姚永概作书寄毛庆蕃。

初六日，晴，有云。谢各处步，作函与毛实君。

（近）姚永概《慎宜轩日记（下）》，黄山书社，2010年11月版，第819页

二月十三日（3月22日），往访张德彝不遇。

十三日甲辰，细雨阵阵。凉。早坐马车在城外答拜数处，午后瑞熙臣、王香圃持名刺代为往拜各国领事及税务司诸人。余改乘肩舆进城，答拜四处，回寓知有毛实君庆蕃、冯孔怀国勋、徐星阶际平、龚芷南实琛、郑渭江清江、沈蔚文炳儒来拜。中夜大雨。

（近）张德彝《航海述奇》之《八述奇卷一》

剑川按：时张德彝为清廷所派三品衔出使英、意、比利时大臣。

二月十八日（3月27日），江瀚来访。

十八日（3月27日），巳初，坐马车至制造局，拜毛实君观察，遂留早饭。晤杨荆山大令，吴文鹿戚也，未正回寓。

江瀚《江瀚日记》，郑园整理，凤凰出版社，2017年7月版，第173页

二月中，处理局务。

拓地建厂

江南机器制造局炼钢厂委员某君，以厂地狭隘，不敷展布，禀请总办毛实君观察，设法推广。观察准之。随即购得乡民杨之姓地若干，以便扩充厂至，大约不日当兴工营造矣。

《申报》1902年3月13日（二月初四日），第3版

拨解枪弹

日前江南机器制造局总办毛实君观察，接两江总督兼南洋通商大臣刘岘庄宫太保札文，饬令拨解后膛枪弹四千余箱来省应用等因，未几，宫太保委员来沪守提，观察遵即检齐，由南琛兵轮船装运，已于前晚展轮上驶矣。

考验军火

昨日清晨，江南机器制造局总办毛实君观察，偕子药厂委员及洋枪楼委员，率同工匠头目等，将局中所制后膛枪子药，及由外洋所购药料四种，逐

一查验，以别优劣。

《申报》1902年3月22日（二月十三日），第3版

工师宴客

昨日午后两点钟时，本邑江南机器制造局炮厂洋教习柯尼司、机器厂洋教习篷达，柬邀商会中各桩人及某兵舰统带宴会，随赴各厂考察一周，借以讲求工艺。总办毛实君观察恐小民无知，不免少见多怪，谕令高昌庙巡防局员马午桥参军派出勇丁，在局前照料。

《申报》1902年3月23日（二月十四日），第3版

赶制军需

前日四川总督奎乐峰制军，电饬江南机器制造局赶制能容药弹五磅之小炮五十尊，着于工竣后，迅即解赴蜀中等因，昨日总办毛实君观察，已饬炮厂委员某君督率工人赶紧制造矣。

《申报》1902年3月28日（二月十九日），第3版

泖水春鳞

郡城东南隅火药局存储五省军火，规模宏敞。上月二十日，局中执事人特备盛筵，恭请府尊余石荪太守、华亭县林霨生大令、娄县屈吉士大令、中营张华园参戎及左前城三营主至局宴饮，午后始散，或曰，东道主人系上海制造局总办毛实君观察，因公务冗繁，故委员代请，借联同寅之谊也。

《申报》1902年4月17日（三月初十日），第3版

三月十三日（4月20日），盛宣怀致书言及钢铁销售事。

（前略）彭脱销售钢铁事，本拟亲与毛实君观察谈妥，再为延用，因实君办事切实，所称傍晚回寓再办厂事，究竟沪上洋商市面四点钟后安有销路？现既拟定函稿，姑俟面商如何再致。

陈旭麓等主编，朱子恩等编《汉冶萍公司2》，第269页：《盛宣怀致盛春颐、李维格函》，光绪二十八年三月十三日（1902，4，20），上海

三月十三日（4月20日），载振赴英经沪，视察制造局。

十三日 未刻，至高昌庙阅机器局，总办毛道庆蕃导引周阅。凡为厂四，曰枪厂，曰炮厂，曰生铁厂，曰熟铁厂。枪厂所制，系后膛林明敦、黎意、快利等枪。现添购机器，仿鄂局式，改造小口径新毛瑟枪。其口径、枪身、子弹，悉与鄂局相符。炮厂所制，以铜壳装药新式快炮为最，计六种。内一百磅子、四十磅子、六磅子三种，便于轮船炮台；十二磅子、三磅子、两磅子三种，便于陆路行军。生铁厂所造，有机器，若汽机、汽筒、飞轮之属；有器具，若热炉、铁架、辘轳之属；有军械需用之件，若炮架及碰雷铁坠之属；有厂屋需用之件，若铁柱、铁垫及铺地铁板之属。熟铁厂所造，有机器需用之件，若偏心湾轴、夹箍，及各式扳手、销子、起子、螺丝之属；有轮船需用之件，若挺杆、摇杆、汽毡杆、天遮架柱之属；有枪手需用之件，若护手、弓机、簧管坯、挑簧之属；有炮位需用之件，若炮塞、炮耳架、板手、炮架钩之属。所用之铁，七成用中国矿产，三成购自外洋。制器则视所宜配用之。厂中能修船，不能自造，以船坞狭隘、河小水浅故也。近年推广，能造锅炉及总机器。上年四川设机器局，其总机即此厂所造，规模较前开拓多矣。

（清）载振《英轺日记》，岳麓书社，2016年12月版，第18页

五月中旬，盛宣怀与毛庆蕃商议派员至制造局学习炼钢事宜。

致制造局总办毛道

实君仁兄大公祖大人阁下：

兹有启者，汉阳铁厂禀请拟派工匠至贵局习练炼纲事宜，俾资阅历等情，夙念尊处炼法精良，成效素著，可否饬准入厂随同观摩，实深感祷，专泐奉恳，敬请台安，惟希朗照。不宣。

治愚弟盛顿首。

上海图书馆盛宣怀专档，盛宣怀致毛庆蕃函，光绪二十七年五月（1901年6月），档号SD017198

宫保大人钧鉴：

顷奉钧谕，以汉阳铁厂拟派工匠至敝局练习炼钢事宜等情，查敝局于泰西炼钢之法，亦未能悉备，赖洋匠彭脱笃实精详，幸而集事，则以沪厂已著之成效，资中国工匠之考求。公谊所关，自当照办。谨已饬知厂员洋匠矣，专肃禀复，敬请钧安，伏乞垂鉴。

职道庆蕃谨禀。

上海图书馆盛宣怀专档，毛庆蕃致盛宣怀函，光绪二十七年五月十六日（1902年6月2日），档号SD017199

五月二十三日（6月28日），刘坤一代奏制造局开支报销情况。

太子太保头品顶戴南洋通商大臣两江总督臣刘坤一跪奏：为上海机器制造局第十六次支用各款查照成案开单核实报销，恭折仰祈圣鉴事。

窃上海机器局制造各项军火，动用二成洋税，截至光绪二十二年十二月底止，业经分案开具清单奏销在案。兹据苏松太道袁树勋，会同局员毛庆蕃，将光绪二十三年分支用各款，遵照部复，分别开报。

计上届册报存湘平银一百一万五千一百七十七两五钱有奇，折合库平银九十七万九千六百十七两四钱有奇。二十三年续收江海关二成洋税库平银八十一万二千二百五十一两有奇，又收税厘项下加常款经费库平银六万两，又收扣平库平银一千三百二十九两三钱有奇，共收库平银八十七万三千五百八十两三钱有奇，管收两项共合库平银一百八十五万三千一百九十七两七钱有奇，共用库平银九十七万八千八百五十九两四钱有奇，实共存库平银八十七万四千二百三十八两三钱有奇。

此项存银或系存而未用物料之价值，或系造而未完各件之工料，均系已经动用之款，今俱照案核作银数，列存归入下届开报，俾清眉目。其支用一切款项，均经遵章先行，详请咨部立案。兹将收支银数及委员司事、中外工匠薪工、购制军火器具各项细数，照章分造清册，详请核办并声明。自光绪二十三年七月起至十二月底止，遵照部章应扣六分平银，共扣提库平银七千七百四十一两六钱有奇，存储候拨等情前来。覆查该机器制造诸事，恳仿西法，用料多系洋产，工赀、物价均无定例，支用款项以常例相绳，此次册开各款，详细察核，委系实用实销，各款接续造报外，所有上海机器制造局自光绪二十三年正月起，至十二月底止，支用各款，列为第十六案报销缘由，谨会同署北洋大臣、直隶总督臣袁世凯，江苏抚臣恩寿，恭折具奏，伏乞皇太后、皇上圣鉴训示，谨奏。

奉硃批："该部知道，单并发。钦此。"

《申报》1902年6月28日（五月二十三日），第13版，转载五月初七日《京报》

六月六日（7月10日），致信徐世昌，谈及银圆厂选址事。

鞠人尊兄大人阁下：

顷奉手教，并钞示上海来电，暨宋君《商务条陈》各乙件。承示索取东便门外厂图说，前次由玉蓉京兆交下地图三纸，系东便门外、彰仪门内、西直门外三处，其说皆条具图中，未另有说。由公交下者，则为建厂屋图乙纸，暨西人及局员请折各乙分，上月廿七日执事示取厂图，弟当具函奉复，并将各件一并缴呈，想荷垂察。

贱恙失眠稍减，近以溽暑，数患腹疾，重承雅念，感谢感谢。专复敬请勋安。

弟蕃顿首。

六月六日。

《北洋军阀史料 徐世昌1》，天津古籍出版社，1996年2月版，第72页

六月，处理局务。

促回兵舰

月前两江总督兼南洋通商大臣刘岘庄宫太保接直隶总督袁慰庭宫保咨文，即转饬江南机器制造局总办毛实君观察，将入坞修治之通济、飞鹰两兵舰调回北洋，前日观察已促令登程矣。

《申报》1902年7月6日（六月初二），第3版

赣省官场纪事

农工商局现又添委矿务人员，办理开矿诸事，以兴利利，而浚财源。惟矿学素未讲求，一旦骤然为之，民民未免茫无头绪。李勉林中丞再三筹画，拟奏调毛实君观察来江总理，以期早收成效，无任故事虚行。

《申报》1902年7月15日（六月十一日），第3版

请修兵舰

南洋飞霆兵舰巡缉洋面，事竣回申。管带某君以此舰年久失修，机器略有损坏，请江南制造局总办毛实君观察遴派工匠入坞修治。

《申报》1902年7月19日（六月十五日），第3版

不准迎神

本邑南门外江南机器制造局各厂工人，以沪上疫气流行，死亡枕藉，禀诸总办毛实君观察，请准停工数日，醵资建醮，并异附近高昌司偶像游行。观察以天灾流行，岂赛会所能解免，传谕各工头毋得作此无益之事，以致耗财误工。各工人闻之，不敢或违，此事遂作罢论。

《申报》1902年7月20日（六月十六日），第3版

管带逝世

迩来南洋飞霆兵舰小有损坏，由管带杜副戎忠全，开驶来沪，请江南制造局总办毛实君观察饬工修理。前日副戎忽染时疫，遽尔云亡。两江督宪兼南洋通商大臣刘岘庄宫太保接到电禀，立即札委邓千戎前来接管。

《申报》1902年7月28日（六月廿四日），第3版

兵舰宜修

前日南洋策电兵轮船，由金陵驶至松江，江南提督李寿亭军门查得机器颇多损坏，因命驶赴沪上，请江南制造局总办毛实君观察拨匠兴修。

《申报》1902年7月30日（六月廿六日），第3版

六月底，派赴日本学习军械属员返沪。

不允绘图

江南机器制造局总办毛实君观察，前经禀请两江督宪刘岘庄宫太保照会出使日本大臣蔡和甫星使，以本局炮厂工人拟赴日本海军省阅视各种快炮，绘图携回，以便开炉仿铸，宫太保许之。观察因于上月委帮办陈霁南明府，带同工匠及绘图人等赴东，日前星使电致督辕，谓日人不允绘图，未免徒劳往返。前日宫太保电札到局，观察正拟请星使转致驻日总领事，商请通融。随接明府电文，谓曾赴军营察看炮式，惟绘图一节，断难如愿以偿，大约日内将附船回沪矣。

《申报》1902 年 7 月 16 日（六月十二日），第 3 版

提调回华

昨承日本友人函告云，前者江南制造局总办毛实君观察札委提调陈岚斋司马，偕吴、冯二君督带学生十人，航海赴东瀛研求制造军装之法，既抵东京税驾，即由儒士岸田吟香介绍，浼陆军中将矢吹氏导入炮兵厂，逐一纵览，得有端倪，刻已附邮船株式会社西京丸遄回沪上矣。

《申报》1902 年 8 月 1 日（六月二十八日），第 2 版

上海官场纪事

江南制造局总办毛实君观察，前委枪炮厂员江苏候补府照磨冯德生参军、军械所员江苏候补通判陈齐岚保驾、子药厂员江苏候补县丞吴二尹家琢，前赴日本侦求制造新法，刻已事毕回华。昨日齐诣苏松太兵备道辕，谒见道宪袁海观观察。

《申报》1902 年 8 月 1 日（六月二十八日），第 3 版

绘图已成

江南机器制造局总办毛实君观察，前曾禀奉两江总督刘岘庄宫太保，派提调陈霁岚明府，偕工匠及绘图人等赴日本军营，将各种巨炮绘一图式，携回本国，以便仿造。迩者是图已经绘成，由明府携回沪上，昨经观察申送宫太保察核矣。

《申报》1902 年 8 月 2 日（六月二十九日），第 3 版

七月，处理局务。

兴修马路

江南制造局畔有一马路，西达斜桥，北至沪军营侧，迩因年久失修，崎岖已甚。总办毛实君观察病之，饬炮队营帮带冯游戎督勇修砌，以惠行人。

《申报》1902年8月1日（六月二十八日），第3版

札挑教习

前日江南机器制造局总办毛实君观察，接两江督宪刘岘庄宫太保札文，饬在炮队营内，挑选教习六十名，她赴金陵，派往广西，借资差遣。

《申报》1902年8月3日（六月三十日），第3版

驾船赴省

前年两江督宪刘岘庄宫太保，札饬江南制造局新制大号杉板船一艘，迩已工竣，日前岘帅行文到局，饬总办毛实君观察转知南洋寰泰兵轮船管带徐千戎，管驾至省。刻下观察已遵饬办理矣。

《申报》1902年8月3日（六月三十日），第3版

七月，为云南代造枪弹完成。

敬禀者：

顷奉钧函，以职局"代云南所造铜帽子五百万，何时可解？现有恽守积勋，引见后赴滇到省，欲求此差，嘱即委解，并承询川资，可给若干，是否由天顺祥给领，或须由宪台电商午帅，饬即具复"等因。查滇省枪子，本年七月间可全数造成，重以钧谕，届时可交该守带解。至川资一层，职局向不与闻。惟滇中购款，系由天顺祥汇来此项川资，大约亦由该号酌给该守，似可转向探明。宪台如电商午帅，可免滇中复委他员提运，盖日前一批系奉云南电饬交解铜委员领运也。并以附闻，专肃禀复，敬请勋安，伏乞垂鉴。

职道毛庆蕃谨禀。

上海图书馆盛宣怀专档，毛庆蕃禀恽积勋函，光绪二十八年（1902），档号SD040493-2

七月，李兴锐奏荐毛庆蕃为江西农工商局会办。

江西巡抚李奏遵旨设立农工商局派员办理情形片

（前略）并于农工商局内立矿务司，凡有殷实商民，愿入股者，报明局，切实考察，遵照部颁章程，取结咨部，给照开办。一面酌筹官本，延聘矿师，订购机器，先就水陆交通转运便利之地勘明，分别开采。

至沪上为华洋各商萃会之地，此辈之欲来江办矿者类多聚议，于沪亦不可无专驻之员，慎察而斡旋之。臣查有现办上海制造局奏留江苏补用道毛庆蕃，器识深远，办事结实，且籍隶江西，熟悉本省情形，拟即委令会办江西农工商局，就近在□□照料招商、集股各事宜。

《申报》1902年8月24日（七月二十一日），第12版，转载七月初八日《京报》

年中，毛庆蕃呈文刘坤一，代前任填补亏空银七十五万。

毛庆蕃为清厘江南制造局款等事之禀文并两江总督刘坤一之批文

光绪二十八年（1902）

窃职道于上年奉宪札，委办上海机器制造局，遵于三月十九日到差。嗣准前总办潘道学祖移交文折前来，庆蕃逐款清厘，计潘道经手借欠各项共实在亏银七十二万二千余两，业于上年开具清折，禀奉批饬，妥为办理在案。

职道视事年余，秉承训示，随时随事持以小心，饬励局员严杜购买不急之物，腾出经费，于上年年内将购料已出、未出期票欠付银四十余万两，逐款次第悉数付清，并将银行、钱庄有息之款设法先后归偿，以及本局提存节省应还各公款，亦经陆续如数提还，所有职道接收移交亏欠银七十二万二千余两，现在一律填补。

又前折之外，本年续经筹防局咨明潘道前前年冬电禀借过轮船支应所所三万两、熙盛洋行希尔逊煤价应补息银七百余两，均经催索，职道现亦筹付清讫。连前计共清还银七十五万余两。此皆仰赖宪台提撕策励，各员司亦知奋勉，又值洋税旺月颇多，始克及此。

再查二成洋税，于上年年底据江海关袁道函称，自上年十月起，将进口洋税改照十二成之二成拨解，前次具禀陈明，蒙批以此案已作罢论。惟今春袁道仍照十二成之二成拨解，职道亦即照数列收。窃惟制造专款，动拨二成洋税，系曾文正公暨马端愍公数十年奏定之章，愿为讲求军实，大加扩充起见，本不容轻有更改。惟东南此时民力竭矣，制造军火其实不过剿捕土匪，如于军需项下多拨一分赔款，究可少纾江南一分民力，职道又何敢以军实方殷，不复念民生之重困？此后如税收常旺，职局亦可无他词；设以后税收较绌，应请饬令关道届时查照，仍按二成定章报解，以顾大局，俾职道得免后来之责备，不敢不据实陈明立案于前。区区之愚，是否有当，抑或以事关定章，究应如何从长计议，以期持久之处，统候训示遵行。至职局按月申报实收洋税银数，文案委员于上年十月以后，仍照向章缮写截留二成洋税字样，以后此项月报，应否按关道来文，进口税照十二成之二成，出口及洋药税照十成之二成，据实书写，以及报部文册银数究应作何声叙，并恳饬知，俾可遵守。

再，上年冬间，职道禀复考究枪枝案内，奉批以出枪太少，尚宜设法扩充。职道斟拟，俟积欠清还之后，即并力集款为扩充之举。迭经督饬华洋员匠，将购机建厂一切事宜，并初年、常年经费，再四考求，通盘筹画，容俟另禀，合并声明，伏祈核示祗遵。

两江总督刘坤一之批文

据禀，该道接办局务年余，即将积欠七十五万余两清还，足见筹画得宜，实心任事，深堪嘉慰。制造枪炮实力当今急务，必须费裕匠巧，乃能出其新奇。该局向提二成洋税，江海关仍以十二成之二成提解，前据来禀，当经札饬该关查复在案。据禀前情，候再札饬该关查明复夺，再行饬遵。

魏光焘《江南制造局记》卷四，载《中国近代兵器工业档案史料》，兵器工业出版社，1993年版，第1册，第615页至616页

八月，张之洞致电毛庆蕃商谈调拨物资事。

急致上海制造局毛道台：

感电悉。汪守转呈江电亦读悉，承拨直硝十万斤。拟交滇省军火便轮附运，代筹周至，感甚。请即代交运鄂致谢。歌。壬寅八月初五日巳刻发。

（清）张之洞《致上海制造局毛道台电》，中国社科院近代史研究所编

《近代史所藏清代名人稿本抄本》，大象出版社，2014年3月版，第2辑，第51册，第426页

九月，处理局务。

饬铸大炮

日前本邑江南机器制造局帮办陈霁岚明府，偕炮队营教习张雨村千戎，赴吴淞及沿江一带查阅炮台，见所置各炮间有损坏不堪者，急须易以新炮，随于回沪后禀知总办毛实君观察，观察饬大炮厂工头，铸造能容药弹三磅及六磅之大炮五十余尊，以便分别布置，亦有备无患之意也。

《申报》1902年10月3日（九月初二日），第3版

总办赴省

前晚，江南机器制造局总办毛实君观察命驾至金利源码头，乘招商局某轮船，驶赴白下，盖因原任两江总督刘忠诚公薨逝，故亲往吊奠也。

《申报》1902年10月14日（九月十三日），第3版

请修兵舰

南洋虎威、福安两兵舰，近以机器损坏，不能行驶，由管带某君禀请江南机器制造局总办毛实君观察，请为修理。

《申报》1902年10月16日（九月十五日），第3版

总办回局

日前江南机器制造局总办毛实君观察溯江赴金陵叩奠原任两江督宪刘忠诚公，事毕即乘某轮船下驶，已于昨日遄返沪江矣。

《申报》1902年10月19日（九月十八日），第3版

添建工房

本邑高昌庙左近江南机器制造局洋枪楼地势过于狭隘，经总办毛实君观察申禀督辕，请准筹款添建，前日已饬水木各工匠赶紧兴工矣。

《申报》1902年10月21日（九月二十日），第3版

九月，吴汝纶考察学制，归自日本，会张謇、罗振玉、蔡元培，毛庆蕃留饮。

二十八年壬寅，公年六十三岁（中略）。（九月）二十一日晨抵上海。二十二日，张季直来谈。罗叔蕴振玉亦来访。二十三日，萧敬甫来谈。二十五日，毛实君送菜，因留饮。晚与阿多广介同赴蔡鹤顾之招。二十六日，上船赴无锡。

（民）郭立志《桐城吴先生年谱》卷二

十月初，严修将赴日考察，晤毛庆蕃、熊希龄、汪康年等。

十月初四日（11月3日），再赴制造局，因毛实君屡约也。

十月初六日（11月5日），汪穰卿、熊秉三、曹敏斋、毛实君来访。实君招饮一品香。

（近）严修《严修东游日记》，武安隆、刘玉敏点注，天津人民出版社，1995年12月版，第129至130页

十月十三日，赴南京贺张之洞接署两江总督。

总办启行

前晚江南机器制造局总办毛实君观察，命驾至小东门外金利源马头，乘招商局某轮船赴金陵，贺署理两江总督张香涛宫保任禧。

《申报》1902年11月14日（十月十五日），第3版

无疾而终

署理湖南长沙府知府赵太守，前经湖广总督张香涛宫保奏保，以道员用，引见后航海南下，道出申江，前日赴江南制造局拜会总办毛实君观察，观察设宴款之，席尚未终，太守忽呼腹痛，未及延医服药，遽尔撒手西归，观察因即电致湘中，随于前日傍晚在局中盛殓，昨日午前将灵柩舁上招商局某轮

船载回故里,俾正首丘。

《申报》1902年11月14日(十月十五日),第3版

请修兵舰

南洋所辖保民兵舰,近忽机轮损坏,管带某君,因于前日下令驶至本邑高昌庙江南机器制造局船坞,禀请总办毛实君观察拨匠兴修。

总办回沪

日前江南机器制造局总办毛实君观察,乘某轮船赴金陵贺新署两江总督张香涛宫保任喜,昨日已乘招商局某轮船遄返沪上矣。

《申报》1902年11月23日(十月二十四日),第3版

十月底,辞江西农工商局之聘。

柯逢时片:再,江西遵奉谕旨创设农工商局,附设矿务公司,派委司道各员,次第筹办。并以现办上海制造局奏留江苏补用道毛庆蕃,籍隶江西,委令在沪照料招商集股事宜。经调任抚臣李光锐附片陈明。光绪二十八年七月初四日,奉硃批:"知道了,钦此。"恭绿转行钦遵在案。旋据江苏补用道毛庆蕃,以制造局事极繁重,不能兼顾,具禀固辞,未便相强(后略)。

《申报》1902年11月27日(十月二十八日),第12版,转载十月十一日《京报》

十一月初,袁世凯拟至制造局视察。

制局迎宾

昨日江南制造局总办毛实君观察,探悉直隶总督北洋大臣袁慰庭宫保,由珂乡来沪,须赴局察阅工程,因饬知大炮厂、洋枪楼等处委员布置周详,恭申迎讶。

《申报》1902年11月30日(十一月初一日),第3版

轮船修竣

南市轮船救生局委员陈明府,前以局中救生小轮船机器略有损坏,驶至江南机器制造局,禀请总办毛实君观察拨匠兴修,现已工竣,行驶如常矣。

《申报》1902年12月1日(十一月初二日),第3版

几酿火灾

前日江南机器制造局木工厂内,工人将木片爇火,不虞燃及所堆物料,登时烟雾迷漫,几酿燎原之祸,幸由工头禀知总办毛实君观察,急舁水龙往救,得免成灾。

《申报》1902年12月16日(十一月十七日),第3版

制局演炮

日前署两江总督、南洋大臣张香涛宫保,札委督辕武巡捕张千戎赴江南机器制造局,会同总办毛实君观察,试演所制各炮,能否命中及远。

《申报》1902年12月25日(十一月二十六日),第3版

十一月二十五日(12月24日),袁世凯奏调毛庆蕃赴津为户部银行总办。

代办户部银行请派道员毛庆蕃来津开办折

光绪二十八年十一月二十五日(一九〇二年十二月二十四日)

奏为代办户部银行请调用贤员,以资佐理,恭折具陈,仰祈圣鉴事。

窃维国之本计,财政为先,财之管枢,银行为要。臣统观东西洋各国,莫不设立国家银行,有行钞铸币之权,上以利益公家,下以扶植商业,内足运输国计,外足驰逐诸邦,洵善制也。

今中国计学未精,官号则资本不充,商号则群情涣散,欲操纵中外盈虚,非设国家银行以统摄之不可。臣前日入都,晤管理户部事务大学士臣荣禄、户部尚书臣鹿传霖,咸以此为急务,商由臣先在天津代设户部银行,为行钞铸币之本。臣回津后,当即详稽成制,博致众情,窃见非规模闳大,不足以握利权,非条理精密,不足以防弊患,更非得才识通敏、魄力沈毅之人,不

足以创宏基而收捷效。

查有江苏补用道毛庆蕃,心思缜细,器局闳深,曾任户部司官,在北档房多年,综核之才为时推重,且夙究心经世,志气忠纯。兹当银行创办之初,若令其专力通筹,必能规划周详,考求精善。该员现办理上海制造局,亦系要差;惟银行之举,国家财政大计所关,开办之初,又中外官商所瞩目,近来财政纷纭,斡旋之机,首争此着,其重要情形,非寻常局所可比。合无仰恳天恩,俯念银行创办需人,准将该员毛庆蕃改归直隶补用,并免交离省银两之处,出自鸿慈逾格。如蒙俞允,应请饬下南洋大臣令该员迅即束装来津,速筹开办,以免要政久悬。谨恭折具陈。伏乞皇太后、皇上圣鉴、训示。谨奏。

光绪二十八年十一月二十九日,奉朱批:"着照所请。该部知道。钦此。"

(近)袁世凯《代办户部银行请派道员毛庆蕃来津开办折》,载天津图书馆、天津社科院历史研究所编《袁世凯奏议(中)》,天津古籍出版社,1987年3月版,第679、780页;《申报》1903年1月12日(十二月十四日)第2版。《袁世凯全集》第10册第539页,题为《请调毛庆蕃代办户部银行折》

十一月二十七日,张之洞电致毛庆蕃询问火炮价格。

上海制造局毛道台:

桂抚王中丞所拨十二磅子开花车炮十二尊、共配弹若干颗,炮一尊,需银若干,弹百颗,需银若干,总共需工料银若干,速估价电复,督院。沁。壬寅十一月二十七日戌刻发。

(清)张之洞《致上海制造局毛道台电》,中国社科院近代史研究所编《近代史所藏清代名人稿本抄本》,大象出版社,2014年3月版,第2辑,第51册,第473页

十二月,建议张之洞另择江南制造局新厂址于安徽太平。

(光绪二十八年十二月),委员择勘制造局新厂址。制造局设上海,浅露非宜。言学者屡请移设内地,旨下江督筹办。公至江宁,总办道员毛庆蕃,

即申此议。公命道员刘锡庚、潘学祖，携测绘生赴太平府一带觅勘厂基，以远江近河、高坚平广为主。

（民国）许同莘《张文襄公年谱》卷八

十二月，将赴天津，刊登启事婉谢亲友探访。

毛庆蕃告白

敬启者，庆蕃现奉北洋大臣奏调办理天津银行，贱躯多病，开春方能北上，事非素习，未敢遽承四方亲友，切勿远来，徒劳跋涉，非特位置无从，即资斧亦难酬备，务祈鉴此苦衷，曲加原谅，是所感荷。

毛庆蕃谨启。

《同文沪报》暨《新闻报》，光绪二十八年十二月二十至二十二日，1903年1月18至20日，第1版

是年，龙川弟子大会于愚园，毛庆蕃为东道，绘图纪盛。

刘鹗《题〈愚园雅集图〉抚本后并序》

泰山颓，梁木坏，龙川夫子上升于［甲申］之冬；三年心丧毕阕，弟子东西南北飘泊于天各一方，历十有七年。岁在壬寅，黄先生希平由山东解组至海陵，而蒋先生子明会，相携来沪上。予亦因事至自北京，程子绍周闻两先生聿至，自杭州来迓。毛实君适总理江南制造局事，为东道主人焉。迩时同学之来会者凡十余人。毛公曰："自夫子去后，同人之聚，未有若今日之盛者也。"于是假愚公之园，为尽日之欢。午饭方毕，散步园林，各适其适。吹笛于小亭之上者，杨子蔚霞。过三折桥负手听者，程子心泉也。蒋先生取伯牙之琴，奏水仙之操。傍坐静听者，徐君月楼也。侍立蒋先生后者，王子仲和；焚香者，蒋子元亮也。黄先生方据大石坐，毛公实君恭敬启请曰："不闻先生至德要道久矣。请宣海潮之音，震我聋聩，可乎？"执拂侍立者，江子月三。抱卷者，毛子子逊也。立毛公之侧而听道者，毛子勉初、刘子子缵也。家兄味青与谢君平原，契阔良久，对坐树之石，叙离衷也。江君子若，坐溪水之南，昂首长吟，声出金石。吟曰："溪水清兮，莲花之馨兮，周茂叔所好

也,适以契吾心兮。"李子平孙钓于溪水之北,达子粹伯倚石而观之。溪之上有枇杷一树,金丸累累然。程绍周曰:"此佳果也,可采可食。"援树而取者,汪子仲衡。捧盂承之者,程子定斋也。园之西有竹林焉,不知其若干亩也。主人以为未足,植新篁而补之。予适任斯役,挥锄筑之,拥土栽之。助予培土者,黄子仲素也。竹园之东有茶灶,方煮茗者,王子位中也。居园之中为敞轩数楹。轩之中立长几一。轩之西有朱栏焉。栏外石参差立,素心之兰,群花怒发,清芳袭人。凭栏对花凝睇者,朱君莲峰也。对花侧其首,若听琴,若有所构思者,赵君明湖也。饲鹤竹篱之间者,颜子信甫。扫径者,卞子子沐也。诸君四芗顾而乐之曰:"如此雅集,不可以无图。"遂据东轩长几,奋笔急写。但闻稷稷如春蚕食叶之声,为之振纸研墨者,诸子光和也。不食时顷而图成。图成,黄先生为之序,传其神也。同时诸人,皆有题咏。卷存归群草堂。迟一年,予属胡子仲尹图一副本,不敏僭作后序,记其事也,俾后之人有所考焉。重缀以诗曰:

愚公园,愚公谷,黄山之南蒋山北,中有青青万竿竹。瑶琴锦瑟张高秋,玉液金泥应丹篆,仙人如麻颜如玉。朝看素女采玄芝,夕览青童荐黄菊。蛱蝶图中梦可寻,希夷榻上书堪读。愚公园,极乐国!

刘蕙孙辑《抱残守缺斋诗辑存与补遗》,《刘鹗集》(上),吉林文史出版社,2007年12月版,第574页

是年,与刘鹗等倾力营建"归群草堂"于苏州十全街彭定求故宅,请黄葆年、蒋文田主之。

光绪二十九年(1903) 癸卯 五十八岁

正月初一日,与郑孝胥交接局印。属吏赠匾留念,却之。

总办交替
去冬本邑江南机器制造局总办毛实君观察,经北洋大臣直隶总督袁慰庭

宫保奏调赴天津，充北洋银圆局督办，所遗局务，由署两江总督南洋通商大臣张香涛宫保札委江苏候补道郑苏龛观察接任。腊月某日观察捧檄来沪，先期颁发红谕，示定正月初一日履新。届时观察命驾苾局，接受关防。局中炮队营管带冯游戎，督率麾下勇丁整队出营，至局贺毛观察，交卸后，暂寓局中，定期正月十九日乘某轮船赴津门。

《申报》1903年2月2日（正月初五日），第3版

观察乔迁

前江南机器制造局总办毛实君观察，交卸局务后，各厂工人公制德政牌、德政匾，衣冠恭送，以志去思。观察婉词却之。至前日午后，携同瀛眷，迁住英界长春客栈。炮队营勇护送至西门外始回。闻观察须至各银行抄录章程，然后游历日本，约于二月杪回沪，始得航海赴津。

《申报》1903年2月10日（正月十三日），第3版

正月下旬，奉调天津，制造局总办职改由赵滨彦接任。

正月初一日，命制造局停造杂枪小炮。北洋设银行，调毛庆蕃赴津，公奏派道员郑孝胥接办制造局。命节费储款，备设新厂。是月奉旨，郑孝胥发往四川办理商务矿务。二月，派道员赵滨彦接办。

（民）许同莘《张文襄公年谱》卷八

正月二十四日（2月21日），自沪上以礼致谢翁同龢。

元月廿四日（2月21日），毛实君（庆蕃，道员，办上海制造局，又直隶调办银行），户曹旧属也，专人送食物并信（洋烟卷二匣、洋腿二只、金腿二只、洋酒四瓶、洋点二罐、干点二匣），即复之。

《翁同龢日记》，光绪二十九年正月廿四日条，中西书局，2012年1月版，第7册，第3484页

委办天津官银号，为户部银行筹集资本。

北洋大臣委毛道庆蕃督办官银号札

为札委事。照得毛道庆蕃,前经本督部堂奏调北洋等设代办户部银行,奉旨允准,钦遵转行在案。现查银行开办,尚需时日,应先委令该道督理平市官银号,并委席部郎淦会办一切事宜。陆道嘉榖,着仍专办筹款局,毋庸兼办平市银号事务,俾得各专责成。除分行径委外,合行札委。札到该道,即便遵照妥筹办法,认真经理,毋负委任,切切此札。

札督办平市官银号毛道庆蕃。

《北洋官报》,1903年第57期,第8页

袁世凯也通过开办铸币厂筹集额外收入。1902年10月,袁世凯政府在天津北部创办了北洋银元局铸币厂,很快这家铸币厂开始生产小面额的货币。这家铸币厂由周学熙以官办的形式经营。周的父亲周馥曾是李鸿章在直隶的得力干将,后来出任邻省山东巡抚。周学熙非凡的领导才能以及其家族在直隶的影响力,使这个新建的铸币厂小有成就。起初天津的商店似乎不愿意接受这个新铸币厂生产的新货币,然而,很快这个铸币厂获利丰厚,以至于在1904年用这笔资金开办了公益小学和中学,1905年又为袁世凯提供了50万两白银用做军费。

除了北洋铸币厂以外,袁世凯还试图在天津建立由户部主持的近代全国性银行,以代替由盛宣怀开办的私营中国通商银行。

1902年12月,袁世凯奏请在天津开办户部银行,并提议由前江南制造总局总办毛庆蕃督办该银行的设立,由英国银行家怀特海先生担任财政顾问和总监,但是因为缺乏资本和户部的支持,袁世凯的计划失败了。

但是,袁世凯得以成功地建立起小规模的天津银行(天津银号)。他通过这家银行,引导和控制其政府的财政业务,从而避免使用外国银行。在当地商人和士绅的支持下,1902年底袁世凯建立起了这家银行。为袁世凯政府效力的唐绍仪,从省财政收入申请出100万两白银——所需资金的一半,作为启动基金。因此,袁世凯省政府通过天津银号处理绝大部分资金业务,这样做无疑节省了财政收入。

(美)斯蒂芬·R.麦金农著《中华帝国晚期的权力与政治:袁世凯在北京与天津 1901-1908》,天津人民出版社,2013年4月版,第58页至59页

为银圆局关防事致信徐世昌。

鞠人尊兄大人阁下：

昨晚趋领教言，适南皮正在尊处，未便进谒。弟以津局人来，昨偕宾友裁复各件，竟忙了一日，承示复函，大意谨领。□容悉心拟稿呈正。镌刻关防一事，细思仍以专折为宜。大稿极当，昨亲携未得奉缴，兹送呈，请饬人缮稿是荷。银圆建厂各事，宜似应同上另为一折，惟叙次机器各节，思力钝拙，颇难着笔。俟粗里大略，送求削正，并乞玉公裁酌也。弟辱垂注殷拳，时时以车马为念。惟今日入城尚不能定，明日谒郅之行，亦尚未能定也。谨并附陈，敬叩台安。

愚小弟毛庆蕃顿首。

廿五日。

《北洋军阀史料 徐世昌1》，天津古籍出版社，1996年2月版，第511页

剑川按：毛庆蕃致徐世昌书未署年月，现依内容，暂系于此。

毛庆蕃兼任工艺局总办。

直督委毛道庆蕃接充工艺局总办札

为札委事。照得总办工艺局周道学熙已辞差，所遗该局总办应委毛道庆蕃接充，务须会同张道等妥为经理，期收实效。除分行外，合行札委，札到，该道即便查照遵办，毋负委任。切切，此札。

《北洋官报》，1903年第200期，第4页

二月至六月，以公事多次参见袁世凯。

督辕纪事

二月二十六日见：运司汪、海关道唐、天津道庞、补用道毛庆蕃、候选道曹嘉祥。

《大公报》，1903年3月25日，第2版

督辕纪事

四[三]月二十五日见：运司汪、海关道唐、天津道庞、天津府凌、天津县唐、候补道陆嘉谷、毛庆蕃、记名提督叶祖珪。

《大公报》1903年4月23日第2版

督辕纪事

三月二十七日见：运司汪、海关道唐、天津道庞、候补道毛庆蕃、天津府凌、天津县唐、正任大名府冯汝骙、正任吴桥县陈庆彬、大沽协林。

《大公报》1903年4月25日第2版

督辕纪事

四月初一日见：运司汪、海关道唐、天津道庞、正任天津道王仁宝、候补道吴懋鼎、张振启、毛庆蕃、黄璟、候选府汇谦、吴桥县陈庆彬。

《大公报》1903年4月28日第2版

督辕纪事

四月初十日见：前直隶藩司王、廉运司汪、海关道唐、天津道庞、候补道毛庆蕃、天津府凌、分府沈、天津县唐。

《大公报》1903年5月7日第2版

督辕纪事

四月十三日晚见：候补道毛庆蕃。

《大公报》1903年5月11日，第3版

督辕纪事

五月初七日见：臬司杨士骧、前湖南臬司胡景桂、运司汪、海关道唐、天津道庞、候补道毛庆蕃、高骖麟。

《大公报》1903年6月3日第2版

督辕纪事

五月初八日见：运司汪、海关道唐、候补道毛庆蕃、委用道张锡銮、户

部郎中李士铭、候选员外郎杨俊元、山东候补府王文郁、光禄寺署正卞煜光、天津府凌、候补府赵秉钧、梁如浩（后略）

《大公报》1903年6月4日第2版

督辕纪事

五月十一日晚见：正任天津道王、安徽试用道尹家楣、补用道毛庆蕃。

《大公报》1903年6月8日第2版

六月二十八日（8月20日），李兴锐保荐毛庆蕃，拟送部引见。

署广东巡抚李，奏敬举人才以供任使折（初十日）

调署广东巡抚升署闽浙总督江西巡抚臣李兴锐跪奏，为敬举人才，以供任使，恭折仰祈圣鉴事。

窃近年叠奉明诏，通饬各省督抚荐举人才。臣在江西巡抚任内，曾保荐道员徐绍桢等三人，立蒙天恩记名录用。臣虽至愚，敢不仰体朝廷求贤若渴之深衷，随时留心体察，以期广罗群彦，共拯时艰。

兹复查有奏留江苏补用道毛庆蕃，前官部曹，臣即与相识。见其操履端洁，志虑忠纯，更复留心经济之学，知为有用之才。复经前两江总督臣刘坤一奏调江苏道员班，委办上海制造局，剔除流弊，裁节糜费，事事归于核实，声闻卓然（中略）。以上各员皆道府中不可多得之选，若蒙圣主破格录用，必能大展其才，有裨时局，合无仰恳天恩，饬将该员毛庆蕃、姚文倬、王芝祥、张祖祺、庄蕴宽等，均行送部引见，候旨录用，出自逾格鸿施，是否有当，伏乞皇太后、皇上圣鉴训示。谨奏。光绪二十九年闰五月二十一日。

御笔硃批："毛庆蕃等均着送部引见。"

中国第一历史档案馆原件，档号04-01-13-0406-012。另载《申报》1903年8月20日（六月二十八日）第15版转载六月初十日《京报》

七月，两江总督魏光焘为制造局无人堪继，拟调毛庆蕃回任。

电调能员

京师访事人云，上月二十六日，财政处得江督魏电文一纸，照录于下：

财政处王爷中堂尚书钧鉴：

上海制造局为中国巨厂，平日事本繁冗。今筹议节费，另造新厂，更形吃重。办局务之赵道，已调回鄂省。必得为守兼优、熟谙制造之员，通筹兼顾，方于南北洋军需，无虑缺乏。于新厂可期早日告成。再三访察，实难其选。惟道员毛庆蕃，前曾总办该局，考工节费，悉皆精当。为事择人，无逾该道。伏求钧处，俯念该局节费分厂，关系全国军储，准予调用，如蒙慨允，再当电奏。临颖不胜叩祷之至。焘。有。

《申报》1903年9月8日（七月十八日），第1版

准调道员

日前南洋大臣两江总督魏午帅，电商政务处，拟调回毛实君观察，仍办上海制造局，务已纪前日报章。兹得京师访事来函，称午帅续又电催，由庆邸覆电，准其照办。日前南洋电奏到京，已奉俞旨允准矣。

《申报》1903年9月19日（七月二十九日），第2版

（光绪二十九年七月）丁酉（十五日）。又谕：电寄魏光焘，电悉。毛庆蕃，着准其调回江苏差遣委用。

《清德宗实录》卷五百十九，光绪二十九年七月丁酉条

津海秋涛

闻之天津友人云：去年江南机器制造局总办毛实君观察，由直督袁慰帅奏调至北洋差遣，兹闻江督魏午帅以江南机器制造局任大责重，非老成练达者，不能胜任，拟仍将观察调回，但观察深为慰帅所器重，现正饬其由京赴津，方冀留以大用，恐未必能听其回南也。

《申报》1903年9月24日（八月初四日），第2版

八月二十四日（10月14日），光绪帝召见毛庆蕃。

八月二十二日，（前略），军机大臣面奉谕旨：本日引见之明保直隶补用道毛庆蕃、河南试用知府顾家相，着于二十四、二十五日预备召见。

《申报》1903年10月25日（九月初六），第1版

宫门抄

八月二十四日，（前略）毛庆蕃预备召见。（中略），召见军机及毛庆蕃。二十五日，（前略）引见毛庆蕃谢交军机处存记恩。

《申报》1903年11月5日（九月十七日），第9版

（光绪二十九年八月）乙亥。召见直隶补用道毛庆蕃。得旨："着以道员留于直隶，遇缺即补，仍交军机处存记。"

《清德宗实录》卷五百二十，光绪二十九年八月乙亥条

上谕：本日召见之直隶补用道毛庆蕃，着以道员留于直隶，遇缺即补，仍交军机处存记。二十四日。

《江西官报》，1903年，第8期，第2页

八月二十四日见。

毛庆蕃，现年五十八岁，系江西丰城县人。由监生报捐员外郎。同治癸酉科本省乡试中式举人，光绪六年签分户部。己丑科会试中式贡士，经翰林院带领引见，奉旨："着仍以户部员外郎即补，派充山东司帮主稿、北档房总办。"二十一年前，两江总督刘坤一奏调赴天津办理湘军粮台，密保一次。前刑部侍郎龙湛霖密保一次。二十二年经升任直隶总督王文韶请留北洋差委，奏称："该员器识闳远，操履笃实，在津办理粮台，丝毫不苟。于北洋重要事务，随处讲求。"奉硃批："着照所请。"是年，复经刘坤一密保一次，前湖南巡抚陈宝箴密保一次。冬间差竣，回部当差，派充云南司正主稿。二十六年三月，刘坤一保奏，钦奉硃批："交军机处存记。"是年十一月，改捐道员，经刘坤一奏留江苏补用。二十七年复经刘坤一奏保："该员操履谨严，性情忠笃，历官京外，忧国奉公，至于慎重度支，爱惜物力，莫不实事求是，不避怨嫌。如蒙量予拔擢，必能立尺寸之效。"奉旨："着交军机处存记。"二十八

年十一月，经直隶总督袁世凯奏调，代办户部银行，改归直隶补用。二十九年经财政处王、大臣奏调，派充提调，前经袁世凯于山东巡抚任内奏保："该员品行修洁，智虑沉详，久充户部司员，综理精密，物望素孚。嗣在天津办理粮台，筹画支应，极能秉公持正，担怨任劳。平日于国是民瘼，尤能遇事留心讨究利病，实属为守兼优，至如何破格擢用，圣心自有权衡，非微臣所敢擅请"等因，奉硃批："着吏部带领引见。"复经广东巡抚李兴锐奏保："该员操履笃实，志虑忠纯，留心经济之学，若蒙圣主破格录用，必能有裨时局"等因，奉硃批："着送部引见。"现经吏部带领，于八月二十一日引见，奉旨："着于二十四日预备召见。"

秦国经主编《清代官员履历档案全编》第 7 册，《光绪朝》，华东师范大学出版社，1997 年版，第 320 页

八至十二月，以公事多次参见袁世凯。

督辕纪事
八月十四日晚见：候补道毛庆蕃。

《大公报》1903 年 9 月 7 日第 2 版

督辕纪事
八月二十七日见：臬司庞、运司汪、海关道唐、候补道毛庆蕃、潘志俊、特用员外郎张端、新授承德府英启、顺德府梁丹铭、候补同知陈汝钧、候补同知刘朝录、降补同知有尔崇、候补通判孔繁淦、鸡泽县杨谷成山东候补县汪轮章、候补县李泽（后略）。

《大公报》1903 年 9 月 19 日第 2 版

督辕纪事
八月初一日见：署臬司庞、运司汪、海关道唐、天津道王、浙江温州镇叶祖珪、候补道洪恩广、林志道、毛庆蕃、董崇仁、张振荣、张孝谦（后略）。

《大公报》1903 年 9 月 22 日第 2 版

督辕纪事

九月初三日见：署正定镇任永清、候补道毛庆蕃、分府沈清苑县齐耀琳、海防同知章师程（后略）。

《大公报》1903年10月16日第2版

督辕纪事

十月初三日晚见：藩司杨、湖南臬司庞鸿书、运司汪、候补道钱鑅、杨士琦、毛庆蕃（后略）。

《大公报》1903年11月23日第2版

督辕纪事

十一月二十一日晚见：天津镇吴、候补道毛庆蕃、梁如浩、候选道张镇芳（后略）。

《大公报》年12月10日第2版

督辕纪事

十二月十六日见：前藩台王廉、运司汪、天津道王、候补道洪恩广、缪彝、张廷范、毛庆蕃、张孝谦、顾廷枚、保定中协张士翰、署大名府窦以筠、候补府王维藩、邓宝仁、署新乐县平章、署望都县陆保善、补肃宁县孙天运、新选柏乡县庄清吉（后略）。

《大公报》1904年1月4日第2版

督辕纪事

十二月二十日晚见：运司汪、海关道唐、天津道王、候补道洪、毛庆蕃、顾廷枚、张振荣、吴家修、黄璟、赵秉钧、天津府凌、署大名府窦以筠、分府沈、候补府阮贞元、代理独石口同知赵、代理易州解茂椿、补杨村通判赵怿芳、署杨村通判陆荣荣（后略）。

《大公报》1904年1月9日第2版

冬，为蓟州王晋之林业著作《山居琐言》撰序。

山居琐言序

蓟州王君竹舫所著《山居琐言》一书，语皆质实，不外教养两端，而于种树为治生之法，尤三致意焉。近年叠奉明诏，振兴农务。大府讲求种植，诚念小民困乏，生计日艰，不得不谋诸地利。尝考泰西种植，列为专门，其理多出于格致化学，然欲骤取以语野老田夫，非可遽解。而是书之浅而质，简而易行，有不难家谕而户晓者。因刺取其书中言种树者若干条，俾广流布。虽王君是书多为山居者言，而原野之区，亦无不可兼师其意。况畿辅郡县西接太行，东临碣石，峰峦绵亘，材木果实之属，实为土产大宗。当世士大夫倘有志于是，提倡劝导，广其推行，而益精其研究，则是编不特为治生之一助，或亦兴利致富之权舆也夫。

光绪癸卯冬月丰城毛庆蕃识。

（清）王晋之《山居琐言》，郑守森等校注，中国农业出版社，2000年12月版，第54页

冬，接任直隶工艺学堂总办、劝工陈列所总办，开设实习工厂。

高等工业学堂

高等工业学堂，原名工艺学堂。光绪二十八年冬，直隶总督袁世凯，委天津道凌福彭筹设工艺学堂，就贡院东草厂庵。二十九年二月间，学委张柢为会办，派教务长及教员率学生十九人东渡游历，闰五月归国，到堂授课。当是时，学生三十人，与共开办者，教务及庶务两长并两教员，规模略具而已。六月，复委周学熙为学堂总办。先是，二月间筹款在贡院南建东、北楼房，作讲堂于其西，建试验、实习场。至八月落成，适京旗练兵处复送旗生三十七名来附学于此，十月又招考新生七十余名，合本堂及附学者共一百三十余人，遴选中外普通各教员，俾承认科目，分化学、机器为正科，用英文讲授。制造化学及图绘，为两速成科，用日文讲授。余归预备科，俾按学期年限专精肄习。

十二月学熙辞差，世凯派毛庆蕃继任总办。三十年六月，庆蕃以署缺去，学熙复总办堂事，选派学生十三名，分赴日本习农工商专门各学。是年，复

遵奉部章，改工艺学堂为高等工业学堂（后略）。

（民国）《天津县新志》卷九《学校》

光绪二十九年二月（公元1903年3月19日），北洋工艺学堂正式开学。聘日本工学士藤井恒久为教务长，赵元礼为庶务长，单晋和为董事。同年四月，藤井恒久率领19名学生赴日本游历，参观大阪博览会，历时2个月。

农历闰五月，周学熙就任学堂总办。农历八月，新校舍落成。自二月筹建的贡院前东北楼房数十间，作为讲堂、办公室、教务室，迤西所建化工厂和机器厂同时竣工，交付使用。同月，京旗练兵处咨送八旗学生37名附学。十月续招新生百余名。此时共有学生140余人（不含八旗学生），并开始分科，机器科、化学科为正科，以英文教授，化学制造速成科、绘图科及预备科以日文教授，同时制定"工艺学堂暂行章程"。

同年冬，周学熙辞职，毛庆蕃继任总办。光绪三十年九月，北洋工艺学堂遵照学部本年（1904年1月）颁布的《奏定学堂章程》改为直隶高等工业学堂，同时，将直隶工艺总局内所设之工厂，确定为高等工业学堂附属实习工场（《署直督宪杨奏监司总办工艺成效昭著请给优奖折》《工艺总局详呈实习工场试办章程并筹拨经费文》）。

陈德第主编《河北工业大学百年校庆专集1903—2003》，黑龙江人民出版社，2004年4月，第4页至5页

剑川按：直隶工艺学堂即今河北工业大学前身，该校列毛庆蕃为第三任校长。

劝工陈列所

劝工陈列所，原名考工厂。光绪二十九年八月，直隶总督袁世凯委长芦盐运使周学熙筹办，乃勘定北马路地址，建设楼房，筹经费，订章程，布置既定，以是年冬禀派毛庆蕃接办。三十年六月，庆蕃以署任去，世凯仍委学熙为总办，遂于八月初一日开厂。是时商民多泥守旧法，语以外洋工艺，实耳目所未经闻见。学熙乃酌日本成规，购致本国及外洋之常用、稀用各物品，复编订寄陈章程，招徕各贵重商货在厂代售。于是标签志票，百货骈阗。又

禀派宁世福为本厂总董，联络官民倡导而鼓舞之，每日购票参观者以千计，寄售货物几及万品，其金乃自数万至十余万。

实习工厂

实习工厂，光绪三十年九月，直隶总督袁世凯创立。初，光绪二十九年冬，毛庆蕃就工艺局设工厂，招幼童习粗浅工。及周学熙莅事时，值考工、陈列各厂馆次第兴工，遂暂用教养局移交房屋，在工艺局大门内附近工业学堂，禀准世凯，于三十年九月开厂试办，派赵元礼为经理，以添设火柴、烛皂等科。厂舍不敷展布，乃勘定河北旧右营基址，起盖大小房屋三百余间，约容工行五百人。三十一年迁入，厥后日渐扩充，凡顺直各属官绅保送工徒，及京旗、奉天、蒙古、察哈尔、山东、山西、河南、陕西、四川、广东来学工徒官费者以六七百人计，自费者又二三百人，厂舍与科目亦日益增设，有蚕桑、彩印、木工、光皂、火柴、窑业，以至图画、刺绣、提花等科，复设工业售品所，售本厂出品，并代售本境各工厂货品。

（民国）《天津县新志》卷九《学校》

是年，在天津设"半日小学堂"及工艺厂一所，招集贫民入学习艺，是为近代慈善职业教育先河。

批银元局详请添招高等学徒附设半日学堂拟具简明章程呈

光绪二十九年十二月十七日（1904年2月2日）

据详，该局拟添招高等学徒附设半日学堂，所拟章程尚属妥协，应准照拟办理。仰仍督饬认真筹办，斯收实效。

（近）袁世凯《批银元局详请添招高等学徒附设半日学堂拟具简明章程呈》，骆宝善，刘路生主编《袁世凯全集》，河南大学出版社，2013年7月版，第11卷，第1100页

光绪二十九年（1903），北洋赈抚局总办毛庆蕃在天津设"半日小学堂"一所，招集极贫子弟入堂读书，定额二百名，分列四班。另外还为贫民子弟设立一所工艺厂，"招幼童学习粗工艺"。聪颖者，令习织布、织毛巾、造洋

桌椅等事，椎鲁者则学编柳条、织簸箕、提篮等艺。这样，通过数年慈善教育之功，"以造就贫苦，俾人人操一业以自养其生"。

周秋光主编，周秋光、曾桂林、向常水《中国近代慈善事业研究》（上），天津古籍出版社，2013年12月版，第73页至74页

慈善教育说（录七月二十二日《汉口日报》）

子舆氏称，西伯昌发政施仁，必先穷民无告，诚以地方之利害，关乎贫富之等差。欲使富民保赀产，须首为贫民计身家。苟贫而思富，且各有致富之技能，则生机益辟，无虑游惰滋事矣。观夫东西诸国，喑哑聋瞽，犹立学以宏其教施。矧多数之贫民，顾可听其无所事事，衣食乏绝，流于乞丐乎？此慈善教育之所以亟当创设也。夫括而言之，曰"慈善"，其主义最为宽博，非一二端美举所能竟也。然握要而图，究以造就分期，俾人人操一业以自养其生，然后扩充一切，虽仁覆天下不难。

斯义也，吾于北洋赈抚局有取焉。该局前总办毛观察庆蕃，近因办理平粜麻袋余米两项，变价余洋五千八百余元，乃议归天津动用。假旧南门外迤东之大悲庵，设"半日小学堂"一所，招集极贫子弟入堂读书，定额二百名，分列四班，约计常年经费，需洋六百元。依三年限期计之，共不满三千元。即由天津县俱领，发交学董妥办。又拟由工艺局酌定厂地，为天津贫民子弟，设工艺厂一所，招幼童学习粗浅工艺，与半日学堂相表里，如织布、织毛巾、造洋桌椅等事，则令聪颖者为之。编柳条、绢簸箕、提篮，则令椎鲁者习之。均半日入堂学习书算，半日入厂习工艺，为延师而不为设食，建厂工料，亦不过三千元之数。即由工艺局督修，移知赈抚局核发。窃厥用意，以贫民之多愚也，故设法以智之；又以贫民之易惰也，故设法以勤之。其初，只冀化愚而为智，转惰而为勤。渐而渍之，一智可启百愚，一勤可警百惰。无穷而不学之人，亦无困而失业之人。而地方自治之期，当不远矣。

然则，慈善教育之责任，至此即完全无憾矣乎？而未也。盖仅就内地而言，使贫民粗知生活即可，增数百糊口之人，若对外人而论，使贫民不解竞争，终难挽从前腐败之习。不为立学，设厂斯已矣；既学，与厂同时并建，则所招之子弟，椎鲁者固多，聪颖者要自不乏是，必精加区别，宽筹经费，于书算之余，兼课外国语言，巾布桌椅之外，勉习高尚工艺，或继之以半夜，

或展之以全年，虽未必能也，而期望不能不大，成就不得不宏，以待绅富之子弟者待贫苦，此辈益当奋兴鼓舞，互求为有用之国民，不因卑微而妄自菲薄，庶几一视同仁，得慈善之真髓矣。愿与继北洋而起者，宏此远模也。

《东方杂志》第 1 卷，1904 年 11 月第 9 期《教育》

光绪三十年（1904） 甲辰 五十九岁

二月，任北洋赈抚局总办，创设救济会，办理日俄战争关外难民救护事宜。

二月八日，袁世凯遣赈抚局总办毛庆蕃、天津县吴钟英往临榆属查抚放赈。二月十日，毛庆蕃回津，十二日吴钟英亦回津，临榆县民称想皆他往，故现存无多。

《大公报》（天津）光绪三十年二月九日 4 版；二月十二日、十三日 3 版；十六日 3 版

在任悉心办事，廉洁奉公，为时所称。

赈抚局本是优差，净每月赈款存储的一笔利息，便有十几万，这全是总办下腰。至于发放赈款，不是三七提成，便是二八提成。比如有十万块钱的赈款，到发放时候，总办先提一个二成，只剩了八万块钱。这八万块钱，各委员分头去放。有良心的，放一万赚三千、四千不等，没良心的，一万块钱，灾民也不过得上一千八百，其余的全是委员下腰。这乃是各省不约而同的积弊。作督抚的虽然知道，也不过问，甚至还有帮着吃赈的，故意挑剔挑剔，赈抚局总办便得赶紧托人进去，打通关节，或孝敬三万，或孝敬五万，自然就不追究了。积习相沿，腼不为怪。

惟独当日毛实君先生，在直隶充赈抚局总办时，他偏要实放实销，连应得的利钱，一律拨入赈款，还要具公事，呈明了总督，永远立案。放款时候，他不但不提成，对于放的委员严申告诫：如有侵吞赈款者，立即详参革职。

他还要私自出来去查委员,被他查了有的,毫不客气,当时便详至督署,不但撤差,连原有的前程也一齐送掉。因此各委员兢兢业业,谁也不敢赚一个钱。灾民确是得着实惠了,却苦了一班候补官。从前看赈抚局是优差的,如今全视为畏途。后来大家想主意,拿出钱来运动督署,硬将毛先生调为永定河道,腾出派抚局总办这个差使,然后另委他人,才慢慢地恢复了原状。只此一端便可知,这种差使,比一个现任道台还优得多呢。

董濯缨著《新新外史》,吉林文史出版社,1987年3月,第2册,第762页

三、四月间,与万国红十字会电商赈济关外难民。

万国红十字会电文

启者:本会昨接天津督署毛实君观察来电,当经电复,并由通商银行函汇平足银二万两至津,以资应用。兹将往返三电抄乞登报,伏希公鉴。

三月二十七日,天津毛观察来电:

红十字会仲礼逢、辛子英诸大君子鉴:筹款救济,诸公多方规画,功德无量。屡承以在北用款为念,具佩盛心。前奉袁宫保谕电,款时由弟商拨,昨已函陈,亮邀鉴察。刻下入关难民渐多,尊处前已集垫五万金,可否量拨汇津应用,仁施远被?宫保与弟感佩同深。蕃。宥。

三月二十八日本会复天津毛观察电:

天津毛实君观察鉴。宥电悉。即日由通商银行函汇库平足银二万两到,请察收。袁宫保处不另禀,便乞代陈。昨张、周来电,添设接济四处同事不敷,已添请向办义振之刘兰阶兄偕妥友,月初由沪来津会办,乞告张、周接洽电酌,定速复为盼。敬。沁。

三月二十九日天津毛观察复电:

丝业会馆、红十字会沈、任、施三观察鉴。沁电悉。承函汇库平足银二万两,善量充周,具纫公义,已转陈帅览。吕、盛诸公前祈达下忱,来电转致张、周各节,已电新民府车站转达。蕃。艳。

上海万国红十字会同人谨录。

《申报》1904年5月15日(四月初一日),第3版

四月十九日接张、周二绅初九日第十一号信。

逢辛、仲礼、子英观察大人钧鉴：

敬肃者，晚于初三、初五连呈九、十两号函，禀计此时早邀鉴核矣。昨由毛观察处转来三月二十五日无号手谕各条，并红白信纸一包，谨悉收存，以便缮用。兹将应呈、应复各款条禀于后：

1. 晚初三日，赴新民府谒见增子固太尊，极为称赞，随将上海带来致奉天将军、府尹一函，恳其从速加封代寄，前途庶知十字会已在新民沟邦分设矣。不然，徒闻虚名，而无实际。再新民住房异常昂贵，兹向铁路公司商租旧屋六间，言明外面大修归公司，里面由会中裱糊，每月租定洋贰拾元，约下旬可以移居。刻下仍受客店之欺，无法也。

2. 新民府设会才三四日，已有难民四十余人。倘辽阳有变，必定络绎不绝，均归于此，一俟布置停当，先将新民、沟邦两处前后出险难民一百余人姓名、籍贯开呈登报，以昭信实。

3. 现据奉天友人柬，前云近数日未闻开仗，营口尚有南货运往内地，戏园照常开演，市面未见惊惶，晚等闻或谣闻日人侵占盖平、海城两县，均无实据，是以密电未敢遽发。再新民去奉天虽无火车，而相距只一百廿里，晚拟设法前进，添设分会，到时预定大车十数辆，以便轮送难民，未知能照办否。

4. 闻奉天将军筹银万两，作为捐款，未知确否。如能至奉天分设会所，则沿途须请官兵护送，免受胡惊，恐一切用款，无从汇寄，可否将增帅捐款项内，酌留若干，以便奉省开销，候示遵行。

5. 粤省女医张竹君等出关设立医院等情，查并台三处分会，惟新民府难民将来较多，而田藩台已经（庆桂）裁并沟邦子，虽为上下枢纽之便，亦是荒村地落，除非辽阳开仗，新民或可相需，然离府城二十里之巨，流河俄兵甚多，时常出入，恐女医到此，未易照拂。是否之处，仍请宪核。以上所奉五条，遵示露封送请毛观察代寄。

四月初九日，第十一号。

上海图书馆盛宣怀专档，张？、周？致沈敦和、任锡汾、施则敬函，光绪三十年四月初九日（1904年5月23日），档号SD027088-20

四月十九日接天津赈抚局毛观察信

逢辛、仲礼、子英仁兄大人阁下：

前奉电函均经领悉，并随时裁复。计先后当邀垂察。所有寄张、周两绅函电，叠经照转。顷又接诵三月二十九日来示，兹将应复之事，条列于后：

一、承示拨款，改汇库平足银二万两，应俟通商银行交到，列收奉复，一面并申报宫保督宪。

一、承雅意，谆谆屡以敝处需款为念，具□公谊。其时需用，尚属无多。是以初次宫保接到尊电，饬弟拟复继张、周两绅复述尊意，谓沪会捐款，颇有起色，尽可随时拨汇，除南绅需款由沪陆续径拨外，将来如拨汇弟处之款，拨汇若干，由弟造销若干，彼此同办救济，各销款项，俾清界限等语，实为扼要之论。弟当心佩盛情，仍复面辞高义，迨此次商拨银两，意在仰副殷怀，亦借符南北合办之恉。惟是物力艰难，集捐不易，弟惟有秉承大府严督，员司认真救济，撙节动支，用慰仁人之望，将来如尚需款，随时电达。万一战争能早了结，此款尚有所余，再行函知。或仍拨还，统俟临时商酌。至直省捐款，除赈抚局初次筹拨银万两外，现由司道酌劝官捐，至津郡兵燹之余，市面奇窘，商捐亦未必能旺。嘱将捐册寄沪，亦俟届时办理。

一、此次寄张、周两绅之信，随即由铁路局转寄沟帮子。张君入关匆匆，未及下顾。周绅目疾留津，昨接尊函，乃知之。弟日东之行，初以所办工艺各事，须待考察，原有四月东游之议，现以办理救济，未便分身，承念谨并奉闻。

一、承嘱张、周二绅需款，由敝处拨付，未为不可。惟事关款项，总以日后便造报，免辊轇为主，至嘱由敝处稽核，则似有所未便，愚见以后张、周二君如有见询之处，弟必就所知以对，否则未便越俎。期于南北合办之中，仍复少留分寸，以为处己处人之地。至弟力所能及，谊应维持开办救护，畛域何分。以直隶为奉天邻省，又北洋有兼辖之义也。质之贤者，尚祈有以教之。

一、刘兰阶大令向来办赈，最为认真。兹添派北来，佩甚佩甚。

二、战国至今未肯认允一节，宫保督宪早虑及此，鄙见亦同。此次营口救护多人，实赖会长美领事、西董魏牧师之力为多。其宅心甚善，其办事甚稳，不肯触战国之忌，诚宜与之联络，既副善怀，亦是正办。

一、以上各条,未知当否。伏乞高明酌之,专复敬请善安。诸惟惠照,不具。

愚弟毛庆蕃顿首。

四月十二日。

外周政卿来函附上。正封函间,又收到汇来银信,容再奉覆。

上海图书馆盛宣怀专档,毛庆蕃致沈敦和、任锡汾、施则敬函,光绪三十年四月十二日(1904年5月26日),档号SD027088-19

致商约大臣盛宣怀等电

光绪三十年四月十三日(1904年5月27日)

懿颁内帑指办十字会,重在治伤阵亡救难,沪董筹办此会,两战国尚未许,现办只救济,名实未符。如遽领款,碍难开支,恐滋口实。愚见,今宜先请外部商请日、俄认许,再领款开办,如终不允,请部代奏情形,移作救难,较为稳慎。如此时拟具谢恩折,似宜将现办情形声叙,以昭核实。统祈裁酌。

附录1 商约大臣盛宣怀等来电

光绪三十年四月十五日(1904年5月29日)

元电荩筹极是。请两战国承认,敝处已两次电商外务部,未得确复。尊意先请外务部商请日、俄认许,固属上策,如再不允,只好请部代奏情形,移作救难,诚为稳慎。至于谢恩折内须声叙现办情形,祈就近询毛道庆蕃,便知其详。一切请公主持领衔核办为荷。

(近)袁世凯《致商约大臣盛宣怀等电》,骆宝善,刘路生主编《袁世凯全集》,河南大学出版社,2013年7月,第12卷,第183页

光绪三十年(1904)

敬禀者:

昨日向晚,锡汾面聆钧谕,后即访敦和,亦正相寻,面告西董商酌谢恩事,已婉止各语,锡汾当将面谕传述,彼此详细斟酌,仍将拟寄毛实君之电,酌量增减译发,以尽其在我谨录稿,令凤苞赍请赐察,即存备查钧处。复寄

慰帅电稿，亦请饬抄示，知此项恩帑，如照职道等所拟而办，则拨为开办之经费，权自我操，否则西董必将过问，即处处牵掣，口实愈滋，又多一番应付。拟请便晤盛、吴侍郎道及之为要。昨呈节略，拟付印分寄各处，以慰众情而全善举。如已核定，请即掷还信稿，又略更改，附乞赐察核示，拟一并付印，克速分寄也。余容面陈，敬叩钧绥。锡汾、敦和、则敬谨禀。十六日巳刻。

上海图书馆盛宣怀专档，沈敦和、任锡汾、施则敬致吕海寰函，光绪三十年（1904年），档号SD027082

四月廿四日接天津毛实君观察信

逢辛、仲礼、子英仁兄大人阁下：

敬复者，本月初十日接奉第一号惠函，交由通商银行承汇救济难民善款库平足银二万两，嘱即查收等因，展诵之下，感佩同深。旋于十四日据该银行送交到局，当饬收支委员照数兑收，并出具收条，专款存备拨用。除申报宫保督宪，并日后造报贵会外，合将收到汇款银数日期，肃函奉复贵会，尚希察照。泐此，敬请善安。诸惟惠照，不具。

愚弟毛庆蕃顿首。

四月十八日。

上海图书馆盛宣怀专档，毛庆蕃致沈敦和、任锡汾、施则敬函，光绪三十年四月十八日（1904年6月1日），档号SD027085-1

致袁宫保电（四月廿二日）

巧电悉，正在拟奏。接外务部电，红十字会经费奉发内帑银十万两，本部堂司各官捐银二千一百两，已电沪道拨交总会绅董收领等因，兹拟电奏，即请尊处卓核转达外务部，其文如下：

前奉蒸电，传旨："钦奉懿旨，此会医治战地受伤军士，并拯救被难人民，实称善举。着颁发内帑银十万两，以资经费。传谕该员绅等，尽心经理，切实筹办，钦此。"臣等跪诵之下，钦感莫名，遵即传谕该会中国总董沈敦和、任锡汾、施则敬及毛庆蕃等，转传西总董威金生、李提摩太等一体钦遵，莫不同声欢戴。惟查万国红十字会约章，系就两战国而言，重在医伤，附及救难。此次俄日开衅在中国中立界内,与他国战事情形不同。臣海等当创会之初,原思借十字会之名,以实行救济之事,是以约同员绅,拟从陆路入手。适臣世凯在津设立救济会,遂即往返电商,合并办理。现据该总董称,据营口新民屯、沟帮子、山海关、烟台、塘沽各会员绅,会同臣世凯委员函电,计自开办起至三月底止,陆续救护出险难民,已有二千余名之多。其营口分会俄官,已禀请驻京俄使发给护照。日使及日总领事,亦均无异词,似此节节进步,将来或可逐渐扩充。虽此时外人未经明许,而数月以来,尚无牴牾。现计各省督抚司道及绅商等捐款已有二十余万两,今又特沛慈恩,颁赏内帑十万两,惠此灾黎,功同覆载。拟将此款分拨兼顾,仍就救济会之实,以副红十字会之名。惟有仰体圣怀,严谕该会总董等,尽心经理,切实筹办,并随时电商外务部,妥酌办理所有,臣等感激下忱,谨合词恭谢天恩。臣海、宣、重熹,会同臣世凯、光燾谨叩,乞代奏云云。

再此会目前用款无多,若将内帑十万径发总会,西董势必注重红十字会,难以全拨救济,应候尊处酌定拨用,并祈示复。海、宣、熹。简。

上海图书馆盛宣怀专档,盛宣怀等致袁世凯电,光绪三十年四月二十二(1904年6月5日),档号SD045128-15

天津毛实君观察鉴:

镜宪顷示慰帅有电,准奉天军尹,电请拯济金州难民,由贵局垫拨日洋一万五千元,兑交东边张道台,就近散放。嘱敝处照数拨还归垫等因,此项日洋一万五千元,合上海规元若干,或库纹若干,请核明电示,即汇还。和、汾、敬。宥。

上海图书馆盛宣怀专档,沈敦和、任锡汾、施则英致毛庆蕃电,光绪三十年四月二十六日(1904年6月9日),档号SD027085-2

四月廿七日接天津来电

沈、任、施鉴:

有电悉。鹤帅捐款,系公砝松江所短平色,未便计较,已饬具二千两收条,余详函李德顺翻译事,昨已转电刘令等已晤谈。蕃。宥。

上海图书馆盛宣怀专档,毛庆蕃致沈敦和、任锡汾、施则敬函,光绪三

十年四月二十七日（1904年6月10日），档号SD027081-3

光绪三十年四月二十七日（1904年6月10日）

天津毛实君观察鉴：

宥电想鉴及。请电张金波观察，金州难民，如有西人，无论何国，均祈一律看待，将姓名、籍贯示知，以实西董之望，而资联络。和、汾、敬。沁。

上海图书馆盛宣怀专档，沈敦和、任锡汾、施则敬致毛庆蕃电，光绪三十年四月二十七日（1904年6月10日），档号SD027081-4

四月廿九日接天津电

沈、任、施鉴：

宥电祗悉。日洋合银，俟汇兑得复后奉闻。请先转陈镜宪诸公，顷接沁电，东边寄电不易，承示金州难民，如有西人，无论何国，均当一例看待。卓识敬佩，容亟图之。蕃。沁。

上海图书馆盛宣怀专档，毛庆蕃致沈敦和、任锡汾、施则敬函，光绪三十年四月二十九日（1904年6月12日），档号SD027080-5

万国红十字会来函

启者：

昨接袁宫保电，已垫款拯济金州难民，嘱由本会拨还等因，当经电致毛实君观察核示银数，即日汇还。兹将往返两电钞登，惟祈公鉴。

袁宫保电开：

顷准奉天军尹电，请拯济金州难民等语，查前因东边难民甚众，曾由救济项下拨日洋一万元，由日商兑交东边张道锡銮查放。现金州战事正殷，由津、沪拨洋银一万五千元，仍兑交张道，就近派员前往散放，以期迅速。请由尊处照数拨还归垫。凯。有。

致毛观察电开：

镜宪顷奉慰帅有电，准奉天军尹电，请拯济金州难民，由贵局垫拨日洋一万五千元，兑交东边张道，就近散放，嘱敝处照数拨还归垫等因，此项日洋一万五千元，合上海规元若干，合库银若干，请核明电示，即汇还和汾。

敬。宥。

上海万国红十字会同人谨启。

《申报》1904年6月11日（四月二十八日），第3版

寄天津电

天津毛实翁金镜：

宪以奉属海城县及山东各属，有饬差按户派捐等事，据出险人来诉，商明盛、吴，特发电寄两部暨各省，谓敝处前寄红十字会册，荷承鼎力提倡，设法劝募，德契九重，惠周万姓。下风顿首，敬佩难名。唯开各属奉文劝募，每谕书差携册派捐，揆诸亲友互相劝勉，慷慨乐输，原议殊觉歉然。拟请俯赐查察，通饬各属，分向好善商民，劝令随缘乐助，勿假胥吏之手，以免苛扰而济要，需同副圣慈期望责成之至意。乞卓裁并希鉴谅为幸。海宣憙佳云特闻，和、汾、敬。卦。

上海图书馆盛宣怀专档，沈敦和、任锡汾、施则敬致毛庆蕃电，光绪三十年五月日（1904年6月日），档号SD027066-2

五月初五日寄天津电

天津毛观察：

请速转张、徐、任。奉天省城预备本会，地方官绅延颈相待，由新民屯前往仅一百廿里，虽无铁路，一日可到。中间尖宿俱全，均甚安稳。望三公速酌何人前往，克日电示，以便分电奉天官绅知照。切盼。和、汾、敬。歌。

上海图书馆盛宣怀专档，沈敦和等三人致毛庆蕃电，光绪三十年五月初五日（1904年6月18日），档号SD027078。

实君仁兄大人阁下专启者：

五月初五日，接奉江电，袁宫保饬汇东边道拯济金州难民□□一万五千元，合行平北化银一万一千八百五十两，新库平白宝一万一千二百九十三两一钱一分，请兑交上洋后马路泰记□瑞大号承领汇津等因，并据瑞大商号送阅尊电，商请拨领承汇，当寄奉微电并江电，悉已照数备函，交瑞大领汇至乞收复等语，谅已鉴及。兹按照电示，拨交瑞大库平足银一万一千二百九十

三两一钱一分，嘱其克日发津，到请饬收归垫示复。比系汇款专函，仍作为不□号，并祈查照，余详另函，专此敬颂台祺，顺贺午厘。不备。

愚弟任锡汾、沈敦和、施则敬顿首。

五月初五日。

上海图书馆盛宣怀专档，沈敦和、任锡汾、施则敬致毛庆蕃函，光绪三十年五月五日（1904年6月18日），档号SD027078-7

万国红十字会来启

启者：

本会昨得天津毛观察电，将兑交东边道张观察抚恤金州难民之日银一万五千元，核明其数，嘱交瑞大汇津归垫，当经备函，如数拨汇。兹将往返两电抄乞登报，伏希公鉴。

来电开：袁宫保饬汇东边道拯济金州难民日银一万五千元。合行平北化银一万一千八百五十两，折库平白宝一万一千二百九十三两一钱一分，请兑交后马路泰记弄瑞大号承领汇津。蕃。江。

复电开：江电悉，已照数备函交瑞大领汇，到乞收复。和、汾、敬。微。

上海万国红十字会同人谨启。

《申报》1904年6月20日（五月初七日），第3版

万国红十字会来启

启者：

本会昨接天津毛观察来电云：昨得营口红十字会电，有德国难民二人进关，当即电饬榆局张守善为照料，一面函致津关道届时派员至站带赴德领事署交收。今日张守电称，留宿德国饭店中一名葛为夫，一名马牙，及三下钟到津，葛为夫乘车自去，委员吴令与马牙接晤，雇车载至德馆，遣弁驰送特闻。蕃。鱼印。

又接沟帮子红十字会由天津转电云：上海三十日电悉，已函告营口，请其分别转致锡琪、信谟。至沟帮子，储、张留沟，颜、庄、刘支赴新民，锡琪、信谟同往，察看后，仍回沟。庆桂晋京，余函详。此电请毛观察转纸。蕃转。鱼印。

上海万国红十字会同人谨启。

《申报》1904年6月22日（五月初九日），第3版

万国红十字会来函

启者：

本会昨承商部王丹揆京堂交来崇明王乐善堂捐助鹰银五十元；又天津赈抚局毛观察来电，马景山宫保捐助新湘平银一千两，杨徐氏捐助鹰银一百元。除分掣收照外，乞登报章，伏希公鉴。

上海万国红十字会同人谨启。

《申报》1904年6月26日（五月十三日），第3版

复福建提台黄

敬复者：

昨奉惠书，祗承种切。红十字会捐款，荷承鼎力提倡，集成巨款，仁风广被，义问遐敷。远企鸿猷，曷胜韦佩。承示此项捐款，已解交省局汇解，应俟转解到日，再掣收照寄奉。此会经外部奏请，张在初星使画约全权，仰蒙特恩颁帑，以资经费。并奉外、商部函，饬按照会章，遵旨切实筹办，规模日渐扩充，经费益形烦巨，正在悉心筹商，尚祈指教。所有四月以前办理情形，业已刊成节略，另函寄奉，计邀察及矣。

再，前孙官绅三十二人联名具函，嗣□前起分会办事，或另有事代出。又经中西公议，续举庆蕃为驻津办事总董，凤苞为副总董，兼总书记。□等主议，现在事□联名，以昭核实，合并附及，专复敬请勋绥，诸惟德鉴，不尽。名正肃。五月十二日。

上海图书馆盛宣怀专档，吕海寰、盛宣怀致黄少春函，光绪三十年五月十二日（1904年6月25日），档号SD027070-11

天津毛实翁、烟台何秋翁、李载翁诸同仁钧鉴：

望日因司肯多福事特别会议，已如其所请，缮发凭函。其行期尚未定，所需薪水，应否订立合同，已电请玉帅核示。徐任电，望晨由屯赴奉，魏伯特德电遵，即添设辽阳、盛京、开原医院，均照营口办理，亟需药物经费接

济，禀商镜宪，嘱西董□□电□照办，所需药物经费，亦即拨购汇运。顷接转廷帅铣电，知魏伯特德有电，请派人赴营商办事宜已否？梁太守李□□前往，昨会议时，西董以华捐如此踊跃，谈西董先自倡捐，再劝在华绅商，递至伦敦、巴黎、柏灵劝募，均已由镜宪诸公电知两部，北、南洋奏帅矣。和、汾、敬。谏。

上海图书馆盛宣怀专档，沈敦和等致毛庆蕃、何彦昇、李福全电，光绪三十年五月十六日（1904年6月29日），档号SD027093-2

夏，接收关外难民，资送还籍。

上海报纸报道三月北洋救济会已在江北"预备大客寓一所，以便容留难民，每晨必送过江。每日约五十人"。到了四月中，前述北洋救济会设立的"大客寓"可收容难民四百人，曾留宿给食者已不下两千余人，每日分八十至一百人一批，派人照料护送过河。

至于天津方面也有官员负责，《大公报》以隐讳的笔法描述"现有某君类宦途中人"，该人每晚带着两个随从，提灯引路前往天津西门外各客店查询由营口来津之贫民及各省人民逃难过津者，讯问明确往来处所、籍贯，按每名每百里路发给路费200文，不论男女老幼，一律发放，遇有妇女，亦车船备送。并嘱不准在津滞留；当晚调查便造册，次晨即行分发上路；《大公报》甚至欲盖弥彰地表示："此项善举，未知系官办，抑系善士自备，俟访明，再为布闻。"

到了四月中，袁世凯决定公布关外难民问题处理过程。报纸公开宣布袁世凯札委毛庆蕃在营口、山海关、塘沽、天津各处设局拯救关外难民，营口由陶式筠负责，山海关由张祖笏负责，塘沽由苏姓官员负责，天津由吴钟英负责。关于山海关等地北洋派员一事，先是四月二十六日上海万国红十字会代表张庆桂、任锡琪、徐信谟、刘芬等四人先谒见毛庆蕃，提及想在营口设立分会，毛庆蕃表示："南北一家，不分畛域，营口、山海关、塘沽三处，北洋已设分会，上海可以不必再设。"二十七日袁世凯会见张庆桂等人，更明确表示："红十字会第一条要就非战国兵丁，需带军医，实做甚难，辽东人不能到，只好照济急会章程办理。"同时北洋方面亦曾告知上海万国红十字会此事。

四月十五日《大公报》首次详细报道天津地区救济火车到津难民的实况，赈抚局总办毛庆蕃派遣吴钟英及胡姓官员于火车到津时，查验难民身份，寄住椿元栈，次日分别资遣回籍；每遇老幼妇女，优给路费，病人则或送医院治疗，或雇车船派差护送，《大公报》称赞其"可谓意美法良"；特别对于吴钟英工作的表现，《大公报》也特别表扬："即日前风雨交加时，而吴大令依旧到站照料难民，下车住栈，仍复殷勤慰问，濯足洗身，安置周妥矣。"由于救济难民业务繁重，赈抚局甚至公开征人协助缮写。

《大公报》（天津）光绪三十年第三月十七日 4 版；四月十四日 4 版；四月十五日 4 版；《张庆桂、徐信谟、任锡琪、刘芬致沈等三人函》，光绪三十年五月廿一日，上海图书馆藏《盛宣怀档案》027071-7。转引自张建俅《袁世凯与日俄战争期间的战地救护》，载张华腾主编《辛亥革命与袁世凯 清末民初社会转型时期人物研》，河南大学出版社，2014 年 5 月，第 266 页

从天津到山海关铁路，每日各开两班，通车时间约 12 小时，二月初天津到山海关铁路的三等车都添设篷窗，受到舆论好评，为了运输难民的需要，赈抚局总办毛庆蕃曾与铁路负责人协商，改用三等篷车接运难民，但初期铁路当局以"难民与客商不宜无别"回复，也就是婉转拒绝此议；毛庆蕃于是乃以登报发表公开信方式，向铁路当局施压，毛氏以气候影响以及西方医院监狱对比来申论应善待难民："比者节交夏至，天气炎热，该难民等已属饥病交迫之人，又复暴露乎酷日暴雨之下，湿热郁蒸，易于致疾。其中老弱妇孺尤可矜怜；窃建西国医院于监狱，凡可以保卫病人罪人生命之处，无不加意体恤，随时改良，夙念台端恻隐为怀，当此溽暑之时，必有恻然动念，为之改良者。"毛氏建议铁路当局饬由唐山工厂在四辆三等车厢添置遮篷，并标名为救济难民之车，二辆作为行驶关外，二辆行驶关内，所需各项费用赈抚局先移拨千两；此外毛氏更建议难民来自新民府者可先送沟帮子。待营口来车，可与营口难民同车而行，然后经山海关运至天津。

转引自张建俅《袁世凯与日俄战争期间的战地救护》，载张华腾主编《辛亥革命与袁世凯 清末民初社会转型时期人物研》，河南大学出版社，2014 年 5 月，第 268 页

又本会十六日分电天津毛实翁观察、烟台何秋翁观察、李载翁直刺云：望日因司肯多福事邀集会议，已如其所请，续发凭函，其行期尚未定，所需薪水应否订立合同，已电请玉帅核示。徐世职信谟、任直刺锡琪来电，十五晨由新民屯赴奉天。魏伯诗德来电，遵即添设辽阳、盛京、开原医院，均照营口办法，亟需药物、经费接济，禀商镜宪嘱西董立即复电照办，所需药物、经费，亦即由沪拨购汇运。

上海万国红十字会同人谨启。

《申报》1904年7月6日（五月二十三日），第3版

五月，遣代表赴沪筹备红十字会成立事。

上海官场纪事

督办天津官银行毛实君观察，委候选知府郑鞠初太守来沪办公，昨日太守命驾入城，拜会县主汪瑶庭大令。

《申报》1904年7月11日（五月二十八日），第3版

上海万国红十字会章程颁定，毛庆蕃任驻津办事总董。

上海万国红十字会暂行简明章程

一、此会系中、英、法、德、美五中立国联合倡办，由中国政府知照两战国政府，转告战国军队将帅士卒，皆知此会，其名曰"上海万国红十字会"。

二、此会经费，以电报、轮船、火车为三大宗，均承北洋核准免费，芦汉火车亦免半费。蒙中国皇上钦奉皇太后慈恩颁帑，又承中西官商输助，专以医治战地因战被伤之战国及局外兵民，救护战地之无关战事因战被难人民。

三、此会由上海公举中西总董主办，总董就近秉承中国钦差吕、盛、吴三大臣，随时随事电牍咨商外务部、商部、南北洋大臣、各省大府，钦遵中国皇太后、皇上旨意，与中国出使日俄大臣、日俄驻京大臣商酌维持，有劝捐办事之全权。所有附近战地之紧要地方，由总董会议遴选中西绅董，缮给凭信，前往添设分会办事，仍由总董呈请中国钦差吕、盛、吴三大臣给发该

分会华董印札，以专责成，而昭慎重。

四、此会应有医院、医车、医船，恐侵战国权利，是以只设医院，暂就泰西教会，已设、拟设或因战停罢之医院房屋，或另觅房，由本会筹给经费、药物，仿中国海关延用洋人办事之法，商由西董指请教会向办医院之人，主持办事，作为本会特设之医院。该医院于租赁房屋、应备药品器具之外，其余尚无开支经费，因极节省。而西医生、侍疾人，一切具备，足以医治因战被伤兵民，其非因战被伤兵民，由该分会随时斟酌办理。

五、本会最重救护，战地因战事被难、无关战事之人民，先由营口分会倡办，后由烟台分会酌办，现各分会均已照办，其救护之法有数端：

甲、水路现已阻塞，由难民自行设法出险至烟台，分会查察，近则给资，听其自回原籍，远则给以轮船免票。陆路办法最难最多，详列于后。

乙、陆路分会均依傍火车站设立，蒙北洋核准火车免票，发交会董领存应用。与北洋救济公所事同一律，皆察酌难民之实系贫苦一无所有者，方给免票。即以此免票递转至芦汉铁路，照给半票；招商局轮船发给免票，其再转至沪者，验明免票。于换给免票之外，量其归途远近，加给川费，自洋二元起，递至数元不等，以足敷到家、尚略有余为度。其候船宿食之费，仍由本会核实给付。

丙、轮船火车免票或半票设已用竣，尚未及续领或领而未到，则营口初办时之法，先与站局约明，于每人衣襟、手心钤一印记，编数十人为一起，会董亲自护送至停船车之处，帮同船车办事人验明，俾登船车启行。其中如有贫苦不堪者，每人加给洋一二元不等，按日按人详细登簿，以便播告征信。各分会皆依照办理，不使难民有守候饥饿之苦。

丁、同是被难，而其人向来体面，或随带家眷，尚有行李，但无现钱，或不愿侵占难民免票地步，欲自留体面，则有沟帮子初办时之法，计其车费若干，其人写立借据，由本会如数代给，一面将借据寄交其所指地方，收回归款，或寄交上海本会，听候酌办，总使其出险，而免受窘。各分会亦仿照办理。

戊、体面人不用免票之外，尚有官商，知战国禁令，不敢出险者，则有新民屯分会酌办之法，由其人自将眷属行李分为数起，商明本会，附入难民之列，仍不用免票，由本会一体保护出险。据报，每日经过百人中，类此者过半，其人既与战事无关，同属避难，亦本会应尽救护之责。各分会应即酌办，不列难民册报，另行报查。

己、以上皆系救护出险，无论华人、西人、何国人，均一体相待。营口曾救护德人，随时知照天津接护；烟台曾救护俄人、韩人，各资遣回本国。已屡次函电，切嘱各分会加意照办，毋得稍有歧视。

续录上海万国红十字会暂行简明章程

六、救护出险办法，业已略备。尚有土者，系恋世业，或已濒于危，又自知他出，仍无可为生者。该分会目击心伤，岂能忍置？本会义应博爱，预筹办法数端：

甲、地方被兵，即多失业，衣食何资，饥寒可悯。中国最重赈荒，况联合英法德美四大国？现已由总董会议广设筹款之法，款集办赈，应随地制宜，总期不出险之无关战事人民，不绝生机。

乙、大兵之后，必有凶年，即多疫疠，又非医院之医伤药品所能疗治。现先购运暑药，交各分会酌办，随后再讲求避疫方药，购运济用，俾难民既避流离，同登仁寿。

丙、战地炮火纷飞，未易过问，战地外及附近处，或有不愿出险、不能出险之人民，既与战事无关，凡有中国地方官之处，均已承中国大府拨款，饬交设法赈抚，本会谊应协助，已切嘱各分会中西会董，因地制宜，带同翻译，与战国将领恳切情商办法，总期不出险之人民，深得安居，再办给赈救疫诸事。

丁、以上为无形之救护。庚子联军在京及京西北直至张家口办法，尽人所知。现闻日军奉其政府训条，到处施仁布惠，俄军亦以仁爱收拾人心。本会已将庚子所以能如此办法之故，及现在两战国军将优待无关战事人民之确闻，详细函告各分会中西会董，俾可仿照酌办。又特延山东周抚帅函荐前来之男爵司肯多福偕同华董前往设法办理，以期有济。

七、此会办事华总董宁波沈仲礼观察敦和、宜兴任逢辛观察锡汾、钱塘施子英观察则敬，兼总书记宜兴任振采观察凤苞。驻津办事总董江西毛实君观察庆蕃。西总董英国按察使威金生、副总税务司裴式楷、工部局总董安德生、高易麦尼而律师、法国工部局总董勃鲁那、德国宝隆医生、美国丰裕洋行葛累，兼总书记英国教士李提摩太。凡事中西会议，仍由华总董会商刘星阶学士宇泰、杨杏城参议士琦秉承中国钦差大臣吕镜宇尚书海寰、盛杏荪宫保宣怀、吴仲怡侍郎重熹核定施行。以上与每星期议事各董事及华帮总书记宜兴陈漱六大令、帮书记震泽程鸣征司马延第、归安周少莱大令廷华，均不支薪水。夫马、西总董所延之副书记英人李治、华总董所延之英文翻译宁泉朱仲宾礼琦，并在公所办事之震泽徐苌臣惟岱、嘉兴盛萍旨沅、湖州罗家征驹及抄写人等，由中西总董筹支薪水或津贴不等。

八、各分会或西董主持，华董襄理，或华董主持，西董襄理，皆与上海总董联络一气。营口设立最先，西董美领事密勒、英教士魏伯诗德办理，最为得法。嗣经华总董遴延上海张丹荣别驾庆桂、宝山周正卿司马传戒赴山海关外添设新民屯、沟帮子分会，周正卿旋即自请辞退回沪，总董续延高淳刘兰阶大令芬、宜兴任启人刺史锡琪、上元徐性谟都尉信谟、日照朱殿卿都戎庆章、扬州许文卿游戎正寿、前刺史徐都尉已至奉天禀商大府，会同西董设立分会医院，并电商密勒、魏伯诗德等，展设辽阳、开原、吉林分会医院。总董又以烟台为水陆要冲，联络津、沪、旅、青之气，请招商局李载之直刺福全设立分会，公举中西董事，并请东海关道何秋辇观察彦升就近督率。各分会中西董事亦均不支薪水。总董禀商中国钦差吕、盛、吴三大臣，以山东周抚帅函荐之德男爵司肯多福自愿前赴战地，相机办事，已遴选许游击正寿与之偕行。各分会翻译、书记、司事人等，人数众多，另单报告，均开支薪水，其不愿开支者仍听。总期广设分会，辗转筹设医伤救难之法，以副中国圣旨、英法德美国同心联合，特行创办之义举。以上之办法为暂行章程，未尽事宜，仍随时中西会议，以期妥洽。至中国红十字会章程，应由华董另拟，呈候咨部核奏，请旨饬行，合并声明。

光绪三十年五月二十九日，上海万国红十字会谨订。

《申报》1905年7月30日（六月十八日），第3版

吕海寰、盛宣怀、吴重熹致袁世凯电稿（光绪三十年四月卅日，1904年6月13日）

致袁宫保电四月卅日

鉴：昨据沪道备文，批解恩帑京平足银十万两，饬据沈、任、施道等公

议，该总董等拟以五万两为现在办（事）经费，以五万两为开办中国红十字会经费。海等所见相同，核与前奏亦合。是否请速酌电示，以便饬沈、任、施、毛道等分别具领。海、宣、熹。卅。

（上图档号 SD45128—25）

上海万国红十字会致日本赤十字社特别社员孙淦函稿（光绪三十年五月初二日，1904年6月15日）

（前略）现以事绪繁重，中西公同续举毛实君观察庆藩为驻津办事总董，任振采观察凤苞为中国副总董兼总书记，并以附及。并附药品收照一张。专肃。敬颂台祺，鹄候复音。

名正肃，五月初二日。

（上图档号 SD27067—4）

上海市档案馆编《上海档案史料研究》第10辑，上海三联书店，2011年6月版，第238页至240页

光绪二十九年底（1903年12月），清工部尚书吕海寰、工部左侍郎盛宣怀，当时均在上海任商协大臣。他们与驻沪会办电致大臣吴重熹，约集上海官绅和各国驻沪机构代表商议，于次年（1904年）2月，正式成立中、英、美、德、法五个中立国合办的上海万国红十字会，为慈善性质，其直接目的在救护日俄两国交战受伤的兵士，及东北战地难民出境医治。公举海关道沈敦和、前川东道任锡汾，直隶后补道施则敬为中国办事总董，江西候补道任凤苞为中国副总董兼总书记；公举英国按察威金生，副总税务司裴式楷，英工部局董安德生、高易、律师麦尼尔，教士李提摩太，法工部局董勃鲁那，德国医生宝隆，美国丰裕洋行葛累为西国办事总董，李提摩太兼西国总书记，李治为西国副总书记，以上海丝业会馆为中国总董办事公所。

同年5月，经总董商议，聘请许正寿、朱庆章、李福全、陈承弟、毛庆蕃、陈艺为帮总书记。由麦尼尔拟定会章，经中西总董讨论通过，并决定募捐筹款，设立分会、医院，救护战地无关战事人员脱险，电请日俄两国政府，按照日来弗红十字总会监约加以承认和保护。中国总董先后向各省、各埠、各衙门及各地绅商劝募款项共计筹募银20万两。光绪帝于同年4月10日发

布上谕，内称："前据外务部奏万国红十字会请旨画押一折，业经批准，敕谕张德彝画押。此会医治战地受伤军士，并拯救被难人民，实称善举。现经中国官绅筹款，前往开办，深惬朝廷轸恤之怀，着颁发内银十万两，以资经费。传谕该员绅等尽心经理，切实筹办。"（中国历史档案馆《外务部》档案5082卷）

龚纯《中国历代卫生组织及医学教育》，世界图书出版公司西安公司，1998年8月版，第139页

为赈抚局及万国红十字会事，数谒袁世凯。

督辕纪事

正月初五日见：天津镇吴、署通永镇董履高、大沽协林颖启、管带乐字左营洪殿元、运司汪庆蕃、张孝谦、海关道唐、天津道王、候补道洪恩广、管带乐字左营洪、周学熙、毛庆蕃、张孝谦、钱鑅、吴家修、刘焌、邵国铨、王树善、曾兆锟、徐桢祥（后略）。

《大公报》1904年2月21日第2版

督辕纪事

二月十五日见：天津镇杨、翰林院丁惟鲁、运司汪、海关道唐、天津道王、候补道周学熙、毛庆蕃、洪恩广、林志道、钱鑅、冯汝骙、天津府凌、正任承德府英启、候补府王维藩、阮贞元、天津县唐、饶阳县朱赞廷、怀来县周世铭、候补县李泽宸（后略）。

《大公报》1904年4月1日第2版

督辕纪事

三月初一日见：浙江温州镇叶祖珪、运司汪、海关道唐、候补道洪恩广、毛庆蕃、刘焌、贾景仁、冯汝骙、张孝谦、孟树善、林志道、本府凌、分府沈、候补府张祖笏、分省补用府倪毓荼、署遵化州齐耀琳、本县唐、任县吴庆祥、署南皮县孙德成。

《大公报》1904年4月17日第2版

督辕纪事

三月十五日见：运司汪、天津道王、候补道张孝谦、王树、毛庆蕃、刘燧、王瑾、林志道、陈同书、吴家修、天津府凌、候补府阮贞元、李映庚、王维藩、分府沈、延庆州刘凤镳、补保安州吕懋光、天津县唐、江苏候补县张彭年、王崇焱。

《大公报》1904年5月1日第2版

督辕纪事

四月初一日见：运司汪、海关道唐、候补道毛庆蕃、刘燧吴家修、杨澧、洪恩广、冯汝骙、曾兆锟、分府沈、天津县唐、候补州黄祖戴、候补通判何朝桦、新选平山县吕庆坡、候补县丁树屏、史源、孙家瑜、吴宝棣、屠义瀚。

《大公报》1904年5月16日第2版

督辕纪事

五月初一日见：广东水师提督叶祖珪、运司汪、海关道唐、候补道张振棨、洪恩广、刘燧、张孝谦、姚锡光、毛庆蕃、张锡藩、颜世清、天津府凌、分府沈、候补府阮贞元、天津县唐、武清县杨同高、前正任饶阳县汪宝树、候补县汪嘉榘、郑崇智（后略）。

《大公报》1904年6月15日第2版

夏，赴直隶属县查核钱粮。

直隶总督袁，奏为查明各属经征钱粮情形酌拟办法折（十五日）

太子少保北洋大臣直隶总督臣袁世凯跪奏，为查明各属经征钱粮情形，酌拟办法，恭折仰祈圣鉴事。

窃准户部咨开筹饷酌拟十条，光绪二十九年十二月初九日奉上谕："现在时局多艰，国势积弱，练兵实为急务，筹饷尤属艰难。户部所拟各条，均清厘于定例之中，并非搜刮于正款之外，各督抚司道，务当率属实力奉行，钦此。"咨行到臣，遵查部拟十条内，惟严核钱粮、酌提杂税两条为直隶应办之事；又酌办加丁、加闰、引额课款一条，为长芦应办之事，当饬藩、运两司，

并派道员毛庆蕃、□镇芳分别确查、筹办去后。(后略)

《申报》1904年7月15日(六月初三日),第12版,转载五月十四、十五日《京报》

严修赴日考察,毛庆蕃请其动员横滨总领事王守善回国报效。

四月初七日(5月3日),(登船)收信,周观察托调查路事,毛观察托约王稚虹。

四月二十八日(6月11日),起信草拟寄毛实君。

五月初四日(6月17日),收信。毛实翁十一日信,附金三百元。

五月初七日(6月20日),力说王守善来津办工业。王稚虹来谈,余代毛观察竭力劝驾。稚虹言昨已函复唐执夫,略论工艺局办法,宜仿日本商工局之例,附工场于其中。余言天津事虽草创而基址已具。工艺学堂即高等工校之具体,工艺总局即商工局之具体,劝工场即商品陈列所矣,教养局即染织场也。君即不欲为教员乎,试一为之经始,或改良,或扩充,均可任使。稚虹又言,游历官有江西黄君者,曾在上海制造局,与毛公同乡且旧识也。顷奉广东派来考查工艺并以岑公命,坚约稚虹赴粤开办工场。又,广西有石油产,此稚虹专门之学也。故欲借此一考查之,意在粤而不在浔也。余谓纵意不在津无妨,先迂道一行,为之组织经营,但令略具规模,亦聊胜于茫无端绪。稚虹言,明日晤黄君先试商之,九时半去。

五月十日(6月23日),卓冬、陆宾、稚虹来,稚虹属函致毛公,申不愿为教员及广东委员黄君固邀赴粤两意。

五月十四日(6月27日),晴热。四时半起,补写日记,补写寄毛观察函。(午后)发信毛实君、王荃士。

(近)严修《严修东游日记》,武安隆、刘玉敏点注,天津人民出版社,1995年12月版,第145、165、171、173—174、179、183页

五月二十二日,以南和知县毛隆光政绩卓著,奏请传旨嘉奖。

太子少保北洋大臣直隶总督臣袁世凯跪奏，为考察属吏，分别举劾，以盗劝惩，恭折仰祈圣鉴事

（中略）署南和县事、候补直隶州知州毛隆光，整躬率下，实惠及民，判案维勤，除盗务尽，兴办水利，尤费苦心。以上九员，均政绩卓著，应恳恩准传旨嘉奖，以昭激劝。

（近）袁世凯《考察属吏分别举劾折》，光绪三十年五月二十日（1904年7月3日）

谕内阁：袁世凯奏举劾属员一折，直隶开州知州胡宾、唐县知县陈友璋、定兴县知县黄国瑄、威县知县林学瑊、广宗县知县陈继善、雄县知县谢恺、新河县知县傅征、署南和县知县候补直隶州知州毛隆光，既据该督声称政迹卓著，即着传旨嘉奖。

《清德宗实录》卷五百三十一，光绪三十年五月辛丑条

五月二十八日（7月11日），袁世凯荐毛庆蕃任永定河道。

督宪协助门抄：五月二十八日晚见署永定河道毛庆蕃。

《北洋官报》1904年，第344期，第1页

六月初九日天津来电

沈、任、施鉴：东电悉。永定之行，欲辞未得，悚甚。此间所领诸局，逐日清厘，繁冗无暇。继者昨委津道王毂翁交替之期再电达。蕃。庚。

上海图书馆盛宣怀专档，毛庆蕃致沈敦和、任锡汾、施则敬电，光绪三十年六月初九日（1905年7月21日），档号SD027027-1

以毛庆蕃署永定河道片

光绪三十年六月初七日（1904年7月19日）

再，查永定河道卫杰，自春至今，久病不愈，转瞬伏秋大汛，深恐贻误工防，应即撤任。所遗道篆，查有直隶候补道毛庆蕃，品端操洁，持正认真，堪以饬委接署，以专责成。除饬遵外，理合附片陈明。伏乞圣鉴，谨奏。

硃批："吏部知道。"

（近）袁世凯《以毛庆蕃署永定河道片》，骆宝善，刘路生主编《袁世凯全集》，河南大学出版社，2013年7月，第12卷，第306页

六月廿三日（8月4日），以永定河溃决，兼程赴任，道署驻固安。

毛实君观察庆蕃，廿三日由天津起程前赴委署永定河道任。

《时报》1904年8月12日（七月初二日）第6版

永定河溃堤参办各员并自请议处折
光绪三十年六月二十八日（1904年8月9日）
太子少保北洋大臣直隶总督臣袁世凯跪奏，为永定河水势奇涨，南二工漫口夺溜，分别参办，并自请议处，恭折仰祈圣鉴事。

（前略）兹据该河道禀报详细情形，虽因河流奇涨，人力难施，但既经失事，咎无可辞，自应分别参办。应请旨，将汛员南岩二工良乡县县丞方恩培革职，留工效力。厅员南岸同知程鸿宾革职留任。其前经漫水已成旱口之汛员、南岸四工固安县县丞王治安，应即摘去顶戴，以示惩儆。永定河道卫杰，统治全河，疏于防范，应请革职留任。该员现已因病交卸，仍责令力疾留工，不得置身事外。臣督率无方，并请旨交部议处。仍由臣严饬接署道毛庆蕃，将上游完善各工，极力防护，并将漫口赶紧盘筑裹头，以防续塌。此后情形，俟于勘估案内续报。其堵口大工，由臣拣派熟悉河务大员，前往详细勘估，再行奏明办理。

（近）袁世凯《永定河溃堤参办各员并自请议处折》，骆宝善，刘路生主编《袁世凯全集》，河南大学出版社，2013年7月，第12卷，第358页

甲申。谕内阁：袁世凯奏，永定河伏汛期内盛涨（中略），前因南四等工漫口，业经降旨将在工各员惩处。此次北下汛又复失事，虽据称风狂雨暴，人力难施，厅汛各员，究属疏于防范。北下汛宛平县县丞程景濂，着革职，留工效力；署石景山同知文德，着革职留任；署永定河道毛庆蕃甫经接印，

尚属筹防不及，着免其议处。仍着袁世凯督饬各员，赶紧堵筑。并派妥员分投查放急赈，以拯灾黎，毋任失所。

    《清德宗实录》卷五百三十三，光绪三十年七月甲申条

永定河续漫一口分别参办折

光绪三十年七月初六日（1904年8月16日）

  太子少保北洋大臣直隶总督臣袁世凯跪奏，为永定河伏汛期内盛涨日久，北下汛续漫一口，分别参办，恭折仰祈圣鉴事。

  窃臣前因永定河南二工漫口夺溜，南四工已成旱口，已将该河道及厅汛各员分别奏参，并自请议处，一面严饬接署道毛庆蕃，将上流完善各工，极力防护在案。

  兹据该署道禀称，该员于上月二十五日巳刻接印，节据石景山汛迭报水长。自二十四日酉刻至二十五日寅刻，陡长九尺五寸，连底水深二丈二尺五寸，惊涛骇浪，建瓴而下。上游两岸各汛，无工不险。北下汛更为吃重。因河心新淤一滩，逼出一溜，直扑北堤，势不可当，埽陷堤坍，奇险迭出。饬派员弁，协同厅汛，多集兵夫，分投抢办。无如此抢彼塌，兼以风狂雨暴，人力难施。是日午刻，水由十六号漫溢。该处土性纯沙，遇水即溃，旋刷成口门约一百四十丈，分溜七成，口门外漫水分成两溜，正溜东流，旁溜循堤外东南流。其南二工水口分溜三成，卢沟桥以上之六号石堤冲塌六丈，已用柳囤盛石护住，可保无虞。禀请参办等情。正在核办间，续报北下口门下口挂柳之处，业已生淤，上口亦已淤滩，不至续塌，无庸盘筑裹头。日来河流渐落，行经北下口门者，为淤滩所阻，大溜折回南趋，南二口门溜势甚紧，约分全河水势十成之七，口门已刷宽至一百九十余丈，现经赶筑裹头，以免续塌。北下漫水现仅十成之三，俟水口坐定何处，再行续禀等情前来。

  臣查永定河水挟泥带沙，河身日益淤垫，下游日益高仰。本年伏汛期内，水势之大，盛涨之久，为近七八年所无。且因形势变迁，河流失其故道，以致节节淤滞，节节横冲。南四工漫口以后，南二工继之，此次北下汛又复失事，虽称风狂雨暴，人力难施，惟厅汛各员既已疏防，实难辞咎。应请旨，将汛员北下汛宛平县丞程景濂革职，留工效力；厅员署石景山同知文德，革职留任。署永定河道毛庆蕃，甫经接篆，北下即已漫口，委属筹防不及，应

请免其议处。至该河连漫三口，情形糜烂，工程浩大，已派委谙练河务之天津道王仁宝，驰往工次，会同毛庆蕃及留工效力之正任永定河道卫杰，将水旱各口及善后御水各工详细勘估，俟筹拟办法，估定工款，禀请奏明办理。理合恭折由驿驰奏，伏乞皇太后、皇上圣鉴、训示。

再，北下汛失事来禀，因沿途水阻，始于七月初五日递到，是以奏报稍迟，谨奏。

光绪三十年七月初六日。

硃批："另有旨。"

光绪三十年七月初八日，奉上谕："袁世凯奏，永定河伏汛期内盛涨，北下汛续漫一口，分别参办一折，前因南四等工漫口，业经降旨，将在工各员惩处。此次北下汛又复失事，虽据称风狂雨暴，人力难施，厅汛各员究属疏于防范。北下汛宛平县丞程景濂，着革职，留工效力；厅员署石景山同知文德，着革职留任。署永定河道毛庆蕃，甫经接篆，尚属筹防不及，着免其议处。仍着袁世凯督饬各员赶紧堵筑，并派妥员分投查放急赈，以拯灾黎，毋任失所。余着照所议办理。钦此。"

（近）袁世凯《永定河续漫一口分别参办折》，骆宝善，刘路生主编《袁世凯全集》，河南大学出版社，2013年7月，第12卷，第369页至370页

夏，在任拔识曹树殷、李芳园、贾廷琳等，贾又为毛庆蕃重要弟子之一。

光绪三十年（1904年）夏，知名儒士、江西丰城人毛庆蕃（字实君）来固安任永定河道。此间贾廷琳等正进学县学攻读。毛到任不久，便遍询人才，经县学教谕陆庆格引荐，与廷琳相识。廷琳常往来道署，聆听毛师教诲，以性近好学善读，结为师友之交（中略），廷琳与毛先生相处时久，备受教益。光绪三十一年（1905年），毛庆蕃擢任直隶布政使，于藩署设储才馆（今保定莲池），特电招固安万煦、曹树殷、贾廷琳、王尚义、李芳园等十余人至省城储才馆深造，由毛先生亲身督讲古今实学。其间廷琳最为先生器重。时过不久，毛先生又迁任江苏提学、甘肃布政使，兼陕甘督篆，廷琳附随陪任，历经数省，形影不离，逾十年之久，路行万里，视野大开，学识广增，从而奠

定了他成业治学的基础。

张耀东《贾廷琳先生传略》,《固安文史资料选编》第3辑,1993年7月出版

李芳园,外河村人,香圃其字也。光绪十一年乙酉科拔贡生,吏部签选盐大使。居恒庄敬自持,接人虚和诚懿,生平一言一动,无不合礼法。嗜义理心性之书,兼通子平星相诸术。设账授徒,所至以身教,不以言教,列门墙者多以品学著。(中略)永定河观察丰城毛实君庆蕃喜陶冶人才,振兴儒术,芳园遴选县人之学业可期深造者荐举之,如刘孝廉峙、万选拔煦、韦茂才炳文、王明经尚义、贾明经廷琳、曹孝廉树殷,多获成名于时,皆其推毂力也。宣统元年赴日本考察学制,深有心得(后略)。

万煦,字祝农,号霁斋,万家庄人,光绪丁酉科拔贡,候选直隶州州判。束发读书,孜孜不倦,掇芹后,即讲学实学,凡周秦以来诸子百家经世之学,历代史志、各家名集、金石考证,及明清大儒知行主旨,探悉奥蕴,均有心得。嗣以国事日非,留心时务,复赴东瀛游学,借资考镜,冀补时艰。对诱掖后进尤热心。学司严范孙称为"静穆深沉",藩宪毛实君称为"无书不读"(后略)。

贾廷琳,字君玉,南赵各庄人,光绪丙午科优贡生,武强贺松坡先生之高足也。学博性笃,一生手不释卷,藏书甚富,为全县之冠。其品学最为毛方伯实君、徐大总统菊人所器重(后略)。

(民国)《固安县志》卷三《文献志·选举下》

贾廷琳(1882—1932),字君玉,南赵各庄人。清光绪丙午(1906)科优贡生,祖父为儒医兼精的贾光明。廷琳敏而好学,才识渊博,家中藏书颇多,喜著述史志诗文,世称贾明经,为清末民初县内著名文士。光绪三十年(1904)夏,永定河道毛庆蕃(字实君)来固就任,遍询人才,以廷琳性近好学善读,结为师友之交。后随毛公至保定、移江苏、转甘肃,历经数省附随陪任,逾十年之久,路行万里,视野大开,学识广进。民国六年(1917),廷琳结束游学陪任生涯,在纪家营寇家任家馆儒师,次年被邀聘为徐世昌总统府幕宾(这是徐世昌出任北洋政府大总统的第一年),曾参与中英关于中印边

界谈判事宜。民国十一年（1922）随徐世昌离开总统府寓居天津，以儒学经史文赋诗词传授徐氏子侄。传业之余，得以饱览徐府大量书籍、碑帖及名家书画，并有机会与社会名流梁启超、刘承幹、朱益藩、潘龄皋等人结识。数年后，返归故里，辟识书屋，取名"无闷斋"，专心治学撰志。民国二十一年（1932）病逝，终年51岁。他用近20年的时间，呕心沥血编撰《固安文献志》20卷、《明清两代遗闻》、《永霸掌故汇编》、《固安县志》、《无闷斋诗文集》等著作书稿，达数百万字。《固安文献志》得县知事谢仲鲁推重，视为珍奇，筹措巨资，于民国十七年刊印问世。贾廷琳去世后，本县高翰林痛挽一词，可谓综括一生，词云："於戏贾君，今之古人。丰城高足，东海嘉宾。文征杞宋，学宗廉洛。挹厥精华，弃其糟粕。心维口诵，手秉丹铅。藏焉修焉，息焉游焉。负笈从师，孳孳罔歇。西历陕甘，南走吴越。垂老北返，平津归邦。倾筐倒箧，启发篇章。史赓迁固，文续归方。吁嗟噫嘻，余何幸获观此博雅君子，大增吾桑梓之光。

固安县志编纂委员会编《固安县志》，1998年8月版，第850页

剑川按：通州徐景发先生藏有毛庆蕃、贾廷琳往来书札数通，装池成册，前有徐世昌、梁启超、郑沅等人题识。

曹树殷，号砚斋，固安县中公由村人，是我父亲的启蒙老师。光绪三十年（1904），毛庆蕃督理永定河道，道署设固安县南门外，在他任直隶布政使时，为了陶铸人才，在保定设立储才馆，砚斋先生和我父亲都被选进馆内读书。

万福增《耆年硕学 亮节高风——缅怀故乡三老高菉坡、曹砚斋、贾君玉》，载固安政协文史委《固安县文史资料选编》，第2辑，1989年9月版，第57至59页

七月，整顿永定河工，参革属员。

毛观察整顿河工（直隶）

毛实君观察庆蕃，前月奉命署理永定河道，自本月初莅任以来，查悉北

河工程之破坏，及河工官场之腐败情形，大为震怒。当经谕饬在工实缺、候补人员，一体开具履历，按名传见，并亲自巡阅河堤两次。观察现拟认真整顿，惟河工人员积习相沿，不能不先斟别人才。闻已开单胪列多员，据情禀知直督袁宫保，大加举劾，并请筹款修堤。

《时报》1904年9月6日（七月二十七日），第1版

请将玩视河务县丞革职片

光绪三十年八月二十七日（1904年10月6日）

再，河防以堤工为重，堤顶及堤身内外两帮，向不准栽种粮食，诚恐犁松土面，害及全堤。该管汛员，宜如何力顾工防，认真查禁。乃本年永定河北二上汛良乡县丞章兆玉、北下汛宛平县丞程景濂所管大堤，均被铺兵私种杂粮，该汛员漫不加意，实属玩视河务，未便姑容。据署永定河道毛庆蕃查明，禀请奏参前来。除饬将铺兵革办外，相应请旨，将永定河北二上汛良乡县丞章兆玉即行革职，其北下汛宛平县丞程景濂前于北下汛漫口案内业经奏参革职，留工效力，应不准其留工，以儆玩泄。

理合附片具陈，伏乞圣鉴训示。谨奏。

硃批："着照所请，该部知道。"

（近）袁世凯《请将玩视河务县丞革职片》，骆宝善，刘路生主编《袁世凯全集》，河南大学出版社，2013年7月，第12卷，第484页

九月，直隶臬署法政学堂开学，毛庆蕃任总理。次年各省推行，是为中国近代第一所政法专门学校。

清末法政教育以法政学堂为主要承担者。最早创办的直隶臬署法政学堂（后称幕僚学堂），于1904年9月正式开学。该学堂由按察使毛庆藩任总理，欧阳弁元兼任监督，另有日本教习1人，本国教习3人。招收学生多系就举贡生监及本省候补人员，其中臬署班学生60人、旁听生16人，三年毕业。开设课程包括地理学、历史学、教育学、政治学、理财学、交涉学、宪法学、法律学、中国律例学等。后援照京师法律学堂之例，改名为直隶法律学堂，添招新生，并于官费外招考自费生300余人，以期多培养通晓法律人才。至

1908年夏，该学堂甲班已按期毕业。

朱有主编《中国近代学制史料》，第二辑下册，华东师范大学出版社1989年版，第499页；《政治官报》宣统元年二月二十二日，折奏类。转引自张亚群著《科举革废与近代中国高等教育的转型》，华中师范大学出版社，2005年3月版，第207页

十月初一日，致函徐州道桂嵩庆。

（前暂缺）之望宫保讲求西法，于军火尤素为加意，亦执事所深知也。再此次仍派刘州同承熙、王从九道和前来，因刘委刻须解书入都，以资熟手，是以添派余大使辅清，协同王委趋前，惟祈进而教之是幸。专肃奉渎，敬请勋安。诸惟爱照，不尽。

乡小弟毛庆蕃顿首。

十月初一日。

剑川按：此札为2012年北京百衲春拍"桂嵩庆友朋往来书札"之一，图录只见后片。函中盛称袁世凯，似在永定河道任上，故系于本年十月。

十月初，挑挖永定河引河。抢修决口合龙，赏加二品衔花翎。

批署永定河毛道等遵饬核议永定河挑挖引河出土情形禀

光绪三十年十月初三日（1904年11月9日）刊载

批：据禀已悉。该道等核议，永定河挑挖引河工程，用小铁道运土培堤，不但巨款难筹，且为期已迫，亦恐赶办不及，自应毋庸置议。仰即督饬员弁兵夫妥速挑挖，务宽深通畅，以顺河流。此缴。

（近）袁世凯《批署永定河毛道等遵饬核议永定河挑挖引河出土情形禀》，骆宝善，刘路生主编《袁世凯全集》，河南大学出版社，2013年7月，第12卷，第567页

十月初七日，内阁抄奉上谕（中略），同日，奉上谕：袁世凯奏永定河漫口大工合龙一折，本年伏汛，永定河水势奇涨，南北两岸漫溢。经该督饬令

道员王仁宝等相机进诸同力合作，现在全工告竣，不无微劳。足录应升之缺，开列在前。天津王仁宝，着交军机处存记；署永定河道毛庆蕃，着赏加二品衔花翎；候补知府夏人杰，着赏加三品衔，并赏换花翎（后略）。

《申报》1904年11月14日（十月初八日），第1版

直隶总督袁奏为永定河漫口大工克期抢堵合龙折（十六日）

太子少保北洋大臣直隶总督臣袁世凯跪奏，为永定河漫口大工克期抢堵合龙，恭折仰祈圣鉴事。

窃本年六月二十一日以后，永定河南二工、北下汛相继漫口，南四工已成旱口。经臣先后奏参，并奏派天津道王仁宝，会同该署河道毛庆蕃、留工效力之正任河道卫杰，切实勘估，妥速筹办。旋据王仁宝等会同查勘，拟办法作定工款，于八月十九日兴工，先将南二口门堵遏断流，复经臣详细奏明，请拨款项（后略）。

《申报》1904年12月9日（十一月初三日），第12版。

剑川按：袁世凯原折《永定河漫口抢堵合龙折》中有"署永定河道毛庆蕃，实心任事，懋著成劳，拟请赏加二品衔""至该河善后工程，仍责成毛庆蕃妥筹办理，不得稍涉大意"等语。见骆宝善，刘路生主编《袁世凯全集》，河南大学出版社，2013年7月，第12卷，第568—570页

十二月初，筹划永定河后续事宜。

太子少保北洋大臣直隶总督臣袁世凯跪奏，为筹办永定河来年备防秸料并岁抢修秸料照案加运脚银两，恭折仰祈圣鉴事。

窃照永定河两岸大堤计长四百余里，沙土松浮，每届大汛，溜势趋向靡定。各工段纷纷蛰陷，赖有秸料应手，随时抢厢。前督臣那彦成奏准于修料物之外，每年添购秸料二百四十万束，以资防护。又岁抢修各工所用秸料，因近堤所产稀少，须从远处购运，经前督臣颜检奏准，每束加增运脚银二厘五毫，历次遵照办理在案。

兹据署永定河道毛庆蕃详称，本年凌、伏、秋三汛，水势迭次盛涨，备

防秸料动用无颠倒黑白，请照案购办秸料二百四十万束，分储各工，以应来年要需。沿河地亩水冲沙压，产料甚少，仍须远处购运，照章添给运脚银两等情，具详请奏前来。臣覆核无异，合无仰恳天恩，俯准照案添购来年备防秸料二百四十万束，每束连运脚银一分五毫，共需实银二万五千二百两。又岁检修秸料加增运脚，需实银八千五百两，一并全数发工，以济工需。俟奉旨后，臣饬藩司设法筹备给领，责成该河道督率严汛各员，照数采买，分拨工次，核实验收备用。所有筹办永定河来年备防秸料缘由，理合恭折具陈，伏乞皇太后、皇上圣鉴训示。谨奏。

奉硃批："户部知道。钦此。"

《申报》1905年1月15日（十二月初九日），第12版，转载十一月二十三日《京报》

直隶总督袁奏为永定河南北运三河光绪三十年用过抢修银数折（廿三日）

太子少保北洋大臣直隶总督臣袁世凯跪奏，为永定河南北运三河光绪三十年用过抢修银数，恭折仰祈圣鉴事。

窃照永定河每年抢修原定续增共银二万七千两，南、北运河每年银六千两，北运河每年银一万七千两。嗣经历次部议，北运河自同治十年起，按原额每千两发给实银四百两，南运河自光绪五年起，按原额每千两发给实银六百两，永定河自同治十二年为始，仍照原额实银发给。

兹据署永定河道毛庆蕃详称，光绪三十年汛期计用抢修银二万五千八百八十三两五钱九分。又两岸上游各汛加添运脚不敷通融，抢修项下银一千一百一十六两四钱一分，共用实银二万七千两。又据天津道王仁宝、通永道陈启泰详称，光绪三十年汛期南运河计用抢修实银三千五百九十八两三钱六分八厘，北运河计用抢修实银六千九百九十九两二钱八分二厘，请奏前来。臣覆查无异，除分咨照例造册绘图详请奏销外，理合恭折具陈，伏乞皇太后、皇上圣鉴，饬部查照。谨奏。

奉硃批："该部知道。钦此。"

《申报》1905年1月15日（十二月初九日），第12版，转载十一月二十三日《京报》

督辕纪事

十月十七日，署永定河道毛庆蕃、署运司陆、候补道周学熙、蔡绍基，督批："照录。"

《大公报》1904年11月24日第2版

督辕纪事

十月二十三日见：前直隶藩司王廉、户部郎中廉泉、福建兴泉永道袁大化、署永定河道毛庆蕃、候补道赵秉钧、黄璟、前河南候补道崔鸿鼎、天津府凌、分府沈、候补府张铁珊、天津县唐、雄县蔡济清、南皮县孙德成、肃宁县孙天运、广宗县张继。

《大公报》1904年11月30日第2版

督辕纪事

十三日见：藩司杨、署运司陆、海关道梁、永定河道毛庆蕃、新授热河道谢希铨、天津府凌、署正定镇任永清。

《大公报》1905年1月19日第2版

十二月中旬，调署直隶通永道。

调署藩臬道各缺片

光绪三十年十二月十五日（1905年1月20日）

再，藩司杨士骧，奉旨升署山东巡抚，所遗藩司篆务，查有臬司宝棻堪以署理。递遗臬司篆务，查有通永道陈启泰堪以署理。其通永道篆务，查有署永定河道毛庆蕃堪以调署。递遗永定河道篆务，查有候补道张孝谦堪以署理。未到任以前，由南岸同知程鸿宾暂行兼护。

除分饬遵照外，理合附片具陈，伏乞圣鉴。谨奏。

硃批："吏部知道。"

（近）袁世凯《调署藩臬道各缺片》，骆宝善，刘路生主编《袁世凯全集》，河南大学出版社，2013年7月，第13卷，第130页

督辕纪事

十四日见：铁路大臣胡燏棻、委署藩司宝棻、委署通永道署永定河道毛庆蕃、候补道张孝谦、刘焌、永平府管廷献、候补府刘绍业、陈公恕、夏人杰、延龄。

《大公报》1905年1月20日第2版

永定等河光绪三十一年岁修估银折

光绪三十年十二月二十日（1905年1月25日）

太子少保北洋大臣直隶总督臣袁世凯跪奏，为永定、南北运三河光绪三十一年岁修估需银数，恭折仰祈圣鉴事。

（前略）兹据署永定河道毛庆蕃详报，石景山东、西两岸岁修片石工程，估需实银一千九百九十六两九钱二分九毫六丝五忽。南岸各汛岁修埽厢工程，估需实银九千九百九十九两五钱四分。北岸各汛岁修埽厢工程，估需实银一万一千九百九十九两四钱。两岸各汛岁修挑挖中洪工程，估需实银四千九百九十九两八钱一分。三角淀岁修疏浚下口工程，并择要修补两岸残缺堤工，估需实银四千九百九十九两七钱二分，以上通共估需实银三万三千九百九十五两三钱九分九毫六丝五忽。查光绪三十年挑挖中洪疏浚下口工程项下，节省银四两二钱六分，照数抵用外，计需岁修实银三万三千九百九十一两一钱三分九毫六丝五忽。其雇夫挑土经费，需用减平银五千六百八十一两四钱六分七厘八毫，应附案估报。

（近）袁世凯《永定等河光绪三十一年岁修估银折》，骆宝善，刘路生主编《袁世凯全集》，河南大学出版社，2013年7月，第13卷，第152页

光绪三十一年（1905）乙巳 六十岁

正月，报销上年永定河岁修、抢修及加拨等项费用。

永定河光绪二十九年岁修用银报销折

光绪三十一年正月二十二日（1905年2月25日）

太子少保北洋大臣直隶总督臣袁世凯跪奏，为永定河光绪二十九年岁修工程用过银两照章报销，恭折仰祈圣鉴事。

窃查永定河光绪二十九年岁修工程，前经汇案奏明，按原额银数拨给，其雇夫挑土经费，准在该河岁、抢修款内扣存六分平银照数动用。兹据署永定河道毛庆蕃，转据署石景山同知文德等，将光绪二十九年分做过工程、用过银两，造册绘图，详请报销等情前来。

臣查永定河险工林立，岁修款项，自同治十二年起，经前督臣李鸿章奏经部议，仍照原额给领。计光绪二十九年分石景山东、西两岸岁修片石工程共用银一千九百九十六两六钱八分二厘二毫五丝，南岸各汛岁修镶垫工程，并加签桩共用银九千九百九十九两八钱五分，北岸各汛岁修镶垫工程并加签桩共用银一千九百九十九两四钱，两岸各汛岁修挑挖中洪工程共用银四千九百九十九两五钱，三角淀各汛岁修疏浚下口工程，共用银四千九百九十九两二钱二分五厘。以上石景山、南北岸、三角淀岁修片石埽镶、挑挖中洪、疏浚下口等工，通共用争三万三千九百九十四两六钱五分七厘二毫五丝。共挑挖中洪、疏浚下口工程项下，较预估共节省银三钱七分五厘，留存道库，作为下年之用。再，两岸上游各汛采办秫秸，前经奏准，每束加添运脚银二厘五毫，共用运脚银四千九百五十四两一钱九分三厘七毫五丝，其二十九年分雇夫挑土经费，共需减平银五千六百八十一两五钱八分五厘五毫，均系实用实销，并无浮冒。

除册结图说咨部外，理合遵照新章，恭折具陈。伏乞皇太后、皇上圣鉴，敕部核销。谨奏。

光绪三十一年正月二十二日。

硃批："该部知道。"

（近）袁世凯《永定河光绪二十九年岁修用银报销折》，骆宝善，刘路生主编《袁世凯全集》，河南大学出版社，2013年7月，第13卷，第211页至212页

永定河光绪二十九年抢修用银报销折

光绪三十一年正月二十二日（1905年2月25日）

太子少保北洋大臣直隶总督臣袁世凯跪奏，为永定河光绪二十九年抢修工程用过银两照章报销，恭折仰祈圣鉴事。

窃照永定河每年抢修原定银一万二千两，嗣经钦差查明垛段较多，奏准增银一万二千两，每年预期赴部领回办料，分储工次备用。续因工险垛增，原设岁、抢修经费仍有不敷，经前督臣温承惠奏奉恩赏银五千两作为定额，以二千两归入岁修，以三千两归入抢修，历经随案报销在案。

兹据署永定河道毛庆蕃，转据署石景山同知文德等，将光绪二十九年抢修工程、用过银两造册绘图，循例详请报销等情前来。臣查永定河光绪二十九年抢修工程应用银两，前照原额银数同南、北运河等工汇案具奏。所有光绪二十九年分，南岸各汛抢修镶垫工程，并加签桩，共用银一万二千三百二十六两七钱五分。北岸各汛抢修镶垫工程，并加签桩，共用银一万三千五百六两八钱六分四厘。南北两岸共用银二万五千八百三十三两六钱一分四厘。又南北两岸上游各汛秫秸运脚，用银四千七百一十二两一钱九分二厘二毫五丝。查采办秫秸，前经奏准，每束加运脚银二厘五毫，共银八千五百两，除岁修动用银四千九百五十四两一钱九分三厘七毫五线，计不敷银一千一百六十六两三钱八分六厘，系在抢修项下通融拨给。以上南北两岸抢修镶垫工程，并秫秸运脚，共用银三万五百四十五两八钱六厘二毫五丝，均系核实动支，并无浮冒。除册结图说咨部外，理合遵照新章，恭折具陈。伏乞皇太后、皇上圣鉴，敕部核销。谨奏。

光绪三十一年正月二十二日。

硃批："该部知道。"

（近）袁世凯《永定河光绪二十九年抢修用银报销折》，骆宝善，刘路生主编《袁世凯全集》，河南大学出版社，2013年7月，第13卷，第212页至213页

请销永定河光绪二十九年加拨银两折

光绪三十一年正月二十八日（1905年3月3日）

太子少保北洋大臣直隶总督臣袁世凯跪奏，为请销永定河光绪二十九年加拨岁修并动用浚船经费银两，恭折仰祈圣鉴事。

窃查光绪二十年春间，前途东河督臣许振祎奉命勘治永定河，因原额经费不敷，奏请自二十年起，每年加拨岁修银四万两。复因察勘该河形势，议

治中洪，仿照乾隆年间裘曰修办法，修复浚船百二十号，每年添拨经费银二万两。均经奉旨允准。当经部议，加拨岁修银两，由直隶藩库旗租项下照拨；浚船经费，由藩、运两库筹拨。嗣因该河工多险重，经前督臣李鸿章奏准，将每年浚船经费银二万两，拨作两岸各汛抢险桩料之用。转行遵照在案。所有二十九年加拨岁修银四万两，经该道照数领回。至浚船经费改办桩料银二万两，因藩、运两库款项支绌，仅由运库筹拨银四千两，其余银两未经发给。

兹据署永定河道毛庆蕃，将光绪二十九年动用加拨岁修并浚船经费银两，造具册结图说，详请奏销前来。臣查永定河光绪二十九年南岸各汛动用添拨岁修并浚船经费改办桩料银两，做过土埽工程，用银二万三两五钱。北岸各汛动用添拨岁修并浚船经费改办桩料银两，做过土埽工程，用银二万三千九百九十六两五钱。共用银四琚四千两，均系实用实销，并无浮冒。除册结图说送部外，理合恭折具奏。伏乞皇太后、皇上圣鉴，敕部核销。谨奏。

光绪三十一年正月二十八日。

硃批："该部知道。"

永定河光绪二十九年秸料用银片

光绪三十一年正月二十八日（1905年3月3日）

再，查永定河工段绵长，埽镶林立。光绪二十九年岁、抢修秸料不敷大汛之用，前经奏准，添购备防秸料二百四十万束，连加添运脚，发给实银二万五千二百两，饬遵在案。

兹据署永定河道毛庆蕃详报，光绪二十九年动用另案备防秸料，计南岸头工上丁汛二、三、四镶垫工程用银一万二百九十两，南岸五、六工镶垫工程用银三千四百六十五两，北岸头工上、中、下汛，二工上汛镶垫工程用银三千三百六十两，北岸二工下汛，三工、四工上下汛，镶垫工程用银三千九百九十两，北岸五、六、七工镶垫工程用银四千九十五两，通共用银二万五千二百两。据各厅分晰造册，绘图加结，由道转详报销前来，臣复核无异。除册结图说钞奏咨部外，理合遵照新章，附片具陈。伏乞圣鉴，敕部核销。谨奏。

硃批："该部知道。"

（近）袁世凯《请销永定河光绪二十九年加拨银两折》《永定河光绪二十

九年秸料用银片》，骆宝善，刘路生主编《袁世凯全集》，河南大学出版社，2013年7月，第13卷，第257页至258页

二月中旬，报销永定河储备砖石经费。

永定河光绪二十九年分砖工用银折

光绪三十一年二月十六日（1905年3月21日）

太子少保北洋大臣直隶总督臣袁世凯跪奏，为请销永定河光绪二十九年动用砖工经费银两，恭折仰祈圣鉴事。

窃查永定河大汛盛涨，险工林立，防不胜防，漫决频仍，劳费不可胜计。经前督臣李鸿章饬令仿照黄河抛砖护埽之法，于上游河面较宽之石景山、卢沟司、南上、北上、北中、北下等六汛，先行试办，俟办有成效，下游各汛次第举行。于光绪十九年十二月奏准，每年由练饷局筹拨银二万两，归入另案报销，如抛护得力，此后当永远照行。嗣因练饷局款项短绌，详经前督臣裕禄批准，自二十五年起，核减银五千两，每年按一万五千两拨发，行令遵照在案。所有二十年砖工银两，因库款支绌，经臣批准，由练饷局核减筹拨银一万两，该河道委员赴局领回，转发各厅，分别购储砖石，于大汛时，相机抛护，甚属得力。

兹据署永定河道毛庆蕃，将光绪二十九年动用砖工经费银两，造具册结，详请奏销前来。臣查永定河、石景山厅属之北中、北下、北二上等汛，购堆砖块，抛护险工，共用银四千两。南岸厅属之卢沟司、南上等汛，购堆砖石，抛护险工，共用银四千两。三角淀厅属之南六工，购堆砖块，抛护险工，共用银二千两。统共用银一万两，均系实用实销，并无浮冒。除册结送部外，理合恭折具陈，伏乞皇太后、皇上圣鉴，敕部核销。谨奏。

光绪三十一年二月十六日。

硃批："该部知道。"

（近）袁世凯《永定河光绪二十九年分砖工用银折》，骆宝善，刘路生主编《袁世凯全集》，河南大学出版社，2013年7月，第13卷，第323页至324页

二月末，拟调授湖北分巡荆宜道，未赴。

委晏振恪署通永道片

光绪三十一年二月二十五日（1905年3月30日）

再，现署通永道毛庆蕃被授湖北分巡荆宜道，业由吏部给发文凭，应赴新任。所遗通永道篆务，查有补用道晏振恪堪以委署，除分饬遵照外，理合附片具陈，伏乞圣鉴。谨奏。

硃批：吏部知道。

（近）袁世凯《委晏振恪署通永道片》，骆宝善，刘路生主编《袁世凯全集》，河南大学出版社，2013年7月，第13卷，第358页

三月初，刘鹗以永定河号称难治，颇为毛庆蕃忧。

（三月）初五日（4月9日），晴。知毛实君调补永定河道，又知黄幼朋之妻死，皆不愿之闻也。

（清）刘鹗《抱残守缺斋乙巳日记》，三月初五日条。载刘德隆整理《刘鹗集》上册，吉林文史出版社，2007年12月版，第720页

三月上旬，报销抢修北运河费用。

北运河光绪三十年岁抢修用银奏销折

光绪三十一年三月十三日（1905年4月17日）

太子少保北洋大臣直隶总督臣袁世凯跪奏，为请销北运河光绪三十年岁抢修工程用过银两，恭折仰祈圣鉴事。

窃照北运河岁、抢修用款，经臣奏明，除初估奏报外，仿照东明黄河成案，一次奏销完结。光绪三十年该河岁、抢修用款前已估银，此次应即奏销。

据署通永道毛庆蕃详称，务关同知承办岁修运河两岸河西务等汛铁牛口等处堤坝工程，除河兵力作不开工价外，共用银三千五百九十九两六钱八分八厘。杨村通判承办岁修运河两岸杨村县丞兼管汛卧佛寺等处堤坝工程，并筐儿港挑淤等工，除河兵力作不开工价外，共用银三千九百九十九两三钱八分七厘。以上北运河岁修工程共用银七千五百九十九两七分五厘。又，务关同知承办抢修运河两岸河西务等汛九百户等处堤坝，并挂埽、挂柳等工，共

用银三千一百九十九两七钱五分九厘。杨村通判承办抢修运河东岸杨村县丞兼管汛诸家楼等处堤坝等工，共用银三千五百九十九两六钱二分三厘。以上北运河抢修工程，共用实银六千七百九十九两三钱八分二厘。分项造具册结图说，详请奏销前来。臣复核无异。除此册结图说送部外，理合恭折具陈。伏乞皇太后、皇上圣鉴，敕部核销。谨奏。

光绪三十一年三月十三日。

硃批："该部知道。"

（近）袁世凯《北运河光绪三十年岁抢修用银奏销折》，骆宝善，刘路生主编《袁世凯全集》，河南大学出版社，2013年7月，第13卷，第384页

三月十八日（4月22日），与徐世昌拜会荣庆，疑为调职事。

三月初三日，卯入值，有希廉放泰宁镇，毛庆蕃、陈夔麟互调旨。

三月十八日，（前略）饭后眠起，徐菊人、毛实君观察到，均久话。

（清）荣庆《荣庆日记》，光绪三十一年三月十八日条

剑川按：荣庆所记拟将毛庆蕃、陈夔麟互调事，即清廷于光绪三十一年（1905）二月，拟在钦加二品衔余肇庆、蔡源深、毛庆蕃三人中推选署理湖北分巡荆宜兵备道；毛庆蕃因袁世凯奏留帮办直隶事务，后改由陈夔麟赴此任。见《宜昌海关简志》，1988年4月版，第73页。

三月，由天津返固安。

饬永定河道毛庆蕃赴任片

光绪三十一年三月二十日（1905年4月24日）

再，新授永定河道毛庆蕃现已来津，应即饬赴新任，以专责成。除檄饬遵照外，理合附片陈明。伏乞圣鉴。谨奏。

硃批："知道了。"

（近）袁世凯《饬永定河道毛庆蕃赴任片》，骆宝善，刘路生主编《袁世凯全集》，河南大学出版社，2013年7月，第13卷，第402页

七月十六日（8月16日），表彰永定河水利有功人员。

请改奖河工出力人员片

光绪三十一年七月十六日（1905年8月16日）

再，臣奏保上年永定河北下汛大工合龙出力各员，内有试用道主簿曹茂檀，请俟补主簿后，以州判用。尽先补用主簿李兆年，请免补主簿，以县丞仍留北河，归先尽班补用。经部覆准在案。兹查曹茂檀，因堵筑山东利津县宁海庄漫口大工出力，于光绪三十年十一月十八日，由主簿保准免补本班，以县丞仍留原省补用，核与永定河大工奖案坐衔不衔，拟请改奖俟补县丞后以知县用。尽先补用主簿李兆年，本年五月间，由主簿原衔借补卢沟司巡检，在未接永定河保案部覆以前，拟请改奖俟补缺后以通判在任升用。据永定河道毛庆蕃具详请奏前来，仰恳天恩，俯准照拟改奖，以示鼓励。理合附片具陈，伏乞圣鉴，训示。谨奏。

硃批："着照所请，该部知道。"

（近）袁世凯《请改奖河工出力人员片》，骆宝善，刘路生主编《袁世凯全集》，河南大学出版社，2013年7月，第14卷，第41页

八月二十六日（9月24日），吴樾刺杀"留洋五大臣"败死，拟派毛庆蕃往勘。

张一麐《心太平室集》，记吴樾事一段，亦仿苏子瞻集中贴黄例，附记于此。张文云："五大臣出洋，在火车站为党人吴樾所炸，项城命为文劝告革命党人。不为，则有人疑余为有连，为之，措词实难下笔。余乃为四六一篇，高悬于各火车站，粗通文义者不能读也。吴樾为保定师范生。项城欲派某道员查办，某有'屠夫'之目，余力争不可，请以毛道庆蕃往。札文中有该道往查时，如有为人觉察所查何案者，即惟该道是问语，结果只革一保人之功名而已。此时海外革命风潮正盛，雅不欲激成士气也。"

读此文有可注意者数点：（一）此案当时影响甚大，袁世凯惟恐激成士气，足见袁之敏感。（二）一麐，巧宦也，因不草劝告文，怕人疑为有连，可见一时人人自危、满城风雨气象。（三）吴樾是保定师范生，吾文未载，一麐

谅不误。(四)所谓"屠夫"者,即赵秉钧也,一麐虽荐毛庆蕃,而世凯仍以秉钧往。(五)所谓只革一保人之功名,保人即吾文中保吴樾居桐城馆之金寿民,此是清廷胆怯,不敢株连,与鄙文之语气正合。(六)一麐取癸卯经济特科第二名,发往直隶,以知县补用,因入袁幕,距吴樾一案,尚不过五年余也。(七)吴案了结得极轻松,而且迅速,都是遵照世凯密旨而行,足见世凯当时隐操朝权,视清廷无物。

《文史资料选集》第十九辑(一九六一年七月),转引自《章士钊全集》第 8 卷,文汇出版社,2000 年 2 月版,第 180 页

九月五日（10 月 3 日），拜访孙宝瑄。

（九月）五日，晨起观书，昨所购菊花送来置之檐下。毛实君过谈，是日阴。

孙宝瑄《忘山庐日记》，光绪三十一年九月五日条

九月初十日（10 月 8 日），亲驻河干，抢护永定河安度秋汛。

永定河大汛抢护平稳折
光绪三十一年九月初十日（1905 年 10 月 8 日）
太子少保北洋大臣直隶总督臣袁世凯跪奏，为永定河伏秋大问心无愧抢护平稳，获庆安澜，恭折由驿驰陈，仰祈圣鉴事。
窃本届永定河凌汛安澜，前经臣奏报在案。当饬该河道，将伏秋大汛事宜妥筹布置，督率嗰弁，亲驻河干，加谨防护。
节据该河道毛庆蕃禀称："伏秋汛内，连次大雨，上游山水汇注，计共长水二十八次，连底水涨至二丈二寸。其七月初四日，河水于三时中陡长一丈有余，尤为近年所罕见。大溜奔腾，势甚汹涌，遂至于两岸新旧险工林立。如卢沟司之南岸六、七号；南上之二、三号，五、六号，十五、六号；南下之头号，四、五号，八号，十号，十二、三号；南二之六、七号，旱坝十五、六、七号；南三之二号、四号、九号；南四之四号、八号、旱坝十二、三号；

北下之十四号、十六、七号大坝；北二上之五、六、七号，十号；北二下之六、七、八号；北三之五号，十二、三号；北四之十七号；北五之头号；北六之头号、七号、十八号；北七之大坝头、二、三号，工尾小埝遥堤二十四号，二十八号等处。或坍坎逼近堤根，或埽段蛰陷入水，其最为吃重者，南四工八号旱坝，北三工十三号，南二工旱坝，南五工六、七号，十六号，皆水上埽面。南五工二十二号，北五工七号、九号，北六工四、五号，北七工大坝五号至十号，穿漏多处，水至堤根，并有埝顶泼水溃堤坍坎之处。情形均极危险。经该河道督率各厅营汛，暨协防文武员弁，添雇桩手、卯夫，或接做新埽，或加筑子埝，溃坍处，照旧补还，穿漏处，即时填堵，迎溜顶冲处，卷由挂柳，并用麻袋装土沉压，秸料不敷，跑买柳枝，抢割青苇，无分风雨昼夜，撒手抢办。并启放芦沟桥减水坝、北三工求贤坝，分汇盛涨，始得一律保护平稳。节逾秋分，河流顺轨。芦沟桥现存底水七尺五寸，获庆安澜"等情，禀请具奏前来。

伏查永定河浑流湍悍，迁徙靡常，河身淤垫日高，两岸堤身四百余里，土性松浮，动多出险。本届承上年失事之后，新工新埽，防守尤属为难。伏秋汛内，水势涨至二丈二尺，溃堤坍坎，并有穿漏多处，岌岌可危。该河道毛庆蕃，督率员弁兵夫，极力抢办，卒能化险为夷，安澜获庆，沿河州县，民田庐舍均得保全，堪以仰慰宸衷。永定河两届安澜，将防汛员弁照章请奖。此次出力人员，应先存记，俟下届汇保，以符定章。理合恭折由驿五百里驰陈，伏乞皇太后、皇上圣鉴，训示。谨奏。

光绪三十一年九月初十日。

硃批："知道了。"

（近）袁世凯《永定河大汛抢护平稳折》，骆宝善，刘路生主编《袁世凯全集》，河南大学出版社，2013年7月，第14卷，第157页至158页

九月十七日（10月15日），转奏永定河用款及善后等事。

永定河修筑各工用款折

光绪三十一年九月十七日（1905年10月15日）

太子少保北洋大臣直隶总督臣袁世凯跪奏，为永定河堵筑漫口，并培筑

新堤，填垫坑塘，挑挖引河，及善后御水等工，缮具工段用款清单，恭折仰祈圣鉴事。

窃照永定河于光绪三十年北下汛十六、七号漫口，当经臣将堵筑合龙日期奏报在案。兹据永定河道毛庆蕃核明，北下汛漫口补还残缺软厢、大坝边埽加添秫秸运脚培筑新堤，挑筑后戗加挑圈埝填垫坑塘，挑挖引河，补还南二工六号，南四工八号，各旱口挑筑外戗，修补堤埽以及两岸御水善后石土堤埽各工，共需银三十三万两四千九百三两八钱五分七厘一毫二丝，除水旱各坝工程各员应赔银六万五千六百三十两九钱四分四厘，业已缴清抵用外，计领过赈抚局银十六万九千二百七十二两九钱一分三厘一毫二丝。

又长芦运库银十万两，均系实用在工，并无丝毫浮冒。据该河道禀请具奏前来，臣覆核无异，除饬该河道另造细册送部核销外，理合缮具清单，恭折具陈，伏乞皇太后、皇上圣鉴，敕部查照。谨奏。

光绪三十一年九月十七日。

硃批："该部知道，单并发。"

《光绪朝硃批》，光绪三十一年九月十六日；（近）袁世凯《永定河修筑各工用款折》，骆宝善，刘路生主编《袁世凯全集》，河南大学出版社，2013年7月，第14卷，第174页至175页

九月十七日（10月15日），袁世凯奏请毛庆蕃委署直隶按察使。

委毛庆蕃署理直臬片

光绪三十一年九月十七日（1905年10月15日）

再，署理直隶按察使、本任通永道陈启泰，已蒙简放安徽按察使，所遗直隶按察使篆务，查有调任天津道、尚未交卸永定河道篆之毛庆蕃堪以署理。新授永定河道瑞峻，现已来津，应即饬赴新任，各专责成。除分檄饬遵外，理合附片陈明，伏乞圣鉴。谨奏。

硃批："知道了。"

（近）袁世凯《委毛庆蕃署理直臬片》，骆宝善，刘路生主编《袁世凯全集》，河南大学出版社，2013年7月，第14卷，第177页

十月，转奏通永道征税情况。

太子少保北洋大臣直隶总督臣袁世凯跪奏，为通永道征收上年正月起至年底止木税银两，并动用数目，恭折仰祈圣鉴事。

窃查通永道所管板木船窑等税，每年应征收正额银七千一百一十五两零盈余银三千九百两，共应征正额盈余银一万一千一十五两零，酌加一成耗银，作为各口税局公费，并应解部科饭银之用。倘有不敷，由该道随时捐发，不准另请开销。历经遵办在案。

兹据署通永道孙钟祥呈称，该前道陈启泰，并前署道毛庆蕃，自光绪三十年正月初一日起，至年底止，共收税银二千八百两九钱七分二厘，遵照定章，免征各项官工需用木植并船料税银三千五百六十四两五钱八分。又免征铁路道木税银九百一十七两九钱六分；又免征电报线杆税银三百三十八两四钱八分；又免征外国商人雇用中国船艇不输船钞银三千三百九十三两七钱六分八厘，统共免征银八千二百一十四两七钱八分八厘。又随征一成耗银二百八十两九分七厘二毫，例应动拨各口收税委员书吏饭食纸笔等项公费之用，今收一成耗银，不敷拨给，已由该前道陈启泰，并前署道毛庆蕃随时捐发，此外尚有应解工部科饭银六百八两，亦经捐廉批解，造册详情具奏前来。臣覆核无异，除清册咨部外，理合遵照新章，恭折具陈，伏乞皇太后、皇上圣鉴，敕部核覆。谨奏。

该部知道。

《光绪朝朱批》，光绪三十年十月初五日

十月，升署直隶布政使。

以毛庆蕃升署藩司片

光绪三十一年十一月初七日（1905年12月3日）

再，现署直隶藩司之臬司宝棻，奉旨升授浙江藩司，即应交卸入觐。所遗直隶藩篆，查有现署臬司、正任天津道毛庆蕃熟悉直省情形，堪以升署。又新授直隶臬司增韫，现已到直，应饬即赴新任，各专责成。除分檄饬遵外，理合附片陈明，伏乞圣鉴。谨奏。

朱批："知道了。"

（近）袁世凯《以毛庆蕃升署藩司片》，骆宝善，刘路生主编《袁世凯全集》，河南大学出版社，2013年7月，第14卷，第297页

二品衔署理直隶布政使调补天津道臣毛庆蕃跪奏，为恭报微臣交卸臬篆署理藩篆日期，叩谢天恩，仰祈圣鉴事。

窃臣于光绪三十一年九月二十四日，接奉督臣袁世凯行知，署任藩司宝棻补授浙江布政使，所遗藩司篆务，委臣署理。遵于十月初三日交卸臬篆，十五日准署任藩司宝棻派员，将印信文卷等件移送前来。臣当即恭设香案，望阙叩头谢恩，祗领任事。

伏念臣豫章下士，农部旧员，仰邀简拔之知；曾膺权节，旋荷量移之命。重莅茭工，由是渤海；调官监司，谬列畿疆。弼教臬事忝权，叠叨恩遇之频加，弥愧壤流之无补。兹复渥承宠眷，暂绾藩条。查直隶为政务繁剧之区，藩司有表率属僚之责。近年振兴庶政，亟图自强。增益饷源，宜扩充夫地利；讲求吏治，在整饬乎官常。推之建学以储真材，劝农以裕实业，惠工以宏制作，重商以保利权。举凡新政，所必先悉，皆职司所当尽如。臣驽钝，深惧弗胜。惟有殚竭愚诚，遇事禀承督臣，认真经理，不敢以暂时摄篆，稍涉因循，以期仰答高厚生成于万一。所有微臣交卸臬篆、接署藩篆日期，暨感激下忱，恭折叩谢天恩，伏乞皇太后、皇上圣鉴。谨奏。

知道了。

《光绪朝朱批》，光绪三十一年十月十九日

（十月）十四日，晴。午后拜乔茂先［萱］，知奏调折子于十九日已发，又知毛实君署藩台，十五接印。

（清）刘鹗《抱残守缺斋乙巳日记》，三月初五日条，载刘德隆整理《刘鹗集》上册，吉林文史出版社，2007年12月版，第736页

十一月初，报销上年永定河抢修费用。

上年永定河各工用银报销折

光绪三十一年十一月初七日（1905年12月3日）

太子少保北洋大臣直隶总督臣袁世凯跪奏，为永定河堵筑漫口，挑挖引河各工，用过工料银数，照章报销，恭折仰祈圣鉴事。

窃照光绪三十年堵筑北下汛十六、七号漫口，补还南二工六号、南四工八号各旱口，购办料物，镶做埽段，挑挖引河，以及南北两岸御水善后石土堤埽等工，需用银两及工段丈尺，业经臣开单奏奉硃批"该部知道，单并发，钦此"，自应照例造册请销，当经转饬遵照去后。

兹据调任永定河道毛庆蕃造具册结绘图贴说，详送前来，臣查北下汛十六、七号漫口，补还残缺，软镶大坝边埽，砌添秫秸运脚，培筑新堤，添筑后戗，加挑圈埝，筑挑水坝，填垫坑塘，挑挖引河，补还南二工六号、南四工八号各旱口，筑做外戗，修补堤埽，以及南北两岸御水善后石土堤埽各工，共用银三十三两四千九百三两八钱五分七厘一毫二比。其水旱各坝用银一十六万四千七十七两三钱六分，计销六银九万八千四百四十六两四钱一分六厘，赔四银六万五千六百三十两九钱四分四厘，已将赔款如数缴清抵用。所有做过工程用过银两，委系实用实销，并无浮冒。除册结图说咨部外，理合遵照新章，恭折具奏。伏乞皇太后、皇上圣鉴，敕部核销。谨奏。

光绪三十一年十一月初七日。

硃批："该部知道。"

（近）袁世凯《上年永定河各工用银报销折》，骆宝善，刘路生主编《袁世凯全集》，河南大学出版社，2013年7月，第14卷，第295页至296页

十一月二十七日（12月23日），袁世凯面保毛庆蕃等。

电报一：直隶总督袁世凯于二十七日陛辞时，面保津海关道梁敦彦、天津道毛庆蕃、候补道周学熙三人。（廿九日申刻北京专电）

《时报》十二月初一日，1905年12月26日，第3版

十二月初四（1905年12月29日），奏报惠陵等处员役费用。

报拨惠陵员役支银折

光绪三十一年十二月初四日（1905年12月29日）

太子少保北洋大臣直隶总督臣袁世凯跪奏，为报拨本年冬季分惠陵员役俸饷、米折等项银两，恭折仰祈圣鉴事。

据署布政使毛庆蕃详称："窃查丰润县供应惠陵暨妃园寝员役俸饷、米折、豆、草、车价等项银两，向系由司按季专案详请题报，一面由该县赴司领回供应，历经遵办在案。今据丰润县请领，光绪三十一年冬季分，供应惠陵暨妃园寝兵役月饷、米折、豆、草、车价等项银二千七百九十九两，部平银四十二两四钱七分五厘，实发银二千一百九十七两三钱五分五厘。核与历办成案相符。应请在于司库地粮银内动拨，开单详请核奏。并声明陵工员役增减无定，难以预计，应照急需钱粮之例，一面具奏，一面先行拨给，俾该县得以及早领回供应。其实在支领数目，统归于奏销案内核实销算，多则解还，不敷找给"等情前来。臣复核无异，除将简明细数清单咨送户部查照外，理合恭折具奏。伏乞皇太后、皇上圣鉴，敕部核复。谨奏。

光绪三十一年十二月初四日。

硃批："户部知道。"

（近）袁世凯《报拨惠陵员役支银折》，骆宝善，刘路生主编《袁世凯全集》，河南大学出版社，2013年7月，第14卷，第381页

十二月初九（1906年1月3日），锡良来电商谈代购书籍事。

初九日，学务处致保定毛方伯电。

保定毛方伯鉴：致笃斋电读悉，奉清帅感谢，已电宜昌镇派红船守候接运四川学务处。青。

初九日。致宜昌傅镇台电。

宜昌傅军门鉴：保定藩署代购书籍，专差不日到宜，请派红船守候转运至万。感祷。青。

虞和平主编《近代史所藏清代名人稿本抄本》，大象出版社，2017年1月版，第3辑，第23册，第476页

十二月上旬，转奏任内属县命案。

摘叙各命案案由折

光绪三十一年十二月初九日（1906年1月3日）

太子少保北洋大臣直隶总督臣袁世凯跪奏，为命案汇摘简明案由，恭折仰祈圣鉴事。

窃查直隶寻常命盗死罪案件，照章汇奏，造册咨部，历经遵办在案。兹据前署按察使毛庆蕃、现任按察使增韫，查有长垣县民人孙悬，因向杨万全借钱不允，口角争殴，用刀伤杨万全身死。靳永山趋护夺刀，将该犯扎伤，该犯夺回，复扎伤靳永山，越三十四日殒命。将孙悬依斗杀律，拟绞监候，秋后处决。

又唐山县民人李二亥，因伊母李韩氏拔取同姓不宗之李三害家高粱，被李三害与其弟李心元找向不依，致李争殴，该犯用刀抵扎，先后致伤李三害、李心元各身死，将二亥依斗杀之案殴死一家二命，绞立决，例拟绞立决，遵照新章，改为绞监候，秋审入于情实。

又威县民人谭书申与在监病故之谭德春卖宅分钱，口角争殴，谭德春起意纠邀该犯等谋勒谭书申身死，弃尸不失，将谭全照、谭黑三均依谋杀人从，而加功律，拟绞监候，秋后处决。谭德春病故免议。

又易州民人杨洛贺因被王三儿窃去钱文事，后查问口角争殴，用木棍石块殴伤王三儿身死，将杨洛贺依罪人不拒捕而擅杀者，以斗杀论斗杀绞律，拟绞监候，秋后处决。

又平山县民人张幅详，因卖布向韩旺桃换小钱不允，口角争殴，用脚踢伤韩旺，越日身死。将张幅详依斗杀律拟绞监候，秋后处决。

又邢台县民人王洛会，因与侯月海口角争殴，用铁斧木橡砍殴侯月海，致伤身死，将王洛会依斗杀律拟绞监候，秋后处决。

又天津县民人王顺义，因修屋取泥上房，误将泥土溅在毕六身上，致相争殴，用土坯掷伤毕六身死，将王顺义依斗杀律拟绞监候，秋后处决。

又大名县民人岳庆沅，因无报族弟岳献之胞兄岳景与伊父岳佩争殴，该犯瞥见，用铁枪向岳景吓扎，致误伤岳献身死，将岳庆沅依因斗殴而误杀旁人者，以斗杀论，斗杀绞律，拟绞监候，秋后处决。

又平乡县民人马二辫，因与赵吕氏之子赵春德口角争殴，该犯用铁锹向砍，致误伤赵吕氏，越日身死，将马二辫依因斗殴而误杀旁人者，以斗杀论，斗杀绞律，拟绞监候，秋后处决。赵春德等照律拟杖罚银具报。

又晋州民人寇小计，因王啕气之子王花子扎伤伊父寇四幅毙命，犯罪得免，王啕气以打死人命不用抵偿之言在村卖弄，该犯闻而不甘，用木棍殴伤王啕气身死。将寇小计依斗杀律，拟绞监候，秋后处决。

以上十案，业均由司提审解勘，发分造审看清册，呈请汇奏前来。臣覆核无异，除清册咨部外，理合遵照新章，汇摘案内，恭折具陈，伏乞皇太后、皇上圣鉴，敕部覆。谨奏。

光绪三十一年十二月初九日。

硃批："刑部知道。"

（近）袁世凯《摘叙各命案案由折》，骆宝善，刘路生主编《袁世凯全集》，河南大学出版社，2013年7月，第14卷，第404页至405页。另《光绪朝硃批》，光绪三十一年十二月初九日

摘叙命盗各案案由折

光绪三十一年十二月初九日（1906年1月3日）

太子少保北洋大臣直隶总督臣袁世凯跪奏，为命盗各案照章摘叙简明案由，恭折具陈，仰祈圣鉴事。

窃查直隶寻常命盗死罪案件，照章汇奏，造册咨部，历经遵办在案。兹据前署按察使陈启泰暨前署按察使毛庆蕃查有：

开州获贼郑得运纠伙行劫事主宋焕然家，未得财，放枪拒毙邻人并郑明得、吴二明在外先逃，并未目击，拒捕刘玉林因病不行，将郑得运依强盗杀人不分曾否得财，照得财律斩枭例，拟斩决枭示。遵照新章，改为斩立决。郑明得、吴二明即吴二均依强盗未得财又未伤人从犯，杖一百，流三千里例，拟流；刘玉林即刘黑丑，比例减等，拟徒；胡二麻子、郑新正病故免议。

又任丘县民人崔年，因小功堂叔崔永之偏护崔从等算账，该犯不服，口角争吵，经劝后，复向不依，致相争殴，用尖刀扎伤崔永之，越日身死。将崔年依卑幼殴本宗小功尊属死者斩律，拟斩立决，遵照新章，改为斩立决。

又大名县民人刘和尚，听从图财谋害，无服族嫂刘麻氏身死该犯下手加功，将刘和尚依图财害命得财而杀死人命，从而加功者斩决例，拟斩立决，

遵照新章,改为绞立决,首犯侯驴病故免议。

又枣强县获贼张二等,听纠行劫事主孔昭贵家银衣等物,逸贼拒伤事主,平复张二、王小三入室搜赃,均依强盗得财律拟斩立决,遵照新章改为绞立决。段二临时畏惧不行,事后分赃,依例拟流。王小三续报病故,应毋庸议。

以上四案内,该犯郑得运、崔年、刘和尚等三起,恭逢光绪三十年正月十五日恩诏,事犯在正月初一日以前,郑得运、崔年、刘和尚应与拟流之郑明得、吴二明均不准援免;拟徒之刘玉林应准援免;其张二等一起犯事在后照常办理,业均由司提审解勘,发回分造审看,清册先后呈请汇奏前来,臣覆核无异,除清册咨部外,理合照章汇摘案由,恭折具陈,伏乞皇太后、皇上圣鉴,敕部核覆。谨奏。

硃批:"刑部议奏。"

(近)袁世凯《摘叙命盗各案案由折》,骆宝善,刘路生主编《袁世凯全集》,河南大学出版社,2013年7月,第14卷,第406页至407页。另见《光绪朝硃批》,光绪三十一年十二月初九日

十二月初九日(1906年1月3日),上年所遣通州留学生潘宗礼(字子寅,号英伯)以日本无故取缔遣返留学生,愤于韩国仁川投海自尽。

时有中国学生潘宗礼,字子寅,顺天府通州人,或曰天津人。游学日本回国,舟次仁川港,闻日人胁韩缔保护约,且睹韩人被虐之状,涕泣哽咽。适有同舟商人将闵泳焕遗书示之,宗礼览而泣曰:"忠臣,但其死也晚,舍身救国,须及未亡而图之。大势已去,溅血何及。"因念中韩唇齿也,韩之既亡,中亦危矣,而国民犹懵无觉焉。非以血警之不可。乃列十四条时务,托其友献政府,遂蹈海而死,年四十二岁。

直隶总督袁世凯闻而义之,即陈疏具闻于朝,且为文以吊曰:"吾子已矣,同胞奈何;诸君勉之,匹夫有责。"又赠挽联曰:"可怜志士轻生,竟化怒涛撼大海;愿结国民团体,共为砥柱挽狂澜。"

(韩)朴英植(太白狂奴)《韩国痛史》,大同编译局,1915年6月版,第三编第三十九章《中国志士潘宗礼蹈海》,第111页

十二月下旬，报拨冬季吉地陵寝相关费用。

报拨吉地差役等支银折

光绪三十一年十二月十七日（1906年1月11日）

太子少保北洋大臣直隶总督臣袁世凯跪奏，为报拨光绪三十一年冬季分吉地差役钱粮、米折等项银两，恭折具陈，仰祈圣鉴事。

窃据署布政使毛庆蕃详称，玉田县供应菩陀峪万年吉地添设差役人等钱粮、米折等项银两，向系由司按季专案详请题报，一面由该县赴司，领回供应，历经遵办在案。今据玉田县请领，光绪三十一年冬季分，供应菩陀峪万年吉地差役钱粮、米折等项，共银四百六十二两六钱，改折八成实银三百七十两八分，核与历办成案相符。应请在于司库地粮银内动拨，分晰开具清单，详请核奏。并声明吉地员役增减无定，难以预计，应照急需钱粮之例，一面具奏，一面先行拨给，俾得及早领回供应。其实在支领数目，统归于奏销案内核实销算，多则解还，不敷找给等情前来，臣复核无异。除清单咨部外，理合恭折具陈，伏乞皇太后、皇上圣鉴，敕部核复。谨奏。

硃批："户部知道。"

（近）袁世凯《报拨吉地差役等支银折》，骆宝善，刘路生主编《袁世凯全集》，河南大学出版社，2013年7月，第14卷，第434页

报拨定陵等员役支银折

光绪三十一年十二月十七日（1906年1月11日）

太子少保北洋大臣直隶总督臣袁世凯跪奏，为报拨玉田县光绪三十一年冬季分供应各陵员役俸饷、米折等项银两，恭折具陈，仰祈圣鉴事。

窃据署布政使毛庆蕃详称，玉田县供应定陵、定东陵并顺水峪暨禧妃园寝员役俸饷、米折、豆、草、车价等项银两，向系由司按季专案详请题报，一面由该县赴司领回供应，历经遵办在案。兹据玉田县请领，光绪三十一年冬季分，供应定陵、定东陵并顺水峪暨禧妃园寝员役俸饷、米折、豆、草、车价等项，共银四千六百三十五两九钱一分五厘，改折八成实银三千七百八两七钱三分二厘，内扣豆、草、车价六分部平银四十二两三钱一分五厘，实发银三千六百六十六两四钱一分七厘。核与历办成案均属相符。应请在于司

库地粮银内动拨，分晰开具清单，详请核奏。并声明陵工员役增减无定，难以预计，应照急需钱粮之例，一面具奏，一面先行拨给，俾得及早领回供应。其实在支领数目，统归于奏销案内核实销算，多则解还，不敷找给等情前来。臣复核无异，除清单咨部外，理合恭折具陈。伏乞皇太后、皇上圣鉴，敕部核复。谨奏。

光绪三十一年十二月十七日。

硃批："户部知道。"

（近）袁世凯《报拨定陵等员役支银折》，骆宝善，刘路生主编《袁世凯全集》，河南大学出版社，2013年7月，第14卷，第435页至436页

报拨各陵寝兵役支银折

光绪三十一年十二月十七日（1906年1月11日）

太子少保北洋大臣直隶总督臣袁世凯跪奏，为报拨本年冬季分各陵寝兵役月饷、米折等项银两，恭折具陈，仰祈圣鉴事。

窃据署布政使毛庆蕃详称，遵化、蓟州、丰润三州县，供应各陵寝兵役月饷、米折、豆、草、车价，并马兰镇新旧汉兵米折等项银两，向系由司按季专案详请题报，一面由各州县派役赴司领回供应，历经遵办在案。兹据遵化、蓟州、丰润三州县，将光绪三十一年冬季分，供应各陵寝兵役月饷、米折、豆、草、车价，并马兰镇新旧汉兵米折等项银两，开具估单请领，该司按单复核。遵化、蓟州、丰润三州县，光绪三十一年冬季分，供应各陵寝兵役月饷、米折、豆、草、车价，并马兰镇新旧汉兵米折等项银一万六千四百八十七两三钱五厘，改折八成实银一万三千一百八十九两八钱四分四厘，内扣豆、草、车价六分部平银二百九两三钱九分七厘，实发银一万二千九百八十两四钱四分七厘。核与历办成案均属相符。应请在于司库地粮银内动拨，分晰开具清单，详请核奏。并声明陵工员役增减无定，难以预计，应照急需钱粮之例，一面具奏，一面先行拨给，俾得及早领回散放。其实在支领数目，统归于奏销案内核实销算，多则解还，不敷找给等情前来。臣复核无异，除清单咨部外，理合恭折具陈。伏乞皇太后、皇上圣鉴，敕部核复。谨奏。

光绪三十一年十二月十七日。

朱批:"户部知道。"

(近)袁世凯《报拨各陵寝兵役支银折》,骆宝善,刘路生主编《袁世凯全集》,河南大学出版社,2013年7月,第14卷,436页

十二月下旬,考评上等。

文武各员考语清单

光绪三十一年十二月(1906年1月)

谨将本届应核司、道、府、提、镇各员,出具切实考语,缮单恭呈御览。

署布政使正任天津道毛庆蕃,年六十岁,江西丰城县进士。光绪三十一年十月十五到任。该员品行端方,思虑周密,遇事悉心讲求,多能力持大体。

(其他官员从略)

(近)袁世凯《文武各员考语清单》,骆宝善,刘路生主编《袁世凯全集》,河南大学出版社,2013年7月,第14卷,481页

冬,赞助重修大塘毛氏家庙。

光绪丁未重修家庙记

增生熙春,大塘人

乙巳之夏五月中旬,余护叶夫人去苏州,次沪上,越重洋而登津岸,寓长春观学校焉。下旬之六,乘火车抵安定,换车骑,又随叶夫人永定河道署焉。斯时也,风和日丽,月朗星稀,海面之波涛永息,陆地之尘垢不飞,非我朝之盛德动天,何以臻此景象焉。晋叩先生,旁参幕友,朝夕倾谈,何乐如之。或有时问族戚之甘苦,或有时诘邻里之安危,而尤殷殷然垂询不已者,惟家庙焉。

夫家庙之名,创自方伯公小梧,先生乃方伯公小梧之长孙也,所以拳拳于心而不忍去。余何人,斯敢隐而不言乎。于是蹶然起,毅然对曰:"邻里安静如昔,族戚苦仍从前,若家庙之情形,有不堪令孝子贤孙目睹者,何也?栋朽榱崩,墙颓垣败,或沟壅而水浸墙壁,或瓦破而蚁生桷椽,雨湿风侵,露滴霜零,以致愈倾愈坏愈崩。虽经甲午之修理,权济一时,而历年既久,

安保不朝坏一瓦、暮破一砖？至于如此之极也，农家者流，衣食维艰，即有一二心存宗祖者，苦力不及，莫可如何。"先生闻之，恻然久之，因慨然而言曰："是吾之过也，是吾之过也。吾虽穷官，假借尚易于乡隅。"遂允假千金，从迅修理。

岁丙午，余返章门，适先生于乙巳之冬署藩篆焉，书来数千里，款兑五百金，竟以修造之责加于余焉。余虽辞，余犹思，思余不能如先生之荣宗耀祖，思余当如先生之饮水思源。归而谋诸工师，约计所需，功大费繁，非千金所能胜任。欲再商之先生，恐先生力亦不及也。虽先生奉檄直藩，而持正不阿，临财不苟，依然如皓月之当空、清风之绕袖而已，安忍启齿而再商之？乃不得已，具书于南楚、东鲁、西蜀诸君焉，谁知诸君不以为然，而先生遂直任不透，力筹二千金，先迅汇，得以鸠工庀材，告成功于丁未之岁焉。自时厥后，榱栋不患其朽蠹也，墙垣不患其颓败也，沟既清而水不溢，瓦既固而蚁不生，风雨可免侵湿，霜露可免滴零，窗明几净，棂格风清，列祖列宗，在天之灵，将亦陟降庭止，而饫千古之烝尝也。噫！是谁之力哉？先生之力也。

家庙既成，先生又捐金五百，购祭祀田廿余工，皆叶夫人内劝之力也。先生为谁？裔孙庆蕃也。叶夫人为谁？裔孙庆蕃之夫人也。

《毛氏重修宗谱》卷之九《艺文录上》

是年，改莲池书院为保定文学馆，延聘直隶名士贺涛主之，王仪型等佐之。

先生都讲吾翼，凡十有八年，以官辞不得去，以目疾辞不得去吾冀，乃漫游京师、保定，迭主长沙陈伯平中丞、天津徐鞠仁太保。今大总统项城袁公督直隶时，于保定立文学馆，延先生主其事。先是，已有存古学堂之议，乡曲老儒额手称庆。在势诸君子亦以为非是，则中学将亡。先生独以谓中学以文章为主，学文与他学不同，或穷占毕不见其进，而一旦骤长或执郑研索，不得其解而独物旁通，若拘于学堂定例，限之岁月，而责以员程，则所谓古者，名存而实亡矣。至是袁公手书属先生尽除学堂科目，一任先生之所为。又致书毛实君方伯，代通殷勤，且曰："若贺君不至，则此馆无庸虚设。"先生乃起而任事，高县［悬］其格，厚与之饩，人无定额，业有专攻，凡所招致，皆一时知名之士。南皮张宗瑛献群，深州武锡珏合之，首至衡以不才亦厕其间，且言冀县陈嘉谟献廷、深县侯际辰亚武，而枣强齐文焕蔚卿，武邑吴之沉迂农、王汝楫仲航，络绎个来。有栗如桐琴斋者，时方肄业保定高等学校，既卒业，试第一，亦弃其所学来学，先生则大喜曰："吾道为不孤矣。"日取所谓五千年相传不失吾国高于各国之文为诸生说之，不异前在冀时，其后来学者益多，嫉者乃妒娼忌克，百计倾之。未几，袁公去直隶，而先生亦辞馆归，自是倦游不复出矣。

（近）赵衡《贺先生行状》，载贺涛《贺先生文集》附录，民国三年徐世昌刻本

王仪型，字式文，又字希岐，廪贡生。幼聪慧，七岁即能文。长应童子试，以第一人补州学弟子员。逾年又以第一等一名食廪饩。学使周德润试以经解，赏其文，称为雕龙心、倚马才，风尘中所罕见。桐城吴汝纶为当代名儒，时长保定莲池书院兼学古堂，仪型受业，称弟子，吴大赏之，评其所为文六朝礼家，于今未坠。又曰："近日诸生无此朴学，此固朝阳之鸣凤也。"后入成均，考取保定官立学校教习。山东巡抚杨士骧，聘充山东师范学堂教习及监学员。旋蒙直隶藩司毛庆蕃挑入文学馆，继又聘充全省女学堂教员，国音字母延聘员，所至有重望。

（民国）《沧县志》卷八《文献志·人物》

是年，于莲池书院设储才馆，为养士之所，遣高奎照等游学日本。

高奎照，字星藜，天资英敏，拔贡李凤冈器之，尽传衣钵，故以府试第一人入泮。科、岁试屡膺首选。己丑登贤书，本成己以成人，采芹者数十人，登第者累累不绝。清之末造，知西学有用，任通州学正，急立学堂，亲订规则，士习为之一变。实君毛公雅重之，资助游学日本。回国后著《教育学》一卷行世。毛公继立"储才馆"，延四方名士，又以之为领袖。严范孙延视各学，直省北境尽捐旧习，然学问本诸伦常，少年失恃，孝事继母兄弟，聚首

数十年无疾言遽色。他如庚子拳匪仇教，教民复仇，株连多人，时方就邑侯龚公馆，为人解脱者无数，皆不自以为功，惜昊天不吊，年五十有七而亡，士林谈及，莫不扼腕。

（民国）《交河县志》卷七《人物志上·文学》

是年，推荐游学日本之直隶知县郑元浚《东游日记》出版。

郑元凌（1876年—1945年）

郑元凌，字镜泉，郑家庄人。清光绪二十四年（1898年）中进士，历任直隶（今河北省）新河、抚宁、清丰、东明、新城等县知县，奉公守法，有政绩。光绪三十一年（1905年）由直隶总督送赴日本考察政治，数月之后归来，著《东游日记》呈直隶总督等官员参阅。直隶布政使毛庆蕃称其"于政治、教育、经济及工商业，调查既精详，而议论有识，不为苟用。"遂印行。后留寓保定，潜心道术。晚年作"惩忿、窒欲、去矜、守约"四箴，用以修心养性。能诗，工书法，与兰州进士王恒多唱和。

苏发俊主编，兰州市七里河区地方志编纂委员会编《兰州市七里河区志》，甘肃人民出版社，2001年6月，第1187页至1188页

是年，为天津才女张玉贞撰诗二首。

贾廷琳案：先师丰城毛实君先生庆蕃，撰有《博白陈朱二贞女事略》，册首刊有《天津贞孝女史张玉贞题词》七律二首，廷琳昔未知张贞孝女史之事实，今得此编读之，始获闻其详。至《蕴仙诗草》，闻今尚有传本，但未知此二诗已载入否。姑附录于此，以免遗失。

博白双贞事绝奇，乾坤正气属蛾眉。玉台虚纳温家镜，瑶轸刚余寡女丝。慷慨明心文字见，凄凉结发剪刀知。千秋一掬苍梧泪，莫赋寻常薄命词。

旧话朱陈嫁娶图，名门继迹合成符。空帏独处心相印，大节同操德不孤。玉洁冰清双美聚，天荒地老万缘枯。守贞我亦婴儿子，又见联芳女丈夫。

（近）徐士銮《敬乡笔述》，天津古籍出版社，1986年11月版，第119页至120页

是年，欲聘"清末四公子"之丁惠康（叔雅）为记室。

陈鹤柴《室瓠室诗话》云："叔雅善骈文，能诗。己亥，德宗称疾，实幽瀛台，而废立议起，上海电报局总办经莲珊太守创立正气会，号召士夫，联名电争。君为作《正气会序》，辞旨慷慨，倾动一时。乃因此取忌当路，郁郁不得志。逾豫章毛实君为直藩，聘为记室，君以藩司无章奏权，又不乐就。贫居京师，于宣统己酉四月病卒，年四十二，遗稿未梓。"

（近）郑逸梅《丁叔雅隐几坐化》，《逸梅杂札》齐鲁书社，1985年7月版，第132页

光绪三十二年（1906） 丙午 六十一岁

正月初，创办平粜局于保定。

毛方伯创办平粜局。署直藩毛实君方伯，因首城地方人民稠密，加以屯驻陆军，而奸商时常高抬粮价，实与军民大有妨害，拟由藩库拨款若干，选派委员购办杂粮，在省城居中之地设立粜局，以济民食，借除奸商把持市面之弊。现闻毛方伯已具禀袁宫保，俟批准后，即当举办。

《中华报》，丙午年正月十四日，第407期，第8页

正月中旬，奏请将属员回避互调。

请将布库大使与邻省互调折

光绪三十二年正月十一日（1906年2月4日）

太子少保北洋大臣直隶总督臣袁世凯跪奏，为布库大使与胞兄同官一省，例应回避，请与邻省布库大使互相调补，恭折仰祈圣鉴事。

窃据署藩司毛庆蕃详称，直隶布库大使增翰，年四十一岁，系蒙古镶蓝旗英秀佐领下人。由监生，于光绪二十三年，遵新海防例，报捐布库大使，

遇缺先选用。二十五年，选授斯缺，十月二十三日到任。二十八年，因办直属教案，奏保以知县在任升用。三十一年，报捐知府，在任候选。兹因胞兄增韫奉旨简放直隶按察使，业已到任，例应回避。据该员禀由藩司详请核办前来。臣查定例，"现任候补各官，道府以至佐杂，无论官阶大小，如系祖孙、父子、胞伯侄、兄弟，概不准同官一省。如非同官，令官小者回避。"又，"督、抚、两司，及统辖全省之道员，有本族及至亲应回避者，俱令回避邻省另补"等语。今直隶布库大使增翰，系直隶按察使增韫，既属同胞兄弟，应将官小之增翰回避。惟布库大使系属孤缺，若赴邻省另补，得缺无期，是多年实缺人员，转成候补，未免向隅。相应仰恳天恩，俯准敕部，将直隶布库大使增翰，与邻省山东、山西、河南等省实缺布库大使内，拣员互相调补，出自鸿施逾格，理合恭折具陈，伏乞皇太后、皇上圣鉴、训示。谨奏。

硃批："吏部知道。"

（近）袁世凯《请将布库大使与邻省互调折》，骆宝善，刘路生主编《袁世凯全集》，河南大学出版社，2013年7月，第14卷，第489页至490页

正月中旬，奏报各属州县新旧交接情况。

各州县新案交代情形折（附清单）

光绪三十二年正月十一日（1906年2月4日）

太子少保北洋大臣直隶总督臣袁世凯跪奏，为查明光绪三十一年正月起至六月底止，直属各州县新案交代未结起数，缮单恭折，仰祈圣鉴事。

据署藩司毛庆蕃详称，直属各州县交代，前奉部议，自光绪八年起，作为新案，依限交代清楚，先行造册结报，半年汇奏一次。历经遵办，嗣因庚子军兴，藩署卷宗毁失，经前升司周馥设法整顿，拟将光绪二十七年九月初一日以前卸事各员作为旧案，分别委查催办，随时评咨，免扣例限。其自九月初一日以后交卸各员，作为新案，一体遵照例章，依限造册结报。详经前督臣李鸿章奏，奉硃批："户部知道，钦此钦遵。"在案。兹又届输汇奏之期，该司调齐卷宗，逐一核明。计自光绪三十一年正月初一日起，至六月底止，将各案交代催令依限结报，造册妥确册结咨部。二参限内算清尚有应交之项者，已奏参勒追。至上届汇报案内奏参勒追各员，同逾限未完已奏请查抄备

抵未满二参各案，归于下届汇案办理等情前来，臣复核无异。除将送到详细清单咨部外，理合另缮简明清单，恭折具陈。伏乞皇太后、皇上圣鉴，敕部查核。谨奏。

光绪三十二年正月十一日。

奉硃批："户部知道，钦此。"

谨将光绪三十一年正月初一日起，至六月底止，直属各州县已、未结新案交代起数，缮具简单清单，恭呈御览（名单略）。

（近）袁世凯《各州县新案交代情形折（附清单）》，骆宝善，刘路生主编《袁世凯全集》，河南大学出版社，2013年7月，第14卷，第490页至492页

正月下旬，奏拨西陵、吉地、养育兵丁等春季经费。

报拨西陵官兵员役支银折

光绪三十二年正月十九日（1906年2月12日）

太子少保北洋大臣直隶总督臣袁世凯跪奏，为报拨本年春季分西陵官兵员役俸饷等项银两，恭折仰祈圣鉴事。

窃据署布政使毛庆蕃呈称："易州供应各陵官兵月饷、俸粟、米折并运送豆、草车价等项银两，向系按季专案详请题拨，历经遵办在案。兹据易州请领，光绪三十二年春季分，供应各陵官兵月饷、俸粟、米折并运送豆、草车价等项，共银二万六千二百十五两六分六厘。照章改折八成，实银二万九百七十二两五分三厘，内扣米折项下每两六分部平银三百二十八两七钱二厘，实发银二万六百四十三两三钱五分一厘，核与历办成案相符，应在司库地粮银内照数动拨，开具简明细数清单。按照新章详请具奏，并声明陵工员役增减无定，难以预计，应照急需钱粮之例，先行拨给，其实在支领数目，统归奏销案内核实销算，多则解还，不敷找给"等情前来，臣覆核无异，除咨部查照外，理合恭折具陈，伏乞皇太后、皇上圣鉴，敕部核覆。谨奏。

光绪三十二年正月十九日。

硃批："户部知道。"

（近）袁世凯《报拨西陵官兵员役支银折》，骆宝善，刘路生主编《袁世凯全集》，河南大学出版社，2013年7月版，第14卷，第497页

报拨吉地员役支银折

光绪三十二年正月二十二日（1906年2月15日）

太子少保北洋大臣直隶总督臣袁世凯跪奏，为报拨光绪三十二年春季分菩陀峪万年吉地员役俸饷米折等项银两，恭折仰祈圣鉴事。

窃查玉田县供应菩陀峪万年吉地八旗员役俸饷、米折并养育兵丁钱粮等项银两，系按季由司专案详请题报，一面由东陵承办事务衙门派员赴司，请领散放，历经遵办在案。

兹据署布政使毛庆蕃呈称："准东陵承办事务衙门造册请领，该司按册覆核。原归玉田县光绪三十二年春季分，供应菩陀峪万年吉地八旗员役俸饷米、孤寡养赡、养育兵丁钱粮等项，共银四百两八钱九分五厘，改折成实银三百二十两七钱一分六厘，内扣官俸、米折项下每两六分部平银五两一厘，实发银三百一十五两七钱一分四厘。核与历年成案相符，应请在于司库地粮银内动拨，由司分开清单，详情核奏。并声明陵工员役增减无定，难以预计，应照急需钱粮之例，一面具奏，一面先行拨给，领回散放。其实在支领数目，统于奏销案内核实销算，多则解还，不敷找给"等情前来，臣覆核无异，除清单咨部外，理合恭折具陈，伏乞皇太后、皇上圣鉴，敕部核覆。谨奏。

光绪三十二年正月二十二日。

奉硃批："户部知道，钦此。"

（近）袁世凯《报拨吉地员役支银折》，骆宝善，刘路生主编《袁世凯全集》，河南大学出版社，2013年7月版，第14卷，第499页

报拨西陵养育兵丁支银折

光绪三十二年正月二十二日（1906年2月15日）

太子少保北洋大臣直隶总督臣袁世凯跪奏，为报拨本年春季分西陵八旗养育兵丁钱粮银两，恭折仰祈圣鉴事。

窃据署布政使毛庆蕃呈称，易州供应西陵八旗养育兵丁应需钱粮，向系按季专案详请题拨，历经遵办。又于光绪二十九年二月十九日，转准户部议覆，守护西陵大臣载润等奏，庄顺皇贵妃位前四旗兵丁，生齿日繁，请添设恩缺养育兵四分一折，奉旨"依议，钦此"等因，行知到司，当经转行遵照，说明按季拨发在案。兹据易州请领光绪三十二年春季分养育兵五十六名，每

名季支银四两五钱，共银二百五十二两。又新添养育兵四名，每名连闰季支银四两五钱，共银十八两，以上统共银二百七十两，照章改折八成，实银二百十六两。复核数目相符，应在司库地粮银内照数动拨给发。按照新章详奏前来，臣覆核无异，除咨部查照外，理合恭折具陈，伏乞皇太后、皇上圣鉴，敕部核覆。谨奏。

光绪三十二年正月二十二日。

硃批："户部知道。"

（近）袁世凯《报拨西陵养育兵丁支银折》，骆宝善，刘路生主编《袁世凯全集》，河南大学出版社，2013年7月版，第14卷，第501页至502页

正月二十二日（2月15日），与前任宝棻交接账目。

藩司接收交代清楚折

光绪三十二年正月二十二日（1906年2月15日）

太子少保北洋大臣直隶总督臣袁世凯跪奏。为藩司接收交代清楚，恭折仰祈圣鉴事。

窃据署布政使毛庆蕃详称，前署司宝棻，自光绪三十年十二月二十六日到任起，至三十一年十月十五卸事前一日止。毛庆蕃即于十月十五日到任，所有前署司宝棻，接收前司杨士骧交下司库并大名寄库实存恒裕库各款，共银八十五万八千八百八十八两二钱五分三厘，制钱八百六串五百十七文，兵饷、朋建共存银五万六千五百七十三两七钱六分三厘。外寄库实存银二千九百二十六两八钱五分三厘。前署司宝棻任内，经手本、节年地丁、协饷、正杂钱粮，按款盘查，逐一核明。恒裕库共收银二百六十七万二千二百八十九两五钱八分，制钱三千四百一十一串三百五十六文。内正款收银二百六十万一千六百五十四两七钱四分八厘，制钱三千四百一十一串三百五十六文，借款收银七万六百三十四两八钱三分二厘。开除共支银三百六万三千一百一十八两七分二厘，制钱二千五百串文，借款支银九十万五千五百五十八两九钱七分三厘。实存银四十六万八千五十九两八分八厘，制钱一千七百七十五串八百七十三文。兵饷、朋建、即省饷干，共正款收银四十七万九百九十三两六钱六分九厘，开除共支银五十一万五百三十六两一钱六分四厘，共同正款

支银五十万六千一百三十六两一钱六分四厘，借款支银四千四百两，实存银一万七千三十一两二钱六分八厘。外寄库共收银一千四百八十两五钱一分六厘，开除共支银二千两七钱七分九厘，内正款支银七钱七分九厘，借款支银二千两，实存银二千四百六两五钱九分，均核与司库实存银款数目相符。除将各项细册磨对准确、装订钤印另文呈送外，拟合摘造简时总册，照例出具印结，详送核奏前来。臣复核无异，除将简明册结咨移部科外，理合恭折具陈。伏乞皇太后、皇上圣鉴，敕部查照。谨奏。

光绪三十二年正月二十二日。

硃批："户部知道。"

（近）袁世凯《藩司接收交代清楚折》，骆宝善，刘路生主编《袁世凯全集》，河南大学出版社，2013年7月版，第14卷，第500页至501页

正月底，视察天津各学校。

藩臬视学

藩台毛方伯、臬台增廉访于二十七日同莅天津大小各学堂查阅一切，各学堂均于是日应悬灯结彩以表欢迎。

《北洋官报》，光绪三十二年丙午正月二十九日（2月22日），第4版

二月下旬，转咨兵部经费事宜。

咨兵部文

光绪三十二年二月十三日（1906年3月7日）

钦差大臣太子少保参预政务大臣会办练兵大臣督办电政大臣铁路大臣兵部尚书都察院右都御史办理北洋通商事宜直隶总督部堂袁，为咨明事。

据署布政使毛庆蕃呈称，蒙督院札开，光绪三十二年正月初二日，准兵部咨开，收支所案呈，本部常年经费，向以各省额设饭食银两为的款，近年以来，已均按数报解。本部自整顿部务、裁撤书吏以后，所有一切经费，业经本部于本年二月二十一日具奏，奉旨："依议，钦此钦遵。"通行在案。现在部中一切事宜，需用浩繁。且兵学馆已订于来春开办，度支用款，更倍从

前。而振兴伊始，亦断不能因陋就简，应将各直省应解各项，通行咨催，提前赶解，以应要需。查直隶省三十一年分兵马饭银五百七十两，朋马饭银三百两，均经本部收旋在案。相应咨行直隶总督，将该省三十二年份兵马、朋马先行筹拨，并武职札付饭银，一律提支，务于来年正二月内扫数批解。本部需款甚殷，该省距京较近，筹款非难，希即速筹办理，刻勿延缓可也等因。准此，札到该司，即便查照办理等因到司。蒙此，并蒙兵部径行前来本署司，伏查直属每年兵马奏销应解兵部饭食银五百七十四两，向于该年存公耗羡项下动支解部，造入该年存公耗羡册内报部查核等因，遵照在案。兹查光绪三十二年兵马奏销案内，兵部饭银五百七十四两，又朋马饭银三百两，现奉兵部札催，自应照章在于存公耗羡并朋扣项下筹拨，定于光绪三十二年二月初十日解交大兴县知县王继武、宛平县知县李培之，解赴兵部交纳，以资应用。至应解领札饭食银两，收有本款，再行委解。除经详查核外，所有起解日期，拟合先行具文详请查核，咨明兵部，并请咨明都察院江南道衙门查照等情，到本督部堂。据此，除分咨外，相应咨明。为此合咨贵部，烦请查照施行。须至咨者。右咨兵部。

光绪三十二年二月十三日。

（近）袁世凯《咨兵部文》，骆宝善，刘路生主编《袁世凯全集》，河南大学出版社，2013年7月版，第14卷，第531页至532页

二月下旬，会勘南皮知县试满实授事。

知县章师程试署期满请实授片

光绪三十二年二月二十二日。

再，查前准吏部咨："南皮县知县王树泰开缺另补，遗缺准以候补知县章师程署理。衔缺相当，毋庸送部引见，俟试署期满，另请实授"等因，转行遵照在案。

兹据署布政使毛庆蕃、按察使增韫会详称："南皮县知县章师程，自光绪三十一年二月初一日到任之日起，扣至三十二年二月初一日，试署一年期满，例应实授。据天津府知府荣恒查明出考，造具履历事实清册，呈道咨司，递相加考，详请具奏声明，该员任内并无参罚案件"等情前来，臣查该员治事

精勤，循声卓著，照例准其实授。除履历事实清册咨部外，理合附片具陈，伏乞圣鉴，敕部核覆，谨奏。

硃批："吏部议奏。"

（近）袁世凯《知县章师程试署期满请实授片》，骆宝善，刘路生主编《袁世凯全集》，河南大学出版社，2013年7月版，第15卷，第51页

二月，为直隶法政学堂学生阐明进学之旨。

异哉，毛方伯之于法政学生！

藩署法政学堂去年旧班学员，刻经总办毛实君方伯牌示，略谓该堂章程逐渐改良，力求进步，亟须认真甄别，期拔真材，所有旧班各学员均于月之二十五日，一律来堂另行考试，其不愿与考者听云云。

杭辛斋曰：旧班学员去年已屡考不一考矣，若云不才，去年何必录取？令其入堂，既已入堂肄业，又经年终甄别，何以留堂？今因何故又另行考试？谓前之考试不足凭耶？今又何必多此一举？谓前之考试足任，今欲更求其精，而汰其劣耶？则考一日之短长，何如核平时之功课，乃颠倒错乱，不顾是非，何名政法学堂，真以学子为儿戏耳。招之来，麾之云，果为法政之通才，早却步于千里之外矣。安肯俯首为大官屡次玩弄也。呜呼，噫嘻！

《中华报》丙午二月廿五日（3月19日），1906年第447期，第8页

直藩毛方伯劝告本署法政学堂绅班文

照得此次考试法政绅班，本司斟酌去取，与向日书院月课、岁科等试，其轻重迥不相同，有不得不为诸生一言之者。夫曩者，不过较一艺之短长，关一人之得失，其所系犹轻也。至法政绅班，则将以赞助令长举办新政，为他日地方自治之基，得其人则一方资其益，非其人则一方蒙其害。不特掣牧令之肘，抑且贻闾里之忧。故法政绅班去取，关系最为重要。

本司自去腊今正，叠次札行州县，兢兢以得人为要，以品行为先。披阅州县来牍，各牧令中颇有慎重遴选者，亦有任意搪塞，或竟委之绅士，并置之不覆者；各绅士中有秉公推举者，亦有徇私请托，或竟视同捷径者。学期已迫，决择良难。现查诸生，已经报到者计百五十一人，恐贫士难于久候，

故截至二月二十日止，先行考试一次。夫执一日之文字，而谓知其学有根柢，本司愧无此识；至乡里素著与否，尤非文字所可得而知。而州县之泛泛称许，又有难以尽信者，是不得不因文以推测其行，而其事至难，其用心亦少苦，以此将从试卷先派候补州县阅第一次，恐有未尽，复令署中宾友十余，更番校阅至三四次。本司于接见僚属、检校公牍之余，既进诸生而讨论之，又复悉心考校，终苦事冗，未能尽阅。去取先后，亦未尽当尽，即文艺一事观之，已有难以自信者，况行谊乎。要惟此恐失天下士之心，差可自证于幽独耳。

方今万国交通，时危势迫，就中国情形而论，他日非办到地方自治，实无自立之方。论者以为维新，识者以为复古。宫保督宪以忧国忧民为念，兴学造士，开诚布公，所以期望直隶士绅者，至深且远。故欲地方自治，必官民一心，始欲官民一心，必先自官绅一心始。士为四民之首，要贵有尊君亲上之真诚，仁民爱物之志量，力保吾国粹，而日濡以新机，发愤为学，发愤修德，始与海国德育、智育、体育之良法不致相背而驰。综观外洋所精心规画者，多远合乎周官、周礼之遗，则我中国官绅所并力绸缪者，宜先屏除乎自私自利之见，故必官绅之先自治，而后可望地方之自治，人人以抚持君国、保卫地方为己任，以挽回劫运，担当世过为己责，各激励其公心，各发舒其义气，凡所为学务、警务、农业、林业诸新政，民生之事，皆为我辈官绅分内之事，一一以深思大力出之，故在一县则一县之团体结，推而至各省，则二十二省之团体亦无不结。夫而后，合中国为一家，而一切内政外交，始可保治安而免外侮，否则，风雨漂摇，后患将有不可言者。此则本司所愿与直隶诸君子交相劝勉、相惕厉者也。

兹按照阎绅凤阁等原禀各州县应调绅士，素有乡望者一人，入堂肄业，惟讲堂地狭，势难尽愿学之人而纳之，其送入省城暨天津法政学堂者，所望扩充智识，恢宏德器，以为他日行政之资，其限于人数，未能全送入堂者，均各回籍，或襄办地方学堂各事，或家居读书，其益勤学砺行，咸以远到自期，勿斤斤此次之得失，遂自沮其志气也。

本司少而奉教于先人，长而奉教于海内君子，粗闻礼义之训，稍知治乱之归，是用举平日所见者，不惜为多士一言之抑，更有为多士告者。吾观诸君多患无出路、无生计，此可忧而未足忧也。今者创办新政，需才孔亟，而每举一事，则有乏材未出救时之道，不得不开辟荐之途，重滥举之罚，迩者朝廷加意求贤，破格用人，诏书叠见，具有明征。多士但患学行之不修，不患功名之不立，我孔子不云乎"君子求诸己"，又曰："不患无位，患所以立；不患莫己知，求为何知也"，更为多士诵之。

《山东官报》，光绪三十二年三月廿六日，1906年4月19日，第1版

二月，潘宗礼投海殉国事闻于朝。

据情代奏潘宗礼忧愤捐躯折（附条陈）
光绪三十二年二月十五日（1906年3月9日）

太子少保北洋大臣直隶总督臣袁世凯跪奏，为游历绅士忧愤捐躯，遗有条陈，据情代奏，恭折仰祈圣鉴事。

窃臣以直隶民智未开，选派绅士出洋游历，曾于上年附片陈明在案。兹据第三期游历绅士景荫梁禀称，同游绅士通州廪生潘宗礼，前在本借以地方学务为己任，劳怨不辞。嗣由官费派往日本，于所过山川形势，笔之日记，语重心长。到东后，除参观听讲外，自聘教员，学习音乐、体操，昕夕无间。论及东西各国伸张权力、弱肉强食之故，则词气忼慨，颜色惨变。所著日记，大要下谋公益，上挽主权，一篇之中，三致意焉。及日本文部省宣布取缔留学规则，诸生相率废学。宗礼谓失之过激，于事无益，忧郁不知所出。归国时，道出韩境仁川，睹韩人痛被迫胁状，闻韩大臣闵泳焕屠腹惨死事，并读其临殁告韩人及各国公使遗书，有云"泳焕以一死仰报国恩，以谢我二千万同胞"等语，则声泪俱下，以为唇亡齿寒，虽同种同文，夙以保全韩国领土为言者，其现象乃至于此，凡在邻国，能不寒心。同游者以为寻常感叹之词，谈次各散。继得宗礼留致同游绅士一函，发视则嘱其将日记、条陈代呈学务处，始知有异。遍索舟中不得，惟遗一履在舱面，方惊其投海以终，时乙巳十二月初九日辰刻也。该绅等与宗礼同游五阅月之久，亲见其感愤时局、忧国捐躯，抄录条陈，呈由学务处转请代奏前来。

臣查故绅潘宗礼，怆怀大局，愤不欲生。当士风波靡之秋，有遗世独立之志。若出其所学，宣力公家，未始不可救济时艰，斡旋危难。乃竟慕鲁连之蹈海，效屈平以怀沙，虽所行所言不无过者，而其忠义勃发，亦足以淬厉人心，遗恨无穷，至堪悯恻。在圣世广开言路，视民如伤，下禹汤罪己之书，

恢尧舜同天之量。曾参云："鸟之将死，其鸣也哀。人之将死，其言也善。"该绅所遗条陈十三事，臣不敢壅于上闻，理应缮具清单，恭呈御览。仰恳天恩，饬下政务处核议，采择施行，无任感悚。谨恭折上陈，伏乞皇太后、皇上圣鉴，训示。谨奏。

光绪三十二年二月十五日。

硃批："政务处知道。"

谨将通州游历绅士潘宗礼条陈缮单恭呈御览

强邻环伺，时事多艰，生存竞争，益形激烈。苟非痛除积弊，百度维新，亟图自强，断难久立。宗礼草茅下士，廑怀国忧，谨就管见所及，亟宜施行者十三条，开列于后，以备刍荛之采。《语》云："泰山不让土壤，河海不择细流。"苟不以宗礼所言为狂妄，鉴其愚诚，俯赐采纳，则国家幸甚，四万万人民幸甚。宗礼虽死之日，胜于生之年也。

一、宜设女子师范传习所也。东西各国之所以强，为其生一人即得一人之用，虽盲哑亦受教育，授以技艺，得自谋生。我国号称四万万人，女子实居其半。为父母者，既束缚其天然之足，使转动不能自由，一家生计，惟男子是倚。以二万万无用之女子，而累及二万万男子，俾之谋室家、救冻馁，不暇求学问、急公义。民困且愚，厥致贫弱。天之生人，本无歧视，自古忠义之士，得力于母教为多。此女学之所以必应兴，而女子师范传习所必应速设者也。强国强种，关系极大，愿亟采择施行。

一、宜编小学堂浅易教科书也。四书五经为儒教真传，断无废弃之理。然而其义精，其词奥，非童蒙小子所能知。小学堂者，一国教育普及之学堂也，使其有普通之知识技能，非望其求高深之学理也。孔子论小学修身科曰："弟子入则孝，出则弟，谨而信，泛爱众，而亲仁。"非读其《诗》《书》等经，当小学课本也。后儒狃于积习，以为不读经书即是废弃圣道。幼稚童子，与言明德、新民、止至善，百思不得其解，徒烦乱民春脑筋。同一理也，以文言达之，与以俗语达之，难易判然。为小学堂计，宜分门编成浅易教科书，俾学童一读即悟，读一句得一句之益，则普及之效可收。中学堂始令读经，大学堂可设经学专科，以研究义蕴，庶几事求实际而国粹得以保存。

一、宜多设实业学堂也。方今列强以兵战，以商战，以工艺战。西儒有言，将来世界，由商业竞争时代，进于工艺竞争时代。我国商业尚未发达，然人民智巧不让西洋。若先讲求工艺制造，进入工艺竞争时代，可与欧美并驾而驰。通商以来，外溢金钱，几不可以亿兆计。利权日削，脂膏日竭，失今不图，后将坐困。是宜广设实业学堂，以树基础。夫洋人购我生货，运回本国，制成熟货，仍返而售之于我，尚获厚利，捆载而归。我能自制，其利可知。不然，谋教育普及也，而学堂用品取之外洋，谋整饬武备也，而军营用品取之外洋，添一新政，即增一漏卮，涓滴江河，前事已可为鉴。

一、宜开游学预备科也。游学外洋，固当今之急务。然未预备洋文、洋语及我国应有之普通学科，贸然出洋，诸多龃龉。夫一国有一国之普通学科，所以造就国民者也。我欲学其语言文字，势不能不学其普通学科。学之既久，必将崇拜外国而蔑视祖国。至于费时耗财，犹为小害。若于省会地方，设一游学预备学堂，考选英异之才，延师教以方言及普通学科，二三年间，拔其尤者用官费派出，次者用半官费或令自费，均直入其门，专门学校、大学校，资费既省，毕业又速。有普通学之根柢，不至惑于歧途，有百利而无一弊。此项学堂应用官款设立，稍加津贴，以广招徕。将来回国任事，必无向者浮躁之行为。

一、宜清查官山、官地、海滩以充学堂经费也。西国之所以富强者，以其地无遗利，人无遗材。今谋教育普及，亟须宽筹经费。地方自治，尚未实行，民间筹捐，殊属不易。惟各处官山、官地、海滩所在多有，任其荒芜，转起争讼。何如查明，尽数拨归学堂，相其土宜，广兴种植。山地则种树，可耕之地则开垦之，海滩则斥卤甚者以之煎硝碱，轻者则开渠泻其盐碱之性，亦堪种植。合廿二行省，计利当不菲。在学堂既可获经久之益，而生计尤足以养人，何惮而不为哉。

一、宜颁预算、决算表也。东西各国，赋税数倍中国而民不怨者，以有预算、决算表以明示之也。每岁之末，预算次年国家之岁出入，又决算本年之岁出入，一并列表宣布，俾国民人人周知。东西学者论民间有纳税之义务，即有监察国中财政之任。民知所纳之税，某项用于某处，系为我谋公益、保治安，非中饱，亦非糜费也。中国民岂无良，何以为知爱国。盖正税有限，需索无穷，供纳于吏胥之手，层层隔阂，如投洪流，上下相蒙，民乃不信。民为国本，无信则无民也，无民则无国也。日本维新之初，经费支绌，甚于中国，自大隈重信创颁预算、决算表，筹款始能扩充。至今日，区区三岛，进出款项几四五倍于我。朝廷拟改立宪政体，实行地方自治，苟不先定预算、决算之制，窃恐经费不易筹，新政不易举，即立宪之基亦不能定。

一、宜设市镇区役所也。日本幅员之广，仅比我四川一省之大。乃变法以来，蒸蒸日上，遂至战胜强俄。溯其致强之故，则自实行地方自治始。实行地方自治之制，必自设市镇区役所始。日本东京府，每年地方税多至六百余万元，外县亦百余万元不等。民所以乐输不倦者，以知为地方谋公益也。盖有市镇区役所与民相近相习，不似吾国官员隔阂之弊。其政之美意，可以遍喻于民，用款之报告，可以昭信于民，故皆愿出私财以济公用。而本市镇区之学校、卫生、警察、户口、财产、保良、惩奸、征兵、兴徭诸要政用能毕举。

一、宜改用阳历也。夫历者，以便于作事纪时为主，此外无所取义。我国沿用阴历，三年一闰，五年再闰，推算殊费周章。每年之日，多或三百八十余日，少则三百五十余日，作事纪时，殊形不便。而于经费出入、预算、决算，窒碍尤多。孔子虽云行夏之时，彼时亚洲尚未全通，遑论全球。孔子时，中国限于北温带一隅，惟行夏之时，四季寒暖适合。今则五洲大通，当吾国春夏，而非、澳已成秋冬。闽、粤行夏令时，汉北正行春令。是夏时于我版图之内已属不合，况于他洲。阳历准绕日之度以定岁，行之百年，永无差忒，作事纪时，自形便利。国家经常费用，以及官俸兵饷，民间公私簿记，每年皆无差异。与各国交涉，文牍账目，尤省脑力，且免误谬。我国而欲维新，首宜变此。且王者最重正朔，今两宫圣明在上，一旦改革及此，各国观听当为之一震。此极易变易之事也。

一、宜简送迎跪拜之礼也。中国官场，痼习繁文，极为无味。服制既多不便，送迎跪拜，尤觉烦劳。朴讷任事之人，或以礼节繁难，言语烦絮，至忘其所当言而云，而巧宦遂以娴应对为能事。此事游历日本，见官吏相见，入门上一鞠躬，退仍鞠躬，送者盡立而不离其位。私室相见，亦止送至室外，彼此鞠躬而别。中国古时皆席地而坐，相见时不过彼此伏首至席以致敬，如日本今日礼俗是也。既改为高几坐椅，拜跪礼当立废。沿而不改，迂儒俗吏，专以卑恭齷齪为事，先王制礼之精意失矣。中国百度维新，不先删云缛节繁文，必不足以振刷学士大夫之志气。

一、宜多设电话以省往来之烦也。东西各国，电话布满国中，宗礼见日本旅馆婢仆粗浅之人，如有要事，皆可能用电话直达于警察署及各官署，此上下之情所以无不通也。方今文明日进，交通之机关日捷，电话一节，凡都会市镇之间，皆应亟设，官署、局、所办理庶务，巡警捕拿盗贼，包探检查秘事，调取证据，以及工厂商号要约交涉之件，民间庆吊琐屑之事，消息灵通，事机不至坐失。更以其余闲讲究卫生适性之事。西人谓欧洲一人办事，可当中国数十人，其安逸乐生，亦非中国人所能梦见，以其有至捷至灵、省心省力之利器在也。中国一文牍之传达，奔走数十人，往还数十日。一票纸之批示，稿签发行而机会已过。一物价之涨落，比户而不相知。一二语之寒暄，终日而未及达。费时失事甚矣。若遍设电话，得以缩短道里，展长时刻，其增益人民之进步尤大也。

一、宜设会计检查院也。国家出入岁额，既有预算、决算以昭大信于民，犹恐民之不相信也。东西各国，因审查预算、决算之当否，特设会计检查院，其官直隶于政府，不受他署牵制。中国无预算、决算之制，惟各省报销，由部覆核，然徒借其名为需索之地。费多则虚亦准销，无费则实亦予驳。同治初年，发逆初平，湘军用项报部者尚需数万金，见于曾侯尺牍中，其明验也。方今维新庶政，用款尤繁，官署、局、所、学堂经费，皆当有预算、决算之报告，即皆当检查其虚实。西儒有言，大信者，财宝也。国费出自民，民不信则国费难筹。虽计臣取便一时，信用既失，久而必败。故设会计检查院而后民信乃坚，巨款乃可筹矣。

一、宜设培养林林专官也。人繁地辟，天然之林木将绝于世，不设专官以造林，则不足于用。况森林有消水患、防旱灾、避瘟疫诸大益。盖夏季暴雨，山无树木以吸之，则急溜盛涨，泛滥成灾。若山上多种树，则深根盘错，吸收水性，沙砾不至随流而下，其患自减。至于树能致雨，尤有至理。夫雨者，系湿气遇热而成，故空气过燥则不雨，树根能吸收地中水湿，传达支干，由叶间吐出，易致降雨。故树木阴森之处，夜露必浓，其实证也。人吸养气而吐炭气，树则吐养气而吸炭气，故卫生之益最大。山间树多之村庄，鲜有染疫者。通都大邑，人烟稠密，秽臭郁蒸，数年之间，必有大疫。推其由来，以树少故。此次东游，入日本之境，无不毛之山。中国西北多山，濯濯者居其大半。若设专官专以培养森林为事，将见水旱疠疫不至为灾，十年之后材木，不可胜用。

一、宜多设译书局也。中国近日学界进境甚速，留学外洋者将万人。然地广人稠，分之各省，仍见其少。且旅费过巨，于财力有妨。欲求一费省而效巨者，则多设译书局是。夫留学东洋，年须数百金。即毕业回国，辗转传授，获其益者不过数十人、数百人而止。若各省罗致东、西留学学问湛深者，多设译书局，择其要者译成汉文，廉价发售，则尽人可读其书，即尽人可获其益。趁此科举既停，沦以新智识，使知世界大势、进化公理，以发其爱国之热诚，裨益当非浅鲜。现在新译之书，大概寒士粗识东文，借译事以济旅费，舛谬不可枚举。甚者，少年聪明之士，愤于国情，专译民权、自由之书，大背中国和平变法之良策。若官局分门编译，散布国中，便无此虑。

宗礼游观日本文明制度，眷念宗邦，万端交集。现今科举已停，新政方兴，私心欲有所献纳，随笔书之，百分不能尽其一二。明知所言皆人人所能见及，惟愿实力行之，以救贫弱。人人尽自己之义务，亦能保国家之权利。国家不失其权利，人人方能享自己之权利。宗礼为四万万同胞虑，不敢不弃自己之权利，徇物国家之义务。碧海常波，此心不死，祝我国万万年。

骆宝善，刘路生主编《袁世凯全集》，河南大学出版社，2013年7月版，第14卷，第538页至542页

二、三月间，京津士民先后公祭潘烈士，毛庆蕃撰挽联，林纾（琴南）等撰祭文，李琴湘、严修等编、王洪寿饰演《投海传》新剧以传。

挽潘宗礼并附言

光绪三十二年二月初八日（1906年3月2日）刊载

吾子已矣，同胞奈何，可怜志士轻生，竟化怒涛飞大海；

诸君勉之，匹夫有责，愿结国民团体，共为砥柱挽狂澜。

通州潘生子寅，自日本归，道出仁川，感韩事，愤极投海。怀才未展，饮恨以终。闻其风者，当以生之心为心，而竟其未竟之志，是即所以善效生者也。

骆宝善，刘路生主编《袁世凯全集》，河南大学出版社，2013年7月版，第14卷，第529页

吊潘子寅烈士联

毛实君

当吾世而有鲁仲连，昔犹慷慨以陈辞，今竟从容而致命，七十岁哀亲尚在，知有国，遑知有家，东海赋招魂，此身可沉，此心不死；

掉归舟而过箕子国，悯他族凋零之状，恸遗臣泣血之书，四百兆借镜堪悲，以言谏，宁以尸谏，中邦多俊杰，毋忘今日，毋负斯人。

天津《大公报》1906年2月2日（元月初八）

公祭潘烈士文（代）

维年月日，五城全体学生，以我国烈士潘子寅先生殉义之五十七日，国人开追吊会于京师之松筠庵，学生等涕泣思慕，谨以心香昭告于先生之灵，曰：

呜呼！沧海颇谦，浪如崩山。凌岛灭礁，万古漫漫。其中有人，实维先生。先生叱咤，蛟置弗鸣。灵旗掣风，海乃镜平。敬吊先生，拊心而哭。先生行谊，百夫之鹄。壮岁窟厉，群士所目。断布再登，健进屡扑。去而学剑，龟寿骇服。署曰文侠，储与燕北。悯势知衰，惟学是蓄。兼有众能，开伏老宿。才锋卓厉，神枢鬼藏。见知毛公，遂及东洋。哀我朝鲜，方播国屯。洌水含悲，汉城不春。首辅殉国，血沸其唇。先生归帆，适读遗草。哀哀影国，无罪坐稿。烹桑祸蓄，行且及我。先生曰嗟，积猥无健。见蹶而止，鉴乃弗远。顾瞻我民，待烹若雁。聚矢弗折，挎沙斯散。国民弗聪，我心悲之；国民弗强，我身牺之。必牺我身，骇此顽固。狂草谏书，投袂而去。呜呼哀哉！汨罗之悲，悲楚狂也。惟我圣清，治迈千古。责在国民，当固其圉。固圉以学，学先知耻。耻屈于战，人人始兵；耻陷于顽，事事以明。耻我无学，学乃克成；耻我无亲，越弟吴兄；耻我无勇，先生是程。哀哉先生，为我前马！凡我同胞，趋文革野。闻雷知春，见曦出夜。先生一奋，地震区夏；先生一书，力支大厦。曰先生死，孰长年者？既先生存，哭胡为也？我仪先生，勉为英雄；我吊先生，用震瞆聋。中国再兴，先生之功。以死惊众，先生之公。呜呼先生！峨峨泰山，策策长风。凡百君子，惟先生是从。尚飨！

（近）林纾《公祭潘烈士文（代）》，载江中柱编《林纾集》，福建人民出版社，2020年4月版，第1册，第91页谨穆讣于三月二十二日，在通州南门外王恕园，为先考潘子寅府君设幕成主，辰刻开奠，未刻止奠。乡友世戚想未周报，哀此卜闻。孤子潘智远，泣血稽颡。

天津《大公报》，1906年4月7日（三月十四日），转引自孙会著《大公报广告与近代社会1902—1936》，中国传媒大学出版社，2011年1月版，第225页

（光绪）三十年，通州潘子寅先生由东返国，道出朝鲜，蹈海死。王伶为之演成戏曲，颜曰《烈士投海传》，凡顾曲者无不为之感动，于是京、津、上海及各大埠之剧团无不演唱矣。（《三麻子传》）

李世瑜《关于清末戏曲改良的一些史料—读〈天津名伶小传〉》，载《社会历史学文集》，天津古籍出版社，2007年5月版，第678页

三月中旬，奏拨各陵寝看守军兵春季经费。

报拨各陵寝月饷等银折
光绪三十二年三月十七日（1906年4月10日）
太子少保北洋大臣直隶总督臣袁世凯跪奏，为报拨本年春季分供应各陵寝员役俸饷、米折等银，循例发给，恭折仰祈圣鉴事。

窃据署布政使毛庆蕃详称："遵化、蓟州、丰润等三州县，供应各陵寝员役俸饷、米折、豆、草、车价并马兰镇新旧汉兵米折等项银两，向系由司按季专案详请题拨，一面由各州县派役赴司，领回供应，历经遵办在案。兹据遵化、蓟州、丰润三州县，将光绪三十二年春季分供应各陵寝员役俸饷、米折、豆、草、车价，并尚膳茶正新添饭食、马干，暨马兰镇新旧汉兵米折等项银两，开具估单请领。该司按单覆核。遵化、蓟州、丰润三州县，光绪三十二年春季分，供应各陵寝员役俸饷、米折、豆、草、车价，并尚膳茶正新添饭食、马干，暨马兰镇新旧汉兵米折等项银二万一千四百六十一两六钱三分二厘，改折八成实银一万七千一百六十九两三钱五厘，内扣豆、草、车价六分部平银二百十五两一钱四分七厘，实发银一万六千九百五十四两一钱五分八厘。核与历办成案相符。应请在于司库地粮银内动拨，分晰开具清单，

详请核奏。并声明陵工员役增减无定,虽以预计,应照急需钱粮之例,一面具奏,一面先行拨给,俾得及早领回散放。其实在支领数目,统归于奏销案内核实销算,多则解还,不敷找给"等情前来,臣覆核无异,除咨部查照外,理合恭折具陈,伏乞皇太后、皇上圣鉴,敕部核覆。谨奏。

光绪三十二年三月十七日。

硃批:"户部知道。"

(近)袁世凯《报拨各陵寝员役支银折》,骆宝善,刘路生主编《袁世凯全集》,河南大学出版社,2013年7月版,第14卷,第594页至595页

四月,陈三立北上,两晤毛庆蕃于保定莲池,有诗。

四月下旬至保定越闰月二日实君布政兄燕集莲花池

阔略积岁怀,奔骋万里途。执手曦日下,各惊颜貌癯。世难责攸寄,谁能爱微驱?连宵倒衷肠,屏风触僮奴。绕屋念先泽,涕陨沾襟裾(先公官布政使时,去今十二年矣)。君也奋相接,百跃并一吁。城遍莲花池,胜迹耀上都。为我召宾僚,良辰挈榼壶。亭馆信玮丽,双塘苊芙蕖。曲廊引坡陀,丑石络四隅。交加古木色,浓翠垂霄铺。弄影白玉梁,得像蓬瀛无。三圣留镜珉,慨慕尘劫余。弦诵未坠地,盛称黄与吴(谓子寿布政、挚甫京卿,皆久主莲池书院讲席)。遭值公退后,嬉此过隙驹。昔贤劳万物,匪躬殉所图。及出眺高明,恍与造化俱。一张而一弛,文武道不诬。期君休天钧,集气于冲虚。执古御今有,湛然贯精粗。洗心息以踵,嚣讼皆笙竽。兹来觇政役,复极视听娱。绸缪尊俎间,醉语效区区。

保定别实君顺循三日至汉口登江舟望月

往还万里都无事,只觅风沙倒酒尊。三日车声萦别语,一江月晕澹诗魂。楼船灯火摇波碎,鼓角山川抚槛存。自笑身如南北雁,飞飞移影点中原。

(近)陈三立《散原精舍诗》卷下,载李开军校点《散原精舍诗文集(增订本)》上册,上海古籍出版社,2014年11月版,第189页至191页

先祖、先君革职,归寓南昌,不久,先祖逝世,先君移居金陵,以诗歌

自遣。光绪二十九年癸卯，以次年为慈禧七十寿辰，戊戌党人除康梁外，皆复原官，但先君始终无意仕进。未几，袁世凯入军机，其意以为废光绪之举既不能成，若慈禧先逝，而光绪尚存者，身将及祸。故一方面赞成君主立宪，欲他日自任内阁首相，而光绪帝仅如英君主之止有空名。一方面欲先修好戊戌党人之旧怨，职是之故，立宪之说兴，当日盛流如张謇（謇）、郑孝胥皆赞佐其说，独先君窥见袁氏之隐，不附和立宪之说。是时江西巡抚吴重熹致电政府，谓素号维新之陈主政，亦以为立宪可缓办。又当时资政院初设，先君已被举为议员，亦推卸不就也。

袁氏知先君挚友署直隶布政使毛实君丈（庆蕃），署保定府知府罗顺循丈（正钧）及吴长庆提督子彦复丈（保初），依项城党直隶总督杨士骧寓天津，皆令其电邀先君北游。先君复电谓与故旧聚谈，固所乐为，但绝不入帝城，非先得三君誓言，决不启行。三君遂复电谓止限于旧交之晤谈，不涉他事。故先君至保定后（可参《散原精舍诗》卷下《〔光绪三十二年丙午〕四月下旬至保定越闰月二日实君布政兄宴集莲花池》及《赠顺循》诗），至天津，归途复过保定（可参同书同卷《保定别实君顺循三日至汉口登江舟望月》诗），遂南还金陵也。

陈寅恪《戊戌政变与先祖先君之关系》存《寒柳堂记梦未定稿》，载《陈寅恪集·寒柳堂集》，三联书店，2015年7月版，第204页至205页

四月中下旬，呈报看守吉地、东陵春夏费用。

报拨吉地员役支银折

太子少保北洋大臣直隶总督臣袁世凯跪奏，为报拨本年春季分吉地差役钱粮、米折等项银两，恭折具陈，仰祈圣鉴事。

窃据署布政使毛庆蕃详称："玉田县供应菩陀峪万年吉地添设差役人等钱粮、米折等项银两，向系由司按季专案详请题报。一面由该县赴司领回供应，历经遵办在案。今据玉田县请领光绪三十二年春季分，供应菩陀峪万年吉地差役钱粮、米折等项，共银五百三十八两五钱，改发八成实银四百三十两八钱。核与历办成案相符。应请在于司库地粮银内动拨，分晰开具清单，详请核奏。并声明吉地员役增减无定，难以预计，应照急需钱粮之例，一面具奏，

一面先行拨给,俾得及早领回供应。其实在支领数目统归于奏销案内核实销算,多则解还,不敷找给"等情前来,臣覆核无异。除清单咨部外,理合恭折具陈,伏乞皇太后、皇上圣鉴,敕部核覆,谨奏。

光绪三十二年四月十六日。奉硃批:"户部知道,钦此。"

(近)袁世凯《报拨吉地员役支银折》,骆宝善,刘路生主编《袁世凯全集》,河南大学出版社,2013年7月版,第15卷,第29页

报拨东陵官兵等支银折

光绪三十二年四月二十四日(1906年5月17日)

太子少保北洋大臣直隶总督臣袁世凯跪奏,为报拨本年夏季分东陵官兵饷折等项银两,恭折仰祈圣鉴事。

窃查遵化、蓟州、丰润、玉田等四州县,供应各陵八旗官兵月饷、俸粟、米折并养育兵丁钱粮等项银两,向系按季由司专案详请题报,一面由东陵承办事务衙门派员赴司,请领散放,历经遵办在案。

兹据署布政使毛庆蕃呈称:"准东陵承办事务衙门造册请领,该司按册覆核。原归遵化、蓟州、丰润、玉田等四州县,光绪三十二年夏季分,供应各陵八旗官兵饷折并孤寡养赡、养育兵丁钱粮等项,共银六千五百一十八两一钱二分五厘,改给八成实银五千二百一十四两五钱。核与历年成案相符,应请在于司库地粮银内动拨,由司分开清单,详情核奏。并声明陵工员役增减无定,难以预计,应照急需钱粮之例,一面具奏,一面先先拨给,领回散放。其实在支领数目,统于奏销案内核实销算,多则解还,不敷找给"等情前来,臣覆核无异,除清单咨部外,理合恭折具陈,伏乞皇太后、皇上圣鉴,敕部核覆。谨奏。

硃批:"该部知道。"

(近)袁世凯《报拨东陵官兵等支银折》,骆宝善,刘路生主编《袁世凯全集》,河南大学出版社,2013年7月版,第15卷,第44页

四月二十七日(5月20日),会同按察使代行提勘秋审人犯。

饬委藩臬代勘秋审人犯片

光绪三十二年四月二十七日（1906年5月20日）

再，近年秋审人犯，因臣驻津，均委在省司道代勘。本届审录之期，清河道李树棠出省督办河工，臣已照案饬委署藩司毛庆蕃、臬司增韫代为提勘，由臣逐案覆核具奏。理合附片陈明，伏乞圣鉴。谨奏。

光绪三十二年四月二十七日，奉硃批："知道了，钦此。"

（近）袁世凯《饬委藩臬代勘秋审人犯片》，骆宝善，刘路生主编《袁世凯全集》，河南大学出版社，2013年7月版，第15卷，第44页

闰四月，呈报夏季看守吉地、惠陵、西陵等处费用。

报拨吉地员役等支银折

光绪三十二年闰四月初三日（1906年5月25日）

太子少保北洋大臣直隶总督臣袁世凯跪奏，为报拨本年夏季分菩陀峪万年吉地员役钱粮、米折等项银两，恭折仰祈圣鉴事。

窃查玉田县供应菩陀峪万年吉地添设差役人等钱粮、米折并养育兵丁钱粮等项银两，向系按季由司专案详请题报。一面由东陵承办事务衙门派员赴司领回散放，历经遵办在案。

兹据署布政使毛庆蕃呈称："准东陵承办事务衙门造册请领，该司按册覆核。原归玉田县光绪三十二年夏季分，供应菩陀峪万年吉地八旗员役米折、马乾、孤寡养赡饷银、养育兵丁钱粮等项，共银二百七十七两，改发八成实银二百二十一两六钱。核与历办成案相符。应请在于司库地粮银内动拨，由司分开清单，详请核奏。并声明吉地员役增减无定，难以预计，应照急需钱粮之例，一面具奏，一面先行拨给，领回散放。其实在支领数目，统于奏销案内核实销算，多则解还，不敷找给"等情前来，臣覆核无异。除清单咨部外，理合恭折陈，伏乞皇太后、皇上圣鉴，敕部核覆，谨奏。

光绪三十二年闰四月初三日。奉硃批："户部知道。"

（近）袁世凯《报拨吉地员役等支银折》，骆宝善，刘路生主编《袁世凯全集》，河南大学出版社，2013年7月版，第15卷，第63页

报拨惠陵等员役支银折

光绪三十二年闰四月十一日（1906年6月2日）

太子少保北洋大臣直隶总督袁世凯跪奏，为报拨本年春季分惠陵、淑慎皇贵妃园寝员役俸饷等项银两，恭折仰祈圣鉴事。

窃惟东陵总管内务府咨开："光绪三十一年九月二十一日，淑慎皇贵妃永远奉安，祀典修关，奏准补放尚膳副、尚茶副委、副管领等，应支俸饷、米折等项银两，造册咨行查照"等因，当经行司转饬遵办在案。

兹据署布政使毛庆蕃详称："据丰润县将光绪三十二年春季分供应淑慎皇贵妃园寝员役俸饷、米折、豆、草、车价等项银两，开具估单请领。该司按单覆核，丰润县光绪三十二年春季分，供应淑慎皇妃园寝员役俸饷、米折、豆、草、车价等项，共银九百三十七两二钱一分八厘，改折八成实银七百四十三两七钱五分四厘。核与历办成案相符，应请在于司库地粮银内动拨，分晰开具清单，详请核奏，并声明陵工员役增减无定，确数难以预计，应照急需钱粮之例，一面具奏，一面先行拨给，俾得领回散放。其实在支领数目，统于奏销案内核实销算，多则解还，不敷找给"等情前来，臣覆核无异。除清单咨部外，理合恭折具陈，伏乞皇太后、皇上圣鉴，敕部核覆，谨奏。

光绪三十二年闰四月十一日。

硃批："户部知道。"

（近）袁世凯《报拨惠陵等员役支银折》，骆宝善，刘路生主编《袁世凯全集》，河南大学出版社，2013年7月版，第15卷，第74页至75页

报拨西陵养育兵丁支银折

光绪三十二年闰四月十一日（1906年6月2日）

太子少保北洋大臣直隶总督臣袁世凯跪奏，为报拨本年夏季连闰分西陵八旗养育兵丁钱粮银两，恭折仰祈圣鉴事。

窃据署布政使毛庆蕃呈称："易州供应西陵八旗养育兵丁应需钱粮，向系按季专案详请题拨，历经遵办。又于光绪二十九年二月十九日，转准户部议覆，守护西陵大臣载润等奏，庄顺皇贵妃位前四旗兵丁，生齿日繁，请添设恩缺养育兵四分一折，奉旨'依议，钦此'等因，行知到司，当经转行在案。兹据易州请领光绪三十二年夏季连闰分养育兵五十六名，每名季支银六两，

共银三百三十六两。又新添养育兵四名,每名连闰季支银六两,以上统共银三百六十两,照章改折八成,实银二百八十八两。覆核数目相符,应在司库地粮银内照数动拨给发。按照新章详奏"前来,臣覆核无异,除咨部查照外,理合恭折具陈,伏乞皇太后、皇上圣鉴,敕部核覆。谨奏。

光绪三十二年闰四月十一日。

硃批:"该部知道。"

(近)袁世凯《报拨西陵养育兵丁支银折》,骆宝善,刘路生主编《袁世凯全集》,河南大学出版社,2013年7月版,第15卷,第75页

报拨西陵官兵员役支银折

光绪三十二年闰四月十四日(1906年6月5日)

太子少保北洋大臣直隶总督臣袁世凯跪奏,为报拨本年夏季连闰分西陵官兵员役俸饷等项银两,恭折仰祈圣鉴事。

窃据署布政使毛庆蕃呈称:"易州供应各陵官兵月饷、俸粟、米折并运送豆、草车价等项银两,向系按季专案详请题拨,历经遵办在案。兹据易州请领光绪三十二年夏季连闰分,供应各陵官兵月饷、俸粟、米折并运送豆、草车价等项,共银二万四千七百三十六两七钱五分三厘。照章改折八成,实银一万九千七百八十九两四钱二厘,内扣豆、草车价项下每两六分部平银二百六两三分三厘。实发银一万九千五百八十三两三钱六分九厘,核与历办成案相符,应在司库地粮银内照数动拨,开具简明细数清单。按照新章详请具奏,并声明陵工员役增减无定,难以预计,应照急需钱粮之例,先行拨给,其实在支领数目,统归奏销案内核实销算,多则解还,不敷找给"等情前来,臣覆核无异,除咨部查照外,理合恭折具陈,伏乞皇太后、皇上圣鉴,敕部核覆。谨奏。

光绪三十二年闰四月十四日。

硃批:"户部知道。"

(近)袁世凯《报拨西陵官兵支银折》,骆宝善,刘路生主编《袁世凯全集》,河南大学出版社,2013年7月版,第15卷,第91页

报拨各陵寝月饷等银折

光绪三十二年闰四月二十一日(1906年6月12日)

太子少保北洋大臣直隶总督臣袁世凯跪奏，为报拨本年夏季连闰分各陵寝月饷、米折等项银两，恭折仰祈圣鉴事。

窃据署布政使毛庆蕃呈称："窃查遵化、蓟州、丰润等三州县，供应各陵寝月饷、米折、豆、草、车价并马兰镇新旧汉兵米折等项银两，向系由司按季专案详请题拨，一面由各州县派役赴司，领回供应，历经遵办在案。兹据遵化、蓟州、丰润三州县，将光绪三十二年夏季连闰分供应各陵寝月饷、米折、豆、草、车价并马兰镇新旧汉兵米折等项银两，开具估单请领。该司按单覆核。遵化、蓟州、丰润三州县，光绪三十二年夏季连润分，供应各陵寝月饷、米折、豆、草、车价并马兰镇新旧汉兵米折等项银一万九千八百七两二钱三分四厘，改折八成实银一万五千八百四十五两七钱八分七厘，内扣豆、草、车价六分部平银一百九十二两八钱九分，实发银一万五千六百五十二两八钱九分七厘。核与历办成案相符。应请在于司库地粮银内动拨，分晰开具清单，详请核奏。并声明陵工员役增减无定，虽以预计，应照急需钱粮之例，一面具奏，一面先行拨给，俾各州县得以及早领回散放。其实在支领数目，统归于奏销案内核实销算，多则解还，不敷找给"等情前来，臣覆核无异，除咨部查照外，理合恭折具陈，伏乞皇太后、皇上圣鉴，敕部核覆。谨奏。

光绪三十二年闰四月二十二日。

硃批："户部知道。"

（近）袁世凯《报拨各陵寝月饷等银折》，骆宝善，刘路生主编《袁世凯全集》，河南大学出版社，2013年7月版，第15卷，第105页

四月十四日（6月5日），呈报上年地丁等银未完官员名单。

短征地丁旗产钱粮各员折（附清单）

光绪三十二年闰四月十四日（1906年6月5日）

太子少保北洋大臣直隶总督袁世凯跪奏，为查明经征光绪三十一年地丁、旗产钱粮未完一分以上员名，缮单恭折，仰祈圣鉴事。窃照部定新章，经征各项钱粮，应先将未完一分以上各员开单奏报等因。

兹据署藩司毛庆蕃详称，光绪三十一年分地粮、旗产升科奏销，现已核

竣。将经征未完分数员名开单具详前来。除详细清单咨部外，所有未完一分以上员名，理合缮具简明清单，恭折具陈，伏乞皇太后、皇上圣鉴，敕部查核。

再，经征各员，并无额征一百两以内未完在五分以上应行革职开缺之员，合并声明，谨奏。

光绪三十二年闰四月十四日。

硃批："该部议奏。单并发。"

谨将经征光绪三十一年地丁旗卒升科钱粮未完一分以上员名，缮具简明清单，恭呈御览。

地丁旗产钱粮项下，经征初参未完一分以上者：前署大兴县知县钱锡寀、前署顺义县知县董开沅、前任安州知州郑思任、署张家口同知查美荫。

节年缓征项下，经征初参未完、光绪二十九年缓征未完一分以上者：接征署宁河县知县周登皞、经征前任安州知州郑思任、经征初参未完、光绪二十七年秋灾缓征未完一分以上者，署宁河县知县周登皞、署清苑县知县罗正钧。经征初参未完、光绪二十七年兵灾缓征未完二分以上者，署宁河县知县周登皞。

本年先行升科项下，经征初参未完一分以上者，前署顺义县知县董开沅。

硃批："览。"

（近）袁世凯《短征地丁旗产钱粮各员折》，骆宝善，刘路生主编《袁世凯全集》，河南大学出版社，2013年7月版，第15卷，第92页

闰四月十九日（6月10日），致电锡良，商议法政学堂事宜。

十九日，保定毛方伯来电。

督宪锡钧鉴：

窃保定法学堂上年项城宫保从枭司之请，初就枭署举办，为造就幕僚而设，嗣后就藩署课吏馆改办学堂，为造就官班而设，继又调绅班肄业，以为将来官绅举行新政之基础。今春改订章程规则，顷蒙宪台再四垂询，莫名钦佩。昨谨照抄三册，并将日本法政速成讲义初缄五包，交刘大使伯骥先行赍

呈宪辕，上纾厪注。其前次在京津代购法政教科书，蕃深以驳杂为虑。当属黎、稽二生考核，并由蕃匆匆检阅，实不合用。且恐别滋流弊，远道寄呈，俱无以副大贤期望。复嘱黎、稽二生，将学堂应行参考之书，详为开列，逐一审定，计共二百零五种，中国尚无译行之本，现已托日本正金银行就东京购运原本，初计两月可到。届时即由沪径寄宜昌，遄运川省，冀□钧注。惟法政学堂自订章程外，办理不易，尚有两端，一延日本教员不易，须延聘大学法政毕业，有文凭、有品行之员；一中士通译不易，须访求能中文、能东文东语，曾学法政之员，此项译才尤乏，多不胜任。目前极为困难，前曾电达方道，度邀鉴察，冀早筹备。蕃月初因要公赴津，昨日回省，稽迟日久，万分悚欠。顷蕃弟邛牧玉麟书来，宪谕饬抄幕僚学堂章程，谨当录呈钧察。蕃奉。铣。

虞和平主编《近代史所藏清代名人稿本抄本》，大象出版社，2017年1月版，第3辑，第23册，第619页至621页

五月初四（6月25日），赴津贺节归保定。

官场纪要：藩台毛实君方伯已于初四日由津乘坐晚车旋省。前日为端阳节，天津司道文武印委各员均赴督辕叩贺。

《北洋官报》，1906年，第1050期，第5页至6页

五月二十四日（7月15日），会同按察使主持直隶秋审。

会勘新旧秋审囚犯折（附清单）

光绪三十二年五月二十四日（1906年7月15日）

太子少保北洋大臣直隶总督臣袁世凯跪奏，为会勘光绪三十二年分新旧秋审囚犯，拟定实、缓，缮单恭折，仰祈圣鉴事。

窃查直隶各属，光绪三十二年分新旧秋审囚犯，兹据署布政使毛庆蕃、按察使增韫，会同清河道李树棠，逐一确核，将新事秋审囚犯拟定情实缓决，同旧事秋审囚犯，造具情罪清册，开具清单，详请审奏前来。并声明新事赶入秋审案犯，未能即时解到，援案咨部展限在案。

除将新旧案内病故之蔚州等州县囚犯余云等十六名咨部扣除外,其无事故各囚犯,均经臣督饬司道,逐案勘得:光绪三十二年分,新事秋审,蔚州等州服制情实绞犯李盛瑛等四名,宝坻等厅州县实绞犯卢万曾等二十二名,昌平等厅州县缓决绞犯于囤等一百一十一名,共计一百三十五起、一百三十七名。旧事秋审,东明等厅州县情实、缓决绞犯程四等七十四起、七十六名口。统合本年新旧秋审二百九起、二百一十三名口。仰体皇仁,查照向章,发给新事囚犯赏项食物,发回各厅州县羁禁候示。各犯甚属安静,除将情罪清册咨部下,谨分缮清单,恭呈御览,伏乞皇太后、皇上圣鉴,敕部核覆。

再,永远监禁之保定县绞妇李栗氏、安平县绞妇王周氏、宁晋县绞妇李赵氏等三口,仍于秋审册内扣除,合并陈明。谨奏。

光绪三十二年五月二十四日。

硃批:"刑部议奏。单二件并发"(清单略)

(近)袁世凯《会勘新旧秋审囚犯折》,骆宝善,刘路生主编《袁世凯全集》,河南大学出版社,2013年7月版,第15卷,第171页

六月七日(7月27日),呈报直隶上年完征钱粮数目。

三十一年分上下忙钱粮征数折

光绪三十二年六月初七日(1906年7月27日)

太子少保北洋大臣直隶总督臣袁世凯跪奏,为查明光绪三十一年上下忙钱粮已完数目折。

太子少保北洋大臣直隶总督臣袁世凯跪奏,为查明光绪三十一年下忙钱粮已、未完数目,恭折仰祈圣鉴事。

窃查各省征收钱粮,应按上下忙造册具奏,咸丰二年户部议准,嗣后应征上、下忙钱粮,丰年以额征数目为准,蠲缓之年以应征数目为准,责成藩司督催。又部议办理上下忙,应将留支银两与起运并列,匀作十分计算完报。又于光绪二十三年经部议准,各省上下忙钱粮自本年为始,更定九分完报,上忙匀为四分,下忙匀为五分等因。

兹据署藩司毛庆蕃详称:"光绪三十一年地粮,除武备学堂并铁路占用地亩先行停征,暨豁免、蠲免、缓、带征花户长完应抵外,实应征起运、留支

正耗银二百六十万七千三百六十一两零,内起运正银一百八十五万九千九百四十五两零,留支银五十三万四千三一十七两零。又起运零留支项下耗银五万六千六百三十一两零,下忙已征完银一百二十七万二百四十七两零,今下忙续征完银一百三十二九千九百二十五两零,统计上下忙完银二百六十万一百七十二两零,内起运正银一百七十八万八千二百八十四两零,留支计在十二万七千七百六十五两零,又起运项下耗银二十二万七千五百六十四两零,留支项下耗银五万六千□百五十八两零,计在九分以上。其余民欠未完银,应俟奏销案内归结造册,请奏前来,臣覆核无异,除年款清册咨部外,理合恭折具陈,伏乞皇太后、皇上圣鉴,敕部查核。谨奏。

光绪三十二年六月初七日。奉硃批:"户部知道,钦此。"

(近)袁世凯《三十一年分上下忙钱粮征数折》,骆宝善,刘路生主编《袁世凯全集》,河南大学出版社,2013年7月版,第15卷,第207页至208页。另见《申报》1906年9月29日(八月十二日)第16版

六月,与锡良商购日本法政教科书事。

二十日保定毛方伯来电

督宪钧鉴:

谕购法政教科各书,前托日本正金银行代购,顷由东京寄沪,按原开书目,系二百零五种,兹购得一百十三种,蕃现饬员就近在沪托交川省转运局,从速附便面呈,余详字。蕃叩。致。

廿二日,保定毛方伯来电

督宪钧鉴:

法政各书已饬员交沪上川省转运局,并电饬该局届时收运。蕃叩。马。

廿二日,复毛方伯电

保定毛藩台:

两电均悉,代购各书已饬沪运局收寄矣。屡费清神,具公谊。需价俟奉尊函即寄。养。

廿七日，直隶毛方伯来电。

督宪钧鉴：

奉钧谕，饬将代购法政书籍开呈银数，兹据沪员奉称，书价关税等项，共用库平银一百五十九两八钱，已由藩库垫发，谨奉。蕃叩。感。

虞和平主编《近代史所藏清代名人稿本抄本》，大象出版社，2017年1月版，第3辑，第24册，第76页、79页、124页

六月上旬，呈报拨付惠陵、吉地等处陵寝兵丁夏季粮饷。

报拨惠陵等员役支银折

光绪三十二年六月初九日（1906年7月29日）

太子少保北洋大臣直隶总督袁世凯跪奏，为报拨本年夏季连闰分，供应陵工员役俸饷、米折等项银两，恭折仰祈圣鉴事。

窃据署布政使毛庆蕃详称："丰润县供应惠陵并妃园寝暨淑慎皇贵妃园寝员役俸饷、米折、豆、草、车价等项银两，向系由司按季专案详请题报，一面由该县赴司请领供应，历经遵办在案。兹据丰润县请领光绪三十二年夏季连闰分，供应惠陵并妃园寝暨淑慎皇妃园寝员役月饷、米折、豆、草、车价等项银四千六百三十三两五钱九分三厘，改折八成实银三千七百六两八钱七分四厘，内扣豆、草、车价项下六分部平银六十两八钱九分二厘，实发银三千六百四十五两九钱八分二厘。核与历办成案相符，应请在于司库地粮银内动拨，开单详请核奏，并声明陵工员役增减无定，确数难以预计，应照急需钱粮之例，一面具奏，一面先行拨给，俾该县得以领回供应。其实在支领数目，统于奏销案内核实销算，多则解还，不敷找给"等情前来，臣覆核无异。除将简明细数清单咨送户部查照外，理合恭折具陈，伏乞皇太后、皇上圣鉴，敕部核覆，谨奏。

光绪三十二年六月月初九日。

硃批："户部知道。"

（近）袁世凯《报拨惠陵等员役支银折》，骆宝善，刘路生主编《袁世凯全集》，河南大学出版社，2013年7月版，第15卷，第224页

报拨吉地员役支银折

光绪三十二年六月初九日（1906年7月29日）

太子少保北洋大臣直隶总督臣袁世凯跪奏，为报拨本年夏季连闰分吉地差役钱粮、米折等项银两，恭折具陈，仰祈圣鉴事。

据署布政使毛庆蕃详称："窃查玉田县供应菩陀峪万年吉地添设差役人等钱粮、米折等项银两，向系由司按季专案详请题报。一面由该县赴司领回供应，历经遵办在案。今据玉田县请领光绪三十二年夏季连闰分，供应菩陀峪万年吉地差役钱粮、米折等项，共银六百一十六两八钱，改发八成实银四百九十三两四钱四分。核与历办成案相符。应请在于司库地粮银内动拨，分晰开具清单，详请核奏。并声明吉地员役增减无定，难以预计，应照急需钱粮之例，一面具奏，一面先行拨给，俾得及早领回供应。其实在支领数目，统归于奏销案内核实销算，多则解还，不敷找给"等情前来，臣覆核无异。除清单咨部外，理合恭折具陈，伏乞皇太后、皇上圣鉴，敕部核覆，谨奏。

光绪三十二年六月初九日。硃批："户部知道。"

（近）袁世凯《报拨吉地员役支银折》，骆宝善，刘路生主编《袁世凯全集》，河南大学出版社，2013年7月版，第15卷，第225页

报拨各陵员役支银折

光绪三十二年六月十四日（1906年8月3日）

太子少保北洋大臣直隶总督臣袁世凯跪奏，为报拨本年夏季连闰分各陵员役钱粮、米折等项银两，恭折具陈，仰祈圣鉴事。

据署布政使毛庆蕃详称："窃查玉田县供应定陵、定东陵并顺水峪暨禧妃园寝兵役钱粮、米折、豆、草、车价等项银两，向系由司按季专案详请题报。一面由该县赴司领回供应，历经遵办在案。兹据玉田县请领光绪三十二年夏季连闰分，供应定陵、定东陵并顺水峪暨禧妃园寝兵役钱粮、米折、豆、草、车价等项，共银六千一百八十一两二钱一分八厘，改发八成实银四千九百四十四两九钱七分四厘，内扣豆、草、车价六分部平银五十六两四钱二分，实发银四千八百八十八两五钱五分四厘。核与历办成案均属相符。应请在于司库地粮银内动拨，分晰开具清单，详请核奏。并声明吉地员役增减无定，难以预计，应照急需钱粮之例，一面具奏，一面先行拨给，俾得该县得以及早

领回供应。其实在支领数目,统归于奏销案内核实销算,多则解还,不敷找给"等情前来,臣覆核无异。除清单咨部外,理合恭折具陈,伏乞皇太后、皇上圣鉴,敕部核覆,谨奏。

光绪三十二年六月十四日。硃批:"户部知道。"

(近)袁世凯《报拨吉地员役支银折》,骆宝善,刘路生主编《袁世凯全集》,河南大学出版社,2013年7月版,第15卷,第230页

七月初一日(8月20日),南开学校(天津私立第一中学)开工建设,捐银五百元助学。

在20世纪50年代末,从书肆间得见一本"严修题检""中华民国四年夏季订"的《天津南开学校章程》。书中有《沿革志略》,兹摘录如下:

(光绪三十年)九月初八日,学堂成立,定名曰"私立中学堂",房舍用严范孙先生住宅之偏院。校具及改建费由严先生捐助。理化各种及书桌、书橱等物由故绅王奎章先生之哲嗣益孙先生捐助。严、王两先生各担任常年经费每月银百两。年终,改称"私立敬业中学堂"。

三十一年,因经费不足,严、王两先生每月各增助银百两。年终……本校复更名"私立第一中学堂"。三十二年,邑绅郑菊如先生以南开水闸旁空地十余亩捐助本校。惟该地在广大公司界限向内,该公司执不肯让。张伯苓先生向该公司总理交涉,始于电车公司后得地十亩有奇。

七月初一日,本校在南开电车公司后开工。建筑由王益孙先生捐银一万两,严范孙先生捐银五千两,邑绅徐菊人先生捐银一千两。前署直隶藩司毛实君先生捐银五百元。又经提学使卢木斋先生,由浙绅严子均先生捐助直隶学务款项下,拨助银一万两。总计银二万六千两又五百元。爰以二万三千两起建东楼、北楼及围墙、平房、并置办一切家具。三十三年正月初一日,本校迁入南开新校。

卞僧慧《南开校名初考》,载《天津市南开中学建校九十周年纪念专刊1904—1994》,1994年版,第11页。另载李爱华《周恩来中学时代纪事长编》,中央文献出版社,2011年6月版,第8页

七月上旬，建议私立中学办学应从小学入手，以杜流弊。

批署按察使毛庆蕃禀私设中学颇滋流弊应从小学入手文

光绪三十二年七月十三日（1906年9月1日）刊载

据禀已悉，候行提学司核议详办。缴。

（近）袁世凯《批署按察使毛庆蕃禀私设中学颇滋流弊应从小学入手文》，骆宝善，刘路生主编《袁世凯全集》，河南大学出版社，2013年7月，第15卷，第274页

七月十六日（9月4日），袁世凯电询举贡入学堂肄业办法。

致署直隶布政使司毛庆蕃电

光绪三十二年七月十六日（1906年9月4日）

拣发举贡入学堂肄业，究竟如何办法，未见部议。津堂尚在占建，省堂能容多人，饬通盘筹画。

（近）袁世凯《致署直隶布政使司毛庆蕃电》，骆宝善，刘路生主编《袁世凯全集》，河南大学出版社，2013年7月，第15卷，第276页

七月二十一日（9月9日），参劾鸡泽知县杨谷成亏空钱粮。

追缴知县杨谷成亏款片

光绪三十二年七月二十一日（1906年9月9日）

再，前任鸡泽县知县杨谷成交代案内，未清自解地粮正耗改归耗并田房税等项，共银二千一百一两九钱五分五厘，经严催未据完解。二参例早逾，以致现任不克造册结报，未便再任迁延，应援照光绪二十八年前大城县知县吴兆熊亏项成案，先行摘顶勒追。

据署藩司毛庆蕃详请奏参前来，臣覆查无异，相应请旨，将前任鸡泽县知县杨谷成先行摘去顶戴，将亏欠银两勒限两月照数完缴。如能依限缴清，另请开复摘顶处分。倘逾限不完，或完不跳数，再行奏明查抄家产备抵。该员现署奉天开原县知县，除咨奉天督臣严饬该员依限照数完解，并咨户部外，

理合附片具陈，伏乞圣鉴，训示。谨奏。

光绪三十二年七月二十一日，奉硃批："着照所请，该部知道，钦此。"

（近）袁世凯《追缴知县杨谷成亏款片》，骆宝善，刘路生主编《袁世凯全集》，河南大学出版社，2013年7月，第15卷，第292页

七月下旬，呈报外省举贡报考直隶法政学堂数额。

批署布政使毛庆蕃禀山东等省举贡拣发直隶法政学肄业拟定额数文

光绪三十二年七月二十一日（1906年9月9日）刊载

据禀已悉。所拟每省各送二十人，颇为平允。至酌收学费以补经费之不足，亦属正当办法。候咨商吏、礼部查照核覆，并候分咨山东、山西、陕西、河南、安徽各省遴选足额，限期取齐，咨送来直考验。暨分行提学司、法政学堂查照。仰即知照，另单并悉。此缴。

（近）袁世凯《批署布政使毛庆蕃禀山东等省举贡拣发直隶法政学肄业拟定额数文》，骆宝善，刘路生主编《袁世凯全集》，河南大学出版社，2013年7月，第15卷，第296页

八月七日（9月24日），请旌直隶名宦刘遵海，宣付史馆立传。

请将刘遵海付史馆总立传入祀名宦祠折

光绪三十二年八月初七日（1906年9月24日）

太子太保北洋大臣直隶总督臣袁世凯跪奏，为故员政绩可传请宣付史馆立传，并请入祀名宦祠，恭折仰祈圣鉴事。

据署布政使毛庆蕃呈称："昌平州知州史廷华详，据大兴县绅士河南候补道黄璟、昌平州绅士吉林候补同知、前双城厅通判吴廷珍等禀称，窃查已故顺天府北路同知、署理霸昌道刘遵海，河南祥符县人，由嘉庆乙卯科举人、道光壬午恩科进士，以知县签发直隶，署永清，补博野，调东明、饶阳、元城、丰润等县知县，代理开州知州，知蓟州知州，擢顺天北路同知，署理霸昌道三次。道光二十九年，因病致仕回籍，咸丰三年，在籍病故。

该故员敦崇实学，经术湛深，著有《尚书存参》《经义存参》各书，所至培养寒士，兴修书院，捐廉给膏火，送试卷，士多赖之。辟二氏尤力，丰润有三教堂，命撤去佛老，专祀孔子，使趋正学。该故员听断勤明，案无留牍。著有《劝民息讼歌》，民间有"刘青天"之誉。该故员又长于缉捕，以为赌者盗之谋，欲捕盗，先禁赌。丰润三女河有巨赌，盗薮也。盘踞多年，党羽甚众。设法擒治，赌风与盗风俱息。时值岁歉，饥民待哺，出借口粮，并以米代粥，赈复捐廉为倡，得谷数千石，广设粥厂，亲监散放，全活无算。嗣又倡捐谷粒度储仓备荒，以善其后。饶阳义仓久废，该故员捐廉为倡，于城中并四乡分建社仓，储谷以时收放。元城城东二里许，旧有引河导漳入卫，岁久淤垫，水行地上，崔家庄等三十四村，田庐多被淹没。该故员亲行履勘，集夫挑浚，两岸筑堤绵亘四十余里，居民利赖，称为"刘公堤"。莅任蓟州，署中不戒于火，风势甚烈，该故员衣冠当火而立曰："如有天谴，愿身受之，毋烬吾仓库居民。"语未终，风反火熄。遇旱祈雨，永清、饶阳，皆一祈一应，博野四祈四应，丰润六祈六应，民间传为美谈。其循声卓著，早已有口皆碑。任北路同知暨三署霸昌道篆，在昌平阅时九年，尤觉治久化成，感深挟纩。时有宗室某，素以扰累佃户为得计。该故员判以一地养二民之义，如认增租，不准夺佃，是谳一成，穷民隐受其福者以万千计。其惜小民不避权贵者，有如此。署霸昌道时，顺天大水成灾，请赈劝捐，分投拯救，民免流离失所。沙屯药王庙，有抄产地款，以之重修燕平书院，延名宿以讲求实学，士之颖秀而清贫者助之以资，勉以通经致用，风尚丕变，人文蔚起。其于家丁书役，约束严明，苞苴杜绝，属吏有贤能者，荐达大府，其不肖者，必诰诫周详，改而后已。至于管饷、屯田、驿马诸政，罔不总括机要。余如捕盗治狱、劝农力田诸政，以及地方善举，凡民所好，与之，所恶，去之，教忠教孝，勤政爱民，历九年如一日，因劳致疾，因疾引退，濒行时，父老有绘像志感者。越三四年，卒于原籍，耗至，妇稚走哭失声。昌平绅民，望祭尽哀，为之罢市。该绅等追怀遗爱，历久不忘，禀请奏明立传，并入祀昌平州名宦祠等情由，造具册结详司转请核办"前来。

臣查已故原任北路同知刘遵海，捍灾御患，讽俗型方，善政可风。循声久著，前于光绪十五年奉旨崇祀河南乡贤祠，光绪二十一年奉旨崇祀顺直名宦祠有案，是其政绩可传，早在朝廷洞鉴，该故员在昌平最久，其感人为尤深。该绅等追念遗徽，禀词真挚，相应仰恳天恩，俯准将已故原任北路同知刘遵海，宣付史馆立传，并入祀昌平州名宦祠，以劝循吏而顺舆情。除将事实册结分咨外，理合恭折具陈，伏乞皇太后、皇上圣鉴训示。谨奏。

光绪三十二年八月初七日，奉硃批："着照所请，该衙门知道。钦此。"

（近）袁世凯《请将刘遵海付史馆总立传入祀名宦祠折》，骆宝善，刘路生主编《袁世凯全集》，河南大学出版社，2013年7月，第15卷，第317页至318页。另载《申报》1907年1月9日（十一月廿五日）第20版，转载九月十六日、十七日《京报》

八月七日（9月24日），禀请拔擢忠勤狱吏刁成烈。

请将刁成烈留省补用片

光绪三十二年八月初七日（1906年9月24日）

再，据署藩司毛庆蕃禀称："各属改良监狱推广习艺所以来，狱官关系愈重，必须慎选贤能，方资治理。查有前任涞水县典史刁成烈，系四川新都县人，光绪二十五年，经部选授斯缺。到任后，讲求捕禾。矜恤囚徒，均能不遗余力。嗣联军入境，民心惊慌，文武各员亦多仓皇失措。独该典史屹然不动，亲诣狱门，昼夜坐守。联军见而大怒，用枪锋刺伤其身。该典史仍忍痛坚守，联军转赞其贤，监狱赖以保全，绅民称颂不已。旋因省亲开缺回籍，现在事毕来直，据涞水县绅民呈由该县张琨禀司转请，将该典史留省补用，免选原缺"等情前来。

臣查前任涞水县典史刁成烈，奉职忠勤，不避艰险，实为佐杂中不可多得之员。虽因省亲开缺，照例以原缺坐选。惟念人才难得，狱务需员，未便拘于成格。该员来直后，已派赴日本考察监狱，以期参酌改良。合无仰恳天恩，俯准将前任涞水县典史刁成烈，以本班仍留直隶遇缺即补，免其坐选原缺，以昭激劝而顺舆情。理合附片具陈，伏乞圣鉴，训示。谨奏。

光绪三十二年八月初七日，奉硃批："着照所请，该部知道。钦此。"

（近）袁世凯《请将刁成烈留省补用片》，骆宝善，刘路生主编《袁世凯全集》，河南大学出版社，2013年7月，第15卷，第319页

八月，呈报拨付西陵、吉地等处夏季粮饷。

报拨西陵养育兵丁支银折

光绪三十二年八月初七日（1906年9月24日）

太子少保北洋大臣直隶总督臣袁世凯跪奏，为报拨本年夏分西陵八旗养育兵丁钱粮银两，恭折仰祈圣鉴事。

窃据署布政使毛庆蕃呈称："易州供应西陵八旗养育兵丁应需钱粮，向系按季专案详请题拨，历经遵办。又于光绪二十九年二月十九日，转准户部议覆，守护西陵大臣载润等奏，庄顺皇贵妃位前四旗兵丁，生齿日繁，请添设恩缺养育兵四分一折，奉旨'依议，钦此'等因，行知到司，当经转行遵照，均经详明按季拨发在案。兹据易州请领光绪三十二年秋季分养育兵五十六名，每名季支银四两五钱，共银二百五十二两。又新添养育兵四名，每名季支银四两五钱，共银一十八两以上。共银二百七十两，照章改折八成，实银二百一十六两。覆核数目相符，应在司库地粮银内照数动拨给发。按照新章详奏"前来，臣覆核无异，除咨部查照外，理合恭折具陈，伏乞皇太后、皇上圣鉴，敕部核覆。谨奏。

光绪三十二年八月初七日。

硃批："户部知道。钦此。"

（近）袁世凯《报拨西陵养育兵丁支银折》，骆宝善，刘路生主编《袁世凯全集》，河南大学出版社，2013年7月版，第15卷，第320页至321页

报拨西陵官兵支银折

光绪三十二年八月十三日（1906年9月30日）

太子少保北洋大臣直隶总督臣袁世凯跪奏，为报拨光绪三十二年秋季分西陵官兵俸饷、米折等项银两，恭折仰祈圣鉴事。

窃查遵化、蓟州、丰润、玉田等四州县，供应各陵八旗官兵月饷、俸粟、米折并养育兵丁钱粮等项银两，向系按季由司专案详请题报，一面由东陵承办事务衙门派员赴司，请领散放，历经遵办在案。

据署布政使毛庆蕃呈称："准东陵承办事务衙门造册请领，该司按册覆核。原归遵化、蓟州、丰润、玉田等四州县，光绪三十二年秋季分，供应各

陵八旗官兵俸饷、米折并孤寡养赡、养育兵丁钱粮等项，共银九千六百三十六两二钱七分七厘，改折八成实银七千七百九两二分一厘，内扣官俸、米折项下每两六分部平银一百二十三两八钱三分一厘，实发银七千五百八十五两一钱九分。核与历办成案相符，应请在司库地粮银内动拨，由司分开清单，详请核奏。并声明陵工员役增减无定，难以预计，应照急需钱粮之例，先行拨给，其实在支领数目，统归奏销案内核实销算，多则解还，不敷找给"等情前来，臣覆核无异，除咨部查照外，理合恭折具陈，伏乞皇太后、皇上圣鉴，敕部核覆。谨奏。

光绪三十二年八月十三日。

硃批："户部知道。钦此。"

（近）袁世凯《报拨西陵官兵支银折》，骆宝善，刘路生主编《袁世凯全集》，河南大学出版社，2013年7月版，第15卷，第324页至325页

报拨各陵寝月饷等银折

光绪三十二年八月十三日（1906年9月30日）

太子少保北洋大臣直隶总督臣袁世凯跪奏，为报拨本年秋季分供应各陵寝员役俸饷、米折等银，循例发给，恭折仰祈圣鉴事。

窃据署布政使毛庆蕃呈称："遵化、蓟州、丰润等三州县，供应各陵寝员役俸饷、米折、豆、草、车价并马兰镇新旧汉兵米折等项银两，向系由司按季专案详请题拨，一面由各州县派役赴司，领回供应，历经遵办在案。兹据遵化、蓟州、丰润三州县，将光绪三十二年秋季分供应各陵寝员役俸饷、米折、豆、草、车价，并尚膳茶正新添饭食、马干，暨马兰镇新旧汉兵米折等项银两，开具估单请领。该司按单覆核。遵化、蓟州、丰润三州县，光绪三十二年秋季分，供应各陵寝月饷、米折、豆、草、车价，并尚膳茶正新添饭食、马干，暨马兰镇新旧汉兵米折等项银二万三千一百八十七两二钱七分七厘，改折八成实银一万八千五百四十九两八钱二分二厘，内扣豆、草、车价六分部平银二百七十二两二钱，实发银一万八千二百七十七两六钱二分二厘。核与历办成案相符。应请在于司库地粮银内动拨，分晰开具清单，详请核奏。并声明陵工员役增减无定，虽以预计，应照急需钱粮之例，一面具奏，一面先行拨给，俾得及早领回散放。其实在支领数目，统归于奏销案内核实销算，

多则解还，不敷找给"等情前来，臣覆核无异，除咨部查照外，理合恭折具陈，伏乞皇太后、皇上圣鉴，敕部核覆。谨奏。

光绪三十二年八月十三日。

硃批："户部知道。钦此。"

（近）袁世凯《报拨各陵寝月饷等银折》，骆宝善，刘路生主编《袁世凯全集》，河南大学出版社，2013年7月版，第15卷，第325页

报拨吉地员役等支银折

光绪三十二年八月十三日（1906年9月30日）

太子少保北洋大臣直隶总督臣袁世凯跪奏，为报拨光绪三十二年秋季分菩陀峪万年吉地员役俸饷、米折等项银两，恭折仰祈圣鉴事。

窃查玉田县供应菩陀峪万年吉地八旗员役俸饷、米折并养育兵丁钱粮等项银两，系按季由司专案详请题报。一面由东陵承办事务衙门派员赴司请领散给，历经遵办在案。

兹据署布政使毛庆蕃详称："准东陵承办事务衙门造册请领，该司按册覆核，原归玉田县光绪三十二年秋季分，供应菩陀峪万年吉地八旗员役俸饷、米折、孤寡养赡、养育兵丁钱粮等项，共银四百两八钱九分五厘，改折八成实银三百二十两七钱一分六厘。内扣官俸、米折项下每两六分部平银五两一厘，实发银三百一十七两七钱一分五厘，核与历办成案相符。应请在于司库地粮银内动拨，由司分开清单，详请核奏。并声明吉地员役增减无定，难以预计，应照急需钱粮之例，一面具奏，一面先行拨给，领回散放。其实在支领数目，统于奏销案内核实销算，多则解还，不敷找给"等情前来，臣覆核无异。除清单咨部外，理合恭折具陈，伏乞皇太后、皇上圣鉴，敕部核覆，谨奏。

光绪三十二年八月十三日。奉硃批："户部知道，钦此。"

（近）袁世凯《报拨吉地员役支银折》，骆宝善，刘路生主编《袁世凯全集》，河南大学出版社，2013年7月版，第15卷，第326页

报拨惠陵等员役支银折

光绪三十二年八月二十二日（1906年10月9日）

太子少保北洋大臣直隶总督袁世凯跪奏，为报拨本年秋季分惠陵员役俸饷米折等银，循例拨给，恭折仰祈圣鉴事。

窃据署布政使毛庆蕃详称："丰润县供应惠陵并妃园寝暨淑慎皇贵妃园寝员役俸饷、米折、豆、草、车价等项银两，以及尚膳茶正、马干、饭食等项银两，向系由司按季专案详请题报，一面由该县派役赴司，领回供应，历经遵办在案。兹据丰润县，将光绪三十二年秋季分，供应惠陵并妃园寝暨淑慎皇贵妃园寝员役俸饷、米折、豆、草、车价等项银两，以及尚膳茶正、马干、饭食等项银两，开具估单请领。该司按单覆核，该县光绪三十二年秋季分，供应惠陵并妃园寝暨淑慎皇妃园寝员役俸饷、米折、豆、草、车价等项银四千三百一十八两一钱七分二厘，改折八成实银三千四百五十四两三分八厘，内扣官俸、米折、豆、草、车价六分部平银五十三两九分三厘，实发银三千四百一两二钱四分五厘。核与历办成案相符，应请在于司库地粮银内动拨，分晰开具清单，详请核奏，并声明陵工员役增减无定，确数难以预计，应照急需钱粮之例，一面具奏，一面先行拨给，俾得领回散放。其实在支领数目，统于奏销案内核实销算，多则解还，不敷找给"等情前来，臣覆核无异。除清单咨部外，理合恭折具陈，伏乞皇太后、皇上圣鉴，敕部核覆，谨奏。

光绪三十二年八月二十二日。

硃批："户部知道。钦此。"

（近）袁世凯《报拨惠陵等员役支银折》，骆宝善，刘路生主编《袁世凯全集》，河南大学出版社，2013年7月版，第15卷，第336页

报拨西陵官兵等支银折

光绪三十二年八月三十日（1906年10月17日）

太子少保北洋大臣直隶总督臣袁世凯跪奏，为报拨本年秋季分本陵八旗养育兵丁钱粮银两，恭折仰祈圣鉴事。

窃据署布政使毛庆蕃呈称，易州供应西陵八旗养育兵丁应需钱粮，向系按季专案详请题拨，历经遵办。又于光绪二十九年二月十九日转准户部议覆，守护西陵大臣载润等奏，庄顺皇贵妃位前四旗兵丁，生齿日繁，请添设恩缺养育兵四分一折，奉旨"依议，钦此"等因，行知到司，当经转行遵照，均经详明，按季拨发在案。兹据易州请领光绪三十二年秋季分养育兵五十六名，

每名季支银四两五钱,共银二百五十二两。又新添养育兵四名,每名季支银四两五钱,共银一十八两。以上共银二百七十两,照章改折八成,实银二百一十六两。覆核数目相符,应在司库地粮银内照数动拨给发。按照新章详奏前来,臣覆核无异,除咨部查照外,理合恭折具陈,伏乞皇太后、皇上圣鉴,敕部核覆。谨奏。

奉硃批:"该部知道,钦此。"

(近)袁世凯《报拨西陵官兵等支银折》,骆宝善,刘路生主编《袁世凯全集》,河南大学出版社,2013年7月版,第15卷,第357页。另见《申报》1906年12月20日(十一月初五日)第19版,转载八月三十日《京报》

报拨定陵等员役支银折

光绪三十二年八月三十日(1906年10月17日)

太子少保北洋大臣直隶总督臣袁世凯跪奏,为报拨本年秋季分各陵员役俸饷、米折等项银两,恭折具陈,仰祈圣鉴事。

窃据署布政使毛庆蕃详称:"玉田县供应定陵、东陵、定东陵并顺水峪暨禧妃园寝兵役钱粮、米折、豆、草、车价并新添尚膳茶正、马干、饭食等项银两,向系由司按季专案详请题报。一面由该县赴司领回供应,历经遵办在案。据玉田县请领光绪三十二年秋季分,供应定陵、定东陵并顺水峪暨禧妃园寝兵役俸饷、米折、豆、草、车价并新添尚膳茶正、马干、饭食等项,共银六千一百六十四两三钱三分七厘,改发八成实银四千九百三十一两四钱六分九厘,内扣官俸、豆、草、车价六分部平银六十两七钱七分,实发银四千八百廿十两六钱九分九厘。核与历办成案均属相符。应请在于司库地粮银内动拨,分晰开具清单,详请核奏。并声明吉地员役增减无定,难以预计,应照急需钱粮之例,一面具奏,一面先行拨给,俾得及早领回供应。其实在支领数目,统归于奏销案内核实销算,多则解还,不敷找给"等情前来,臣覆核无异。除清单咨部外,理合恭折具陈,伏乞皇太后、皇上圣鉴,敕部核覆,谨奏。

光绪三十二年八月三十日。硃批:"户部知道。钦此。"

(近)袁世凯《报拨吉地员役支银折》,骆宝善,刘路生主编《袁世凯全集》,河南大学出版社,2013年7月版,第15卷,第358页

报拨吉地差役支银折

光绪三十二年九月十四日（1906年10月31日）

太子少保北洋大臣直隶总督臣袁世凯跪奏，为报拨本年秋季分吉地差役钱粮、米折等项银两，恭折具陈，仰祈圣鉴事。

窃据署布政使毛庆蕃详称："玉田县供应菩陀峪万年吉地添设差役人等钱粮、米折等项银两，向系由司按季专案详请题报。一面由该县赴司领回供应，历经遵办在案。今据玉田县请领光绪三十二年秋季分，供应菩陀峪万年吉地差役钱粮、米折等项，共银五百三十八两五钱，改发八成实银四百三十两八钱。核与历办成案相符。应请在于司库地粮银内动拨，分晰开具清单，详请核奏。并声明吉地员役增减无定，难以预计，应照急需钱粮之例，一面具奏，一面先行拨给，俾得及早领回供应。其实在支领数目，统归于奏销案内核实销算，多则解还，不敷找给"等情前来，臣覆核无异。除清单咨部外，理合恭折具陈，伏乞皇太后、皇上圣鉴，敕部核覆，谨奏。

光绪三十二年九月十四日。硃批："户部知道。钦此。"

（近）袁世凯《报拨吉地员役支银折》，骆宝善，刘路生主编《袁世凯全集》，河南大学出版社，2013年7月版，第15卷，第395页至396页

八月二十二日（10月9日），呈报直省各州县新案交代已、未办结情况。

光绪三十二年八月二十二日（1906年10月9日）

太子少保北洋大臣直隶总督臣袁世凯跪奏，为查明光绪三十一年七月起，至年底止，直属各州县新案交代已未结起数，缮单恭折，仰祈圣鉴事。

窃据署藩司毛庆蕃详称："直属各州县交代，前奉部议，自光绪八年起，作为新案，依限交代清楚，先行造册结报，半年汇奏一次。历经遵办，嗣因庚子军兴，藩署卷宗毁失，经前升司周馥设法整顿，拟将光绪二十七年九月初一日以前卸事各员作为旧案，分别委查催办，随时详咨，免扣例限。其自九月初一日以后交卸各员，作为新案，一体遵照例章，依限造册结报。详经前督臣李鸿章奏，奉硃批：'户部知道，钦此钦遵。'在案。兹又届办理汇奏之期，该司调齐卷宗，逐一查明，计自光绪三十一年七月初一起，至年底止，

将各案交代催令依限结报，造具妥确结咨部。二参限内算清尚有应交之项者，已奏参勒追。至上届汇报案内奏参勒追之员，于限内照数完清，已奏明请销。勒追参案，未满二参各案，归于下届汇案办理"等情前来，臣覆核无异，除将送到详细清单咨部外，理合另缮简明清单，恭折具陈，伏乞皇太后、皇上圣鉴。敕部查核。谨奏。

光绪三十二年八月二十二日，奉硃批："户部知道，单并发。钦此。"

谨将光绪三十一年七月初一日起，至年底止，直属各州县已、未结新案交代起数，缮具简明清单，敬呈御览（略）。

（近）袁世凯《报拨西陵官兵等支银折》，骆宝善，刘路生主编《袁世凯全集》，河南大学出版社，2013年7月版，第15卷，第349页至350页

八月十七日，交卸署理直隶布政使，再署理直隶按察使。

委毛庆蕃署直臬片

光绪三十二年八月二十二日（1906年10月9日）

再，直隶臬司一缺，前经奏委清河道李树棠暂行兼护在案。兹查该道辖境甚广，又有河工事务，虑恐兼顾难周。新任臬司王清穆，尚未到直。应委卸署藩司，正任天津道毛庆蕃署理臬篆，以专责成。除檄饬遵照外，理合附片具陈，伏乞圣鉴。谨奏。

光绪三十二年八月二十二日，奉硃批："知道了，钦此。"

（近）袁世凯《委毛庆蕃署直臬片》，骆宝善，刘路生主编《袁世凯全集》，河南大学出版社，2013年7月，第15卷，第349页

二品衔署理直隶按察使天津道臣毛庆蕃跪奏，为恭报微臣接署臬台篆日期，叩谢天恩，仰祈圣鉴事。

窃臣于光绪三十二年八月初十日在署藩司任内，接奉督臣行知，以升任臬司臣增韫调补直隶藩司，应即饬赴新任，臣当于本月十七日交卸藩篆，即于是日复接奉督臣行知，饬委署理按察使篆务，旋于二十七日准兼护臬司清河道臣李树棠，将印信文卷等件委员移交前来，臣当即恭设香案，望阙叩头谢恩，祗领任事。

伏念臣豫章下士，农部旧员，豸节忝持，愧迂疏之寡效；鸿恩渥被，荷宠眷之频加。兹复臬事，再陈冰兢，益懔。查直隶为畿辅重地，臬司为名法专官，际兹时局艰难，朝廷振兴，庶政修订律例，知弼教不外明刑甄课属僚，知安民必先察吏。而且研法政以储裁判，授工艺以恤罪徒。凡此诸端，胥关要政，如臣驽钝，深惧弗胜，惟有殚竭愚诚，遇事禀承督臣认真经理，不敢以暂时摄篆，稍涉因循，以期仰答高厚鸿慈于万一所有。微臣接署臬篆日期，并感激下忱，理合恭折具奏，叩谢天恩，伏乞皇太后、皇上圣鉴。谨奏。

知道了。

《光绪朝硃批》，光绪三十二年八月二十九日

九月，乔荩臣（白云词人）编剧《潘烈士投海》在上海公演，毛庆蕃为主角之一。

《潘烈士投海》，全剧共 4 本，作者白云词人。根据直隶通州人潘英伯投海的事迹写成。清光绪三十二年（1906）初创作，同年九月首演于丹桂茶园。1908 年在新舞台多次上演。小连生（潘月樵）饰潘伯英，孙菊仙、冯子和、夏月润、冯志奎、夏月珊、小保成（邱治云）等参加演出。宣统元年（1909），新舞台多次上演。剧情写潘英伯由直隶通永道毛庆蕃保举，派赴日本留学后，与同盟会发起人之一陈天华相识，皆痛感国家的衰弱，心怀富国强民的愿望。时清政府为瓦解中国留学生的革命活动，与日本政府勾结，颁布《取缔清朝留日学生规则》。陈天华与潘伯英先后跳海自杀，以示抗议，表现了爱国知识分子以身殉国、激励国人的思想感情，被誉为"一腔正气满乾坤"。表演大胆借鉴文明戏的手法，形式自由。戏中潘月樵的慷慨议论成为一大特色。灯光、布景的运用也是舞台亮点。

曹凌燕《上海戏曲史稿》，中国书籍出版社，2018 年 4 月版，第 141 页

潘烈士投海

作者：白云词人，生平事迹不详。

剧情

顺天通州人潘宗礼，号英伯。父亲已去世，家中有老母张氏、妻子赵氏和儿子知远、女儿知英。他少习诗书，长通时务，曾多次参加科举考试，后觉应科举徒然消磨英雄志气，遂改学天算、舆地、政治等实学。庚子事变以后，中国受外国侵略者压制日深，他不禁义愤填胸，便召集了几个同志在通州创设教育会、蒙小学堂、织工场等。他想出国留学数年，回来进一步办学堂，开民智，只是家贫亲老，有心无力。直隶永通道毛庆蕃到任以来，颇留意人才，他见潘英伯光明磊落、器宇不凡，即派人送去书信一封，纹银二百两，选派他去东洋留学。潘如久旱逢雨，兴奋异常，当即回家告知家人，稍作准备，便辞家上路。毛庆蕃和教育会会友、蒙小学生、工人们均到长亭为他送别。袁世凯还特地下令清政府的新军在天津列队相送。他从天津坐船到上海，上海商会董事曾少卿设宴招待，并请他作演说。总之，各方都对他寄予厚望。

潘离开上海到了日本，即去拜访留日革命家、同盟会会员陈天华。两人志同道合，一见如故。当潘讲到国内的种种黑暗现实时，两人都气愤异常。这时，日本政府颁布了《取缔清韩留学生规则》，众留学生闻此纷纷议论，对中国学生在日本留学竟似有罪深感不满。陈天华为表示抗议，当夜投海自杀。潘肝肠欲裂，与众留日学生被迫登船回国。船到了朝鲜仁川码头，潘上岸在一酒店饮酒，从酒家处看到韩国忠臣闵永焕的殉国遗书，更加悲愤。回到船上，写下了强国条陈和遗嘱，对着祖国和家乡痛哭一阵后，即投海自尽。船上众学生整理潘的遗物，发现他写的遗书和条陈，遗书要求同学将他的日记和条陈转交毛庆蕃，代呈袁世凯。

潘在家乡的同学童尚强，从报纸上得知留日学生已回国，即前往寻找潘，不料潘已投海，即取了潘的条陈和遗嘱，赶赴保定，向时已升任直隶布政使的毛庆蕃报告。毛甚感惋惜，答应潘家由他全力照应。潘家得知英伯死讯，全家大哭不止，被童尚强劝阻。通州政、学、军、商各界人士均纷纷表示哀悼，教育会会友、学生和工人等，更是络绎不绝地前来吊唁。毛庆蕃发表演说，要求通州各界及潘的子女，发扬潘的爱国精神，继承潘的遗志，为祖国强盛而尽力。最后，袁世凯派人送来千金，祭奠烈士，抚恤烈属。还有咨文一件，公派其子知远出国留学，以成就烈士志愿。

源流

此为京剧，系据清朝留日学生、直隶通州（今属北京）人潘英伯的事迹写成。他为抗议日本文部省颁布的《取缔清韩留学生规则》，于 1905 年返国途中在朝鲜仁川投海自杀。此剧约作于 1906 年初，当年 9 月 11 日由上海丹桂茶园首演，潘月樵饰潘英伯，孙菊仙、冯子和、夏月珊、夏月润等参加演出。1908 年潘月樵、夏月珊等创建上海新舞台后，又曾多次上演。后来又传到北京、天津，成为近代戏曲改良运动中影响较大的京剧时装戏之一。剧本有戏曲改良社刊行本，封面标"立宪预备，改良社会新戏《潘烈士投海》"，中华书局 1960 年出版、阿英辑录的《晚清文学丛钞·说唱文学卷》下册收入。

赏析

此剧情节较为简单，戏剧性也不强，主要是运用戏曲这一传统艺术形式塑造了辛亥革命前的英雄人物形象，使戏曲为时代服务，随时代前进。所以，无论从戏曲改革史的角度，还是从戏剧应反映时代生活的角度看，都有一定的历史意义。

此剧的主角潘英伯，并不是资产阶级革命家，而属于资产阶级改良派。庚子事变后，慈禧太后为缓和社会矛盾，于光绪三十年至三十二年（1904—1906）间，同意直隶总督袁世凯等人所请，派遣五位大臣出洋考察宪政，宣布"预备立宪"。此举深受资产阶级改良派拥护，因为这符合他们通过统治者自上而下地改革封建制度的政治主张。潘投海前，写下条陈，要求转呈袁世凯采纳执行。潘的恩人毛庆蕃也是如此，他在吊唁潘时发表演说，大力宣传君主立宪的好处，说："五大臣归来好整顿，必定立宪可施行。三年五载立宪定，一番气象一番新。"这只是梦想，自然是不可能实现的，反映出资产阶级改良派的局限性。但是，潘英伯又有强烈的爱国思想，他不但忧国忧民，努力办学堂开民智，寻求富国强兵之路，而且随时准备为国捐躯，"为了爱国竟亡身"。他投海自杀，虽然是对日本政府的抗议，但更重要的是要唤醒四万万同胞起来共同救国。当他得知陈天华投海自尽时，唱道："但愿得从此人心能一振,陈兄呵!虽然死了胜于生。"我们不赞成以自杀方式与黑暗社会、反动政府抗争,但历史地看,潘英伯那种为国敢献身、一死振人心的自我牺牲精神,是非常可敬可佩的。

此剧艺术上也有一定的改革创新。因情节简单,它主要是通过心理活动刻画人物,这正是戏曲的长处。作者比较熟练地运用戏曲唱腔来层层剖析人物复杂的内心世界。最明显的是,作者活用传统戏曲"叹五更"的形式,让潘英伯在自杀前唱一段,打一下时钟,一直唱了五大段,时钟打了五下(五点钟),唱得回肠荡气,颇为感人。这段"叹时钟",不但通过唱工打动人心,而且通过做工增加观赏性。作者让潘英伯做了一个梦,陈天华的鬼魂上台为他作"指点",即以活报剧的形式表演了官场的黑暗、鸦片的危害、缠足的痛苦等场面,以提高舞台上的表现力。其中三点钟以后,贴、丑扮小脚妇女用民间小调〔红绣鞋调〕,同唱《戒缠足歌》,也丰富了舞台唱腔,增加了舞台色彩。此剧受文明戏的影响,剧中的潘英伯和毛庆蕃各有一场长篇演说,以直接宣传作者的政治主张。但前者演说全用说白,后者演说则全用独唱,这就比较富有变化,削弱了非戏曲的感觉。虽然这些改革创新未必都十分成功,但作者为传统戏曲表现现代生活而勇于探索试验的精神是难能可贵的(吴戈)。

徐培均,范民声主编《三百种古典名剧欣赏》,上海辞书出版社,2005年8月版,第849页至851页

剑川按:《潘烈士投海》一剧于1906年9月在上海公演,在当时影响巨大,为近代戏剧名作。有关研究可参见钟欣志《晚清"烈士剧"初探——从〈潘烈士投海〉和〈黄勋伯义勇无双〉说起》,《文化艺术研究》2012年第3期,第123页至第137页;及唐海宏撰《清末时事剧〈潘烈士投海〉本事及版本考述》,载《江南大学学报(人文社会科学版)》,2016年第2期,第118至123页。

十月,上书袁世凯,劝其勇退。

复毛庆蕃函（光绪三十二年十月，1906 年 11 月）

昨奉惠书，所以代为谋者至深且远，非执事相爱之笃，安得闻此肺腑之言，铭感何极。某任事以来，恻时事之日艰，与国权之浸替，自维受恩深重，不敢效蹈常习故者之所为，徒以张皇补苴无益于治，因欲求根本大计，为朝廷建万世不拔之基。德薄能鲜，胥动浮言，是用辞去各项兼差，以明其远于权势。盖功名之际，处置甚难。以曾文正盖世鸿勋，犹时以盛满为虑。某独何人，敢忘此义。顾列国竞争一日千里，深恐从容雅步，噬脐无及耳。以执事之明，必更有所以进我者，愿不吝金玉为幸。

（近）袁世凯《复毛庆蕃函》，骆宝善《骆宝善评点袁世凯函牍》，岳麓书社，2005 年 8 月，第 174 页至 175 页

十一月，与增韫交接事毕。

藩司接收交代清楚折

光绪三十二年十一月十四日（1906 年 12 月 29 日）

太子少保北洋大臣直隶总督臣袁世凯跪奏，为藩司接收交代清楚，恭折仰祈圣鉴事。

窃据布政使增韫详称："前署藩司毛庆蕃，自光绪三十一年十月十五日到任起，至三十二年八月十七日卸事前一日止，增韫即于八月十七日到任。所有前署毛庆蕃接收前署司宝棻交下司库并大名寄库实存恒裕库各款，共银四十六万八千五十九两八分八厘。外寄库实存银二千四百六两五钱九分。前署司毛庆蕃任内经手本、节年地丁、协饷正杂钱粮，按款盘查，逐一核明。恒裕库共收银三百三十万二千六百一十三两六钱二分一厘，制钱八千八百一十九串九百六十六文。内正款收银三百二十三万二千七百二十六两八钱九分三厘，制钱八千八百一十九串九百六十六文，借款收银六万九千八百八十六两七钱二分八厘。开除共支银二百八十八万五千三百六十五两四钱六分，制钱八千五百串文。内正款支银二百七十三万三千八百一十五两二钱四分五厘，制钱八千五百串文，借款支银一十五万一千五百五十两二钱一分五厘。实存银八十八万五千三百七两二钱四分九厘，制钱二千九十五串八百三十九文。兵饷、朋建节省饷干，共正款收银六十五万九千一百五十九两二分二厘，开

除共正款支银六十三万七千八百一十四两四钱六分三厘,实存银三万八千三百七十五两八钱二分七厘。外寄库共收银二千二百一十三两一钱六分八厘,开除共支银一千五百两六钱九分四厘。内正款支银六钱九分四厘,借款支银一千五百两,实存银三千一百一十九两六分四厘。均核与司库实存银款数目相符。除将各项细册磨对准确,装订钤印,另文呈送外,拟合摘造简明总册,照例出具印结,详送核奏"前来。臣覆查无异,除将简明册结咨部外,理合恭折具陈,伏乞皇太后、皇上圣鉴,敕部查照。谨奏。

光绪三十二年十一月十四日,硃批:"度支部知道。"

（近）袁世凯《委毛庆蕃署直臬片》,骆宝善,刘路生主编《袁世凯全集》,河南大学出版社,2013年7月,第15卷,第518页至519页

十一月四日（12月19日）,呈报直省各州县盗案。

摘叙各盗案案由折

光绪三十二年十一月初四日（1906年12月19日）

太子少保北洋大臣直隶总督臣袁世凯跪奏,为盗案照章汇摘简明案由,恭折仰祈圣鉴事。

窃查直隶寻常命盗死罪案件,照章汇奏,造册送部。又经刑部奏准,如事在光绪二十七年十月以后者,仍将全案供招造册咨部等因,均经遵照在案。

兹据署按察使毛庆蕃查有：南乐县获贼武金朋,听纠行劫事主史合冬家牛驴、钱物。将武金朋依强劫之案,但有一人执持洋枪,在场者不分首从,斩、枭通行,拟斩立决、枭示,照章改为斩立决,逢恩不准查办。

又,迁安县获贼赵义堂等,听纠持枪,行劫事主朱明家钱饰、衣物,将赵义堂依强劫之案,但有一人执持洋枪,在场者不分首从,斩、枭通行,拟立决、枭示,照章改为斩立决。王七头别故不行,事后分赃,依例拟遣改军。

又,房山县获贼王汪等,听纠行劫事主张玉辉家银钱、衣饰等物,该犯在院把风,逸贼持有洋枪,将王汪即方庄儿、依强劫之案,但有一人执持洋枪,在场者不分首从,斩、枭通行,拟立决、枭示,照章改为斩立决。李三即李二,又名李学汶,别故不行,事后并未分赃,依例拟徒。

又赵州获贼孟小胖,听纠持枪,行窃事主龚书祥饭店,临时行强,劫得

钱布等物。将孟小胖依窃盗临时行强之案,但有一人执持洋枪,在场者不分首从,斩、枭通行,拟立决、枭示,照章改为斩立决,逢恩不准查办。孟拉拉等病故,免议。

又,献县获贼黄套等,行劫事主阎增奎店内布客李绍锡等钱布等物。将黄套、石顺即二石、薛瞎成即瞎二成,均依强盗得财斩律,拟拟立决,照章改为绞立决。石春即刘春又名刘大个、卢肥,因病及别故不行,事后分赃,均依例拟遣改军。

又,深泽县续获贼犯赵小刁,听纠结伙五人,持枪途抢事主宋俊德牛驴,将赵小刁依结伙三人以上抢夺案内,执持洋枪之从犯斩决通行,拟斩立次,照章改为绞立决。

又,赞皇县获贼罗和顺,听纠结伙五人,执持洋枪,途抢事主牛兴钱帖银圆等物。将罗和顺即罗和意,依三人以上抢夺案内,执持洋枪之从犯斩决通行,拟斩立决,照章改为绞立决。

以上七案,业均由司提审,解勘发回,分别造具供招清册,呈请汇奏前来。臣覆核无异,除清册咨部外,理合遵章汇摘简明案由,恭折具陈。伏乞皇太后、皇上圣鉴,敕部核覆。谨奏。

光绪三十二年十一月初四日,硃批:"法部议奏。"

(近)袁世凯《摘叙各盗案由折》,骆宝善,刘路生主编《袁世凯全集》,河南大学出版社,2013年7月,第15卷,第505页至506页

十二月二十日(1907年2月2日),袁世凯函复毛庆蕃考察吏治事。

覆直隶按察使毛庆蕃函稿
光绪三十二年十二月二十日(1907年2月2日)
实君世叔大人阁下:
敬复者,承示匿名函开,顺义县吴令亦林居官情形,具佩勤求吏治至意。当将敝处委查情节互相比较,尚不如原函所言之甚。兹特照录另折呈览。际此修明庶政,断不能使庸劣之徒滥膺民社、贻害地方。我辈凡有所闻,虚实均须考察。既无其事,自可免予置议,以杜奸民讦上之风。明察如公,当不

以鄙言为谬也。专此，敬请勋安。

世愚侄顿首。

十二月二十日。

附上另折一件，原函并缴。

（近）袁世凯《复毛庆蕃函》，骆宝善，刘路生主编《袁世凯全集》，河南大学出版社，2013年7月，第15卷，第593页

十二月，直隶各官考核，得上评。

文武各员考语清单

光绪三十二年十二月

谨将本届应核司道府提镇各员出具切实考语，缮单恭呈御览。

布政使增韫，现年四十六岁，镶蓝旗蒙古英秀佐领下附生。光绪三十二年八月十七日到任。该员器识闳触，心精力果，能任劳怨，为守兼优。

署提学使卢靖年四十九岁，湖北沔阳州举人。光绪三十二年四月二十日到任，该员谨饬详明，品端学粹，整顿教育，颇能尽心。

署按察使、正任天津道毛庆蕃，年六十一岁，江西丰城县进士，光绪三十二年八月二十七日到任，该员稳练老成，持躬端谨，勤求治理，力戒浮华。

（后略）

（近）袁世凯《文武各员考语清单》，骆宝善，刘路生主编《袁世凯全集》，河南大学出版社，2013年7月，第15卷，第626页至627页

是年，檄保定知县汤世晋收集碑刻，重建古莲花池"六幢亭"。

（前略）甲午，中丞陈公宝箴开藩直隶，瑄于天津佐陈公湘军粮台。陈公又发帑修葺古莲华池，山石林泉、亭榭台阁焕然一新。庚子，联军入城而古莲华池毁坏，一无所存。癸卯，皇太后、皇上谒陵，巡幸保定。时，宫保袁公世凯督直，筹款重建，以为翠华临幸之地。供奉宸游既，胡廉访景桂修建房舍于古莲华池，初为学校司，继为学务处，又其后为模范学堂。而莲池书

院，初为校士馆，继为文学馆，遂皆不复旧观矣。

丙午，中丞萨勒图拉公增韫开藩直隶，使汤大令世晋改古莲华池为公园。汤君承毛学使庆蕃、罗学使正钧之意，搜觅残碑断碣不遗余力。

（清）黄国瑄《重修六幢亭记》，碑在保定莲池书院。碑文载柴汝新，苏禄煊编《古莲花池碑文精选》，河北大学出版社，2012年10月版，第97页

光绪三十三年（1907） 丁未 六十二岁

正月，筹集善款汇往万国红十字会赈灾。

□□大人钧座：

前奉钧函，并捐册五本，仰见胞与为怀，热心拯救，曷深钦佩。今年大江南北灾区较广，哀鸿嗷嗷，同学悯恻。庆蕃谨偕司道同官，各书捐数，勉分薄俸，敬助双柏。由津汇呈外，其奉发捐册五本，饬员交由商家暨好善之士，勉为劝募。共得洋银陆百零捌元，由天津银号汇呈钧处，祗候垂察。饬局验收并请查照捐册铺号、姓名，掣予收条，以昭信实。恭请崇安，庆蕃谨禀。附缴捐册五本。

二品衔署理直隶按察使天津道毛庆蕃。

（正月十一到）

上海图书馆盛宣怀专档，毛庆蕃上吕海寰、盛宣怀禀，光绪三十三年一月十一日（1907年2月23日），档号SD050132

复江宁藩台继莲溪、直隶臬台毛实君

□□仁兄/仁兄大公祖大人阁下：

敬启者，顷奉惠函，并捐册一三本，洋银壹百/六百零八元，敬谨领悉。亿兆灾黎，同仰顶谢。此次江南北水灾，现届接办春振，迭据各义绅报告，佥谓目下灾况，更形难堪。比较冬振，至少两倍。盖在冬日，次贫之户，至此已尽，变为极贫。为日方长，延颈待拯。款少不足全活，势将并弃前功。

危迫情形，匪言可罄。乃蒙台端，于慨然赐助之外，复为登高劝集，源源接济，洵可谓施当其厄矣。除将来款赶即汇解散放，并详列正月中旬清单，送登各报，以副德意外，谨按册开捐户，一一填掣收照，附呈签室，即祈察收转给。专此肃复，敬请勋安，诸希惠照。愚治弟吕、盛。正月十七日。

上海图书馆盛宣怀专档，吕海寰、盛宣怀复毛庆蕃函，光绪三十三年一月十七日（1907年3月1日），档号 SD050132-1

春，同门朱渊寓保定留别，有诗。

留别毛实君（丁未春寓保定藩署）
予来此已五月矣，陈榻久下，吴缟未投。若之何其无愧也。行将有期，作俚语以乞政之。

白发苍苍客，临归意若何。但言航海去，不忍唱骊歌。北地春风远，南天化雨多。话长嫌夜短，肯付梦中过。

口占即寄毛实君
海阔天空意若何，先生岭上白云多。白云一片谁持赠，笑指吴门发浩歌。回头再问真消息，恍惚之中可与几。是是非非浑不管，吟风弄月咏而归。

怀旧兼寄实君
同是归群客，归来同不同。居心休自外，执两用其中。南国多今雨，东山有古风。所思人不见，仰首望飞鸿。

飞鸿不可见，焉得带书来。君在南天外，予居北海涯。何时能晤对，此日空心怀。但愿三更内，重逢梦一回。

（清）朱渊《养蒙堂遗集》卷四，载方宝川主编《太谷学派遗集》第一辑，江苏广陵古籍刻印社，1997年3月版，第5册，第270页至272页

春，马其昶《桐城耆旧传》将成，毛庆蕃撰序。

大著叙事雅赡有法度，论赞神致渊永，往往胜绝。如通伯者，可谓有良

史才矣。

桐城文献名邦,号天下第一。得通伯网罗放佚,都为一编,又无不各肖其人,平生气象以出,岂非三百年先辈英灵所式凭,而海内学者所共为愉快者与?庆蕃邂逅先睹,欣幸何极。

光绪丁亥春,丰城毛庆蕃谨识。

其昶少有志乡邦文献,及居先母忧,祥禫后,始从事于此,发前所集,采传记、公私谱牒盈箧筒。编次粗成,荣成孙佩兰葆田、丰城毛实君庆蕃见而好之(中略)。

光绪三十三年秋八月乙丑,其昶记。

(清)马其昶《桐城耆旧传》卷一《自序》,《桐城耆旧传》,朝华出版社,2018年9月版

三月初九日(4月21日),军机处拟毛庆蕃为顺天府尹人选。

顺天府尹一缺,枢府以毛庆蕃、裴维侒、顾璜三员开单请简。(初九日戌刻北京专电)

《新闻报》,三月初十日,1908年4月15日第3版

政府电促陈侍郎回京(福州)

日前陈玉苍侍郎接政府电,询以何时事毕回京。陈复电言到早须四月底考查事竣,始能回京覆命。闻行辕中人言政府之意仍欲令侍郎兼摄顺天府尹一缺,故电召回京云。

按前报京友访函言,政府拟以毛庆蕃升授府尹,未知二说孰是。

《申报》1907年5月1日(三月十九日),第4版《紧急要闻》

四月十六日(5月27日),简任江苏提学使。

四月十六日,奉上谕:"江苏提学使,着毛庆蕃补授,钦此。"

《申报》1907年5月29日(四月十八日),第2版《上谕》

（光绪三十三年四月），丙子，以直隶天津河间道毛庆蕃为江苏提学使。

《清德宗实录》卷五百七十二，光绪三十三年四月丙子条；《东华续录》卷二百六，光绪三十三年四月丙子条

日下近闻

江苏提学使一缺，闻各军机本拟以学部左丞乔树枏充补，嗣荣尚书以乔为部中干员，不欲其闻任，因保毛庆蕃曾在江南多年，于苏省学务情形最为熟悉，可胜此任。故毛廉访得奉提学江苏之命，所望者，尚书之言，幸而得中，则诚吾苏学界之大幸矣。

《申报》1907年6月6日（四月二十六日），第3版

（四月）廿四日，阳历六月四号，阴。苏提学调奉，继之者为毛实君，此亦李晴峰之高足也。龙川诗跋中曾及之。闻其人办事极恳挚，不知于学务如何。以理度之，知行合一乃其教育宗旨也，姑拭目俟之。

《徐兆玮日记》光绪三十三年四月廿四日条，《徐兆玮日记》，李向东，包岐峰，苏醒等标点，黄山书社，2013年9月版，773页

论提学使不可轻调（烦）

天下之事，熟习则专，旁骛则乱，不独官为然也。而官之任事为最重，官为行政机关之一种，久任则事举，累迁则政弛，不独提学使为然也。而提学使之地位尤重要，吾今观东华苏提学之更调，而不能无言。（中略）苏省之学务，今日固已完备否乎？是犹难解决之问题也。官立、公立、民立诸学校，经州县禀请立案者，已不可缕指计。而规制科目，能否合法，办学之人，有无假公敛财情弊，省视学调查毕，当据实陈告提学使。予以劝惩有差等，俾我苏省学制，整齐划一，蒸蒸日上，而三吴士民，得养成高尚宝贵之格，以战胜于天演界中，是非我苏省学界之一大希望乎。

乃部中所派之视学如某君者，方以占地事去苏（见本报告白祝心渊覆某君书），此次果能受苏人士之欢迎，为苏人士造幸福与否，尚在不可知之数。而周提学忽奉调东三省差遣，另以毛庆蕃补授苏提学使，一转移间，吾苏省学界，不免有所变动。虽毛提学之设施若何，较诸周提学果为何等之比例，

此时实未敢臆测。然按诸学务之重大，与提学使之地位有不宜屡易其人者，吾不能无言。虽然，专制之国，有命令而无法律。命令可任意为之，一官之简放，东西南北，朝令夕改，当事者席不暇暖，则受代以去，固不俟今日而始有此现象也。呜呼，此中国之所以为中国欤？

《申报》1907年6月11日（五月初一），第2版

剑川按：清代于各省设学政，江苏学政设于江阴。光绪三十一年（1905）废除科举制度，自三十二年（1906）开始，所有乡、会试以及各省的岁、科考一律停止，主持岁、科考试的学政下令废除，代之以提学使，执掌全省文化教育，地位在布政使、按察使之间，隶属巡抚，设署于苏州。提学使制度至清亡，共实施5年，江苏先后共上任三位提学使，依次为周树模、毛庆蕃、樊恭煦。

四月廿六日（6月6日），刘孚周访毛庆蕃、陈三立。

廿六日，阴（前略）。班侯来言，随毛学司入都，经过沪上，不日即行。毛公既避不见客，予亦不往谒。

昨夜（中略），偕兴伯到招商内河码头候毛方伯。到吉升栈晤伯严，湖南吴蓉初亦在彼。

《刘孚周日记》，光绪三十三年四月廿六日（6月6日）条、廿七日（6月7日）条

五月初，陆宗舆随从五大臣赴日归，寄密信于两江总督端方，谓毛庆蕃守旧。

（前略）舆此次随同菊老天津一行，晤袁数面，袁于新事依旧独断独行，气不少衰，可佩。朝局如是，救中国者恐在方镇东南，久仗生佛，幸勿稍存顾虑。惟好用名士为请，贤大老近习，东海、西林钧座，皆所不免，即舆亦喜师事名士。毛实君，舆向深企其为人，近闻其在北洋，以本初官制失败之后，事事与本初反对，力主反旧，其学识之不能自主，乃至于此，可鄙孰甚，

顾吾侪留学生，亦大宜自警者（中略）。名心叩上，五月初六日。

孔祥吉、郑匡民《英伦蹈海烈士之真史——杨毓麟未刊函札述考》，载《澳门理工学报（人文社会科学版）》，2012年第2期，第190至201页

五月十日（6月20日），贺涛书来。二十日，复书贺涛。

十日（6月20日），吾父与毛实君书。

二十日（6月30日），毛公复书到。

（近）贺葆真《贺葆真日记》，凤凰出版社，2014年3月版，第145页，《收愚斋日记》光绪三十三年五月十日（6月20日）条、五月二十日（6月30日）条

五月，捐款赈济安徽灾民。

上海皖北义赈总收发所代裕皖官钱局报告捐助皖赈衔名单

寿州孙燮臣相国、汪廷佐君各捐京纹一千两。刘人祥君捐让麦价银六百两，又捐麻袋二千条。毛实君廉访、直隶清和道李树棠观察、李国杰君各捐保平银二百两。（后略）

《申报》1907年7月2日（五月二十二日），第20版

五月二十七日（7月7日），与乔树枬拜访詹天佑，并乘专列考察京张铁路。

1907年7月7日（光绪三十三年五月廿七），众位总办视察本路到南口，为此开行专车。来宾中有江苏提学使毛庆藩和学部左丞乔树枬，因为他们听说本路是完全由中国人自己修筑、自己管理的，故均来视察。

《詹天佑英文日记译文》，载《詹天佑日记书信选集》，詹同济编译，北京燕山出版社，1989年12月版

六月，奏请出洋考察学务，未允，由津赴江苏提学使任。

新简苏提学司莅任消息（苏州）

新简苏提学司毛实君学使庆蕃，日前具折奏请出洋考察学务，现已奉到硃批："着暂缓出洋，迅赴新任，并毋庸来京陛见。"闻学使拟即交卸篆务，克日束装由津起程赴苏云。

《申报》1907 年 7 月 13 日（六月初四日），第 4 版

苏提学使急于赴任

新简江苏提学司毛庆蕃昨乘新铭轮船来沪，本县李大令到轮迎迓，因学使急俗履新，当由大令禀请沪道，饬派救生局小轮拖带赴苏。学使即饬丁持片，分赴各署谢步解缆首途。

《申报》1907 年 7 月 19 日（六月初十日），第 4 版

电五 苏州（同日午后九点）

江苏提学司毛庆蕃今日（初十日）到苏。

《申报》1907 年 7 月 20 日（六月十一日），第 4 版

六月十日（7 月 19 日），学部奏保毛庆蕃等十人才学兼优，可丞、参上行走。

学部奏保丞参上行走，计十员：孟庆荣、林灏深、张鹤龄、毛庆蕃、黄绍箕、刘廷琛、吴庆坻、陈伯陶、于齐庆、曾培。

《刘孚周日记》（稿本），光绪三十三年六月初十日（7 月 19 日）条

六月十七日（7 月 26 日），刘孚周信贺江苏提学使之任。

十七日（7 月 26 日）阴。晨起往大方栈，约兴祖来寓早饭。贺毛实君亲家庆蕃新任江苏提学使信。

《刘孚周日记》（稿本），光绪三十三年六月十七日（7 月 26 日）条

七月二十一日（8 月 29 日），巡抚陈夔龙约游石湖、黄天荡。

七月二十一日，约陈伯平方伯、毛实君学使、朱竹石廉访诸君同游石湖，复至黄天荡舟中作。

九道虹腰跨水湄，石湖秋色耐寻思。相逢野老惭张盖，偶话残僧为访碑。十幅风蒲如画里，万丝烟柳欲眠时。悠然濠上观鱼意，望幸重赓御制诗。

镜影波光共入船，江湖载酒早凉天。碧筠织水层层箊，红藕穿花处处田。卷幔泉飞双屐雨，推篷人醉一蓑烟。闲身半日抛尘网，输与沙鸥自在眠。

（近）陈夔龙《松寿堂诗钞》卷五《苏台集》

七月，公文闲章偶致诖误。

廿一日，阴。小篆者，中国之国粹也。自小篆变为真书，浅学者不讲《说文》，往往据真书之形状附会小篆，而不知其望文生义、毫厘千里之差，每贻笑于方家。今日《时报》滑稽字，以毛学使所用公文印章系"孝文为教"四字，因以"教"字从"孝"省从"攴"，纠其失，且以不如用"反手为毛"四字，可谓雅谑者矣。予犹忆近科江西乡试，以"和五典，叙百揆"命题，解元龙某论中有"叙从文，如天文"之句，当时讥其荒谬，且叹主司之不学无识。乃彼则弁冕群英而索瘢幸免，此则楷模多士而小侮即来，甚矣！学问之事，动关名誉，不可不慎也。

《刘孚周日记》，光绪三十三年七月廿一日（8月29日）条

八月十一日（9月18日），与陈三立等于南京后湖观荷，陈有诗赠别。

八月十一日后湖观荷同施履卿毛实君伯韩兄弟葛虞轩刘班侯

秋阴孕晨雨，凉色润郊郭。游侣鱼贯前，野航欣有托。捷疾脱箭轵，飘兀卷笋箨。萧萧葭苇风，零语挂寥廓。鞭芡纷纠缦，细朵波光掠。败荷犹映蔚，千顷青漠漠。淤洲得柳堤，板桥半烧烁。一二冲烟鸥，衔鱼眼中落。棘径夹修篁，遂涉太傅阁。云霄万古意，相顾念腰脚。瓦墁见毁画，佻达戏为虐。其习萌恣睢，教失孝义薄。饥僧亦逃去，租吏稍朘削。风景举目非，谁云世外乐。小饮敌荒寒，积虑赦缠缚。归随梱箸舟，听噪城门鹊。

实君将别相与徘徊池水侧缀而成咏

公诚怜此水，交语立斯须。照面今同皱，镌心竟自污。危机迎世运，定命护师儒。领得濠梁趣，重来数柳株。

老虫干铁吟，草树照秋心。冷月衣上泪，酸风墙外砧。虚空魂欲出，舜跖事相寻。窅窅听鸿翼，孤尊信陆沉。

抱古依残夜，无涯逐有涯。蟠胸辉五岳，钉眼落三花。坐倚星辰冷，微添乌鹊哗。苔黄蕉露白，章句对咨嗟。

（近）陈三立《散原精舍诗》卷下；另载《国粹学报》1908年第48期

八月十五日（9月22日），《时报》反对毛庆蕃倡设存古学堂及英文专修学校。

自毛实君视学吴中时，迎合揣摩，而有存古学堂之设，朱竹石赞成之，为之筹款，故当时有"朱毛和同"之语（以京师有猪毛胡同也）。既而毛又恐人之诮其顽旧也，于是又有英文专修科之设。总计此两学校，每年不下二万余金，均非教育法令所规定，脱以之改办初级小学，以谋普及教育，至少当可办五六十所也，我苏属议员不可不提议及之。

《时报》，己酉八月十五日，第三版，《时评二》

十三日，阴（前略）。《时报》载报余"猪毛胡同"，言"朱毛和同"讥朱方伯、毛学司提倡存古学堂，为养成一班古董云云。

《刘孚周日记》，光绪三十三年十二月十三日（1908年1月16日）条

九月初，病中。

苏省官事

提学司毛实君学使初六日因病赴抚署请假，续文展假三次，病仍未痊。

《申报》1907年10月18日（九月十二日），第11版

九月，为乡绅鄬紫辉夫妇撰寿文。

紫辉先生暨德配黄太宜人六十寿序

盖闻图呈南岳，耀祕反于琅函；宴启西池，琼筵斟于玉斝。紫殿丽红云之彩，五老峰擎；丹台净绿水之缘，双姑山耸。尔常纯嘏祝眉寿者，赓介寿之章；逢古康强颂颐年者，重引年之典。此德门所以致曼龄绯福，满座所以歌日升月恒也。

恭维紫辉老先生，西江望族，南楚名人。媲汾阳世系之华，焜耀增乎绶笏；擅裴令风流之誉，清高志于诗书。凤美九苞，精英璀灿；驹称千里，头角峥嵘。将探六库之芸编，缥缃耀日；且握一枝之筠管，珠玉随风。无何年甫髫龄，乱遭发逆，于是依舅氏，走昭潭。弃彼毛锥，智珠在握。精籀货殖，巨擘交推。冶商学为一炉，早识供求之理；争利权于互市，且联涣散之情。盖炼达乃为老成，精明斯能强干矣。当夫舅年耄耋，行事拮据，系千钧一发之间，瓦全未卜；设舍旧谋新之策，箸借竞来。而公谊薄云天，心同金石。臧洪义不背本，何尝患难相离。贾谊公尔忘私，方且始终克保；前则公依舅氏而立，继乃舅倚公而全。公之能、公之忠也。且夫异地经商，难遂板舆之奉；游子行役，徒深屺岵之思。公乃游自有方，归以时省。欢承菽水，不惮负米之劳；读到莪诗，咸观居庐之礼。况脊令无忘急难，卜式之财物数分；祭义不绝大宗，石渠之议论独罄。称于宗族，公之孝也；表乎乡里，公之弟也。既而德偕年进，名实以归。历练垂四十年，古谊足式；领袖推十三郡，公论弥昭。公乃遇事勇为，力持大体。醵金倡善，万寿宫则重新也；立石绘图，义葬山则垂久也。及维持宾馆，祀典不湮；奠定幽魂，隆仪克享。则公之劳、公之贤也。而且五夜却兼金之馈，见公之廉；片言解百结之纷，见公之敏。疏财仗义，交友则以诚。公尤以矍铄之年，领青灯之味。吟花课读，谈五洲而爱国爱民；煮字疗饥，观列国而时横时纵。固彬彬乎入善人之室、登大雅之堂焉。

至若德配黄宜人，灵钟巨阀，秀茁名门。选才郎而雀中屏间，归淑女而鸾飞镜里。鹿车手挽，道雅得乎顺从；鸿案眉齐，隆应来乎食报。况侍疾而亲承溲便，孝以奉姑；处家而不较锱铢，礼以待姒。典巾箱之簪珥，周济则涸鲋皆苏；守荆布之钗裙，纺绩则鸣鸡待旦。故閟宫载歌，喜燕榭庭，争出神驹。斑斓扬辉，喜堂前之彩舞；芬芳可挹，顾阶下之兰芝。兹届黄华九日之辰，正寿曜双星之会。堂开昼锦，春凝不老之祥；坐敞华筵，天锡无疆之福。蕃等进延龄之斝，悦在中心；陈述德之词，礼当北面。祥开揽揆，六筹则海上频添；福衍蕃釐，双玉则尊前下拜。喜听河洲之鼓，快吹乡饮之笙。从兹家庆成图，宸章拜诏。言诗言书言执礼，聿兴旋马之勋名；祝耄祝耋祝期颐，其跻登龙之门第。

赐进士出身、二品顶戴、江苏提学使，乡愚弟毛庆蕃顿首拜撰。清光绪三十三年岁在丁未九月谷旦。

《鄞氏重修族谱》，1989年丰城鄞氏务本堂活字版

十月十一日（11月16日），缪荃孙拜会毛庆蕃于苏州饮马桥。

十一日己巳，雨不止。拜毛实君（饮马桥）、钱伯英（振声）、王旭庄（醋库巷）。

（近）缪荃孙《艺风老人日记（二）丁未日记》，《缪荃孙全集·日记2》，凤凰出版社，2014年9月版，第471页

十月中，因公赴沪。

学使来沪

江苏提学司毛实君学使庆蕃，昨日因公来申。

《申报》1907年11月21日（十月十六日），第18版

十月廿一日，刘孚周拜会毛庆蕃于愚园，隔日并送家肴四色。

廿一日，阴，大霜寒甚。晨起复往愚园，谒见毛实君学使，并晤鲍韵笙府经厅秉忠（浙江人）及班侄。实公言及伊表叔廖濮须买参考书等，因倩吾向学务长寻明书目，函知实公，拟将照买，助入学堂也。

《刘孚周日记》，光绪三十三年十月廿一日（11月26日）条

廿六日，阴（前略），寓中做菜四色及点心，送毛实君学使。

《刘孚周日记》，光绪三十三年十月廿六日（12月1日）条

十一月，于上海愚园考试学生，合格者拟送京师大学堂。

初五日，晴。毛学使（庆蕃）昨午在愚园考民立中学堂学生，拟录五六名送京师法政学堂，其策题云："问诸生平日诵习经传，所最服膺者何句、何章？古人文辞所欣赏者何家、何篇？古来贤哲著在方册所宗仰者为何人？将来学成致用，愿得籍手以展布者为何等官？其各称心言之，将以觇其蕴蓄焉。"

初十日，阴。毛实君学使已于初七日回苏。

《刘孚周日记》，光绪三十三年十一月初五日（12月9日）条、初十日（12月14日）条

学使考送法政预备学生（苏州）

京师大学堂添设法政预备科，通饬各省学司考送，各学堂学生业由苏提学司毛庆蕃学使，行咨松江府中学堂，调考学生二十四名等情，已志前报。兹悉府学堂学生应考者共十有一名，于上月二十九日考试，题为《曾文正公论人材疏书后》，三十日复试，题为"诸生平生所蕴蓄于中者若何，将来康济于斯民者若何，其各称心言之，毋袭人言"。闻此次学生考试颇蒙学使优待奖励云。

兹将考送诸生名氏录左：王铨銎、丁廷康、蒯晋德、叶寿祥、许云庆、吴济、陶学镕、陈纲、黎兴瑗、茅承庠、费源浚。

《申报》1908年1月6日（十二月初三日），第11版

十二月，委刘超为总务，赴上海散给沪上新式学堂、幼儿园、女校、职校等奖学金。

十七日，阴（前略）。班侯侄奉毛学使委为总务课员，昨奉委至沪，散给资助各学堂经费：城内第一义务小学堂、西成小学校、竞化师范女学校、理化专修学校、女子蚕桑学校，以上各学堂各奖龙洋二百元；西门庆安里幼稚舍，奖龙洋一百元。夜间班侄来寓谈。

《刘孚周日记》，光绪三十三年十二月十七日（1908年1月20日）条

十二月三十日（1908年1月3日），嘱刘孚周资助表叔廖濮。

三十日，晴（前略）。得阅淑平（燮和）来函，附洋四元，系毛实君学使送其表叔廖佩申（濮）零用者，托予转交。当即往三省铁路学堂晤佩申，将详交付，取回收条。

元月初六日（1月9日），寄毛实君学使信，附缴廖濮收条。

《刘孚周日记》，光绪三十三年十二月三十日（1908年1月3日）条、元月初六（1月9日）条

是年，在提学使署前沧浪亭一带，仿上海黄浦江边西式公园，辟植物园，置洋凳若干，以便游人休憩。

毛提学拟设植物园（江苏）

苏省毛实君提学，近在本署前沧浪亭沿岸一带，补栽柳树，又拟另购南首空地若干，开辟植物园。现经另开花果树名三种，如山桃、接木桃及垂柳、馒头柳暨龙爪槐之类，定议开票办法，由本署头门悬有木箱一只，并出示广招花铺承揽包种，如有各种奇样及熟悉苏省土性，统限于初八日止，书明姓名、住址，自行投票，以备传署面询云。

是年，考核出洋留学生人数。

札查留学生人数

苏提学毛实君学宪，近因本省各属出洋学生尚未清查造册申报，特于晶昨通札府厅州县，速将所属官费自费之留学生共有若干，一一查明，报由本司列表送部备查，以免混淆。

是年，江阴金武祥书来，建议以南菁书院经费刻乡贤杨名时全集，复书嘉许。

名臣遗著梓南菁，赖有西河正学明。自愧一斑刊指要，居然全集得观成。

余刊杨文定公《经书言学指要》一卷，函呈毛实君学使，请其檄饬南菁学堂，以存款重刻全书。覆书略云：弟少读文定遗书，则钦慕其为人。今睹此篇，虽存简不多，而论学之旨已足借窥厓略。今执事以维桑之恭，将以全书重付杀青，斯诚盛业，曷胜欣跃。夫莫为之前，虽美弗彰；莫为之后，虽盛弗传。先贤著述，其传世行远，固来学之责。文定佚编，得足下为之表章，庶不致磨没无闻，亦官斯土者之大幸也。况先时刊本，久储邺架乎。及今不图，良为非计。重刻之费，约在千圆，来谕欲以南菁积资，用谋剞劂，属弟介以一言。当今异说响臻，俗尚风靡，诚得文定造述，广为流传。上以修明圣道，下以挽救歧趋，裨补世教，定非浅鲜。士流诵习，宅心既正，收效必远。从者之阐扬耆献，正为风俗人心，寓其深意也。

金武祥《江阴竹枝词》，载《无锡历史文献丛书》第1辑，第2册。上海交通大学出版社，2014年12月版

是年，程颂万宴乔茂萱于宅，有诗怀毛庆蕃。

乔茂萱左丞来饮石巢

百年身如何，投闲始一见。身中偶一适，身外已千变。喧腾纸上波，藏走岩间电。一国镜万有，镜破羌屡眩。君视不改方，抱阙守一贯。毛刘京雒儒，君与予兄善。中殂兄暨刘，相伤泪如霰（毛实君、刘镐仲、予兄伯翰及君俱密好）。道穷生以肩，世暗死胡恋。此飧难可加，此醉强以饯。北梦枕益酣，南强烈逾煽。归期瘉毛苌，谓言巢父贱。

（清）程颂万《石巢诗集》卷五

是年，赵启霖有诗怀毛庆蕃。

毛实君方伯庆蕃

毛君早闻道，跬步戒疏舛。抗兹希古心，未觉圣哲远。传家世名宦，风誉夙已显。委蛇历郎署，烂漫究国典。退食忽有会，探微事考辨。往从名师游，屡造东岱。中岁始通籍，朝望实良选。祥金不待跃，温玉谢雕篆。久之

乃外迁，宏此蕴抱阐。公才与吏用，磊落副撼展。峻擢讵偶然，旬宣职屡践。操持纪纲正，颓俗为交转。日昃常未暇，百度自黾勉。曾劝节劳勋，君意不谓善。尽瘁乃其分，鞅掌嘻息偃。至今燕陇间，惠化流以演。兹特绪余耳，堂堂有高昈。斯文故未坠，豫章宗派衍。造次必儒者，遐想薄轩冕。气象粹而穆，所见盖亦鲜。对之令人肃，不觉邪吝免。伊余托末契，疲苶默自觍。一别动十稔，渴思胡能遣。怅望不可即，摞若秋云卷。

（近）赵启霖《九怀》之三，载《赵瀞园集》，施明、刘志盛整理，湖南出版社，1992年12月版，第194页至195页

是年，以有讦黄炎培为革命党者，毛庆蕃接见黄炎培，以大才期之，并视察所创浦东中学。

因蔡元培赴德国留学，黄炎培继任上海同盟会干事，应杨斯盛之请，创办浦东中学。浦东中学以"勤、朴、诚"三字为校训。江苏提学使毛庆蕃视察该校，极口称赞。

江苏提学使毛庆蕃召见，略问兴学旨趣，施教方针，言谈甚洽，大为称许，并说："称读书如斯之多，选择如彼之精，谁谓汝为革命党耶？"数天后，发一长文，谓今后凡以旧案控黄炎培是革命党者，均不准立案。

俞润生《黄炎培年表》，载《文教资料》，1998年第3期，第39页

是年，为甘肃盩厔知县常熟缪树本作传。

阚庄派石梅支十七世缪树本（族称翰仙）公传
翰林院编修江苏提学司丰城毛庆蕃实君

君讳树本，字翰仙。其先故常熟人，后家江阴。九世祖文贞公昌期，明天启中忤魏阉，搒死诏狱者也。曾祖瑞，县学生。祖国子监生澧，复迁常熟。父慰祖，遂为常熟县学生，习律令，游江苏、湖南、北有名。君少读书，亦通律令，咸丰中，以知县发陕西，断疑狱数十。署咸阳，补武功。其为政，以平徭、理讼、锄豪强为务。盩厔，邻邑也，民不宜其令，聚众而哗，大府知君贤，移君盩厔，遂无事。临潼杨生花作乱，檄君调补治之。至即轻骑行

境内，解散胁从。时前令所请兵已至，君诫勿遽发。一夕，侦知生花无备，督兵役抵其巢，立擒之及悍贼二十余人置之法，他无所问。诏赏孔雀翎，以直隶州候补。

当是时，粤贼、捻匪相继起，天下糜烂，而三秦完善，民老死不睹兵革，武备废不修。君独一意治城隍，筑乡堡，积糗粮，团练民兵，募壮勇，谋保聚事。方办，而粤贼果东自荆紫关入，省城戒严。临潼距省五十里，君出境躬捍贼，多张疑兵骊山旁。贼不敢犯，则自蓝田绕道袭破渭南，蹂二华，东走出关。是役也，君以一县屹然为省东保障，大府皆重之。具功状且上，而回乱作。初，秦陇多回族，俗剽悍，不肖者轻犯法，而齐民亦数龁之。衅日积，或纠众相哄，吏莫能平曲直，益相仇。至是乘粤贼新扰渭河南北，诸桀回蜂起，胁良回为乱，纵火烧村落，屠戮无遗类。警报沓至，大吏不知所为。泾阳张文毅公芾，方以团练大臣家居，以回民居关中久，田墓所在，宜可以说定也，请亲往抚贼。欲得守令为民望者与俱，固邀君。君知不可为，苦谏文毅弗纳，请君益坚。君慨然曰："吾岂爱一死哉！"乃戒临潼，严城守，独身与文毅及故山西知县、长安蒋若讷北渡渭。群贼露刃大躁，幽之别馆。贼目洪兴者尝感君恩，欲脱君。君厉声骂，徐复晓以顺。逆贼首任老五恐摇众心，嗾其下拥君与文毅、蒋君至仓头镇，皆被害。时同治元年五月十三日也。君既授命，大吏犹不知，八月初，文毅从者亡，归始言之如此。事闻，诏视知府优恤，赠太仆寺卿，予世职，附祀文毅专祠。

配张淑人，始君与文毅行，音问间不达。淑人使两子逸出，悉索金帛劳兵民，相与死守数月。会邻县相继陷，临潼孤立贼中独完。久之，得君死耗，不食，七日亦死。诏旌其闾。四年，从给事中王宪成请，临潼、常熟皆建祠，淑人亦祀焉。子钟汴，安徽知县，袭云骑尉；钟洛，陕西知府；钟渭、钟滴。乱既定，钟汴至仓头求君遗骸不可得，乃招魂，具衣冠，敛而归葬焉。国史《忠义》例得立传。钟汴昆弟惧弗详也，请更为家传，乃叙次而论之。

论曰：吾尝过潼、渭，去乱时八九年，盖关西郊野，千里之间无回族矣。忠勇公多隆阿实破走之，故地为墟云。回祸始萌芽，长吏制驭多失宜，弱者横摧折之，矜威严，而回族怨；其强桀者则又曲法纵之，如奉骄子，而齐民亦怨。及夫祸发燎原，一二贤人君子期以口舌抚定之，何可得哉？方张公之谕贼也，君早信无生还理，时非有朝命督之，又非职守迫之也。君不行，于义无少损，感张公之意，求济万一，卒委身虎穴，捐一死明己志。其天性然也，文贞遗烈远矣！

缪幸龙主编《江阴东兴缪氏家集》（上），上海古籍出版社，2014年8月版，第205页至206页

剑川按：毛庆蕃未尝为翰林院编修，《缪氏家集》系误记。以署款提学，故系本年。

是年，于苏州开办初等小学堂、英文专修馆。

校名：初等小学堂

校址：第四校西麒麟巷朱公祠后进。第六校吴县学土地祠。第十校中军胡同明道院（以上吴县）。第一校旧学前文丞相祠东厅。第二校在其西庑，后改为二十一校。第三校干将坊言子庙东庑。第八校泰伯庙桥泰伯庙（以上为长洲县）。第五校长元县学西廊。第七校中由吉巷徐公祠。第九校南园羊太傅庙（以上为元和县）。

设立年月：光绪三十一年七月。

课程：遵章。

经费支出：每校每年银三百两。

经费来源：原奏在本省铜元盈余项下筹拨，其后铜元停铸，改由提学使衙门奏拨。苏省办学经费项下，按季领用。

办学人：总理法部主事章钰、提调知县张祖廖。

毕业次数：一次。

三十二年续设十校，意总理于光绪三十三年冬入都供职，由提学使毛庆蕃详请巡抚陈夔龙派在籍礼部主事孔昭晋继任。

官立英文专修馆。

校名：英文专修馆。

校址：大太平巷。

设立年月：光绪三十三年开办，因科学不备，奏请立案，未经题准，于

本年年底停。

  课程：本科、预科分两班。

  经费支出：年支一万四千另七十二元。

  经费来源：由江苏省办学费内拨给。

  办学人：江苏提学使毛庆蕃。

  毕业人数：无。

  以上已废官立中等学堂属长洲县。

民国《吴县志》卷二十八《学堂》

是年，在任荐拔王枚功、丁熙咸、蒋元庆等。

宣统己丑江苏拔贡王枚功硃卷

受知师：

毛实君（庆蕃，前总办江南机器制造局，现任甘肃布政使，护理陕甘总督，光绪辛丑蒙考取入广方言馆）。

宣统己酉拔贡丁熙咸硃卷

受知师：毛实君夫子（印）（庆蕃，前江苏提学使）

顾廷龙主编《清代硃卷集成》，台北成文出版社，1992年版

蒋元庆（1867—1952），字志范，一作子蕃，号鲗楼老人，常熟人。生于清同治六年（1867），蒋溥裔孙，汪鸣銮、毛庆蕃弟子。光绪二十四年（1898）拔贡，三十三年，任上海澄衷蒙学堂监督时，对竺可桢奖拔有加。宣统二年（1909）考授学部普通司七品小京官，于江苏学务公所办理学务（后略）。

《苏州通史人物卷（下）》，苏州大学出版社，2019年3月版，第25页

是年，为开平煤矿事致函郑官应。

陶斋二兄大人尊前：

敬复者，昨接念八日手复，所论开平局广州地基股份一事，似责唐、李兄弟等不先与我兄弟商量，而后允开平照办，今唐、李两姓与弟等各股均已清理了结，我只得三占从二，照允办理云云。窃思此事业已控追多年，竟无把握，吾兄曾对各股友云，年老多病，无能为力，不能帮忙。弟等亦昨争讼之人，求其血本有归而已。今幸得本利，如此了结，均以为幸。所谓多一事不如少一事也，谅高见亦以为然矣。匆匆奉复，敬请近安。

弟庆蕃顿首。

廿九日泐。

上海图书馆盛宣怀专档，毛庆蕃致郑官应函，光绪三十三年（1907），档号 SD049041-80

陶斋二兄大人尊前：

敬禀者，昨据李伯翁、唐云翁兄弟云，开平矿务局前收我们广州城南地基公司股银，至今十数年，屡向开平总局前后总办、会办索还地基，并还余存银数，该局函复，遍查并无我们股份案据，只有某某共存款一万七千两而已。本局为该地支出价费，约共四万七千余两云云。弟等有愿将股份归并张督办收回股本银，张督办尚推现在无力，嗣后屡问不复，或推不遑他顾。上年曾奉李傅相准咨张督办查复，仍然支吾如故。去岁选举两广督宪，蒙批饬，自向开平局结算清理等谕，弟等无门为祈，自问势力不能与开平局敌，又无合同，亦无股票收条，以为必化为乌有。今幸得友人与开平局再三驳论，始允将我等之股份银一万七千两加利发还，弟等喜出望外，均已签名照此了结。惟吾兄名下应得一千两，弟亦拟照办，以了其事，允奉如何，乞即示遵为荷。专此敬请近安。

弟庆蕃顿首。

念六日泐。

上海图书馆盛宣怀专档，毛庆蕃致郑官应函，光绪三十三年（1907），档号 SD049041-81

是年，与太谷同人朱渊致书论学。

致毛实君书

日昨奉到来示，玩味再三，而知先生之心，有若无实若虚也。意温而和，言曲而中，慈祥之气，洋溢行间，先生殆隐授我以法衣乎？敢不受而佩之身与？至家境弗顺，诚弟之得失，见褊急心所致也。勉以"宽平"二字，又适如其病，而投以药也，敢不受而服诸心与？

（清）朱渊《养蒙堂遗集》卷二，载方宝川主编《太谷学派遗集》第一辑，江苏广陵古籍刻印社，1997年3月版，第5册，第111页

致毛实君书

先生荣擢苏省学使，得与先生时常相亲，可谓天从人愿，而亦积诚所感召也。以好学之人，作督学之吏，将见文明日启，共仰季札复生，大道南行，群夸言子再世，举一省之学校，而胥化于正；且举天下之学校，亦胥化于正，圣人之道，洋溢乎中国，施及蛮貊，盖自先生为之兆也。耄荒如渊，不知还能得附骥尾否？惴惴焉不敢自必，惟欣欣然引领望之。

闻有招赵继之来署理事之说，不识现已来否？敦故旧而曲成后学，先生何情之挚，继周则缘之厚矣。他日服劳趋事之余，或雨润日暄，或风散雷动，上助两先生宣化，下导后起者淑身，子曰"诲人不倦"，先生勉之哉。诚令渊景仰不能已也。

（清）朱渊《养蒙堂遗集》卷二，载方宝川主编《太谷学派遗集》第一辑，江苏广陵古籍刻印社，1997年3月版，第5册，第113页至114页

留赠毛实君

弟学不加进，何能舍田芸田？但忝列同学，亦思相与有成。临别谨奉数语，庶不愧此来于万一耳。

乘几隐退，得告便告，慎勿游移为祷。黄先生既不能北来相见，君又一官匏系，无由南往，何日才得亲炙，此引退之不可不决者一也。

师年逾六旬，作此草草劳人，或致心气受伤，上无以报师友，殊不合算。此引退之不可不决者二也。

并蒂兰虽未必为我们而生，然不可不借以自励。致虚有其瑞，此引退之不可不决者三也。

仰观天时，今年各省有灾者多，无灾者少。而新法催办，民不聊生，难免思乱。此引退不可不决者四也。

俯看人事，上君相、下州县、中同寅，谁可共事？处处掣肘，种种为难，徒劳无益，此引退之不可不决者五也。

匡济时艰，自是学人分内事。然亦自己跳出苦海，而后能救人出苦海，此引退之不可不决者六也。

一日未退，自有一日应办之事，无论事多事繁，总有轻重缓急。勿着躁、勿生烦、勿畏难，虽引退之念，此时亦不可起，审其序而从容办理，才起他念，随即觉得一觉便化，此权法也。常觉常化，路既走熟，自可由法法而入无法，由无法而行法法矣。

时时觉性透露，即是时时亲师。时时以心求息，即是时时取友。

无论何等稿，只求其不害事而已，不必在字句，求全责备；无论说何等话，只求其明白而已，不必重言申告，似皆可以节劳。

华夏从古，圣人迭出，自有治华夏之法。果能法古，何难维新？书册班班可考。孟子曰："如耻之，莫若师文王"，非虚语也。乃舍此不务，而惟用夷变夏，孔孟之书，几无人读，而相信西法，为改良祸，将伊于胡底乎？此引退之不可不决者七也。

（清）朱渊《养蒙堂遗集》卷二，载方宝川主编《太谷学派遗集》第一辑，江苏广陵古籍刻印社，1997年3月版，第5册，第115页至118页

剑川按：江苏地方史料，多有指称毛庆蕃曾任金陵制造局总办者，时间在1904至1907年（一作1903至1907年）。如江苏省政协文史资料委员会、江苏省国防科学技术工业办公室编《江苏文史资料》第28辑《江苏近代兵工史略》（1989年6月版）第177页载《兵工大事记》："光绪三十三年（1904年），道员毛庆蕃继任为金陵制造局总办"；光绪三十三年（1907年）又云："毛庆蕃调离金陵机器局，由道员刘体乾继任总办。"考此三年间，毛庆蕃在天津创办户部银行、北洋振抚局，实授天津道、署永定河道、通永道、直隶按察使、布政使，调江苏提学使，实未及金陵履此职，是否为误记或挂名，姑存此待考。

光绪三十四年（1908） 戊申 六十三岁

正月十八日（2月19日），晤叶昌炽等。

十八日，拜客，先至中丞处，继见毛实君、陆申甫两同年，皆久谈。

叶昌炽《缘督庐日记》，卷十三，戊申，正月十八日条

正月，盛宣怀复信毛庆蕃，言及南菁学堂与江苏教育总会事。

复毛庆蕃函（清光绪三十四年正月，1908年2月）

新正拜惠书，并附大牍，具佩宏议，钦挹无既。南菁改校一节，发起于丙午冬间，初义停办一年，预备一切，故于何时应兴工改造，何时应广告招考，一面编制学科，一面筹画经费，皆在办事预算之内。今诵来牍，知岁杪已函邀章编修南来，今春再图改造校舍，与预算时期，容有出入，自为慎重办事起见。在未接大牍之先，则并此规画之尊指，亦无由与知。此教育总会所以迭询办法，上烦左右之缘起也。

謇束缚于通海实业，海上月或一至，或数月一至。顾于各团体有谬推謇为总协理者，遇紧要事件，无不协商。教育总会设立两载，内容组织，尤较完备。每月有干事员、评议员常会。会长离沪时，则临时推一主席，决议可否。既决，则择其最重要者邮会长画诺，然后施行，殆无如尊论所谓在会诸君循章举办，未必相商之事。

即謇在沪时预议，亦应听多数之决议，但会长得加一议决权。凡各团体编制议事规则，大都如此。社会办事，殆非一二人所能径行其意思，亦非一二人所应独担其责任。部定学务公所章程，有议长、议绅各职，但议事规则及如何取决，其条文均未明定，可视各省程度为之。此间商学各会，已养成一种习惯，实为地方自治之起点。公习知中外掌故，以法治者，则在组织之始，即存一永久性质，不视人为转移。以人治者，则其人即号开通，而萧规

曹随古已罕见，人亡政息，此亦吾国数千年来受弱之一大原因。

有感于来书之殷挚，为略陈社会状态如此。菁校事仍由总会公议，再行布复。

李明勋，尤世玮主编；张廷栖，陈炅，赵鹏，戴致君执行主编；《张謇全集》编纂委员会编《张謇全集》第2册《函电（上）》，上海辞书出版社，2012年12月版，第230页

稼轩大公祖老前辈大人阁下：

久阔鸿裁，时深景慕。敬维文旌莅止，乐育日新。遐听下风，曷胜景仰。兹有恳者，光绪三十一年正月，弟在常州开办正则两等小学堂东西两所，嗣于三十二年年终，移交翁绅振铭归并办理，更名"明志"。凡教习学生，课程编制，悉仍正则之旧。今夏由翁绅声叙前情，禀请立案，蒙毛前学使批准施行。现在明志又经续办两年，合之正则两年，已足四年之数，其高等甲班生功课都毕，程度亦好，本年拟即办理毕业，禀请奖励核诸部定转学章程，似为相符。且明志与正则，名异实同，固二而一者，兹由翁绅禀请地方官会同视学员举行毕业考试，一俟禀到台端，伏乞俯如所请，照章核奖，不特诸生感戴。

江苏提学使樊大人台启。

上海图书馆盛宣怀专档，盛宣怀、刘树屏致樊恭煦函，光绪三十四年至宣统三年（1908—1911），档号SD008738

二月二十六日（3月28日），刘孚周来函。

廿六日，晴（前略）。寄毛实君学使信。

《刘孚周日记》，光绪三十四年二月廿六日（1908年3月28日）条

三月，吏部保奏其才可大用。

电六（北京）—

吏部保奏毛庆蕃才堪大用。

《申报》1908年4月16日（三月十六日），第4版

三月，陆润庠奏保毛庆蕃等。时有传闻袁世凯密保毛庆蕃出任学部侍郎。

陆润庠奏保人才，计宝铭、赵炳麟、毛庆蕃、潘昌煦、徐寿兹。（北京电，十四日发）

《新闻报》，三月十五日，1908 年 4 月 15 日第 3 版

本馆专电。北京电（二十六日发）：
袁军机密保苏提学毛庆蕃，闻将简学部侍郎。

《新闻报》1908 年 4 月 27 日第 2 版

三月底，以创立中国红十字会发起之功，获颁一等金质勋章。

东督等奏保红十字会名单
创始及办事人：
中国总董记名海关道沈敦和、前四川川东道任汾锡、直隶候补道施则敬、江西补用道任凤苞、江苏提学使毛庆蕃、江海关道梁如浩、前直隶通永道沈能虎、浙江候补道徐润、江苏候补道周晋镳、候选道唐德熙、陈作霖、候选主事黄；西总董领袖威金生、西总董裴式楷、安特生、勃鲁那、麦尼面、宝隆、葛累、李提摩太、潘慎文、书记李治、分会西董领袖魏伯诗德、西董屠达纳、霍医士、虞医士、密勒、法勒、额必廉大理医生、魏司华德、克澜斯惕、麦克诺顿、费有顿、英格烈司、伯勒、葛澜格、克禄福、杨克罗、魏雅格、远来、傅密生。

以上华员十二名，洋员三十名，均赏给佩带"中国红十字会一等金质勋章"。

《申报》1908 年 4 月 28 日（三月二十八日），第 10 版

春，至上海尚贤堂调查外籍学务。

本堂所办之事

交际：前一学期内，督办常与中国官绅往来通（问），迨年假后，督办赴宁谒江督，而呈《宪法讲义》一（册），蒙允赐以弁言，并赠《列国政要》一书。浙抚冯星岩中丞过沪，江苏提学使毛实君学使至沪调查学务，均命驾莅堂察看，告诫学生。

毛学使并察阅学生功课，旋又捐洋三百元，督办李佳白先生来华已二十五年，办理尚贤堂及十年，去岁为先生五旬诞辰，其家人特为先生庆祝，一时来贺者二百余人，以中国友人居多。江督端午帅、陕抚恩艺帅，皆驰电道贺。苏、杭大吏，亦致电相庆，此固不独为督办一人之荣幸，且足借以达本堂联络友谊之目的也。

《申报》1908年5月18日（四月十九日），第19版载《尚贤堂半年报告》（光绪三十三年九月初九日起至光绪三十四年三月初九日止）

五月十二日（6月10日），延请章际治留任南菁学堂庶务长。

翰林院编修章际治留办南菁学堂庶务长请免扣资俸片

再，据苏州提学使毛庆蕃详称，江苏南菁学堂庶务长、在籍翰林院庶吉士章际治，于上年送部引见，授职编修，在京供职。该员性行端谨，操守廉洁。办理南菁学堂事务，深资得力。现正改办伊始，所有筹备各事宜，均关紧要。是以敦促南旋，仍充该堂庶务长。查学部《奏定续拟提学使办事权限章程》，内开课长以下各员，除就本省官绅选用外，准由提学使详请督抚，分别调用京外人员，相助为理。又查《奏定章程》"办理学堂，必须充当总理或监督，总、分教习者，免扣资俸"等语。今章际治以编修留办南菁学堂庶务长，管理教务，综核财政，责任綦重，似与总理监督分教习无异。援照定章，详请奏咨立案前来，臣复核无异，合无仰恳天恩，俯准将章际治，免扣资俸，不停升转，以昭激劝，实于学务大有裨益。除分咨查照外，理合附片具陈，伏乞皇太后、皇上圣鉴。谨奏。

中国第一历史档案馆，陈启泰《奏为章际治以编修留办南菁学堂庶务长请准免扣资俸不停升转事》，光绪三十四年五月十二日档号03-5504-061

五月十六日（6月14日），派员祭奠上海教育名家杨斯盛。

学使派员祭奠杨斯盛

捐建浦东中学之杨君斯盛逝世后，五月二十六日，学使毛实君文宗，特派学务公所课员傅大令延龄，前往浦东别墅，奠醊以志钦悼。

《申报》1908年6月26日（五月二十八日），第18版

六月，以学费不继，代奏由海关税银划拨款项。

苏抚奏拨苏省学务经费（北京）

苏抚陈中丞奏。据苏州提学使毛庆蕃详称，苏省学费，请拨关税银八万余两，其大宗用款，一则为省城大小各学堂，及学务公所常年所需、急切待用之款；一则为东西洋各国游学生学膳各费，按时汇寄之款。

上年奉部准，拨得以随时应付，幸免贻误。本年所需学款数又过之。提学使有兴学之责，无筹款之力。一经停解，仰屋彷徨。苟能借手右资，何敢再三续请，谨就苏省公私情状，悉心体察，有不得不据实吁陈者。苏省夙号财赋之邦，近年实苦认派之巨，司局各库，悉索无遗。平日筹解原认之学费，已属万分竭蹶。此外，本省新政繁兴，在在需款。再以学费责其另筹，纵心力之俱殚，终罗掘之无术。此司局添拨之难也。库储既无可动，拨则惟有摊派民间，而苏省民情，实已非常苦累，自各属设立学堂，无不徇办学绅士之请，就地筹捐。其捐之农民者，则有带征积谷、串票、税契、中金等捐，其取之货商者，则有丝捐、米捐、木捐、典捐，甚至鸡鸭鱼肉茶碗，几于无物不捐，何能再派此地方筹措之难也。

窃惟学务为新政根本，苏省又江海要冲，华洋总汇，设因学款无著，遂致中辍，则不特此后难冀扩充，即久经成立者，且将停办。况欧美各国游学诸生，负笈万里，资斧更未可愆期。一日用款乏绝，匪惟有失士心，抑且上关国体。前请苏、沪、镇三关税款，部议不得动支，固知关系饷源，亦恐他省援例，惟是苏省风气开通最早，学堂设立最多，出洋游学者亦最众。近年以偿款至重派，拨至繁灾赈到广，民力至瘁，尤迥非他省可比。三关税收较旺，但请百之一二，俾作培植人才之用，则学务得以保全，闾阎略舒喘息，

亦足以仰副朝廷敷教恤民之至意。本司筹思至再，惟有仍恳每年照拨苏、沪、镇三关学费银八万五千两，以济急需，而维大局等情，详情具奏前来。臣窃维朝廷崇学育才，特设专部，复于各省分设提学使一员，既责以办学之实，即当予以办学之款。关税固饷源所系，而学费亦正用所关。该司所陈各节，委系实在情形，于部款所损无多，于学务所裨非浅，恳恩俯准，饬部核准照拨。

六月十七日，（奉）硃批："该部议奏。"

《申报》1908 年 7 月 28 日（七月初一），第 5 版

六月初，见刘鹗于筵席，力劝从学，以远祸端。旋被捕，流放新疆。

刘鹗在给毛庆蕃的信上曾感叹由于"忙于事务，荒废了学业"。荒废的是什么学业？由于当时刘鹗的情况，是因从事外事，主张利用外资、外技，兴办厂矿、铁路，以富民兴国。但不能得到人们理解，连最知己的同学、亲家罗振玉先生为了意见不一，几乎断绝往来；也遭受黄葆年多次批评；毛庆蕃也劝阻多次，直至刘鹗遭戍新疆，毛在兰州藩台街门给刘送行时，仍劝说不要坚持以外务养民兴国，所以刘鹗到新疆后就著书立言，写了《仁寿安和集》等书，传世济民。刘鹗在学业上不足之处，是对"知天命，养和气"体会不深。毛庆蕃就与之不同，据黄寿三夫人毛太夫人（毛庆蕃侄女）说，她年轻时看到毛庆蕃服饰朴素、为人谦和，不论对任何人都是和颜悦色，甚至对小孩，也是抚爱嬉问，一点没有封疆大吏、二品高官的傲然气概，由此表现了毛庆蕃、刘鹗在"养和"工夫上的不同。

金文子《我所知道的太谷学派》，载《南京理工大学学报（社会科学版）》，2005 年第 5 期

夏，赴江阴考察南菁学堂改办文科高等学堂事宜。次年六月获准。

南菁改设文科高等学堂立案（南京）

前江督端午帅会同苏抚瑞莘帅具奏云：窃于光绪三十三年七月，准学部咨开，据江苏教育总会函称，南菁高等学堂，程度既不符合改为优级师范，于苏省情形经费地势，均不相宜，仍请改办文科高等。请饬司就近考查详细情形，酌拟办法等情，当经饬据前江苏提学使毛庆蕃详称，遵往江阴，详加履勘，并集深通中西教育员绅一再筹议，佥谓宁苏省会，早设师范，各府、直隶州亦多分设，目前办法，仍拟设文科高等，其学科遵照奏定章程，高等学堂第一类课程，法文、德文，暂请缓设。军政学一门，则陆军已有专门学堂，毋庸兼设。学科既稍有减省，所习各科，必可深造。详请核办等情，具详前来。

奴才查江苏教育总会会长、学部头等咨议官张謇等，原拟江阴南菁高等学堂改设文科高等学堂办法，系依据高等学校第一类，并文科大学之主要科目，参酌配置，以保存国粹，并沟通中西文学途径，养成完全文学家，发挥各科学之义。蕴俾国学日有进步为宗旨，实能洞明学理，造就通才。据开科目、名额、班次及招录生徒，添修校舍各事，宜亦均条理秩然，可资采用。现在京师开办分科大学，文科高等即为升入文科大学之预备，亟应厘定名目，次第图成，恳恩准将江阴南菁学堂改设文科高等学堂，敕部立案，实于国学前途，大有裨益。其开办事宜，及预算不敷经费，已饬妥为筹办。

六月初九日，奉硃批："该部知道。"

《申报》1909年8月7日（六月二十二日），第10版

南菁学校收归公有之始末

江阴南菁学校，系由南菁书院改设。先是，光绪八年江苏学政黄体芳根廉，于江阴城内创办南菁书院，一时同官咸斥资为和。十年秋，筑成开院。二十四年学政瞿鸿禨奏改为南菁高等学堂。二十七年学政李殿林奏改为江苏全（省）高等学堂。三十三年江苏教育总会函请学部，改办文科高等，由提学使毛庆蕃奏议实行。宣统三年，始招中学班，民国元年一月，江苏都督庄蕴宽照会江苏教育总会议决，定名为江苏公立南菁学校。六年，改办农林科。十年二月，因教育部将省立专门学校，改称公立。（后略）

《申报》1928年1月13日（十二月二十一日），第10版

八月初三日（8月29日），升甘肃布政使。

（光绪三十四年八月），丙辰，以江苏提学使毛庆蕃为甘肃布政使，记升提学使樊恭煦为江苏提学使。

《清德宗实录》卷五百九十五，光绪三十四年八月丙辰条

（八月初三日）同日奉上谕："甘肃布政使着毛庆蕃补授；樊恭煦着补授江苏提学使。钦此。"

《申报》1908年8月30日（八月初四日），第3版，天津《大公报》1908年8月30日，第1版

八月初六日（9月1日），有议毛庆蕃可迁职湖北者。

政府初议起用梁鼎芬，仍授鄂藩。嗣有人阻止，是以未果。并谓毛庆蕃精于财政，鄂如需人，可以由甘调往。（初五日未刻北京专电）

《时报》八月初六日，1908年9月1日，第3版

八月十四日（9月9日），川督赵尔巽奏请将毛隆恩入祀名宦祠。

已故眉州直牧毛隆恩等请祀名宦祠片

再，前准礼部通行入祀乡贤、名宦，同归年终汇题，应改为每年八月汇奏一次，并将事实册结送部，由部核定准驳，年终汇奏等语，自应查照办理。兹查已故四川眉州直隶州知州毛隆恩，系江西丰城县监生，实政实心，有为有守。兴教则士林翕服，捍患则境宇赖安。遗爱犹存，明禋宜肃。（中略）先后据各绅士造具事实清册，呈由该地方官转赍道府出看申司，经署布政使和尔赓额加看，请奏前来，合无仰恳天恩，俯准将已故四川眉州直隶州知州毛隆恩附祀名宦祠，已故福建漳州府知府童宗颜、已故云南永平县知县赵燮元附祀乡贤祠，以昭懋典，而顺舆情。除将册结咨送礼部查核外，理合片具陈，伏乞圣鉴训示。谨奏。

光绪三十四年八月十四日,奉硃批:"礼部议奏,钦此。"

《政治官报折奏类》,光绪三十四年八月十七日,第17页;中国第一历史档案馆原件,登记为光绪三十四年七月初八日,档号04-01-30-0068-046

九月十二日,袁世凯拟奏调毛庆蕃改赴京内用,不报。

军机大臣袁世凯以新简甘藩毛庆蕃谙练新政,拟奏调内用,以资臂助。(十二日未刻北京专电)

《时报》九月十三日,1908年10月7日,第3版

秋,朱渊来书。

复毛实君书

寿三弟归,奉到复示,谨悉种种。九叔向道之切,此皆先生功德所感,天诱其衷,遂勇于求师如此。不才若渊,九叔不耻下问,不过以闻诸师友者,举举而告之耳。而先生乃若是推许,宁不令渊羞死乎。声闻过情,君子所耻。同人来问,不敢不言。要皆拟议之词,而无实践之语,返躬自问,惶恐殊深。既不能南来就正有道,又不能独立溥化一方,藉曰未知,亦年既耄,无衣无褐,其将何以卒岁乎?其何以卒岁乎?

先生于渊,情逾乎手足,将有甘藩之行,彼美人兮,西方之人,讵忍金玉尔音,不肯直指其失而匡救之,俾渊徒切山榛隰苓之慕也哉。倘或开府东来,实所引领南望。

(清)朱渊《养蒙堂遗集》卷二,载方宝川主编《太谷学派遗集》第一辑,江苏广陵古籍刻印社,1997年3月版,第5册,第119页至120页

剑川按:函中九叔即毛隆光(葆卿),曾在苏州向朱渊问学,《养蒙堂遗集》中有致葆卿书数通,即其人。毛隆光后仕为直隶南和等县知县。

秋,查勘学堂工程。

学使委查学堂工程（常州）

苏提学毛实君文宗，派委学务公所科员庞芝符君到常，调查武阳公立小学添建校舍十间、拆毁二十余间，工程是否核实。又常府中学屠元博君，禀请明年添建校舍，亦由庞君一并调查情形，于前日旋省禀覆。

《申报》1908年9月12日（八月十七日），第11版

苏省尚无分科大学合格学生（苏州）

京师开办分科大学，经学部通电各省督抚，如有高等毕业合格学生，酌定名数，先行电告等情，曾纪前报，现闻苏抚接电后，即札行提学司查酌办理。毛实君学司查得苏省高等学堂正科学生，尚未办过毕业，于大学分科，似难合格，业已据情详复抚宪，请即电复学部查照。

《申报》1908年9月29日（九月初日），第10版

九月，《古文学余》成，黄葆年代序。

古文学余序

皇帝御极之三十有三年夏，庆蕃恭承简命，提学江苏。提学者，学部新设之官，采风四远，盖将复古学于多闻多见之余者也。庆蕃自维迂阔，恐或陨越以忝君命，且为江左学士大夫羞，受事以来，夙夜祗惧。私念救时弊，维风气，莫先道德文章，故每与各学诸生相见，辄就已所知者，不惮再三谆切言之，训饬所属，并如斯指。

窃见士习嚣陵，国文芜废，学部课本未定，各学以意掇拾，纷纷藉藉，杂出不伦。虽有聪颖向上之士，其何资而考焉。大惧声名文物之区，渐流鄙野，上负朝廷之望，并失大府嘉惠士林之心，亟思有以提倡而齐一之。事繁政拙，无须臾闲。今年春，始录《檀弓》以下、唐宋以上各体文若干篇，管窥所及，略加点注，历夏经秋，甫成编帙，而庆蕃奉朝命将赴甘凉矣。于是申告诸生曰：

文者，古人之余也。学文者，修德之余也。今学舍言国文，则又科学之余也。虽然，文顾不重乎哉，无孝悌、谨信、爱众、亲仁之本而言文，不得谓之文也。约孝弟、谨信、爱众、亲仁之旨，而为文则凡有血气者，所以莫

不尊亲也。三代而上，昌言拜而有苗格；三代而下，书问通而南粤平，文顾不重乎哉。且夫科学者，各国之所致精也。我国之所未及也，道德文章者，自古在昔，先民有作之所致精也，各国之所未及也。重各国之所致精，而遗我国之所致精，岂非失其本欤？遗我国之所致精，即无由知各国之所致精，可不反其本欤？古人三余读书，是故学文者修德之余也。千古之学也，愿诸生因其本而及其余也，今学舍言国文科学之余也。当时之学也，愿诸生因其余，而反其本也。且庆蕃愚无知识，今所称述皆所学于师友之绪余也，故以"古文学余"名篇，实愿诸生余力学文，处为良士，出为通材，以少答国恩于万一。更有望者，端冕而后观乐，以还吾道之南久矣。流风余韵，辉映湖山，其必有原原本本，择精语详，用匡庆蕃之所未逮者乎。

朝命其不可留也，而俯仰古今，沉吟学校，手斯编也，眷眷乎其有余思也已。

光绪三十四年秋九月望，新授甘肃布政使江苏提学使毛庆蕃序。

（清）黄葆年《归群草堂诗集》卷一，载方宝川主编《太谷学派遗集》第二辑，江苏广陵古籍刻印社，1998年元月版，第2册，第27页至32页。参校北京大学图书馆藏光绪戊申冬十月印行《古文学余》

十月初一（10月25日），恽毓鼎为弟子黄叔权事，致书升允、毛庆蕃。

十月初一日晴。（前略）城外泥淤没踝，马车一步难行，因归寓，易骡车出城，至医学会共商开设学堂事，与教习杨振甫议订课程。李嗣芗前辈有话面商，在松筠庵专候，余以天暝，城将下键，不及往而归。为黄叔权致陕甘督升吉甫、甘藩毛实君两同年书。

（近）恽毓鼎《澄斋日记》，浙江古籍出版社，2004年4月版，光绪卅四年戊申十月初一条

十一月，为捐资办学已故绅士洪绪申请建坊。

已故江西广饶九南道洪绪捐助学费请建坊片

再据苏州提学使毛庆蕃详称，溧阳县已故绅士布政使衔、原任江西广饶九南道洪绪好施不倦，凡遇善举，无不见义勇为。光绪二十八年钦奉谕旨兴办学堂，该故绅首先倡捐本邑小学堂，开办经费洋二千元，又常年经费洋一千元，溧阳学堂遂得成立，迄今时阅六年，学堂规模渐臻完备，学生两次毕业，文明日进。实该故员提倡之功，核计该故员捐洋三千元，合银在二千两左右，例得仰邀旌奖，由该县绅董禀县，详司转请具奏前来。臣查学堂章程，绅董捐设学堂一人捐资较巨者，由督抚奏明给奖等语，今溧阳县故绅洪绪，倡捐小学堂，经费合银二千两左右，洵属热心公益、好义可风，核与请奖定章相符，相应请旨，将溧阳县已故布政使衔、原任江西广饶九南道洪绪建坊旌表，给予"乐善好施"字样，以昭激劝。除钞奏分咨礼部、学部查照外，谨会同两江总督臣端方附片具陈，伏乞圣鉴训示，谨奏。光绪三十四年十一月初五日奉旨："着照所请，该部知道。钦此。"

《政治官报》1908年，第396期，第12页至13页，十一月初八日

十一月，奏举儒学硕彦黄葆年等。

苏抚奏举耆儒硕彦（北京）

江苏巡抚陈启泰具奏。略云：兹据苏州提学使毛庆蕃，延访耆硕，胪陈实迹详请，奏咨前来。臣复细加考察，查有前任山东泗水县知县黄葆年，江苏泰州进士，学有本原，循声素著。为政以爱民为心，在朝城修复城隍、疏浚水道，民资利赖。在滋阳、胶县、福山，办理交涉，执法平情，洞中肯要。历经前任山东抚臣疏荐，均蒙传旨嘉奖。俸满乞归，讲学乡里，启迪后进。于群经微言大义，发明指示，壹以人伦道德、躬行实践为归。向学之士，有不远千里而来者。其论学以近名为戒，因患足疾，杜门不出，实无愧经师、人师之选。

又三品衔前任翰林院侍讲邹福保，江苏元和县进士，学识闳深，操履坚卓，暗然自守，不竞时名。官辇下，闭户读书，讲求根柢有用之学，其论治在综名实、持大体、恤民生、培元气，正而不过，切而有要，难进易退，不汲汲于利禄，懔然有人心世道之防。取士精于鉴别，山东宋书升、江西刘廷

琛、胡思敬、许受衡，各以学行见称于时，皆其前为考官时所甄拔之士。

又翰林院编修曹元弼，江苏吴县进士，学术渊懿，议论正大，于三礼致力最深。著有《礼经校释》等书，淹贯深邃，其为说，务阐明古谊，用维世变，尤以扶翼名教，为兢兢于邪慝不经之谈、缘饰乱真之论辩尤明。言及时政，忠爱之悃，蔼然流露，而操行端严，居家孝友，恂恂有古儒者之风。

又丁忧前江浦县教谕陈庆年，江苏丹徒县优贡生，学识明通，文章尔雅，淡于荣利。制行不苟，博极群书。复能钩深诣微，其论学论治，往往于古籍之中，疏通证明，氛发蕴奥，多所心得。前在湘办理学堂，诱掖匡正，执守坚定，力维风教，不肯稍徇浮议。

又拣选知县张锡恭，江苏娄县举人，博学强识，研究三礼性行，敦笃悃幅无华，其为学服膺高密郑氏，而以朱子为宗。兼通中外测算，平日待人以和，而辞受取与之际，义所不可，不少迁就。布衣蔬食，萧然自得。现以礼学馆延聘在都。

以上五员，皆确有实迹，非务虚声。至于著述，除曹元弼所著《礼经校释》业经进呈外，其余四员，或尚未审订，无从征取。惟黄葆年足疾未痊，邹福保养疴林下，曹元弼甫迁清秩，均不敢上乞恩施，其陈庆年、张锡恭二员，应如何量予录用，以彰朝廷侧席求侧之治，出自圣裁。再学部原奏内所指专门学成回国，在十年以外者，遍加延访未得，其选应俟征采有人，再行随时荐举。

十二月初八日，奉旨："学部知道。"

《申报》1909年1月14日（十二月二十三日），第4版

十一月，卸江苏提学使任，请假两个月。

再据新授甘肃布政使毛庆蕃禀称：窃庆蕃蒙恩升授甘肃藩司，当经具折谢恩，吁请陛见，奉硃批："毋庸来见，钦此。"兹新任江苏提学使樊恭煦于十月初六日接印任事，庆蕃即于是日交卸，理应遵旨前赴新任。惟自秋间病暑之后，至今身体尚未复元，前因料理交替事宜，未得息心调摄，接见僚属学生，言语稍多，便觉中气亏乏，且素有不寐之症，近更频发。盖由暑热伤气伤阴所致，现已交卸学篆，拟即延医诊治，请代奏恳恩赏假两月，俾得专心

调理，一俟假满，即当星驰赴任，勉尽职守等情，具禀前来，理合据情附片代陈，伏乞圣鉴训示。谨奏。

光绪三十四年十一月初五日，奉旨："着赏假两个月，钦此。"

《政治官报》十一月初八日，1908 年，第 396 期，第 12 页

电五（北京）

苏抚陈奏，提学司毛庆蕃因病请假二月，病愈即赴陕藩新任。奉旨照准。

《申报》1908 年 12 月 4 日（十一月十一日），第 4 版

十二月，陕甘总督升允奏请催赴新任。

新简甘藩毛庆蕃不愿赴甘肃之任，迟迟未行，甘督升允电请政府饬其迅赴新任。（十八日申刻北京专电）

《时报》十二月十九日，1909 年 1 月 10 日，第 3 版

是年，荐昆山名士王德森赴苏任省立优级师范学堂教席。

王德森（1857—1943），江苏昆山人，清末民初耆宿，是一位不遗余力为搜集桑梓文化和保存乡邦文献做出贡献的人物。王德森幼承庭训，攻习儒书，曾"白门十下南闱试"，希望通过科举仕途来施展自己安邦治国的才华，以光耀门户。20 岁（光绪元年，1875）时考入昆山县学，学习《四书》《御纂经解》《诗》等科举经学。29 岁时以成绩优良，递补廪膳生员。从光绪二十年（1894）至光绪三十四年（1908）间，王德森先后在昆山、高淳、苏州等地任书院、学堂讲席和塾师，以儒家经学之才，雄辩于书院、学堂，被誉为"逐鹿经师曾折角"，授儒派学堂主讲、中文总教等职。光绪三十四年（1908）应江苏提学毛实君之聘，赴苏州任省立优级师范学堂教师，客寓苏州，直至辛亥革命爆发（后略）。

蒋志坚《吴中相契绽文芳——王德森与叶德辉之交》，载昆仑堂美术馆编《昆仑堂十年论文集》，荣宝斋出版社，2011 年 10 版，第 237 页

是年，苏州名士孙德谦协教存古学堂，优遇之。

（光绪三十三年）夏四月，存古学堂开学，聘叶鞠裳（昌炽）、邹咏春（福保）、曹孤掌难鸣彦（元弼）三太史、王捍郑（仁俊）部郎为总教，而先生以协教在校，讲授诸子学，因作《诸子通考》，每卷成，由校中印行，见者咸诧为见所未见。至辛亥国变，学堂停办，遂辍笔。

宣统元年己酉，四十一岁。是年，先生仍为存古学堂协教，江苏提学使毛实君（庆蕃）极佩先生，累聘校文。

吴丕绩、王珏琤《孙隘堪年谱初稿》，载《湖南科技大学学报》，2018年第9期

是年，兼任英文专修馆总办，荐吴兴名士周越然任教席，辜鸿铭偶或一至。

三十一岁，余入商务印书馆为编译员。余入商务，不写自荐书，亦不经考试手续，而由其英文部部长邝耀西（富灼）君保荐也。邝君，广东香山人，早年留学美洲，得硕士学位，归国后又在北京考取文科进士（光绪三十三年丁未），精于英文，人极诚笃。余识邝君，似在光绪三十四年（1908），是时余在苏城毛实君所办之英文专修馆教书，而邝君常来参观。

当时苏之英专，颇有模范学校之名，故来参观者不止邝君一人而已。辜鸿铭君亦常常亲临。辜君第一次来参观时，余适授《鲁滨生飘流记》。不待余课毕，辜君衔雪茄而发英语命令词曰："停止，请停止！我是辜鸿铭，要先问你们一句话：你们教的读的是什么书？"余起立曰："《鲁滨生飘流记》。"辜曰："你为什么要教这书？"余曰："因为他讲冒险进取的故事呀。"辜曰："但这本书只讲一个人的冒险进取，最好选一本讲许多人冒险进取的书。"余曰："我的知识有限，找不到那种书。请事先生介绍一本罢。"辜曰："哪里的话！难道《聊斋志异》还不是么？还不好么？"余笑而言曰："辜先生，恐怕毛提学使要反对罢，不答应罢。况且我又不教国文。"辜曰："也好，也好，你就教这本《飘流记》罢。"

（近）周越然《编译之味》，周越然著、谭华军编《言言斋书话》，陕西师

范大学出版社，1998 年 9 月版，第 282 页至 283 页

廿四岁（清宣统元年）春夏之交，由李登辉先生介绍，入苏州英文专修馆教习英语。创办此校者，江苏提学使毛实君也。校中同事有数学家冯玉蕃（教务主任）、美国哈金丝（头班教师）、约翰毕业生丁莲伯（三班教师）等。余教中级第二班，介于不难不易、不高不低之间，对付学生，对付同人，无不困苦。幸后来成绩尚好，所出人才不少（现已逝世之农学专家过探先亦当时二班学生之一），而余之名誉亦因之而增高。此校于宣统二年底停办，余二十五岁也。

（近）周越然《约伯与短工》，周越然著《书与回忆》，辽宁教育出版社，1996 年 9 月版，第 198 页

剑川按：苏州官立英文专修馆，系 1907 年由毛庆蕃创立，提学使衙门拨款开办。周越然回忆受聘入苏州英文专修馆，一次忆为光绪三十四年（1908），一次忆为宣统元年（1909），前后有一年之差。考毛庆蕃光绪三十四年八月初三得旨，宣统元年二月赴甘肃任，与周越然回忆于春夏之交始入馆显然不合，故从光绪三十四年（1908）之说。

是年，书"德备坤贞"匾额，表彰寓沪节妇潘氏。

潘氏，安徽婺源州同衔监生胡光谠继妻。侨居沪。光绪二十四年，夫亡，氏年二十九岁，事翁姑孝，抚嗣子成立。殁年三十九岁，守节十一年。提学使毛庆蕃给"德备坤贞"额。宣统元年旌。

（民国）《上海县续志》卷二十五《列女传四》

是年，书"义烈捐躯"匾额，表彰江阴烈士江聚堂。

江聚堂，字仁之。咸丰庚申，御贼于张泾桥，阵亡，入祀昭忠祠。提学使毛庆蕃奖以"义烈捐躯"额。

（民国）《江阴续志》卷十五《人物·忠义》

将赴甘肃任,以无力治办行装,向山西平遥蔚丰号苏州分庄告贷。

再。苏州提学使毛实君,现升甘肃藩台,来信云:"在苏亏累颇巨,交篆后一切用度,及他日西行所费,实属不赀,仍须向沪号通用,俟日后履任一并筹维归赵。"弟因毛公前欠尚未归结,未敢致书沪上;又因毛公与咱号多年交易,且有前用之数未清,恭维于前,未可冷淡于后,为此两难。今据实奉商,是否可行?尚祈示遵为盼。又及。戊申年。

再。前允毛方伯借款,当已电知照办。惟为数既巨,弟意拟亲往苏州一行,向其面谈。此等交情,断非泛常可比,务须到任后早谋归结方是。彼此共事,相谅之道,此等情形断非笔墨所能达。好在火车往返甚易,弟拟开正初起程,在苏小住,计往返不过半月,此时正当国服,并不拜年,号上正月无事,正可一行。路过汉口各处,兼可考察市面,想兄台当以为然。又及。戊申年。

(近)李宏龄《同舟忠告》,61—62页,1917年太源监狱石印本。载黄鉴辉主编《山西票号史料》,山西经济出版社,2002年10月版,第157页;高贯成主编《江苏票号史》中国金融出版社,2007年8月版,第366页

宣统元年(1909) 六十四岁

任提学二载,有声苏省。

学界与提学司之感情(苏州)

新任甘肃藩司毛庆蕃,自去年交卸提学篆后,暂寓钱浙会馆。曾请苏抚奏请病假二月,现已期满,闻定于初四日起程赴任。苏省廿区初等小学总汇处,以毛学司提倡小学,颇为热心,此次升任远别,不无恋恋,爰由该处代理学务孔康侯主政、提调徐光煦,分转等柬请毛学司于初三日下午饯别,并邀请任樊介轩学使陪座,旋率领全体学生,在文相祠初等第一区操场,合摄

一影，以留纪念。

《申报》1909年2月23日（二月初四日），第11版

清末府中学堂之耆宿

府中学堂，乃清末苏州府中学堂之简称，与草桥公立中学，同为吴中著名学府。府中地处沧浪亭畔，五百名贤祠与之望衡对宇，旁邻可园，曩时设游学预备科，专为造就出国留学人才。左即江苏高等学堂，蒋季和太史任是校监督。府中为正谊书院旧址，莘莘学子，凡一百余人，在教育尚未普及之际，学子如此，已属鼎盛。

其时监督，先为刘传福太史，继之者为宜兴潘浩冠太史，提学使为樊恭煦，后为毛庆蕃。庆蕃治礼学，光复后，赁庑于南园十全街，犹潜修不倦。教习授英文者，为陈长佑，号宝之，甬人而流寓于苏，怯卢文字，造诣极高，苏人无不知其大名。授国文者，为老太史王鹤琴，学识渊博，书作率更体，极停匀工整，对学生循循善诱，和蔼可亲，令人如在春风化雨之中。某次，学生文课，谬用"而"字，鹤琴加以眉批云："当'而'而不'而'，不当'而'而'而'，而今而后，已而已而。"连用而字，点明虚字之慎用，可发一噱，迄今犹有资为谈助也。校址占地十亩，学舍六十余间，有小西湖、惜阴亭之胜。亡友海虞吴双热，民初以稗史驰誉海内，其所著稗史，时述及小西湖等景迹，盖双热固府中之高材生也。

（近）郑逸梅著《逸梅杂札》，齐鲁书社，1985年7月版，第9页

元月，盛宣怀等致电升允，欲以甘肃赈灾事，专待毛庆蕃到任。

甘肃督帅钧鉴：

甘省旱荒需赈，上海筹赈向派人散放，甘省路远，盛宫保与诸同人公议，禀请派毛藩台专理，奉电即源源汇款。

陈作霖禀。东。

上海图书馆盛宣怀专档，陈作霖致升允电，光绪三十四年至宣统元年月初一日（1908—1909）档号SD009365

甘肃藩台毛方伯鉴：

盛宫保接电，公议须请方伯专理，候奉覆，源源汇款。

除禀帅。霖。东。

上海图书馆盛宣怀专档，陈作霖致毛庆蕃电，光绪三十四年至宣统元年月初一日（1908—1909），档号SD009366

咨议局公鉴：

敝省灾情重大，蒙诸善士竭力协赈，绅民同深衔感。六月得雨沾足，秋禾虽畅茂，收成之地，不过十分之二。甘暂行停赈，现一冬无雪，旱象又成，来年子种，民食既无所恃，明岁情形，深为可虑，此赈务所以万难中止也。昨盛宫保因啧有烦言，电索余款，已为灾民电恳截留。至毛藩司办理此事，其如何放支，亦未与绅士熟商，闻甘肃财政官云，内不实不尽，至六万余金之多，特此布告，并希转达盛宫保，祷切盼切。

甘肃咨议局启。

上海图书馆盛宣怀专档，甘肃省咨议局致江苏省咨议局电，宣统元年一月（1910年2月），档号SD009377-1

二月初，经沪赴甘肃。

新任甘肃藩司过沪

新授甘肃布政司使毛实君方伯庆蕃，昨日由苏到沪回，急欲赴任，并不登岸。闻今明即须起程云。

《申报》1909年2月28日（二月初九日），第11版

四月上旬，列名宪政馆拟派咨议官。

宪政馆拟派一、二等咨议官衔名单

吏部左侍郎唐景崇，学部左侍郎严修，丁忧礼部右侍郎张亨嘉，法部右侍郎沈家本，丁忧农工商部左侍郎唐文治，内阁学士吴郁生，内阁学士陈宝琛，候补三品京堂孙宝琦，外务部左丞张荫棠，吏部左丞宗室宝铭，度支部

右丞傅兰泰，礼部右丞刘昑，学部左丞乔树枏，大学堂总监督刘廷琛，法部左丞曾鉴，奉天左参赞署黑龙江巡抚周树模，奉天右参赞钱能训，江宁布政使樊增祥，江苏布政使瑞澂，署安徽布政使沈曾植，山西布政使丁宝铨，四川布政使王人文，甘肃布政使毛庆蕃，新疆布政使王树枏，广西布政使余诚格，直隶提学使傅增湘，署江宁提学使陈伯陶，署河南提学使孔祥霖，署陕西提学使余堃，湖北提学使高凌霨、署湖南提学使吴庆坻，署广东提学使沈曾桐，署云南提学使叶尔恺，署贵州提学使陈骧，吉林交涉使邓邦述，云南交涉使高而谦，奉天政使张元奇，以上三十七员拟派这一等咨议官。（后二等名单从略）

《申报》1909年5月28日（四月初十日），第4版

四月中，甘督升允催毛庆蕃到任视事，约于四月末至兰州。

陕甘总督升允奏饬布政使毛庆蕃等赴任片

再新授甘肃布政使毛庆蕃现已抵甘，应即饬赴新任，署布政使。按察使陈灿、署按察使兰州道彭英甲应各饬回本任，以专责成。除分别檄饬遵照外，理合附片陈明，伏乞圣鉴。谨奏。

宣统元年四月十五日，奉硃批："知道了，钦此。"

《政治官报》四月十九日，1909年5月4日，第576页，第14页

四月末，向全国乞赈。

甘督乞振要电（南京）

甘督升吉帅致各省督抚沈电云：

甘省连岁苦旱，兰州府七属暨凉州、平番、巩昌、安定等县，前岁被灾，去秋尤甚。当经筹办振抚，今春雨雪愆期，复办春振，近会宁、碾伯及各土司又先后报灾，边地高寒，水泉素乏，童山弥望，生植不饶。一遇旱干，即成凶岁。盖藏既鲜，民食至艰。被灾之区，菜根树皮，掘取将尽。乡间人口牲畜，已多饿毙。允等不德，天降之灾，民则何罪。现虽派员分投振恤，而

灾区十数县之广，灾民百数十万之多，非得巨款，不足以资接济。甘本受协省分，库藏匮乏，罗掘已空。一面已奏恳天恩，赏拨帑项，而哀鸿遍野，来日方长。不得不远呼将伯，为民请命，夙念公忠体国，救灾恤邻。无分畛域，敢恳惠筹，振款从速拨解，活此灾黎。陇上官民同声叩祷，曷胜感激，翘盼之至。

端午帅致筹振公所电

上海望平街甘肃筹振公所鉴：

养电悉。甘省旱灾，昨接升吉帅、毛方伯来电，当已饬由宁、苏两藩司，合簿银一万汇解助振，诸君发起筹振公所，具见施济为怀，嘉惠桑梓，莫名敬佩。容即饬江南官绅，设法劝募，以济急需。

督院。有印。

《申报》1909年6月13日（四月廿六日），第5版

四月，刘鹗自迪化戍所寄书兰州并附诗，为绝笔。

实君老哥亲家垂鉴：

自去年六月江子翁寿筵一晤后，忽忽已逾岁矣。弟江宁获罪起解，七月初历鄂境，昼夜兼行。天气炎热，袁氏表高至一百十五度之多，再五度水则沸矣。及至冬腊之交，行迪化道中，法伦表至负三十余度，水银在玻璃垂珠内已缩十分之二，再缩，汞将结冰矣！备尝寒暑极境，虽未至赤道、冰洋之冷热，或几乎近之矣。弟体气素壮，公所知也。此行骤添十岁而有余，除须发未白外，其余衰像悉见，天将玉吾于成耶！抑将殄之，俾死于穷边也。近因蜷曲日久，以致两腿麻痹日益，再数月，恐成痿躄，从获重生，亦成废弃，言之惨然。

去腊到狱，以读书写字为消遣。计腊尽，忽思狱中若得病，必无良医，殊为虑。故今年正月为始，并力于医。适同狱高君携有石印《二十五子》，借其《内经》沥心研究，三两月间，颇有所得。又觅得《伤寒》《金匮》诸书，又得徐灵胎医书八种，及《医宗金鉴》《医方集解》《本草从新》等书，足资取财。迩来颇有进步。默计人之死于病者，恒十之一二，死于医者，恒十之

八九；又外感之病不过十之一二，内伤之病恒十之八九；病之坏于消导发散者十不得一，坏于补药失当者十之八九也。有感于斯，慨然著书，详考内伤、外感诸病状并治法凡五卷。初名《灵台伤感集》，以其嫌于怨也，改名《人寿安和集》。其目第一卷"论说"，皆发明经义，前人所未发者。第二卷"安内篇"，内伤以安五脏为主也。第三卷"和外篇"，外感以和营卫为主也。第四卷"妇孺"。第五卷"运气"。运气者，五运六气即《黄帝阴阳大论》七卷（篇），王冰取之以补《素问》之缺者也。其书精粹绝伦，古今来医家得其解者，汉张机、唐王冰数人而已。宋以后识者盖寡。或有之，吾特未之见耳。汉以前人大约无不熟此，观《左传》：晋侯有疾，秦使医和视之。和云：天有六气，降生五味，发为五色，征为五声，淫生六疾等云，皆本诸此也。鹗能粗通其义，然欲精其术，不知此生有望否耳？第二卷昨已编成，再修润数日，即付钞胥。其余四卷，七日内可一律告成矣。

本月中旬，联大师以奉改元大赦恩诏：将新疆所有京外发来监禁及效力赎罪人员共计三十二名，一律开单奏咨请旨。闻十六日折已拜发。如执政仍是项城，则无望矣；幸南皮仁厚长者，可有赐还之望。且观于起用发废员之诏，则摄政王之豁达大度可见一斑，与南皮济美。或者鹗竟获生入玉门也乎。倘有此幸事，计部文到迪，当在七八月之交，彼时即可释放，弟蒙释即行，约到兰州，总在十月杪矣。谨将所著《人寿安和集》面呈鉴定，幸赐教正为盼。兼得从公作平原十日之饮，并与诸友作五泉之游，心向往矣！

弟去年来时，兰州押解委员典史刘玉亮沿路照料甚周，尤可感者，不以待盗贼之法相待，获福多矣。该委员往返计程万余里，经时八阅月，可谓劳矣。甘省凡当此类苦差者，如平稳无过失，例得酌委，调剂差缺，非弟所敢与闻议。惟与其人周旋四五阅月之久，理合陈诸冰案前也。刘典史其人颇有干济才，且不贪小利。如治路索州县马匹、草料钱等弊，皆不屑为，在佐杂中佼佼出众者矣！至如何循例调剂之处，则非鹗所敢妄有干求也。

尊处幕宾同来者几人？叔平、班侯想俱来也。赵六先生亦能随行否？念念。余容续备。

敬请

升安

姻愚小弟刘鹗顿首

诸同仁均此请安

说明：

1993年10月刘蕙孙先生持此信原件，赴济南参加"刘鹗与《老残游记》国际学术讨论会"。本文过录自原信复印件。此信信封仍存，开写如下：

敬求

加封递至甘肃兰州省城

藩台

毛大人勋启

刘鹗拜下

四月二十二日由迪化府刘太尊转寄

《刘鹗集》（上），吉林文史出版社，2007年12月版，第760页；另见刘德隆、刘瑀《刘鹗年谱长编》，上海交通大学出版社，2019年1月版，第733至734页

七叠同狱钟君笙叔饯宋侍御芝栋之乌孙原韵，用以自嘲，亦相嘲也

勘破华严五十三（鹗今年正五十三岁），皈依净土日和南。半弓拓地培新绿，一井窥天见蔚蓝。太史书从宫后作（太史公下蚕室。注：宫刑也），昭明经在狱中参（用佛家言，昭明太子因分《金刚经》下地狱事）。纵横驰道无千寸，辜负良朋惠脱骖。

车幕残毡当鬻裀，余温保命学凝神。骨如太古之前物（西人掘山，往往见太古以前骨殖，与近世不同），心是羲皇以上人。瓦缶汲泉朝供佛，沙瓶煮酒夜留宾。时时勤拂菩提树，明镜台空不染尘。

（刘蕙孙）按：此二诗附先祖致毛实君太姻丈函后，考信文，当在清宣统己酉公元一九〇九年五、六月间，是年七月初八日公卒，则此二诗为所见公诗之绝笔。

（清）刘鹗著、刘蕙孙标注《铁云诗存》，齐鲁书社，1980年12月版，第52页

莅任之初，亟赈甘省旱灾。

兰州毛方伯来电（五月初一日）

鉴闻公养疾东瀛，无旋康吉，至为驰仰。勘电敬悉，甘省旱灾，吉帅电恳圣恩，赏发库帑，并乞赈各省。昨宁、苏两帅合筹万金，今复蒙宫保慨助振款五千，谨为灾黎叩谢，已陈之帅座，并荷指示利弊，极佩。曩高阳嘱蕃办振，即以扫尽官振各弊为宗旨，此次甫经受事，即接办振务。迄今未得透雨，饿黎遍野，昕夕不遑遴选员绅，分投四出，随时随事，而为讲求差鲜，隔关知关，苾虑谨陈。蕃叩。东。

上海图书馆盛宣怀专档，毛庆蕃致盛宣怀电，宣统元年五月一日（1909年6月18日），档号 SD112421-1

兰州毛方伯去电（五月初一日）

勘电计邀台览。弟垫捐五千两，已由午帅电汇尊处。此间纠集同人焦乐山诸君各处劝募，已得捐银四万两，另交大清银行电汇，到日即祈电复。传闻凉州、平番、巩昌、安定等县被灾已久，会宁、碾伯及各土司饥毙尤甚。但未奉尊电，疑信参半。公保赤为怀，谅早分筹查放。敝处所解义振捐款，务求先散，至少每口散给千钱，救人救彻，并求速电办法，俾示同人，以劝将来，祷甚。宣等。东。

上海图书馆盛宣怀专档，盛宣怀致毛庆蕃电，宣统元年五月一日（1909年6月18日），档号 SD112421-2

宫保钧鉴：

敬禀者，顷间趋聆雅教，受益良多。顷所奉上三万两内有不足之数，兹又募到善士三户，乐助洋壹千五百元，抄奉清单，即乞发给收条三纸掷下，并交报馆登报为感。

专肃敬请钧安。

焦发昱谨肃。

复焦：

乐山仁兄大人阁下：

昨送上捐款贰万两，计已查收。接诵手书，并捐款清单一纸，祗悉。兹填奉海上间人施家桢、沈继香诸善士收照三张，计各捐助英洋伍百元，即祈分别转给。又寄毛护院文电一纸，一并钞览。复致德安。

愚弟。

五月十三日。已。

上海图书馆盛宣怀专档，焦发昱致盛宣怀函，宣统元年五月（1909年6月1日），档号SD005420

五月初，处理安定县赈灾贪污案。

札定安县提讯碛口堡总刘景晏借赈摊钱一案由（五月初四日发签）

为密札饬遵事。

照附省各属。岁不登，饿莩在途，实为悯恻。绅耆代禀求赈，系分内事，既无劳之足录，更何利之可渔。乃本司访闻该县碛口堡总刘景晏，于禀恳放赈一案，胆敢按照赈银一两，摊钱二十三文，约计共得钱十六七串之谱，闻之不胜发指。查历来劫运，全恃迁善悔过，默挽天心。该堡总值此奇灾，应如何代陈疾苦，乃忍借词乞赈，敛财自肥，使小民残喘余生，竟至宿食忍饥，出此无名之费，若不彻底根究，何以挽恶习而儆将来。合行札饬，为此札仰该令，速提刘景晏到案，将摊派重情，切实研□□□，稍涉瞻徇，如果属实，即行从严惩办。或量其家资，罚缴□□充公赈，该令毋得意存姑息，致干咎戾。仍将讯办情形，据实禀复。切切毋违。此札。

稿钞本毛庆蕃《录案件簿》

五月上旬，甘督升允丁忧，长庚接任，毛庆蕃护理总督，专力赈灾。

（宣统元年五月）甲辰，以伊犁将军长庚为陕甘总督，未到任前，着甘肃布政使毛庆蕃护理。

（宣统元年五月）壬申，陕甘总督升允奏：甘省上年被灾，业经随时赈济，今春雨泽愆期，二麦未种。加以连年旱歉，饥民牲畜已多饿踣。现于司署设筹赈局，经电奏蒙恩赏拨帑银六万两，催各省筹赈，亦已陆续汇甘。第办赈莫难于筹款，尤莫难于用人。非力求核实，不足以苏民困。傥承办各员奉行不力，或侵吞肥己，自当立时严劾；其能洁己奉公、勤劳罔懈者，亦拟奏恳奖励。得旨："着毛庆蕃按照所定劝惩章程，如办有成效者，准予请奖；玩忽滋弊者，即予严惩。务使实惠均沾，毋令灾黎失所。"

《宣统朝政纪》卷十三，宣统元年五月甲辰条、五月壬申条

上谕："陕甘总督着长庚补授，迅速赴任，毋庸来京请训，未到任以前，着毛庆蕃暂行护理，钦此。"

《申报》1909年6月24日（五月初七日），第2版

电一（北京）

电谕甘肃藩司毛庆蕃，迅赴护理陕甘总督任。

《申报》1909年6月26日（五月初九日），第2版

（五月十六日）奉上谕："毛庆蕃着以藩司兼护总督，毋庸另行奏请派署，钦此。"监国、摄政王钤章，军机大臣署名。

天津《大公报》1909年7月4日（五月十七日），第2版

五月中，设立筹赈局，以救灾为急务。

护理甘督毛庆蕃电告政府：陕甘绅士设立筹赈局，并电恳京沪同乡，捐输银米协助，现在灾势稍平。（二十日申刻北京专电）。

《时报》五月廿一日，1909年7月8日，第3版

甘肃振灾往来电文

《新闻报》协振所致甘护督毛电：

甘灾待振孔亟，除竭力劝募外，兹先驿甘肃关平银二千两，交义善源汇上乞查收转发灾区，并祈赐复。俟募有成数，续行电汇新闻报协振所同人叩。文。

《舆论时事报》协振所致甘护督电

甘肃藩辕先忙主伯钧鉴：甘灾待振孔亟，同人竭力劝募，俟有成数，即

行电汇，以救灾黎。祈将灾情拜示，尤感。

《舆论时事报协》振所叩。江。

甘护督毛实帅来电

《舆论时事报》协振所鉴：江电诵。蕃关念敬佩，灾情已详电沪上诸公矣。蕃。庚。

二次致甘护督电

甘肃护督院毛实帅钧鉴：庚电敬悉。兹交协同庆汇上库平银二（万）两，乞查收，转发灾区，并祈赐复。俟募有成数，续行电汇。

《舆论时事报》协振所叩。真。

《申报》1909年6月30日（五月十三日），第27版

五月中旬，派员赈贷皋兰、河州等地灾民，抢修电线。

札皋兰东北南乡散赈委员（李象贤、李典、程廷玉、侯镇藩、张宗渊、贺廷瑞），平番散赈委员（金牧承荫、王令秉彦），速将一切办法预为筹备由（十二日发签）

为专札饬遵事。

照得皋兰、平番灾情奇重，业经遴派该员等驰往查勘，详询灾民户口，填给赈票在案。现在哀鸿遍野，待哺嗷嗷，其困苦情形，实有不可终日之势。迭据各该员等随时禀报，自应多发粮石，为救民身命之需。惟该处运粮，是否系行车大路，抑通有水运，其地距省若干里，究应如何转运，运粮到乡，应以何处为适中之地，并应否酌设分局，以凭散放。总要使饥黎领赈，至远不得过六十里为准。此事关系重要，均须及早筹画，以免临时张皇。合行札饬，为此札仰该员等遵照，刻即将指询各节，预为筹备，不厌求详。总期赶为转运，便于穷民，盖赈务为民命所关，能多尽一分心，即民受一分福。倘或事前漫无布置，则灾民即不能受益，库帑即不免虚糜，均为办赈所大戒。本司与各员当交任其咎，本司不敢自宽，亦不能为该员等宽也。限文到三日，速将一切筹办情形，各抒所见，逐一禀复核夺。如续有所见，并准随时陆续

呈报，期收集思广益之效。是为至要，切切毋违。此札。

札皋兰东乡散赈委员州同江命职孙委员回省该员接办由（十八日发签）

为札调事。

照得皋兰东乡应赈饥民，业经遴委该员会同催县卫浴并魏、练二绅携带赈银驰往查放在案。现在另有要差，亟须遴派妥员，以期得力。兹查该员堪以调委，所遗东乡散赈事务，已派委州同江命职，前来接办。合行札调，为此札，仰该员遵照刻即治装回省，听候另行差委，并将前领未散赈银，并赈票报单，照数点交接办委员，毋稍迟延，切切。此札。

札委员州判孙继述

为专札派委事。

照得皋兰东乡散赈事宜，业经遴派孙州判继述、崔县丞炳离，会同绅士携银前往查放在案。现在孙州判继述另有差委，已飞札调回省垣，所遗该处赈务，自应亟派妥员驰往接办，一专责成。兹查有该员堪以派委，合行札饬为此札，仰该员遵照，刻即束装就道驰往皋兰东乡一带，会同前派员绅，亲履被灾村庄，按照发给赈票，询明丁口大小，妥为散放。随散随收，赈票并须按户给赈，不得约集一处，致有拥挤伤凋毙之虞。其有从前遗漏灾户，并逃亡复归之民，如查明实系困苦，亦应补填赈票，照章散银，以免向隅。并将每日散放过村庄户口及银两数目，同散赈士绅联名，填具报条，飞赍查核，此事关系民命，总以身到、眼到、心到为望。倘或粗疏玩误，本司执法如山，决不稍宽贷也。至孙委员前领未散赈银、赈票及未填报条，亦即照数填收具报，切切毋违。此札。

札委截取知县荆令士莪荆令权试用知县巡检明璋速赴会宁县查放赈银由（五月二十一日发签）

为札饬事。

案据会宁县惟令禀称，该县地方亢旱，东北乡夏禾歉收，西北乡夏禾失望，十室九空，民力异常拮据。阅禀殊为悯恻。当此青黄不接之时，亟应派员散放，以资接济。查该员等前赴安定，历练有日，一切办法，胸中期有定见。临时自免张皇,合行就近派员,以期得力。为此札仰该员等,遵照即将安定经手赈务,料理清楚,刻日驰赴会宁县,先从西北二乡受灾极重之地入手办法,亲诣极重村庄挨庄挨户查明,身到、眼到,分别极贫、次贫大小人口,逐户挨查,勿听头人一面之言,勿惮道路奔驰之苦,官尽一分心,民即多受一分福。总之赈务为民命所关,该员等责无旁贷,务须果力精心,勤奋从事,毋得稍涉玩忽,致干咎戾。并将每日查放过灾区某乡某庄极次贫大小口银数若干,按日填具报单,由驿驰报,以备查核。兹先由驿发去赈票二千张,报单一百张,条规一纸,并委员管解赈银二千两,驰赴会宁。该员等务须妥为照章赈放,切实办理,一面先将开办日期查放情形,由驿禀闻,以慰驰系,切速毋违。此札。

计发赈票二千张,报条一百张,条规一纸。

札甘肃官电总局及安定武威皋兰平番金县等县饬往来电报由驿站递送由(十五日发签)

为专札饬办事。

照得电线之设,所以通达要报,免误事机。现在省城东至安定,西至平番,北境之武稍岭沿路电杆,多未修齐,所有军机处各部院及督署并新授督帅长,往来要电,关系甚重,均应由电局会商各该驿站州县专马递送,以免迟延。惟查近日来电尚未能一律迅速,诚恐不免贻误,殊非慎重文报之道。合亟札饬,除飞札(安定、武威、平番、金县官报局平时会商皋兰各处外,各该县外)为此札仰该局刻即速饬东西大路各局房,一体遵照,嗣后遇有上项要电,务须随到随派专马飞递。该县刻即预派专马,速赴该处大路电报局房听候递送,毋得片刻迟延,致干重咎。毋违,此札。

稿钞本《录案件簿》

河州旱,民大饥,灾民食树皮、草根,斗麦值五千文。(民国《导河县志·变异志》)。上海义赈会赈银一十九万两。护理陕甘总督毛庆蕃每户贷籽种银六钱,(翌年)秋后追回。(民国《中国救荒史》)

《康乐县志·自然灾害》,三联书店,1995年11月版,第50页宣统元年（1909），朝廷"给银六万两，令委员查明户口，灾情轻重，分别散放"。甘肃藩司毛庆蕃莅任后，"尤以赈恤为急务，视灾区甚广，募捐数十万两济之：自省城，东至榆中及定西、静宁；南至狄道、渭源、陇西、秦州；西至平番、古浪、武威；北至红水、靖远；咸被惠焉"。二年（1910），护理陕甘总督毛庆蕃给每户农民贷款籽种银6钱，以助春耕，秋后收回；还给灾民赈银、粮。是年，上海义赈会给甘肃赈银19万两。

甘肃省地方史志编纂委员会等编纂《甘肃省志》第9卷《民政志》，甘肃人民出版社，1994年12月版，第576页

五月中，与盛宣怀等电文往返，商议甘肃赈灾事。

宫保钧座

敬禀者：顷闻甘藩毛方伯，已有回电至宫保处，未知电文如何。敝友等盼念甚，敬请将原电文饬抄一纸见示，俾转告各友至为拜祷。再，清江粥厂去年征信录已民办就，寄来今附呈两本，祈察阅。专肃敬叩钧安。

焦发昱谨禀。

五月初四日。

上海图书馆盛宣怀专档，焦发昱致盛宣怀函，宣统元年五月四日（1909年6月21日），档号SD018675

寄兰州毛护督（五月初十日）

荣代兼圻敬贺奉两阳电，知四万两已汇到，承示办法，严择员绅先从灾重处入手，公为此事昕夕不遑，国以民为本，尝见州县请灾，非先办蠲缓，不能办振，弟官直东，亲查灾振，方知官查官办，均不可靠。如粮贵，尤非运粮平籴不可，救急，尤非粥厂不可。甘虽贫瘠，公来其苏务，望放手为之，天不负公也。顷将尊电出示同人，又公集银六万两，即日电汇，如公有切实电来，当可再图接济。公事忙，须派一友专司发电，甘即电奏，能否援照各省奏奖？乞示。

（近）盛宣怀《愚斋存稿》卷七十四《电报五十一》

护理陕甘总督毛实君仁兄大公祖阁下：

两奉尊电，备悉甘灾详情，硕画苾筹，至深钦佩。敝属广仁堂经收振款，共计十万五千两，除十万已经登收外，□已交端午帅电汇，仍以送未达到，顷已电请云门护院（中略），另设有甘肃筹振公所，好善之士固多，慷慨乐输，即下至伶部，亦且演赀助振，以尽义务。是以敝处接奉尊电，无不随到随登，以代呼吁。承示沪汇十万，尚未动用，弟诚恐不知者，多所误会，致碍来源，因将此句代为删去。此次甘振，东南人士凤稔我公爱民，如□故皆输，将恐后银款立集，惜乎鄂省武汉以下，迄于江浙，现皆淫雨为灾，未免稍分助力耳。此间情形各异（中略）公举徐志鸿、张廷深二君驰赴兰州助办义振，窃思道途辽远行迟，非能人所能料理。惟出众情，示便阻遏，现已定于明日起程，即由洛阳铁路通发到日，尚乞我公进而教之，择最苦之区，赶紧查放。同人均盼已汇之款，从速放完，方可续募，以劝来者。我公办振老手，当必以为不谬也。除先电达外，专肃敬请勋安。

治愚弟□□。

上海图书馆盛宣怀专档，盛宣怀致毛庆蕃函，宣统元年（1909年），档号SD008894

宫保钧鉴：

顷奉手谕，并票银一万，谨代收存。昱处新允三万金，一二日内即可收齐，再当趋前面禀。电局及毛护督电，均读悉，如登报端，再乃筹劝若干，亦未可知。先此禀复，敬叩崇安。

昱、饴顿首。

五月十一日。

上海图书馆盛宣怀专档，焦发昱、罗饴致盛宣怀函，宣统元年五月十一日（1909年6月28日），档号SD043191

兰州毛护院去电（五月十二日）

顷仍交蔚泰厚电，汇义振银陆万两，汇费已给到日，即盼电复。吉帅奏内，所望四月内得雨，现过夏，至想已得甘霖。公下车后，方办振，沪报言之凿凿，现已放过振款若干？官义振或分或合，沪捐拾万五千两，现放何处？每口发钱若干，粮贵已否运粮接济？公必救人救彻，约尚需款若干，因南省亦有水灾，同人欲询甘灾实情，用敢渎问，立盼详电。

宣等。文。

上海图书馆盛宣怀专档，盛宣怀致毛庆蕃电，宣统元年五月十二日（1909年6月29日），档号SD009563

宫保钧座敬禀者：

顷奉谕函，并承发下海上闲人施家桢、沈继香收条三纸，计各助洋五百元，已照收分别转交，承录示寄毛护督电文，查款系交蔚丰厚汇去，电文误作蔚泰厚，应请再行去电更正。至祷专复，叩请钧安。

焦发昱谨肃。

五月十二日。

上海图书馆盛宣怀专档，焦发昱致盛宣怀函，宣统元年五月十三日（1909年6月30日），档号SD043189

兰州毛护督来电（五月十六日）

盛宫保鉴：

暂护疆符，兢惶万分。辱贺感悚，诸祈诲启。公与同人，又集银六万两，感何可言。公谓州县讳灾，非先办蠲缓不可，诚为洞见癥结。蕃此来道出旱区，灾民拦舆禀诉，有苦差役催征，并有勒扣子种银两，代完上秋课赋者，蕃严加训诫，故此查灾放振，不敢属之地方官，亦诚知其不可靠也。甘省州县冈岭丛互，辖境太广，有一乡周围四五百里者，一县之广可知，势难兼顾。蕃皆拣可信之员绅任之，此间官场有谓甘肃向不办振，此为第二次，亦因山多路远，不通连道，并有骑马不能到，非健步不可。又有匮乏井渠之处，员绅数日不得水饮者，故放振之员绅，均须能耐劳受苦，是以宽给资斧，许以酬劳，以资鼓励。凡派员绅，必举我朝成宪，玩视振务者，革职遣戍；侵吞振款者，正法以为儆戒。其办法，首选妥员，各赴被灾州县，密查各乡灾情，熟为极重，熟为次重，熟为亟灾，先记村庄大小、户口多寡，然后再派员查放，先从最重之乡村入手，□派员经过之处，不至为灾民环呼所困。又查灾必挨村挨户，亲入其家查勘，尝有由极贫而改次贫者，即乡约绅耆册报，不足为凭。其已放春振，而灾最重者，蕃到官即已加振一次，尚须续放秋振，总以民命得全活为主。现省城安定，均已设局平粜，系放豌豆、青稞、油麦三种粥厂一层外，州县居民零星散处，山峦村落，相距太遥，领粥甚艰。省城如饥民就食者众，亦设厂知系荩筹□□缕述承询，甘既电奏，能否援照各省奏奖、各省办法若何，祈详示。蕃出勘渠工，昨始旋省，答覆稍迟为罪。

蕃叩。咸。

上海图书馆盛宣怀专档，毛庆蕃致盛宣怀电，宣统元年五月十六日（1909年7月3日），档号 SD005238

兰州毛护督来电（五月十六日）

盛宫保鉴：

昨奉文电，续汇义振银六万两，领到汇费已给，尤感周挚。本月初九日、十三、十五日，省城幸得雨，每次不过二三寸，被旱州县亦得雨，深浅不一。节过夏至，向系补种小蘪荞麦，仍续盼雨泽，其未尽深透者，或仍难播种，或勉强播种，计秋熟尚须时日，此两三月中振务应如何接济，惟当加意体察，随时规画。甘省连岁苦旱，去秋今春迭经办振，用款几二十万两，内以提运州县仓粮脚价逾十万两为大宗，榷粮亦五万石有奇。蕃三月受事，振务吃紧，前者查放银粮委员稍欠认真，借给籽种或银或粮，系照地亩核发，无田之家，何所得食。其时乡村人畜，已有饿毙，来日方长，而库空如洗，不得已禀商大府吉帅，意亦相同。爰有电告灾情，恳发内帑之奏，重荷诸公大德，沪捐十万五千两，前由午帅汇寄五千，尚未收到。而十万则如数全收，此时亦尚未动用。现在放振之处，则皋、金、兰县，靖远、狄道、平番、会宁、安定、碾伯及三土司，亦一律查放，有前振已罄而复振者，前未给振及闻振遣归而补振者。运粮一事，安定则运之马营，省城等处则运之西宁。所幸粮尚不缺，价亦不甚过昂，惟转运异常劳费，谨遵"救人救彻"之旨，尽心力而为之。冀活灾黎，用推善量。统计此关振款，目前似可敷衍，但求再得透雨膏泽，应时秋苗有收，庶免大患。万一秋收失望，则冬振异常吃紧，私窃悬悬，惟有小心惕励，冀回天怒。并将此间情形，随时电陈，用慰荩注。祈转致诸公为荷。南省水灾，闻之同深焦灼，度更劳筹画也。

蕃叩。咸。

上海图书馆盛宣怀专档，毛庆蕃致盛宣怀电，宣统元年五月十六日（1909年7月3日），档号SD009565

兰州毛护院去电（五月廿七日）

奉两咸电，备悉详情，深为钦佩。五月初寄南京五千两未到，已电请樊护院速汇，乞收到电复。甘省得雨，自有来苏之望。目前放振，谅不可少。沪上现设甘肃筹振公所，颇形踊跃。武汉以下，淫雨为灾，难免分力耳。公所已公请徐志鸿、张廷深二君驰赴兰州助办义振，然道远行迟，仍乞尊处速将沪款择最苦之处，赶紧查放。在官振固求普放，其势难在义振，但求先救极贫，其势尚易。同人之意，总盼已汇之款，从速放完，则未来之捐，自可续劝。众意相同，公必以为然也。仍祈电复。

宣等。沁。

上海图书馆盛宣怀专档，盛宣怀致毛庆蕃电，宣统元年五月二十七日（1909年7月14日），档号SD009570

五月中下旬，派员赴狄道、碾伯、岷州、渭源等地查灾办赈。

拟批狄道州禀报雹灾稿（五月一十六日）

禀悉。查该州地方去岁薄收，今年自春徂夏，仍未得有透雨，兹于五月十八日，更复被雹打伤，禾苗几尽。小民遭此奇灾，深堪悯恻。现在被灾分数若何，打伤禾苗共若干亩，钱粮应否蠲缓，饥民若干，如何赈济，均须派妥员驰往查明，以资补救，除札委朱令希孝、孙州判继述迅速履查外，仰兰州府遵照，即将灾情复勘，明确蠲缓钱粮若干，穷民如何接济，一并确查，会衔结报，切切毋违，仍候督宪批示。缴。

批狄道州禀报雹灾稿（五月二十一日）

禀悉。据称该州西乡为字、结字等段，并前报之调、金、雨等字三段，又隐字一段，均先后被雹成灾十分，节候已迟，不能改种晚秋，民情拮据，该署牧先其所急，赶放一月赈粮，办理妥速，深堪嘉许。惟为日方长，若非加以银赈，恐不足以资接济。兹先专马发去赈票一千张，报单三十张，会同该委员朱令、孙州判等赶紧按照灾区分别极贫、次贫大小丁口，照章填给赈票，并估计应需赈银若干，一面即速禀请来辕，以凭核发。除另札委员遵照外，仰即遵照。缴。

批狄道州禀旱灾请赈稿（五月二十五日）

禀悉。查该州地方既据称连年旱歉，今岁自春徂夏，雨泽又复愆期，倘再过此不雨，则以后何堪设想。现在民力拮据，哀鸿遍野，自应急为抚恤，以救穷黎。兹据禀恳借给仓斗大豆八百石，应准由该州额征仓储项下，如数照借，仍于秋后催收还仓，以重积储，惟此项大豆既为救济饥民，应即由该州剀切申谕，务令公正绅耆经手，使贫民乏食之家，得以借给，不可当惟头人之言是为至要，仍将借放过数目，并各花户姓名造册呈核，切切。缴。

札碾伯运粮委员萧庆鲁续领运脚银两由（五月二十三日发签）

为札发事。

案查该员禀称，前领运粮车脚库平银三百两，不敷尚巨，恳再续发库平银六百两，以备转运等情前来，查平番灾情较重，需粮孔亟，应雇车运往，以资赈济。前项车价银两，自应准如所请。并派专马送去兰平票银六百二十五两，现银一万计一两三钱四厘五毫，以符库平六百两之数，交该员验收，出具副印领以备存查，切切毋违，此札。

计发库平银六百两整。

札王州判锡信赴岷州查灾情形由（五月二十六日发签）

为密札饬查事。

照得地方水旱成灾，例应由该管牧令亲身履勘，据实禀请复查，分别蠲缓赈恤，以苏民困，以活灾黎。乃据洮州人民王七十一、窦光辉等联名禀称，连年荒歉，去岁春间苦旱，至六月复遭雹灾，夏秋全无，乃厅书舞弊，非惟未蒙赈恤，且追纳额粮不已。嗣厅主又将贡生孙清瑞等，以主唆抗粮详请斥革，实属冤诬，恳即委员查勘等情。

据此查地方灾情果重，州县岂可讳灾致干严议。为民父母，亦可忍图为一己之赢余，坐视万民之困毙，惟他庄均经散赈，而王七十一、实光辉等何以独至向隅？且受追呼之累，是否该村庄去年并未成灾，抑系书役索诈未遂，朦蔽长官？事关匿灾不报，虚实皆应彻究。自宜遴派妥员驰往确查，以凭核办。兹查有该员堪以派委，合亟札饬，为此札，仰该员遵照迅即改装易服，驰往洮州地方，亲到王七十一、窦光辉等所住村庄，不动声色，严密访查，应将去岁是否成灾，钱粮应否蠲免，该厅办理赈恤何以苦乐不均，今年自春徂夏，曾否得有透雨，夏秋二禾，能否有望，并应设法办赈，以免失所。以上各节，均须逐一密查，明确并访询去年斥革各人，是否素安本分，亦实有不法情事，据实禀复核夺。此事关系紧要，总以身到、心到、眼到为主，该员务须激发天良，认真访查详细禀复，倘敢扶同隐饰，或草率粗疏，定行严参不贷。切切毋违。此札。

计钞发厚禀一纸。

札渭原查雹灾委员补用知县朱万鹏前赴查勘雹灾情形由（五月二十九日发签）

为专札委查事。

五月二十七日据署渭原县知县倪瑞璜禀称，五月十九日（下原禀），理合驰禀鉴核等情到司。据此，查该县东北两乡马连里、庆平里、锹甲里等处地方，既于五月十八日被雹成灾，打伤禾苗几尽。哀此小民，弥深轸念。现由该县议发社粮并谕饬被灾地方补种晚秋。惟被灾分数田亩数目，暨应否蠲缓钱粮，如何量加抚辑，事关灾黎，断难稍缓，自应亟派妥员驰往查勘，以资补救。兹查有该员堪以派委，合行札饬，为此札，仰该员遵照，刻即束装就道，驰赴渭源东北西乡亲履被雹乡村，勘明灾情轻重，共计被雹田亩若干，成灾几分，应蠲缓钱粮多少，该处穷民是否应须赈济，均即逐一亲查，切实核计，速即会同该县结报。此事关系重要，总以身到、眼到、心到为主，盖多尽一分心，即民受一分福。倘有疏粗遗漏及扶同隐匿情事，本司执法严明，决不稍从宽贷也。切切毋违。此札。

批渭源县禀报雹灾稿（五月二十九日）

据禀，该县东北两乡被雹成灾，打伤禾苗几尽，小民遭此奇灾，深堪悯恻。该令平日尚知以民事为重，现在哀鸿遍野，自应妥速查抚，俾免失所。至被灾分数若干，打伤禾苗共若干亩，钱粮应否蠲缓，饥民多少，如何抚恤，均宜遴派妥员，驰往查明，以资极救。除札委朱令万鹏，迅速复勘外，仰兰州府遵照即将灾情轻重并应蠲缓钱粮若干，穷民如何接济，一并确查，会衔结报，切切毋违。仍候督宪批示。缴。

稿钞本《录案件簿》

五月下旬，处理防备灾后匪患及保护升允离境等事。

政府电：

甘护督毛庆蕃密调兵队，防范匪徒乘旱荒煽惑作乱（念七日申刻北京专电）。

摄政王电饬甘护督毛庆蕃，按照升允所奏办赈章程，切实办理，有效则奖，有私则惩，以免饥民失所（念七日戌刻北京专电）。

甘省京官本拟联名奏留升允办理甘省赈务，因民间谣传谓升允为旱魃，故此罢议。

《时报》五月二十八日，1909 年 7 月 15 日，第 3 版

升允被难民围困述闻（北京）

闻初一日早，军机处接护理甘督毛庆蕃方伯紧要报告，谓甘省灾民有意外举动，其起事地方在安定县境内，并牵及升吉甫制军多款。又闻护甘督之电内容略云：升前督交卸事毕，随即起程。甫经就道，即有难民聚众围攻升督，深怨该督目睹灾荒，不为早行奏请振恤，行抵安定，难民聚集愈多，群有与升督为难之势，现已派兵弹压保护。又闻宁夏兵备道志崇被难民围攻尤厉。

《申报》1909 年 7 月 22 日（六月初六日），第 4 版

甘人责升允、毛庆蕃赈灾不力。

义绅对甘肃政府消极办赈的揭露与批判

《申报》对升允匿灾不报的行为进行了揭露与批判。随着四月十九日赈济甘肃旱灾上谕的报道，甘肃大旱的真相逐渐暴露于公众视野，由此引发了义绅和陕甘总督之间的矛盾。矛盾贯穿了义赈办理的全过程。

陕甘旅沪绅商首先发难，矛头直指升允。二十六日，甘肃筹赈公所在劝赈公启中直言不讳，认为甘肃旱灾发展到现在如此不堪的地步，是由升允"玩愒，罔加顾恤，方且匿灾，不报粉饰，中收绅民，软懦自安，畏威而不敢发，坐视迁延"造成的。五月初七日，早在三月初接办实际赈务的毛庆蕃发给盛宣怀函电中对升允庇护，说："吉帅清正爱民，属望尤切。"十一日，《申报》在转引函电后发表评论，尖刻批驳道，升允于甘肃旱荒置之不问，能够称之为"爱民"，实在是奇异！并借升允辞职折中声称自己身体有病托词进一步讽刺，正因"近患心疾"，所以无法见闻灾民惨状。

甘灾虽然暴露，政府也向各地求赈，但是实际办赈并不积极，因而遭到甘肃筹赈公所的质问，说前段时间汇寄赈款却得不到一封回电，士绅捐款救灾为何遭到排斥。十一日，《申报》在《清谈》栏目中借上海戏剧界积极救灾一事，对升允和毛庆蕃一同批判，认为升允是"忍心害理"，毛庆蕃以"清正爱民"四字相赠升允是一丘之貉，正是甘肃有"清正爱民"之官才造成目前的灾民惨状。

矛盾持续恶化，斗争针锋相对。十二日，《申报》刊登了升允发给甘肃筹赈公所的电文，其意是：甘肃已蒙天恩拨帑、各省协助共有十五六万两，可以满足目前赈济之需。如果近日能够得雨，可种秋禾，收成有望，再将江南赈银移作他用，将会辜负大义士的一片好心。对此，甘肃筹赈公所的理解是升允拒赈，所以将电文和疑问致函《申报》，让大众知情。"升允此电与其电奏及乞各省援助电不合处甚多。即以此电而论，被灾十余州县，而有款十五六万，一县仅摊万金，其能足乎？其尤为奇者，谓如日内得有透雨云云，借词以拒义赈，尤为可恶！夫使日内不得透雨，彼时乞援，岂能及乎？"基于升允拒赈借口，甘肃筹赈公所决定由上海推举一人、本所专派一人，同往灾区查灾办赈。十五日，《申报》又发表评论，乘机一揽子揭露升允的不作为和严重后果：反对立宪，譬如办理学务、禁烟、荒政，无一事不反对，所以督政陕甘数年（1905—1909），地方风气闭塞如故，民智不开如故，并进一步激烈批判。与此同时,《申报》将救济灾民出水火的期望寄托于长庚。实际上,当时前伊犁将军长庚还在从伊犁到兰州的赴任路上,实际事务暂时由毛庆蕃办理。

随着升允离职,义绅与升允之间的怀疑和矛盾转移到和毛庆蕃之间。十五日,盛宣怀函电询问义赈款项落实情况。十九日,甘肃京官发出公函,要求甘肃政府细查灾情,向各方禀报实情,以免相互之间再生隔膜。中央朝官开始调和义绅和甘肃政府之间的矛盾。二十日,《申报》报道了甘肃筹赈公所因官民关于灾情轻重不一的说法一事对毛庆蕃的诘问,并要求准确回复。二十一日,报道了毛庆蕃给盛宣怀的函电。函电中讲述了甘肃方面的办赈情况:自己上任以后发现灾情严重,所以决定向外求援。先前得到的十多万两捐款已经用完,以前没有给赈和闻赈归来的饥民需要补赈。并且也担心透雨不济,秋收失望,冬赈吃紧。同时,毛庆蕃又函电《舆论时事报》馆协赈所,说报纸上"甘省人相食"的说法言过其实,要求更正澄清。毛庆蕃向盛宣怀和《舆论时事报》馆协赈所发出的函电表明,甘肃政府对于自己和江南义绅之间的冲突,因义绅的影响力强弱分别采取了温和态度和强硬态度。

双方的矛盾与冲突,引起摄政王载沣的注意。二十四日,《申报》报道了载沣的态度,要求长庚快速将灾情电告,朝廷会想办法尽可能解决。但义绅与甘肃政府之间的矛盾和冲突依然没有缓和。关于灾情轻重不一的说法,义绅要派员亲往灾区查明。二十八日,甘肃筹赈公所请求军机处要求陕甘总督照顾查灾义员张馨予和徐志鸿,便于了解实情和办理义赈。二十九日,"甘肃义赈协会王震"等十二人联名向北京农工商部请求保护查灾二员。同日,盛宣怀也委婉地函电毛庆蕃,甘肃筹赈公所已派二员赴兰州"助办义赈"。

六月十四日以后,双方的矛盾和冲突转移到《民呼日报》讼案上。七月初一日,前甘肃筹赈公所在《申报》发表声明,作了最后的抗争反驳,指出甘肃督抚致电上海的函电中所言"易子而食、飞蝗蔽天"之语,本公所从未说过。事实上,"易子而食、飞蝗蔽天"是陕甘总督为了打击甘肃筹赈公所而编造的谎言。在威权的压制下,与甘肃政府矛盾最深、也是持续斗争的义赈主力甘肃筹赈公所最终被解散。

杨继业《宣统元年甘肃大旱的社会应对——以〈申报〉为中心》,载《甘肃高师学报》2022年第6期,第51页至57页

六月初，拟抢修沙泥州水毁路面，派员赴会宁、皋兰等处解送赈银。

批沙泥路工详请防营修筑稿（六月初六日）

详悉。据报，该处乱山湾、白土坡、站坪一带，大路计长十五里，被山水冲刷两次，工程浩大，自是实情。应即委员前往查勘修筑，所请派拨防营修路，恐滋骚扰，应毋庸议。缴。

札试用典史党元中解送会宁赈银由（六月初七日发签）

为札委解送银两事。

照得会宁地方亢旱成灾，民情困苦。前经本司发给库平银贰千两，由该员解送在案。兹查该处灾黎甚众，前项银两不敷散放，自应再行筹发库平银叁千两，以资接济。仍派该员解送，以昭慎重。合行札饬，为此札，仰该员遵照，迅即携带银两，小心解赴会宁，眼同荆令士峨等点交清楚，取具押领回省赍辕备查。务须妥慎从事，万勿延误，致干查究，切切。特札。

计发库平银叁千两。

札试用典史党元中押解皋兰东乡赈济银两由（六月初七日发签）

为札委事。

照得皋兰东乡散赈委员崔丙离请领赈银贰千两来省，当以不堪胜任，暂行扣委。所有前项赈银，应即并委该员押解。前任以昭慎重。为此札，仰该员刻将库平赈银贰千两，解至东乡，交江委员命职等点收清楚，并取具押领赍辕备查。切切毋违。特札。

计发库平银贰千两。

稿钞本《录案件簿》

六月初六（7月22日），摄政王传电嘉奖毛庆蕃办理新政。

初六日，摄政王谕军机大臣：电致护理陕甘总督毛庆蕃氏云：该布政使从前在津、沪等处办理新政多年，成效昭著，现在升允已去，长庚未来，一切应行筹备之事，务须迅速办理，俟长庚到任，允须实心辅助，以慰朝廷励精图治、竭力图强之意云云。

六月初七（7月23日），清廷电令甘肃，严防私募洋工事宜。

政府电甘护督毛庆蕃，严防匪徒暗串外人乘甘省旱灾私招华工出洋。（初七日亥刻北京专电）

《时报》己酉六月初八日，1909年7月24日，第3版

六月中，派员赴靖远、金县、岷州、沙泥等处查赈。

批靖远县地方受灾过重应行分别蠲缓稿（六月初十日）

禀悉。据称该县东南旱地烟洞沟等十一处受灾过重，自应一律缓丁。至水地盐滩等十八处，若旱连年，河水减落，渠尾荒废，沿河亦若干枯，自是实在情形，仰该令速将水地中受灾户口丁银确实查明，分别成数呈报，已完者准作流〔留〕抵，未完者按照成数缓年带征。除行兰州府并札张令克宽复勘外，合由六百里饬知，切切勿违。缴。

谕金县北乡散赈委绅魏席珍即速回省以备询问情形由（六月初十日发签）
为谕饬事。
照得各县被灾之区，刻已俱报得雨，闻有缺乏籽种之处，亟宜与当地绅士筹画，以恤民艰。为此谕仰该绅，于奉文后，即速回省，以备询问。所有金县北乡散赈事务，即交代清楚，迅速来辕，是为至要，切切毋违。此谕。

札岷州童牧既委员潘牧减运仓粮由（六月十九日发签）
为札饬事。
案查前以省垣附近各县被旱成灾，无数灾黎，嗷嗷待哺。而省仓杂粮无多，特札该牧、派该员前往岷州，提运仓斗大豆六千石，以顾急需，一面雇觅皮筏赶为装运，并派叶府经清泰，赴沙泥地方觅车运省。兹查各灾区均得

透雨，秋收可望，赈粮一节，应从缓议。为此仰该牧遵照前项，提运之粮，减提六千石，以二千石交筏转运一节，并将发过粮石数目及停运日期，具文申报，以备查考。切切毋违。此札。

札委员朱令希孝查勘沙泥水灾情形由（六月十九日发签）

为专札委查事。

本月十二日，据署沙泥州判李少棠详称，本月初一日晚，风雨交作，山水聚发，冲去房屋地亩，亲诣勘验得东乡王家庄、被站沟暴水冲去房屋一院，计一十一间。南乡下铺儿，被清沟暴水流出，淹没设川地禾稼三十亩。又勘得西乡红嘴湾被洮河大涨水，淹川地禾稼八十七亩余。茨滩庄水淹川地禾稼四十八亩零。王马家庄水淹川地三十二亩，冲去川地十二三亩。又勘得石硖口上堡子五十家，冲去川地三百九十九亩，下堡子四十三家，冲去川地一百二十亩，淹没田禾约在七分之谱。其地俱存水末冲损至王马庄，并何家湾今春借粮所修两处石笼，均被冲去。安家庄安、于、朱三姓川地被洮水部去一百六十九亩四分八厘，甘家滩被水冲去川地禾稼三十八亩，水淤未干，兼有碱气，不能补种秋粮，理合具文详报查核，迅即委员查勘等情到司。

据此，查该处东西南九村庄被水冲刷房屋地亩，暨淹没禾稼、不能补种晚秋各情，殊堪悯恻。应如何加意抚辑，事关灾黎，断难稍缓。自应亟派委员驰往查勘，以资补救。兹查有该员堪以派委，合行札饬。为此札该员遵照，刻即由狄道就近驰赴沙泥东西南三乡，亲履被水乡村，勘明灾情轻重，共计田亩若干，成灾几分，应如何赈济，均即逐一亲查，切实核计，速即会同该州判结报。此事关系重要，总以身到、眼到、心到为主，倘有粗疏遗漏，以及隐匿浮卢等情事，本司执法严明，决不稍存宽贷也。切切毋违。此札。

稿钞本《录案件簿》

六月中下旬，为赈灾事往返致电盛宣怀等。

兰州毛护督来电（六月十八日）

奉卦电，复奉沁电，读至"放手为之，天不负公"之语，恳挚入骨，感佩非常。蕃初到甘，见灾情甚重，而库款已空，私窃悚惧。禀商大府电奏，蒙恩发帑六万，各省协振有奇。而汇寄稍迟，独公一闻灾信，拨款五千；又与诸同志筹济大批，嘱蕃专理。初四万，继六万，电汇神速，暨全付汇资，复许源源筹济，使办振者气为之壮。故得公电后，谨奉"救人救彻"之旨，放手为之，亦知公与诸君子所以为灾民计者，正所以为庆蕃计也。前辱电询沪款曾否动用，时放振方过六万余金，窃拟先动恩帑，其时亦未审尊意所属，故据实以对。沪款现尚未动，然非始终不动也。今所用已至十数万两，则已尽尊款先用矣。来电谆谆以沪款择最苦之处，赶紧查放，谓"官款求普及，义振先极贫"，词最明透。又谓"同人之意，总盼已汇之款，从速放完，则未来之捐，自可续劝。众意相同，公必谓然"等语，尤为情见乎词，感佩何极。蕃实无别存意见、置沪款不动之理。性虽迂介，尚不至偏执若此。惟蕃所以自处者，念目前筹粮甚艰，则不敢因诸公相爱之殷，使振款或流于滥。念各省多有偏灾，则不欲以陇右一隅，而渴求东南之力，使甘省独专其惠。以后振款，果有不敷，必当随时熟筹，电恳大力，并奉恳诸君子，兹将接护督篆电奏一件，并致度支部论财政兼及振务一件，另电具陈，便知梗概。承示宜委一员，惠司电报，蕃意亦同。然实难其选，此间文案需材，深以为苦，事冗才短，致稽答复，曷胜歉疚。并祈转达商会周、严、焦、陈诸君子为荷。再省城初一、初九、十四复大雨，自暮达旦，知念并闻，庆蕃叩。巧。

兰州毛护院去电（七月初六日）

奉巧电，仰承俯纳，刍荛办法，切实恳挚，即已抄送各处。五月电奏及致部电，擘画精详，均登各报，使阅者一目了然。敝处仅汇给万五千，已经赶放，杯水不足助公，猥蒙一再齿及，同人愧汗。现因湖广水灾尤重，海州等处亦有偏灾，在沪绅商具有热心，又须兼筹。并顾尊电，不欲以一隅竭东南之力，仁人之言，其利溥哉。得雨后，补种秋粮，尤为要着。陇中水利，有无办法能否凿井开渠，为斯民防永远之患。灾后议办绅民，或不畏难也。宣。麻。

上海图书馆盛宣怀专档，毛庆蕃致盛宣怀电、盛宣怀复电，宣统元年六月十八日（1909年8月3日），档号 SD005403

六月二十九日，电复民政部询赈灾事。

民政部钧鉴：

齐日奉鱼电。甘灾远劳垂注，顾念西陲，曷胜感佩。自五月初九、十三、十五、十七叠次得雨，或三四寸，或二三寸，各灾区多补种小蘪、荞麦，六月初一大雨，自暮达旦，远近一律深透，被旱之麦谷亦勃然兴，秋苗芃茂，惟地寒霜早，亟盼秋收有获，庶资民食。三月以来，遴选员委，查灾放赈，分投四下，昕夕鲜暇。灾重之区，秋粮未熟以前，赈务仍不敢稍懈。昨亲诣金县兴龙山，谢雨旋省。政繁才短，奉复稍稽为罪。

庆蕃叩。养。

宣统元年六月二十九日到。护理甘督电复甘省被灾各区已叠次得雨由。

中国第一历史档案馆原件，档号 21-0418-0008

甘肃捐款是否均系规元？黄公续捐三千，内须还二千，是否在收照上书明捐一千，暂垫二千？抑统写捐有三千，各收照应填月日，是否填发给收照之日？抑真交疑之日，统盼示知。吴、吕大拜。毛方伯。

上海图书馆盛宣怀专档，吴世昌、吕子彬致毛庆蕃电，宣统元年（1909年），档号 SD009559

盛宫保鉴：

鱼电祗悉。赈捐奖案，忧画并银件均收到，少帅亦即电来，容熟筹再奉闻。

蕃叩。筱。

上海图书馆盛宣怀专档，毛庆蕃致盛宣怀电，宣统元年七月十八日（1909年9月2日），档号 SD013836

六月十四日（7月30日），致电上海道蔡乃煌，督促将于右任私募赈款事进行查办，是为《民呼日报》事件。

护理陕甘总督毛庆蕃致电上海道，诬指《民呼日报》假甘省旱灾义赈之名，揽收捐款，任意营私。要求立即"札行英界廨员，饬令查明"，"勒令解清，以重赈款"。

方汉奇主编、王润泽，赵永华副主编《中国新闻事业编年史（上）》，福建人民出版社，2018年4月第2版，第270页

宫保大人钧鉴：

敬肃者，窃敝所筹办甘肃赈捐，因省经费计，备设《民呼报》馆内，派有专员经管其事。计自四月廿日开办，至本月十七日截止，共收大洋四万零九百九十一元零，小洋九千一百六十角，规元银三千一百八十一两零，漕王银三千一十六两，钱八十余千。五月初十电汇二千两，廿三又汇三千两，廿八又函汇一万两。六月初八函汇一万两，均由蔚丰厚经手。余款俱存一林丰号，各有账据可查。乃昨晚捕房忽票提《民呼报》馆主笔于君伯循，谓奉甘督电饬沪道，押追吞没赈款云云。按赈款既非由《民呼报》馆经手，尤与于君毫无干涉。无辜被累，群情惶骇。用谨肃函，恳请鼎力主持，电达长甘督、毛护督，代为分晰，并祈涵致沪道蔡观察，详细剖辨，是所至祷。专肃敬叩崇安，伏惟鉴察。

甘肃筹赈公所刘定荣、李孟符等公启。

上海图书馆盛宣怀专档，刘定荣、李孟符致盛宣怀函，宣统元年六月十八日（1909年8月3日），档号SD043190

六月二十四日，陕籍旅沪人士致书盛宣怀，声援于右任。

杏孙宫保大人阁下：

径启者，甘赈一事，台端为灾民援手，具佩热忱。上海筹办甘赈，不止一处。炳等欲稍效绵薄，已向《民呼报》馆内之筹赈公所交纳，不期近日该报馆因此大遭诬陷，谓该公所赈款，不将助赈人姓名捐数禀报毛督，致将《民呼报》主笔羁押苦累，言之可骇。助赈人姓名捐数，尽见《民呼报》，炳等传相究诘，并无称有遗漏之人，执报查款，凭证具在，有何风影之可捕。若责其不早电闻，则盈千累万之姓名、捐数，何能逐一电达？执事同办甘赈，敬问遇有赈款，何以为取信于毛督之道，设办法亦不过尔尔。则请以此意电告毛督，速电饬沪道省释无辜，以劝来者。炳等以助赈累人，甘民以受赈累人，非同胞相恤之道，大吏不为灾民求助，转为灾民造孽，于意云何。执事

乐善之殷，与该公所同志惺惺之惜，是所望于贤者。专布，敬请勋安。

旅沪筹助甘赈同人朱炳文等公叩。

六月念四日。

上海图书馆盛宣怀专档，朱炳文等致盛宣怀函，宣统元年六月二十四日（1909年5月9日），档号SD025046

民呼日报以筹款不易，延至是年三月二十六日始出版。出版前十日，复在各报刊登广告：

一、本报实行大声疾呼，为民请命之宗旨；二、本报为纯全社会之事业，所有办法，是系完全股份公司，不受官款，不收外股。故对于内政外交，皆力持正论，无所瞻徇。三、本报编辑总目，凡分三大部，曰言论之部，曰纪事之部，曰丛录之部。其余各子目凡二十余，如外论、佚史、吉光片羽录、陆沉小识诸门，其特色皆为本报所独有。四、本报又欲引起国人世界观念，于世界各国港新发生之重要事件，专电译文，登载独多。五、本报自发起以来，组织备极艰辛，而内容益求精美，故取价不得不独高（全年九元，邮费在内，零买一分八厘）。六、本报虽未出版而预定者已及千份，恐赶印不及，故出版时，仅于本埠送阅一天。七、本报除第一日送阅外，第二日特备福引券一千张，如有至本社购报三份以上者，均有赠彩。第三日除本报四大张外，附送世界社精印之六十名人画像一张。出价一月内，定阅本报全年者，特送六十名人一册（原价两元）；半年者，送书券一纸（值洋一元）。外埠限一月。八、本报为提倡商务、学务起见，特送商学界告白十日。九、本报博征海内外各种著作，以收集思广益之效。十、本报每日精印图画一大张，皆系请名手所绘，庄谐各极其妙，不另加费。如同人有以画片见惠者，并择优刊登，借广流传。

看以上告白，可知该报内容及宗旨，持论较《神州日报》更为激烈。既曰为民请命，所以对于贪官污吏的攻击，不遗余力。销路更非上海各报所能比拟。这样不独惹起官方的痛恨，报界亦深为嫉视。终于因为抨击陕甘大吏，而陕甘大吏假甘肃赈款事，陷先生于狱。而凡是《民呼》所责骂过的败类，如安徽铁路公司候补道朱云锦、新军协统陈德龙等，皆群起而攻。后来虽因事实大白，及中外正论的压迫之下，先生于七月十二日得以获释，而《民呼日报》已于六月二十九日停刊。先生无辜被拘,在押已达一月零七天(按此系会审公廨堂谕,实际自六月十七日至七月十二日,共为二十五天),并被判逐出英租界。会审公廨对先生的非法审判,先生是失败了;但在精神上是胜利了,舆论界如《神州日报》《时报》《东方杂志》等,皆对会审公廨不公正的判辞,为严厉的批评,而先生的声誉则由此日隆。

刘延涛《于右任先生年谱》,民国纪元前三年,清宣统元年己酉(1909)

甘肃政府对《民呼日报》以侵吞赈款为由的委托讼案

义绅的步步紧逼,迫使甘肃政府放手反击,双方的矛盾随着甘肃筹赈公所寻求中央保护派员查灾而完全激化。甘肃筹赈公所设立在《民呼日报》馆内,毛庆蕃利用二者关联,在六月十四日,以侵吞赈款为名委托上海道台对《民呼日报》进行查办,因而发生了《民呼日报》讼案。《民呼日报》是陕西人于右任创建的一份进步报刊。从宣统元年六月十九日到七月二十五日一个多月的时间里,《申报》从头到尾持续追踪报道,关注讼案进展,先后在《本埠新闻》栏目中十九次报道案件审理情形。讼案的审办情形,张运君在《清末查禁〈民呼日报〉案》中已有细致的梳理,不再赘述。讼案结果是报刊被查禁,甘肃筹赈公所被解散。义绅和甘肃政府的矛盾和冲突,最终以义绅的失败而告终。

甘肃灾民的反抗

五月初八日,《申报》刊登电政局前日启示,从中得知:安定至兰州电杆被灾民不断毁拔,短期内难以修复,来往各报均由原来驿路限行传递。可见,甘肃灾民的反抗已对政府信息传输造成很大的影响。二十日,毛庆蕃在向盛宣怀询问办赈情况的回复中,提到了饥民反抗的征兆和原因。在其赴任途中,就遇有"灾民拦舆禀诉,有告差役催征并有勒扣籽种银两代完上秋课赋者"。对此,毛庆蕃对官吏差役严加训诫,同时得知甘肃官场"向不办赈,此为第二次"的恶政。从毛庆蕃准备办理下一步赈务的想法中,可以分析出他所认为赈务办理不善的原因是甘肃自然、交通条件太过恶劣,所以官吏畏惧辛劳,势难兼顾周全。六月初六日,《申报》报道了毛庆蕃向朝廷的奏报,因升允不办理赈济而引发民怨,在其离任起程之始就遇到难民聚众围攻,抵达安定时,围攻难民越来越多；而围攻难民现已派兵弹压，同时听闻宁夏兵备道志崇也被难民围攻。前后三次报道，从灾民拦轿告状、毁拔电杆、围攻大员的相继行为和时间顺序中，反映出官民矛盾持续激化。这可以理解，升允匿灾不报加重灾情，灾民痛恨在心，民不聊生，不得不反。

但是，到九月十七日《申报》又报道，近期某地因赈灾委员放赈不公、吞食公款，引发灾民数百人反抗并将委员俞某捆去。事件发生后，甘肃政府一方面调派防军弹压，解救被捆委员，将带头反抗的刘姓首领押省惩办；另一方面又派委其他官员接办赈务，事件遂息。此事值得推敲。毛庆蕃在五六月回复义绅质询的答复中讲，已经选妥委员，派往灾区办实赈务；在七八月向朝廷奏报中提到灾区五六月深得透雨，秋禾补种，秋收有望。最后却在秋收季节又发生灾民捆缚赈官事件，所以办实赈务值得怀疑。

中央政府与甘肃政府的矛盾

《申报》在报道大旱新闻的同时，也报道了陕甘总督人事变动的情况，从中反映出中央政府与甘肃政府之间的矛盾。四月初六日，《申报》报道升允被参，案件交由某官督办，但未披露具体原因和细节。此前《申报》已经报道了升允以甘肃民智闭塞暂缓新政的新闻，实际上已经预告大众升允被参的可能原因，但是此时江南社会还未能知悉甘肃灾情。五月十三日，《申报》报道了升允被参开缺消息，指出了真正的原因并不是匿灾不报，而是阻挠新政。升允离职后，甘肃政务暂由毛庆蕃实际护理。十一月初七日，《申报》报道毛庆蕃被革职，原因是"玩误要政"，并发表了时评，颇有大快人心之感。

杨继业《宣统元年甘肃大旱的社会应对——以〈申报〉为中心》，载《甘肃高师学报》2022年第6期，第51页至57页

六月底，派员赈济打拉池旱灾。

拟批打拉池旱灾缓征并求赈稿（六月二十五日）

禀悉据称该池属甜狼铺等六堡山川各地被旱成灾，民情瘠苦，深堪矜悯。该县丞迟延禀报，且称有已征之粮，迹近匿灾，殊属非是。所请缓征本年上忙丁银，应准照办其未完者，自应停征。已征者应即留抵明年正赋。至民间

借去社粮，须缓待明岁丰收后还仓，以示体恤。除遴员驰往查明灾情，分别散赈外，合由五百饬知，此缴。

札委员试用知县王令秉彦州判王锡信委赴打拉池查灾放赈由（六月二十七日）

为札委事。

案据打拉池廖县丞丙文禀称，该池属甜狼铺等六堡山川，各地被旱成灾，求缓本年上忙丁银，并求赈济，民情瘠苦，殊堪悯恻。应亟派员驰往查明灾情，分别赈抚，以恤灾黎。查该员堪以委派，合行札委，为此札，仰该员遵照，迅即束装驰赴打拉池地方，亲履被灾最重之区，挨庄挨户亲查，分别极贫、次贫大小丁口，填给赈票，给与灾户亲收，随带赈银库平银三千两，赈票二千张，报单三十张，以备随时应用。该员等总以身到、眼到，实惠及民为主，毋得假手书役，轻信头人，以致有负委任。仍将逐日散过户口数目填写报单，赍辕备核赈务，考成綦重，本司执法甚严，倘有贻误，决不能为该员等宽也，其各凛遵，切切毋违，特札。

计发库平银三千两、赈票二千张、报单三十张、条规一纸。

稿钞本《录案件簿》

七月上旬，派员往渭源、红水、金县、狄道、沙泥等地查赈救灾、抢修路桥。

札委员朱令泽溥孙州判继述皋兰关山路工由（七月初二日）

为专札派委事。

照得皋兰、关山一带，自漫山沟至白土崖三处大路，现因暴雨被山水冲刷，沿途坑坎甚多，以致车轨难通，亟应派员前往查勘。酌雇民夫，克期修筑，以便行旅。兹查有该员等堪以派委，合亟札饬，为此札仰该员等遵照，迅即随带银两，驰赴该处，将沿途被冲道路，速为估修。其应用民夫，即价雇该处贫民，每名每日发给大钱一百二十文，借寓以工代赈之意。此项钱款，将来由司统归入赈案报销。所有每日雇夫若干名，修过路工几处，计若干里，用过钱款银款若干，由该员按日分晰填写报单，赍辕备考。路政既关紧要赈务，尤应认真，该员等为修路之人，即为散赈之人，慎毋草率玩忽，致干未便。凛遵勿违，特札。

札委员朱令万鹏赴渭源散给雹灾赈银由（七月初二日）
为札委事。

照得渭源东北两乡被雹成灾，当经本司札委该令查勘。兹据禀馥前来，灾情甚重，深堪悯恻。亟应遴员散赈，以恤灾黎。查该员既经亲勘灾区，较为切实，应即派委合行札饬，为此札，仰该员遵照迅即束装驰赴渭源，会同该署县倪令，亲履被灾最重之区，挨庄挨户亲查，分别极贫、次贫大小丁口，填给赈票，给与灾户亲收。随带赈银三千两，赈票一千五百张，报单二十张，以备随时应用。该员等总以身到眼到，实惠及民为主，毋得假手书役，轻信头人，以致有负委任。仍将逐日散过户口数目，填写报单，赍辕备核。赈务考成綦重，本司执法甚严，该员等毋得稍有贻误，致干未便，凛遵切切毋违。此札。

计发库平银三千两、赈票一千五百张、报单二十张、条规一纸。

札委侯典史镇藩赴渭源散给雹灾赈银由（七月初二日）
为札委事。

照得渭源东北两乡马连里等处地方，被雹成灾，当经札委朱令万鹏查勘在案。兹据禀复前来，灾情甚重，深堪悯恻。除饬朱令前往赈抚外，亟应添委妥员，会同散放。兹查有该员堪以派委，合行札委，为此札仰该员遵照，迅即束装驰赴渭源，会同朱令亲履被灾最重之区，挨庄挨户亲查，分别极贫、次贫大小丁口，填给赈票，给与灾户亲收。该员等遵以身到、眼到实惠及民为主，毋得假手书役，轻信头人，以致有负委任。仍将逐日散过户口数目，填写报单，赍辕备核。赈务考成綦重，本司执法甚严，毋得稍有贻误，致干未便，凛遵切切毋违。特札。

札渭源县倪令饬知该县会同一侯该二员到境妥为照料散放由（七月初六日）
为札饬事。

照得该县东北两乡，被雹成灾，当经本司委员查勘，兹据禀复前来，灾情甚重，深堪悯恻。除令朱令万鹏、侯典史镇藩驰赴该县散赈外，合行札委，为此札仰该令遵照，一俟该二员到境，妥为照料，应办事宜，即会同酌行，不得稍有推诿。该印委等务，须亲履灾区，挨庄挨户亲查，分别极贫、次贫大小丁口，填票给与灾户亲收。总以眼到、身到为主，毋得假手书役，轻信头人，致负委任。赈务所关非浅，本司执法甚严，地方官考成綦重，毋得稍有贻误，致干未便，凛遵切切毋违。特札。

札委员朱令希孝孙州判继述前赴狄道查放赈济由（七月初六日）
为札饬事。

案据狄道州联牧禀称，西乡为字、结字等段，并前报之调、金、雨等字三段，又隐字一段，均先后被雹成灾十分，已发一月赈粮在案。惟民情拮据，为日方长，若非加给银赈，恐不足以资振济。兹特专马发去赈票一千张，报单三十张，合亟札饬，札到该员等会同联牧赶速按照灾区，分别极贫、次贫大小丁口，照章填给赈票，挨户清查，总以眼到、身到为主，并先估计应需赈银若干，一面会禀来辕，以凭核发。赈抚为民命所关，务须敬慎从事，倘有疏忽贻误等情，本刋执法綦严，决不宽贷。各宜凛尊勿违，特札。

札皋兰金县安定泾州静宁州碾伯县平凉县会宁县沙泥州判隆德（饬知各县照料路工情形由）七月初六日
为札饬事。

照得本年夏间大雨时行，山水涨发，附省通衢桥梁道路冲塌甚多。据该地方官先后禀报，若不及早兴修，殊无以利驿程而便商旅。业经本司委员查勘，并令克日兴工，所有购料片材，皆照民价交易。至土工一项，系雇本处贫民每日发工价钱一百二十文，借寓以工代赈之意，丝毫不准扰累地方，更不准□□□保。除已札委康丞敷镕、刘府经离堃、傅照磨乃启、万县丞朝宗、朱令希孝、孙州判继述驰赴往该县、州判，查勘兴修外，合行札饬，为此札仰该县、州判遵照，俟该员到境，妥为照料，应办事宜，即帮同督率，不得稍形推诿，致干咎戾。切切，特札。

拟批秦州转详三岔州判报水灾稿（七月初七日）
详悉。据该州转详三岔州判呈称，于六月十五日天雨倾盆，渭河泛涨，淹没该属数十村庄，冲覆民房一百五十余间，冲压地土共计一千三百余亩各等情，究竟该州判曾否履勘被灾各村，系何方向，所有灾黎如何抚恤，民无居处，作何安身，未据呈报明晰，殊深悬系。仰该州迅速遴委勤慎之员，履查明确，应先筹度灾民栖止，至冲压地亩，能否复垦，亦应详细禀复，以凭核办。本司现已派员前往该州，查放灾赈，即由该州会同该委员妥商办理，随时具报，仍候督宪批示。缴。

札委员朱希孝孙继述迅赴沙泥修理路工由（七月初九日）
为札委事。
案据沙泥州判详报，该处乱山湾、白土坡、站坪一带大路，直至岘由坡根止，计长十五里，被山水冲刷两次，工程浩大，亟应派员前往查勘。酌雇民夫克期修筑，以便行旅。兹查该员修理关山一带路工，接壤沙泥，最为顺便，堪以派委。合亟札饬，为此札仰该员遵照，迅将乱山湾等处被冲道路，接续兴修。其应用民夫，即价雇该处贫民，每名每日发给大钱一百二十文，借寓以工代赈之意。此项钱款，将来由司统归入赈案报销，所有每日雇夫若干名，修过路工几处，计若干里，用过钱款银款若干，由该员按日分晰填写报单，赍辕备考。路政既关紧要赈务，尤应认真。该员等为修路之人，即为散赈之人，慎毋草率玩忽，致干未便。凛遵勿违，特札。

批沙泥查灾委员朱令暨署州判李县丞会勘被水成灾情形禀批（七月初九日）
据禀，东乡王府庄水冲房屋一十一间，应给银两赈济。西乡石硖口上下二堡水灾九十四户，应就近拨粮，先行散赈，以济灾黎。西南乡红嘴湾等五庄，淹没川地成灾，勘有八分。王马家等□□淹没川地，已成河道。两处灾民均不求赈，所请将五庄钱粮蠲缓，三庄钱粮豁免各节，仰该印委速造被灾地亩钱粮细数清册，赍司以凭核夺。至请豁免何家湾、王马家两处所借修石笼仓粮九十五石之处，两处石笼既已全被水冲，应准无庸还仓，以苏民困。仰即遵照。缴。

札红水散赈委员丁典史尚慎查勘蠲缓银粮由（七月初九日）
为札饬事。

案据红水县丞禀称，该处砂旱田地暨各项地亩苗尽枯槁，民生困苦各情，查所收上忙地丁四十余两，是否出自被灾之区，是否应留抵次年正赋未收银粮，应否蠲缓，未据详明，亟应委员复勘，以昭核实。查该员现在该处散赈，见闻较真，堪以派委，合行札饬，为此札仰该员遵照，迅即会同该县丞，切实履勘，究竟砂旱田禾并各项地亩若干数目，受灾几分，以及村堡土名，灾区方向，并按照札内指饬各节，逐一查验明确，会同切实禀复，以凭核办。事关田赋正供，该员务须谨慎从事，毋得粗疏遗漏，自干咎戾，切切无违凛遵。特札。

札委员余令泽溥程典史综杰前赴金县查勘水灾由（七月初九日）
为札委事。
案据金县单禀，六月初一日夜猛雨，河水高涨，冲剥该县丰广二里田地三千四百余亩，贫民不能自给者有二千四五百口之多。阅之殊深悯恻，亟应委员查勘加赈，以恤灾黎。查有该员，堪以派委，合行札饬，为此札仰该员遵照随带赈票五百张，银一千两，报单三十张，驰赴该县广丰二里，挨庄挨户查勘，分别极贫、次贫大小丁口，填票给与，本人亲收。总以眼到、身到为主，不得假手丁役，致生折扣各情弊。赈务为民命所关，该员尤当谨慎从事，勿稍疏虞，仍将逐日散放乡村丁口数目，填缮报单，赍辕备考。倘有遗滥等情，本司执法綦严，决不姑宽，凛遵无违。特札。

拟批狄道方片雹灾请赈禀（七月初十日）
会禀已悉。据称该州西乡被雹情形，除被灾不及五分，尚有秋禾可望，照例不赈外，计成灾十分，各段共田一万二千八百二十八亩零，共灾民三千一百余丁口，困苦颠连，实堪悯恻。已由该印委先提仓储大豆发给一月正赈，计仓斗三百七十九斗四升，办理甚为周妥。所请极贫加赈四个月，次贫加赈三个月之处，自应照准，本司不另委员会散用节糜费。仰该州一年经理，躬亲散放，务期实事求是，普惠及民，万勿假手书差，改生弊端，是为至要。所有蠲缓银粮，俟详结清册至司，再行核办。其东乡陶字段借给仓粮一节，该牧宜审度秋收分数，民力实能归还，再行催交，切切，此批。缴。

札狄道方片查雹灾委员朱令希孝孙州判继述驰赴狄道查勘雹灾轻重由（七月初十日）

为专札委查事。

本月二十六日，据署狄道州知州联瑛禀称，本年五月十九日（入原禀），合并声明等情，据此查该州地方去岁已经薄收，今年自春徂夏，仍形亢旱，兹复被雹成灾，哀此小民，弥深轸念。现由该州查明，分别赈恤。惟被雹分数田亩数目，既应否蠲缓钱粮如何，安抚灾黎事关拯饥，断难稍缓，自应亟派妥员，驰往查勘，以资补救。兹查有该员堪以派委，合行札饬，为此札仰该员等遵照，刻即束装驰赴狄道州地方，亲履被雹乡村，勘明灾情轻重，共计受雹田亩若干，应蠲缓钱粮多少，该处穷民是否应须赈济，均须逐一亲查，切实核计，速即会同该州结报。此事关系重要，总以身到、眼到、心到为主，盖多尽一分心，即民受一分福。倘或粗疏遗漏，及有扶同隐匿情事，本司执法严明，决不稍存宽贷也。切切毋违。此札。

札前委东路路工委员康丞敷镕刘府经离堃即往东前进接修由七月初十日

为专札饬知事。

照得甘省连年旱歉成灾，叠经设坛祷雨。令夏六月大雨时行，以致山水骤发，沿途道路桥梁，多有被水冲坏之处。亟应一律修理，以便行旅往来。其应用钱款，将来由司统归入赈案报销，借寓以工代赈之意。前委该员等兴修东路皋、金、安三县路工，惟东路道里绵长，工程浩大，非添员兼修，不能早日竣工。已委萧令庆鲁、刘典史玉亮驰赴该处，自安定以东接修，至六盘山以西山顶止，该员等所修安定一段工毕，即往东路前进，接修六盘山以东、平凉以西之工。萧、刘二委员所修工毕，亦即前进接修平凉以东之工，直过泾州至陕甘交界为止，更番迭进，如同从前用兵滚营而进之法，一气贯注，修治平整，以便行人。本司将以此课该员等之贤否、办事之优劣。

夫路政最关紧要工务，必须认真。驿站大道，为中外行人经由之路，古人之觇国者，入其国境，观其道路之修废，而知其政事之修废，此理万古不易。况当中外交通之时，尤不可不视为急务。赈款银两，其来不易，涓滴须求实济，方不负好善者捐助之心。该委员慎勿草率玩忽，自干咎戾。凛遵勿违，特札。

批平番县单令册报西北南三乡通远堡等处水灾并已先行散赈恩请复勘批（七月初十日）

册报具悉。该县西、北、南三乡通远堡等处，经六月初六、七两日大雨，山水陡发，夏秋禾苗冲没共计一千二百三十余亩，灾民八十五户情形，殊堪悯恻。既经该令会商散赈，委员王令秉彦先行发给赈粮，应即列入赈册造报。惟此次被灾民户夏秋俱已失收，是否应行加赈，亟应派员复勘，以重民命。至水冲沙压，各地应缓、应豁钱粮，俟会勘详册到司，再行核办。除另委员前往外，仍候督宪批示。缴册存。

批秦安县黄令王家硖民房被雨水浸倒田禾略有损伤禀稿（七月初十日）

据禀，该县王家硖民房被水涨浸倒塌计十二家，民地被水浸者四十余亩，经该令捐廉发给钱文，令民户赶种荞麦蔬菜，究竟该处田禾被灾有若干分数，灾民是否需赈，应即委员复勘，仰即遵照。缴。

稿钞本《录案件簿》

七月中旬，奏催甘肃军饷等事。

兼护陕甘总督毛庆蕃奏援案预估明年关内外协饷折

奏为援案预估宣统二年分甘肃关内外协饷，恳恩饬部照案筹拨，以顾边陲而资军食，恭折仰祈圣鉴事。

窃查甘肃关内外协饷，向章每年估银四百八十万两，承协各省关均系按期批解年款，关无蒂欠。庚子以后各省骤加偿款，筹办新政左支右绌，兼顾不遑，以致指定之饷日欠日多，艰窘情形岌岌可虑。前经甘、新两省通盘核议，力加裁汰，截至光绪二十九年底止，计关内外每年共裁减银四十万两，借纾各省饷力，奏请自三十年正月起，每年共估拨银四百四十万两，仍由甘肃统收分解。钦奉谕旨允准，由部按照核减银数估拨在案。兹届预估宣统二年协饷之期，查甘、新公用转运新饷脚价银四万两，甘肃关内外新军绿营勇营俸饷粮料草折廉费、制造军火、军装、倒马价值等项银八十八万两，青海王公俸银、西宁办事大臣、宁夏凉州庄浪之满营俸廉纸红公费兵饷银二十二万两，关内历年裁节暨积拨关外封存，除减估外分储甘库银二十八万两内，有提支旧防军子药夫口粮及甘军裁剩营旗改设巡警并编练新军巡防各队勇饷，仍照旧案办理，共应估请指拨银一百四址二万两。新疆巡抚提镇协各标营暨司库例支不敷等项，岁需银二百五十万一千四百五十两，伊犁将军满蒙旗营岁需银三十四万两。塔尔马哈台参赞大臣岁需银十三万八千五百五十两，关外内供应估银四百四十万两，内除应解偿款甘肃三十万两，新疆四十万两，请照上届成案，仍由代解各省关就近拨解沪关纳，以期迅速。此项即由甘新两省自筹提还，协饷并支应交补平银两，汇沪请收，俾免辗转，其余应解甘库银三百七十万两，恳恩饬部照数估拨分催承协各省，务照定章于年前赶解三成，其余七成，分批扫数清解，以济边军而维大局。据甘肃布政使司详请具奏前来，臣覆查甘肃关内外协饷，为塞上诸军口授食之需，计自二十九年年底止，共裁减银四十万两，已属十分为难。现在改编巡防、添练新军、马步炮各队，通盘筹计，非惟不能节省，且日见其加增，即使各省关将应协新饷依限解清，尚觉不敷其巨，况近来河南、山西、湖北、四川、闽海关等处每年协解，均不足额，刻下积欠累累，已至七百数十万两，当此时艰款绌之秋，既不敢另请加增，亦何能再议减少。自应援照历届成案，请旨饬部指拨银四百四十万两，以资挹注。其历年欠饷七百数十万两，前督臣升允因增募新军，无从设法，曾经奏明指为练兵的款，边备攸关，更非曩日清厘旧欠可比，拟请仍由度支部严催筹解，免误要需，无任惶悚待命之至。所有预估宣统二年分甘肃关内外协饷暨催历年欠饷缘由，谨会同新疆巡抚臣联魁恭折具陈，伏乞皇上圣鉴训示。谨奏。

宣统元年七月二十四日，奉硃批："度支部议奏。钦此。"

《北洋官报》，1909年，第2195期，第2页至4页

七月下旬，奏荐署兰州知府刘振镛、靖远县典史贺有一等。

七月二十四日，外折钦奉硃批事由单：

毛庆蕃奏寻常命盗犯康路娃等案汇奏折：法部议奏；又奏阶州犯妇蒲巩氏因奸勒伤本夫审拟折：法部议奏；又奏靖远县典史贺有一俸满保荐折：吏部知道；又奏请以李继训补镇原令折：吏部议奏；又奏请仍以徐昶兼袭云骑尉片：该部知道；又奏四月分雨粮情形折：知道了；又奏请以郑选完琼补环

县令折：吏部议奏；又奏请以甘州守刘振镛调兰州守等折：吏部议奏。

《政治官报》七月二十五日，第 671 期，第 2 页至 3 页

护理陕甘总督毛庆蕃奏请以甘州守刘振镛调补兰州守等折

奏为拣员调补首府要缺，以裨地方，恭折仰祈圣鉴事。

窃案：准吏部咨，宣统元年四月十五日，奉上谕："甘肃兰州府知府员缺紧要，着该督于通省知府内拣员调补。所遗员缺，着英勋被授，钦此。"遵咨行到甘，当经转行遵办去后，兹据甘肃学、臬两司暨臣在藩司任内会详称，查兰州府系冲、繁、难三项，请旨要缺，且系通省领袖，辖二州四县，时有发审案件，政务殷繁，非精明练达之员，不足以资治理。兹于通省现在任正途知府内拣选，得现署兰州府事甘州府知府刘振镛，年六十三岁，直隶清苑县人，由光绪乙亥科举人，丙子科会试中式进士，以内阁中书用。十年题补实缺，二十四年升补侍读，二十六年京察一等，奉旨记名，以道府用。二十八年二月二十二日，奉上谕："甘肃甘州府知府员缺，着刘振镛补授。钦此。"三月因留京办事出力保奏，奉旨："俟得缺后，加二品衔，钦此。"是年八月初八日到任，因前在京奉派补修皇史宬、国史馆书籍告成保奏，奉旨："以道员在任，遇缺即补。"三十三年大计卓异，调署兰州府知府。

查刘振镛，老成练达，敦厚廉明，在甘有年，情形熟悉，于署任筹办一切，咸臻妥协，以之调补兰州府知府，人地极为相宜。会详请奏前来，督臣升允未及核办，臣到任未及三月，例不加考。惟在藩司任内，已与学、臬两司加具切实考语，合无仰恳天恩，俯念要缺需员，准以甘州知知府刘振镛调补兰州府知府，实于吏治民生大有裨益。如蒙俞允，该府系对品调补，毋庸送部引见。所遗甘州知府员缺，现奉上谕："甘肃兰州府遗缺，知府员缺，着李廷飏补授。"应即钦遵办理。所有拣选调补首府要缺缘由，谨恭折具陈，伏乞皇上圣鉴训示。谨奏。

宣统元年七月二十四日，奉硃批："吏部议奏，钦此。"

《政治官报》，七月二十九日，1909 年，第 675 期，第 17 页

护理陕甘总督毛庆蕃奏靖远县典史贺有一俸满保荐折

奏为典史初次俸满循例保荐，恭折仰祈圣鉴事。

窃据甘肃藩学臬三司会详,称查靖远县典史贺有一,现年五十九岁,山东沂水县人由监生报捐典史归海防即新班选用选授浙江景宁县典史,因亲老告近选授河南阌乡县典史,于光绪十六年正月到任。修理阌乡县河工案内,保以应升之缺,升用嗣因丁忧开缺,服满归选二十七年选授甘肃靖远县典史,二十八年八月初六日到任。三十三年大计卓异,今自到任之日起,连闰扣至三十四年六月初六日初次六年俸满,由靖远县知县傅曾熙、兰州府知府刘振镛、署兰州道孙应寿验看加考,咨司会详,保荐前来。查例载各省杂职历俸已满六年,各府州申请巡道加考移司查实,转呈督抚调取验看,详加甄别,果有才能出从、堪膺民社者,准出具切实考语保荐等语,臣到任未久,例不加考,惟在藩司任内,已及三月,当与学、臬二司查看,得该员贺有一,才明识练,舆论素孚,堪以保荐,除清册分送吏部给事中外,谨恭折具陈,伏乞皇上圣鉴训示。谨奏。

宣统元年七月二十四日,奉硃批:"吏部知道,钦此。"

《政治官报》,八月初六日,1909 年,第 682 期,第 12 页

七月中下旬,抢修皋兰、碾伯、会宁等处水毁公路,赈济平番、河州、秦州等处灾民。

批皋兰县请委员会同勘估补修袖川门等处土工稿(七月十一日)

详折均悉。据称该县因六月初旬大雨,该处庙滩子地方堡城,并河北官铁厂前大路,均被水冲塌一处。又袖川门外土城脚根被水冲剥数处。查省会重地,无论内外城垣,均应完固。倘使土壤坍塌,梗塞道路,不独有弛观瞻,而且大碍行旅。除委员会同该县确实勘验,估计工料,克日兴修外,合行饬知缴。

札委员荆令士莪明巡检璋复勘皋兰县庙滩子路工由(七月十一日)

为札委事。

照得皋兰县详称,案据河北云云,而资保卫等情前来,自应委员勘估,以昭核实。合行札饬,为此札,仰该员遵照,迅即会同首县,确实勘验,估计工样,克日兴修,毋得延缓草率干咎。切切。特札。

批东路路工委员萧令庆鲁刘典史玉亮禀（七月二十二日）

据禀已悉。新制铁锄木锨背斗各件，系随带修路之夫，必须应用之物，本应自制，总不可以小物扰累村民。是为至要。所禀雇定长夫八名，随勘随修，应准照办。沿途查勘，遇有山坡土险狭窄之处，须筑拦马墙一道，以防护行人。另有专札饬知，一并遵照毋违。此批。

札委员曹令耀崐前往北路会同龙绅接办陈令未完工程由（七月二十五日）
为札委事。

照得北路修道工程前委陈令长龄，同龙绅协麟往办尚未竣工，现在陈令另有差委亟应派员往代查该员堪以派委合行札饬，为此札仰该员遵照迅即驰赴该处接办陈令未完工程，会同龙绅切实兴修，接续妥办，通力合作，总以身到、眼到、利济行人为主。其有山路陡峻窄狭、极为危险之处，均宜修筑拦路矮墙，庶风雨黑夜之时，可以保护人马，是为至要，切毋草率粗疏，致干咎戾，切切。特札。

札河州旱灾稿请上忙地丁缓秋后征收（七月十八日）

禀悉。据该州禀称，东、北二乡，夏禾被旱。并北乡连界之西乡各会社，东乡连界之南乡各会社夏禾，皆一律被旱，均经该州履勘，实属歉收，请将上忙地丁银两，除已完外，缓至秋后催征，借纾民困。自系实情，应即照准。事关粮赋，亟应委员会同勘验禀办，以昭核实，仰即遵照，仍候督宪批示。缴。

批河州报水灾禀稿（七月十九日）

禀悉。据报，该州六月初七、八、九、十四、十五等日，天降大雨，山水陡发，冲伤田苗颇多。东乡五会处所，南乡三会处所，西北二乡六会处所，凡四乡之被水田亩，均经该州亲诣履勘，委系实情。但受灾约有几分，民情是否拮据，未据叙明，难以悬揣。仰候委员复勘明确，禀复核办，仍候督宪批示。缴。

札委员傅照磨乃启万县丞朝宗赴平番散放水灾赈银由（七月二十四日）
为札委事。

案据平番县单令志贤册报，该县西、北、南三乡通远堡等处，经六月初六、七两日大雨，山水陡发，冲没夏秋禾苗共计一千二百三十余亩，灾民八十五户。虽经该令先行给赈，然此次被灾民户夏秋俱已失收，亟应派员履勘应否加赈，亦即详查。查有该员堪以派委，合行札饬，为此札仰该员遵照，驰赴平番，会同单令复勘被灾民户男女大小丁口，分别极贫、次贫，应即加赈，先行详细缮折具复，一面散放确勘水冲沙压各地亩，应缓、应豁，详册赍司汇案核办。该员身膺赈物，切宜亲履灾区，身到、眼到，无得假手书役，轻信乡约堡长之言，致负委任。本司执法甚严，如有不实不尽之处，一经察觉，决不能为该员宽贷也，凛遵。切切。此札。

计发赈银三百两、赈票一百张、报单二十张。

札委员张倅厚垫前往河州勘验水灾由（七月二十四日）

为札委事。

案据河州禀称，宣统元年六月二十四日，据卑州东乡头会、二会，乡约方正兴、许头喜等禀报，六月初七、初八、初九、十四、十五等日，天降大雨，以致山水陡发，冲伤田苗，禀请勘验前来。正勘验间，又据东乡十七、八会，二十一会，南乡二十六会、三十二会、三十三会、西乡头会、十一会、十四会，北乡七会、九会、二十会等处绅约马迎表、马良伏、张汝谦、司马昌等先后禀报被水冲伤田禾，恳请查验等情。据此，卑职当即轻骑减从，亲诣各该会，履亩踏勘，凡近山口及沿河田亩，被水冲伤颇多。俟委员到州，会同复勘，请示遵办各情前来，亟应迅速委员前往履勘，合行札饬，为此札仰该员遵照，迅即驰赴河州，会同该州，按照所禀情形，履勘明确，分别受灾分数，照章妥为拟议禀复，以凭核办。毋得草率延玩，致干咎戾。切切。特札。

札委员朱令希孝孙州判继述拟派前往沙泥散赈由（七月二十四日）

为专札派委事。

案据沙泥查灾委员朱令希孝暨署州判李县丞少棠禀称，会勘西乡石硤口上下二堡，被水淹没川地五百二十亩，灾民九十四户，男女大小六百六十余口，嗷嗷待哺，殊堪悯恻。亟应就近由沙楞提运粮内拨粮先赈，以济灾黎。查有该员（堪以委派），合行札饬，为此札仰该员遵照，刻日束装驰赴沙泥，会商运粮委员，按照极贫、次贫大小户口，分别赈济。该员身膺赈务，切宜实心实力，身到眼到，勿滥勿遗，以副本司救灾恤民之意。倘有不实不尽之处，一经查出，本司执法维严，决不能为该员宽贷也。凛遵，切切无违，特札。

札运粮委员□□□札饬沙楞赈粮就近提粮赈济由（七月二十四日）

为飞札饬知事。案据□□查灾委员朱令希孝，暨署州判李县丞少棠禀称，会勘西乡石硖口上、下二堡被水淹没川地五百二十亩，灾民九十四户，男女大小六百六十余口，嗷嗷待哺，殊堪悯恻。亟应就近由沙楞提运粮内拨粮先赈，以济灾黎。除另札委员驰赴沙泥提拨散赈外，合行札饬，为此札仰该员遵照，提拨沙楞存粮内仓斗九十石，交付沙泥东乡散赈委员，以济要需，而苏民命。仍将拨付日期申报备查，毋得疏忽迟延，致干重咎。切切毋违，特札。

札委员潘牧祖瞻前往河州勘验旱灾由（七月二十五日）

为札委事。

案据河州禀称，本年自春徂夏，天道亢旱，雨泽愆期。历经卑职按□□□在案。查西、南二乡，地气潮湿，土脉滋润，且水地居多，□□□收成尚不至于减色。东、北二乡，除沿河水地外，高塬山岭之处，土形干燥，夏禾被旱歉收，近来叠沛甘霖，业已饬令补种秋禾。兹据东、北二乡并与北乡连界之西乡十三、十四、二十、二十一、二十五、二十九等会，及十二会之一、二社，雨具入会之二、三社，十九会之二社，二十六会之四社，二十七会之一、二社，二十八会之一、三各社，暨与东乡连界之南乡二十二、二十五、二十八等会绅约许头善等，均以夏禾被旱各情，禀恳勘验前来。卑职当即批准查办，一面轻骑减从，驰诣被旱各会社复勘，实属夏禾均受旱伤，收成歉薄。拟恳宪恩，俯念民力艰难，准将被旱各乡应征本年上忙地丁银两，除已完外，暂行缓至秋收后催征，以纾民力。并恳速赐委员下州，会同卑职履勘，分别被旱轻重，拟议禀办各等情。

据此，该州所请被旱各乡应征本年上忙地丁银两，除已完外，暂行缓至秋收后催征，以纾民力。并即委员迅速履勘，合行札饬，为此札仰该员遵照，迅即驰赴河州，会同该州，将所禀情形履勘明确，分别被旱轻重，妥为照章拟议禀复，以凭核办。毋得草率延玩，致干咎戾。切切。特札。

札秦州直隶州札饬已委员会同复查水灾由（七月二十六日）
为札知事。

案据该州代行吏目杜元模禀报，该州北乡雷王集、上下川、石佛镇、北岸等庄，于六月十四、五等日大雨如注，山水暴发，淹没田地，冲倒房屋，淹毙人口。经该吏目驰往勘验，先由州给钱一百串，酌情捐棺木，令将各尸掩埋，并择极贫之户，给费暂行搭棚栖止等情到司。查该州北乡被水灾情甚重，深堪悯恻。虽经由州筹款百串，暂为量加抚恤，仍应委员复查明确，亟加赈抚，以济灾黎。除札委员□□札知。为此札仰该州遵照，一俟委员到境，即行会同亲履□□确实复查，和衷商办，分别具报。该州身任地方，责无旁贷，该委员查办灾赈，均须身到、眼到，以期无滥毋遗，但能多尽一分心，则灾黎必能多受一分之惠，小民灾情困苦，亟宜加意抚恤，本司实有厚望焉。切切，此札。

札委员余令泽溥查秦州北乡被水漂没田地冲倒房屋淹毙人口灾情由（七月二十六日）
为札委事。

案据秦州吏目杜元模禀称，查署秦州直隶州知州徐守，于六月初六日因公晋省，檄委卑职代折代行，当经报明在案。兹据北乡雷王集、中滩、上下川、石佛镇、北岸等庄绅约雷平西等禀报，六月十四五等日大雨如注，山水暴发，秋禾多被淹没，并有倒塌房屋，溺毙人口情事，请勘明抚恤等情前来。卑职因事关灾伤，随即驰赴各乡逐细履勘，查雷王集共一百四十三户，计淹田地一千一十五亩，倒塌房屋六百七间。又中滩、上下川、师家门等十六庄共七百三十八户，被淹田地七千五百八亩，倒塌房屋二百一十五间，淹毙男大二丁，女大一口。又石佛镇共一百一十九户，计淹田地一千三百九十七亩五分，淹毙男大一丁。又北岸十三庄共五百七十七户，被淹田地二千九百七十三亩五分。又石佛乡下三庄共九十户，计淹田地五百六亩三分，当由州署筹钱一百串，酌捐棺木，令将各尸掩埋，并择极贫之户，给费暂行搭棚栖止等情到司。

查此次秦州北乡被水，虽由该州筹捐钱一百串，酌给棺木，并予搭棚修理之费，惟灾情甚重，既经淹没田地，又复冲毁房屋，淹毙人口，实深悯恻。自应委员会同该州复查明确，亟加赈抚，以济穷黎。除批示并札知外，合亟札委，为此札仰该员遵照，迅即束装驰往秦州，会同该州亲诣北乡，逐庄确实履勘，先将被灾村庄男女大小丁口，查明实数，分别极贫、次贫，飞速开折禀报，以凭查核。一面量加赈抚，一面将淹没田地、冲倒房屋实有若干成灾、各有几分，此地将来能否垦复，钱粮应否蠲免，据实详细具报。事关赈务，责任綦重，该员务须身到、眼到，按户确查，毋得假手吏胥，并轻信乡社之言，致有遗滥，方不负本司轸念民艰，实事求是之意。倘有不实不尽，本司执法甚严，断不能为该员宽贷也。切速毋违，特札。

札会宁县札饬该县东路张城堡桥梁被水冲塌俯赐批示祗遵一案奉院批由（七月二十六日）

札会宁县知悉。案奉护理陕甘总督部堂毛 批，据该县详报，卑县东路张城堡桥梁被水冲塌，俯赐批示祗遵一案，详由奉复。据详该县属张城堡桥梁被水冲塌等情均悉。甘藩司迅饬该县赶为设法修复，以利行旅此致等因到司。奉此，查此案前据该据该县径报至司，业已批示遵办在案。兹奉前因，合行查饬札至该县，迅即遵照院、司批示，妥为办理，毋任延缓。切切毋违，此札。

札委员李令锦荣刘府经养性赴平番碾伯修理路工由（七月二十八日）

为札委事。

照得甘省连年旱歉成灾，叠经设坛祷雨。今夏幸得大雨数次，以致□水骤发，沿途道路桥梁多有被水冲坏之处，亟应一律修理，以便行人。除东北南路均已委员往修外，查平番、碾伯一带，系西宁到省冲途，非派委员修理，不足以重驿路而利商旅。兹查该员堪以派委，合行札饬，为此札仰该员遵照，迅即携带银两，驰赴平番、碾伯，以达西宁所有沿途被冲道路桥工，逐细勘验，随勘随修，其应用之夫，即价雇该处贫民，每名每日发给大钱一百二十文，借寓以工代赈之意，不得丝毫扰累于民，稍受村庄供应。此项钱款，将来由司统归入赈案报销。所有每日雇夫若干名，修过路工几处，计若干里，用过钱款银款若干,由该员按日分晰,填写报单,递辕备考。本司将经此课该员等之贤否、办事之优劣。

夫路政最关紧要工务,必须认真。驿站大道为中外行人经由之路,古人之觇国者,入其国境,观其道路之修废,而知其政事之修废,此理万古不易。况当中外交通之时,尤不可不视为急务。赈款银两,其来不易,涓滴须求实济,方不负好善者捐助之心,慎勿草率玩忽,自干咎戾。凛遵勿违,特札。

批会宁县申报小土桥等处被水冲毁情形抄由批(八月初三日)

据申已悉。查该县城东二十里之小土桥,被水冲塌,虽经该县雇夫由河身暂修车道,以便行旅。惟此桥乃东大路冲途,仍应亟行修理。盖恐河身行车,设遇水势涨发,必致有碍行人。至该县遮桥沟西宁城砖桥洞内所砌之砖,既均被水冲损,亦应赶紧补修完固,免致水涨桥塌,多费工程。除札饬路工委员遵照,前往该县查勘修理外,仰即会商妥速办理。缴。

批东路张令克宽前赴西路接替李令锦荣修理路工由(八月初四日)

为札委事。

照得本□□雨连绵,以致山水骤发,各处道路多有被水冲坏之处,□□一律修理,以便行人。查西路一带系通西宁府大道,前委李令锦荣、刘府经养性,同往兴修。兹因李令另委事件,该处路工自应遴员接续办理。查该员堪以派委,合行札饬,为此札仰该员遵照,迅即束装驰往,将李令置办路工物料、铁器并人工等一切接收,认真办理,会同刘府经躬亲督率,妥为修复完竣。是为至要,勿得玩延草率,致干咎戾。仍将修理情形,逐日填写报单,送辕备考。切切,特札。

稿钞本《录案件簿》

七月二十六日(8月22日)奏报甘肃旱涝情形。

护理陕甘总督毛庆蕃奏办理赈务情形折

奏为甘省叠次得雨,现在办理赈务情形,恭折具陈仰祈圣鉴事。

窃维甘肃近省十数州县,本年旱灾奇重,筹办赈务,业经前督臣升允电奏，并具折陈明。臣接护督篆后，复经电陈在案。查甘省自冬徂春，久乏雨泽。设坛祈祷，幸于五月初九日起，叠次得雨，或三四寸，或二三寸，节逾夏至，民间赶种小糜荞麦，其得雨寸许而勉强播种者，仍亟望透雨，亦尚有不能种者。前已电请代奏，稍慰宸厪。迨至六月朔日，大雨滂沱，自暮达旦，为近年所未有，民情大定。初九、十三大雨继之，农亩益形沾足，此皆由圣朝子惠元元，用克上感天和，实深庆幸。

各州县赈务遴派员绅分途四出，灾重之区，夏苗失望，非待秋粮成熟，饥民无从得食，其穷黎秋苗未种，需赈尤殷。各属有办急赈者，有办加赈者，有散赈至三四次者，亦有雨后赶紧散给籽种者，悉以灾情为准。办赈之款，自蒙恩特发库帑，各省疆臣亦皆关怀大局，拨款协赈。上海义赈局官商又皆亟力合筹，大批汇济，各省官吏绅商，亦商集资助，现在酌办秋赈，将来时届冬春，尚须体察民艰，分别赈济。本年连得透雨，民田多盼种来年春麦，其无力购买籽种者，届时仍应由官购给，约计赈款，或可支拨。如有不敷，再当据实奏陈。甘省山高川狭，此次屡得大雨，以致山水涨发，皋兰、金县、河州、平番、沙泥、秦州、三贫、秦安、伏羌、宁灵厅等处，多有川边低地因溪水宣泄不及，田禾致被淹没，渭源、狄道、安定、会宁、固原等处，亦被雹灾打伤田禾，均经先后派员往查，酌予抚恤。又东路、北路等处，亦因连次大雨，冲坏大道，或土崖崩塌，或水旋成窝，甚有车辆驮骡均不能行之处，亦已派员分途前往，雇用民夫修理。借寓以工代赈之意，凡派出员绅办赈办工，均从优酌给川资，不准骚扰地方，官吏及所在村庄百姓，仍由臣随时悉心访察，如有弊混及玩忽者，即查参撤换，其办赈实在得力者，亦即奏请给奖，总期遵照前奉硃批，认真办理，于赈务庶有裨益。其用过银两，均俟事竣，归入赈款项下核实造报，除将各属被旱被水被雹各地亩应行蠲缓钱粮，饬催造册，另行奏咨外，所有甘省叠次得雨，现在办理赈务情形，理合恭折具陈，伏乞皇上圣鉴。谨奏。

宣统元年八月二十二日，奉硃批："知道了，钦此。"

《政治官报》八月二十五日，1909年9月20日，第700期，第9页至10页

兼护陕甘总督毛庆蕃奏五月分雨粮情形折

奏为恭报甘肃宣统元年五月分粮价雨水情形，恭折仰祈圣鉴事。窃查地

方雨水粮价,例应按月奏报。兹据兰州等八府六直隶州属先后具报本年五月分得雨情形,自一、二寸至三、四寸不等,正值夏禾结实、秋禾出土之际,获此渥滋,培实于农田,大有裨益。至通省粮价,或与上月相同,或稍有增减,理合缮单恭折具陈,伏乞皇上圣鉴。谨奏。

宣统元年八月二十二日,奉硃批:知道了。甘肃苦旱,今幸得雨,深慰朕心,钦此。

《政治官报》九月十一日,1909年10月14日,第716期,第13页。另《时报》八月三十日,1909年10月13日第3版摘录部分内容

七月三十日,定西大旱,设立平粜局赈灾。

是年,定西大旱,七月三十日,安定县灾民多人,至兰州向总督府要求赈恤。布政使毛庆蕃在县城设平粜局,减二成出售。

定西县志编纂委员会,《定西县志》,甘肃人民出版社,1990年10月版,第21页

七月,创存古学堂,聘同年进士刘尔炘督课,由提学使俞明震主管。

是月,护督毛庆蕃在兰州创设育才馆,聘在籍翰林刘尔炘督课,归提学使司管理。

《甘肃文史资料选辑》第10辑《甘肃解放前五十年大事记1898—1948》,中国人民政治协商会议甘肃省委员会文史资料研究委员会编,甘肃人民出版社,1980年3月版,第25页

夏,督建兰州黄河大铁桥竣工,长七十丈,宽二丈二尺四寸,创设牌厦于桥头,是为中国桥头堡之始。

护理陕甘总督部堂毛照会致军机处电文
为照会事。

照得本护督部堂于宣统元年七月十五日致军机处咸电,其文曰:"军机处钧鉴:兰州城外黄河向设浮桥,冰化时,不免伤人。前大学士臣左,尝有采用西法建修铁桥之议,督臣升茌任后,饬员与德商泰来洋行订议兴修,具疏陈明,现已工竣,于本月十五日车辆开行,谨此电陈。再,桥面工程系用碎石和土铺压于松木板之上,臣蕃曾咨询监造洋人暨各匠,再三考究,碎石伤木,恐难持久,不如去石加添木板,以便随时更换。复经督臣切实讲求,即不敢吝惜小费,总期保护行人,悉臻安稳,上慰宸廑,祈代奏,庆蕃叩"等因,除电达外,合行照会贵司局,希即知照,须至照会者。

杨重琦,余贤杰,关振兴著《百年中山桥》,敦煌文艺出版社,2004年8月版,第51页

陕甘总督部堂长奏黄河铁桥工程完竣用过款项据实造报折

奏为创建兰州黄河铁桥工程完竣,谨将用过款项据实造报,恭折仰乞圣鉴事。

窃查兰州城北滨临黄河,向搭船只木板浮桥,及冬春结冰、解冻之时,病涉戕生,行旅苦之。光绪三十二年,前督臣升,因德商泰来洋行喀佑斯情愿包修铁桥,曾将议定价订立合同及由天津陆续运回料件,招雇工匠,并责成兰州道彭英甲一手经理,添派藩、臬两司会同照料情形,于三十三年十二月,专折具奏。奉硃批:"该部知道,钦此。"业经钦遵在案。

兹据该司道等详称:自光绪三十四年二月动工至宣统元年六月告竣,计桥长七十丈,宽二丈二尺四寸,架桥四墩,中竖铁柱,外以塞门德土参合石子石条成之。桥面两边,翼以扶栏,旁便徒行,中驰舆马,安稳异常,行旅称便。

惟桥面先用碎石和土铺于木板之上,碎石损伤,恐不耐久。复经前护督臣毛庆蕃与洋人华匠再三研究,随将石土(铲)去,加添木板一层,以便随时更换。核计此桥原与洋商喀佑斯议定包修,工料天津行平化宝银一十六万五千两,折合库平银一十五万九千五百五十五两。又委员分驻天津、郑州、陕西三处转运料件,并在津报纳关税及派委员、勇丁在桥监修保护暨购备船只、木杆、麻绳等项,概由甘肃认筹。又桥成后,另送工程师来往盘费银二千两。计在津用过行平化宝银二万三千七百六拾七两五钱五分八厘五毫,折

合库平银二万二千九百八拾三两二钱二分九厘七丝；郑州用过汴平银五万八千七百三十二两三钱六分三厘七丝，折合库平银五万七千三百五十二两一钱五分三厘一毫五丝三忽；陕西用过议平银四万五千五百二十八两五钱七分，折合库平银四万三千七百七两四钱二分七厘二毫；兰州用过兰平银二万七千一十七两四钱九分二厘五毫，折合库平银二万五千八百八十二两七钱五分七厘八毫一丝五忽。又用库平银七百四十七两八钱三分九厘。统计包修桥价及各处杂费，共用过库平银三十一万二百二十八两四钱六厘二毫三丝八忽。除垫纳洋商应认关税汇费库平银三千五百三十六两五钱七厘七毫四丝仍由洋商交还外，实用库平银三十万六千六百九十一两八钱九分八厘四毫九丝八忽，均由统捐总局如数拨发。现经造具请册及铁桥相片，详请奏咨前来。臣履加查核，所用各款，均系实用实销，委无浮冒。铁桥工程亦甚坚固，除饬该司道等随时派人监视守护，俾垂久远，并将销册相片分咨各部外，所有创建兰州黄河铁桥工竣及用过款项数目，理合恭折具陈，伏乞皇上圣鉴，饬部核销，谨奏。

赵国强主编《近代甘肃政要施政文献选编》，甘肃文化出版社，2016年11月版，第117页

剑川按：长庚奏折硃批本存甘肃省档案馆，题名"陕甘总督长庚为兰州黄河铁桥工程完竣用过款项据实造报事上宣统皇帝奏折"；中国第一历史档案馆原件，题名"奏请核销创建兰州黄河铁桥用过银两事"，原款时间为宣统二年四月二十五日，档号04-01-37-0156-037。

兰州黄河铁桥的建成

清末，在中国道路交通线上出现了大型桁架梁——兰州黄河铁桥。铁桥位于兰州城北镇远门外，原有浮桥，光绪三十四年（1908）四月十日动工改建铁桥，宣统元年（1909）八月八日全面竣工，历时一年零四个月，共用库平银306691两。铁桥上部构造系穿式桁架，共计5孔，每孔跨径45.9米，全长243米。行车道宽6米，两侧各有1米宽的人行道，总宽8.36米。穿式桁架高5.1米，桥架横梁为钢梁，栏杆由角铁及钢管焊接而成。下部墩台构造，南北两岸桥台系水泥砂浆砌条石，中间4个桥墩为高强度速凝水泥砌料石重

力式桥墩。原设计木纵梁上面横铺铁板，竣工时改为碎石砂子。当时护理陕、甘总督毛庆蕃以桥面不铺铁板而铺砂石，系偷工减料，取巧搪塞，不予签收，几经交涉，包商将石子桥面除去，改铺木板板面，托词便于维修，才签署了验收凭证。通车后，由兰州府会同皋兰县共同管理防护，设护桥巡兵12名，每年需管理费用白银600两。

中国公路交通史编审委员会编《中国古代道路交通史》，人民交通出版社，1994年1月版，第586页至587页

（前略）经过华洋工匠共同努力，铁桥建设进展顺利。铁桥施工接近尾声时，护督毛庆蕃决定，在铁桥南北两端各添建一座中华传统式古建筑——牌厦。1909年6月18日，两座牌厦竣工。每座牌厦均为三开间，雕梁画栋，蔚为壮观。牌厦前后共悬名人匾额4块，其中由升允题写"第一桥"匾2块，分置南北桥头；另有"九曲安澜""三边利济"匾各1块。为永久纪念这一伟大工程，在铁桥两头立了两块石碑，由升允撰文记述铁桥修建始末。铁桥建成后，洋务总局还花了52两银子，请人拍摄了54张铁桥全景照片，分送当时的中央政府和地方有关部门阅存。

宣统元年七月初四（1909年8月19日），铁桥竣工通行。宣统二年（1910年）四月二十五日，陕甘总督长庚就铁桥工程用款上奏宣统皇帝称，包括包修价、运输价及各项支出费用，铁桥"实用库平银三十万六千六百九十一两八钱九分八厘四毫九丝八忽"。

曾任北洋政府交通总长的叶恭绰先生在回忆录中称赞：建黄河铁桥是清朝覆亡前最振奋国民的壮举、最节俭的工程。中国近代史上，甘肃人自主、自愿与西方人进行的此次纯经济的合作，创造了一个奇迹。百年以来，中山桥经历了无数次冰凌冲击、洪水冲刷、地震摇撼、风雨剥蚀、车船碰撞，以及两次大规模战争的洗礼。历经沧桑之后，依然如一名坚强的战士，用自己钢铁的脊梁，担负起通达黄河两岸的重任。

1928年，为纪念孙中山先生，由当时的甘肃省主席刘郁芬手书的"中山桥"匾额，被悬挂于铁桥南面的牌厦上，"第一桥"从此改名中山桥，沿用至今。

张铎炎《百年钢构——中山桥》，载《文博精藏 城关文物古迹胜览》，甘肃文化出版社，2017年2月版，第214页至215页

八月初，赈济秦安、文县、伏羌等县灾民。

札委员佘令泽溥张典史之翰赴秦安查勘水灾由（八月初六日）

为札委事。

案据秦安县黄令国琦禀称，该县王家硖民房被六月十五日雨水涨浸，倒塌计十二家，每家或一二间、三四间、六七间不等。民地被水浸没四十余亩，经该令捐廉发给钱文，令灾民赶种荞麦蔬菜，究竟该处田禾被灾有若干分数，灾民是否需赈，应即委员复勘，以恤灾黎。查有该员堪以派委，合行札饬，为此札仰该员遵照，驰赴秦安，会同黄令复勘被灾房屋地亩，民户丁口，是否成灾，需赈详速具复。先商同秦州徐守妥议办理，并详细驰禀。该员务须亲履灾区，身到、眼到，不得假手书役，轻信乡约堡长之语，致负委任。切切。此札。

札委员张从九玺珍帮同文县李令放赈由（八月初七日）

为札委事。

案据文县绅民张怀琛等禀称，该处西乡中路河地方一带，旱灾极重，民有流亡。本司即行密查，确系实情。业将文县李令汉光，先行撤任。已委李令锦荣，驰往接任，兼办灾赈。第恐地方官政事繁多，一人之力不能兼顾，自应加派委员，帮同散赈，以资得力。查该员堪以派委，合行札饬，为此札仰该员遵照，迅即驰赴该县，帮同李令，躬履灾区，切实查勘。分别极贫、次贫大小丁口，散给赈票。躬自填写，亲交本人收执。总以眼到、身到为主，但该印委能多尽一分心，则民多受一分福。仍将逐日赈过户数、散过银两数目，缮写报单，送辕备考。事关赈务，责任綦重，倘有不实不尽及假手书差扰累地方，一切情弊，本司执法维严，定不姑宽。各宜凛遵勿违，特札。

札新任李令锦荣兼散赈银由（八月初七日）

为札饬事。案据文县绅民张怀琛禀称，该处西乡中路河地方一带，旱灾极重，民有逃亡。当经悬牌召讯该绅民等，业已回县，本司博咨密访，确系实情。该县李令汉光，业经撤任，亟应委员驰往查明灾情，以拯饥黎。查该令前曾署理该县地方，于民情尚为熟习，亦知讲求吏事，现已委令驰往接署，合行札饬，为此札仰该令遵照，迅即赴任。随带赈银二千两，亲历灾区核实散放，总以身到、眼到为主，事关赈务，该讼的父母斯民之责，各尽心力，无负委任。切切。特札。

札委员试用典史任钺辉驰赴伏羌查灾散赈由（八月初四日）

为札委事。

案据伏羌县详报，该县东乡铁坡山河北李家沟、刘家沟等处，于六月十五日因被雨过猛，将各该处山顶冲崩，共压毁庄房十余所，压毙男女大小丁口四十七名，脱逃人丁四十三名，压地三百四十七垧等情，阅之实深悯恻。虽经该县筹捐钱一百三十缗，以资赈抚，惟念灾情甚重，田庐既经压毁，灾民又复流离，自应亟行加赈，以救穷黎。除批示外，合亟札饬，为札仰该员遵照，迅即束装领带赈银、赈票、报单，驰往伏羌县，会同该县雷令，亲诣被灾各乡庄，迅即勘明被压地方情形，将大小丁口实在数目查明，分别极贫、次贫，速行散放。如有寒士与佃户等，一并加意抚恤。仍将报单逐日填写查放，由驿驰报查核。一面详勘被压地亩，本年即行办理蠲免，不准由该县代完，致贻穷民明年之累。并体察小民，现拟如何开种，应俟将来全行垦复时再照完旧额赋课，以纾民力。其山崩平填沟内约六七里为土壅塞以后，溪水涨发之时，无从宣泄，势将溃决旁出，恐滋他患，亟须设法挑挖，不可惜费。即应用近处民人日给钱一百二十文，妥速疏浚完竣，略寓以工代赈之意。该委员务须逐一查勘明确，据实详办，毋稍含糊，事关灾赈，该员等必须身到、眼到，尽心从事，切不可稍假丁胥之手，亦不得轻听乡社头人之言，总期无遗无滥、实惠及民，方为不负委任。倘或办理不实不尽，本司执法甚严，断不能稍假宽贷也。切切，特札。

计札发：赈银四百两、赈票二百张、报单二十张。

札巩昌府伏羌县被水情形院批示由（八月十二日）

为札饬事。

案奉护理陕甘督宪批复，据伏羌县协令光甸详报，水冲山崩被灾情形。奉批，据详该县东乡铁坡山等处，因雨势过猛，山顶崩裂，压毙男女大小丁口至四十七名之多。又压庄寨十数座，地亩三百四十余垧，阅之殊深悯恻。

希甘藩司速饬该管巩昌府，督同该县，前往被压处所，逐细复勘，钱粮应否蠲缓，被灾贫民应如何抚恤，被压庄房如何给价修复，据实联衔结报，以凭核办，切切。此致册存等因，奉此查此案前据该县径详到司，因念该县灾情甚重，当即由司委员携银驰往，会同该县勘明情形，速行查放，并令将填平水沟，雇人妥速疏浚。本年钱粮即行办理蠲免在案。兹奉前因，合行札饬，为此札仰该府遵照，刻即照例亲严刑峻法被灾处所，督同该县切实复勘，联衔结报，以凭核办。切速。此札。

稿钞本《录案件簿》

八月中，以政事繁冗，奏留兰州道彭英甲。

护理陕甘总督毛庆蕃奏请将兰州道彭英甲暂缓送引片

再：兰州道彭英甲，经前督臣升允保奏送部引见，奉硃批："彭英甲，着送部引见，钦此钦遵"在案，应即咨北上。惟查该道办事认真，不辞劳怨，甘省厘金改办统捐之始时，值该道抵任，前督臣即饬令接办整理详定章程，又凡关于新政各局所及铜矿、织呢各厂，亦多由该道一手举办，在甘年久，熟悉情形。甘本瘠区，近年协饷日减，当此清理财政之会，又值库储异常匮竭之时，藩库固岌岌难支，统捐收数近亦骤减，又以需付铁桥工程、铜矿、织呢机器以致欠解藩库，如赔款、练兵经费等项，为数甚巨，臣以藩司兼护疆符，五中焦灼，惟有力求综核汰冗去浮。该道于今年三月回任，财政局又系会办之员，臣与该道均责无旁贷，现正饬其将统捐切实整顿，近年日久懈生，亟宜熟权利弊、体察商情，挽回补救其各局所款项入，并令厘剔各局厂工业、矿务，亦急图改良精进，以期核实持久。臣谨当督率讲求不懈，稍避嫌怨，目前实未便遽易生手，拟恳圣慈，俯准该道彭英甲暂缓送部，以资臂助，除咨部查照外，谨附片陈明，伏乞圣鉴训示。谨奏。

宣统元年八月二十二日，奉硃批："允行，该部知道，钦此。"

《政治官报》，八月二十七日，1909年，第702期，第13页

八月中，上海《时报》抨击毛庆蕃办赈办学，卖直沽名，溯及在苏创办存古学堂事。

呜呼毛庆蕃

地方之办义赈,为救灾恤邻起见,非如各省之办赈捐卖官鬻爵,仅为剥民铲地交易之品。而自官场目光视之,则以小人之心度人。如毛庆蕃致农工商部电,一若办赈者,咸有营私肥己之心,如今之官场之得差缺然。呜呼,治国平天下,必自正心诚意,始服膺大学教者,不当如是也。

《时报》1909年9月10日(七月廿六日)第5版《时评》

自毛实君视学吴中时,迎合揣摩而有存古学堂之设。朱竹石赞成之,为之筹款,故当时有"朱毛和同"之语(以京师有猪毛胡同也)。既而毛又恐人之诮其顽旧也,于是又有英文专修科之设。总计此两学校,每年不下二万余金,均非教育法令所规定,脱以之改办初级小学,以谋普及教育,至少当可办五六十所也。我苏属议员,不可不提议及之。

《时报》1909年9月28日(八月十五日),第5版《时评》

八月,奏请报销甘肃陆军小学堂经费事,咨呈陆军部备案。

(全衔)毛跪奏,为甘肃陆军小学堂经费照案报销,恭折仰祈圣鉴事。

窃查甘肃省陆军小学堂,光绪叁拾年支过各项经费,业经前督臣升允,于上年专折奏报,并由陆军部核覆在案。兹值叁拾年全年届满,所有该学堂经支各款,均系查照部覆核准成案,实支实销。惟学生津贴系遵部章,按照学生满额,均以优等计算,先期约领计正、二、三个月第壹、第贰两班学生,每月约领津贴银叁百两。又自四月起至年底,增加续收第三班学生一百名,每月均约领银陆百叁拾两。而每月按照在堂学生考定优、上、中等第,核实发给。除第三班学生入堂叁个月以内,照章不发给津贴外,每月实开支津贴银贰百数拾两不等。学生火食,自九月分以前,每月均按满额支领,其笔墨衣履,每名每年领银壹拾捌两,四季亦照满额支领。积至年底,除实支外,均各存有余款。

再该学堂系此原有武备学堂改设,一切建置未尽合宜。兼之续收第三班学生添增教员、学长,房舍不敷居住。又如浴室为卫生攸关,向亦阙如,均非可缓之工。添建、添修住室，照墙、围墙、浴室以及筹加学生火食及回籍途费、奖赏等项，均由额支，撙节余存项下开支，不另请款，以节糜费。除抵支外，尚余兰平银五百贰拾陆两肆钱壹分伍厘，拟请仍存学堂，作为公款划归下届核实报销。

综计该学堂叁拾年一岁开支过额，支经费银叁万贰千肆百贰拾壹两陆钱壹分玖厘，活支经费银柒千玖百陆拾伍两肆钱叁分柒厘柒毫玖丝陆忽，添建房舍等项银壹千陆百壹拾柒两玖钱陆分陆厘，三共实开支兰平银肆万贰千伍两贰分贰厘柒毫玖丝陆忽。由该学堂总办补用道孙庭寿详请具奏前来，臣覆核无异，合无仰恳天恩，俯准敕部核销，以符成案。再上年未经奉到部饬各项用款，发给京二两平章程，是以均用兰平支领。本年第一班学生毕业并收新班学生各员司等，事务较繁，是以造赍稍迟，合并陈明。除将清册咨呈度支、陆军二部外，谨恭折具陈，伏乞皇上圣鉴。谨奏。

宣统元年拾月廿八日到。

钦命护理陕甘总督部堂兼管甘肃巡抚事甘肃布政使司布政使毛。

咨呈事。为照本护部堂于宣统元年捌月贰拾捌日，专差具奏甘肃陆军小堂光绪叁拾肆年分开支过各项经费银两两造册，请销壹折，除俟奉到硃批，恭录另咨外，相应钞折咨呈贵部，谨请鉴照核销施行。须至咨呈者：计钞折稿壹纸，并送清册贰本。

右咨呈陆军部。宣统元年捌月贰拾伍日。

中国第一历史档案馆原件，档号 04-01-38-0199-074

河南命妇刘马氏捐资赈灾，致电盛宣怀代为致谢。

盛宫保暨商会诸公鉴：

前奉河南吴抚帅效电，内开前准长制军宥电，开如"劝募甘肃赈款，务寄白上海，交盛宫保、商会诸君，使为收汇，以免迟误等因。兹有豫省尉氏县一名命妇刘马氏，捐助甘赈洋银二千圆，即将该款寄交上海，由盛宫保处汇寄，特此电达。该命妇所捐数逾千金，应由尊处奏请建坊，以示奖励，并乞电达长制军为祷"等语。除电覆致谢，并予奏请外，专此奉闻。

蕃叩。真。

上海图书馆盛宣怀专档,毛庆蕃致盛宣怀电,宣统元年八月十五日(1909年9月28日),档号SD013835

八月底,敦煌经卷事起,罗振玉欲请毛庆蕃抢救敦煌经卷。

兹有一件可喜、可恨、可悲之事告公,乃敦煌石室所藏唐及五代人写本刻本古书是也。此书为法人伯希和所得,已大半运回法国,此可恨也;其小半在都者(皆隋、唐《艺文志》所未载),弟与同人醵赀影印八种,传钞一种,并拟与商,尽照其已携归巴黎者,此可喜也;闻石室所藏尚有存者,拟与当道言之,迅电毛实君,余存不知有否,但有,尽力耸动之,前车已失,后来不知戒,此可悲也。弟有《石室书录》数纸,随后印成寄奉,公闻之,当亦且喜且悲也。

罗振玉8月19日致《时务报》主编汪康年信,载《汪康年师友书札》(三),上海古籍出版社,1988年版,第3169页至3170页

罗振玉《石室佚书序》

距晋太康初纪汲郡出竹书之年又千七百余载,为我先皇帝光绪之季岁,海内再见古遗宝焉,一曰殷墟之文字,二曰西陲之卷轴。恒阳所出,我得其十之八九,既已毡拓之,编类之,考证之,虽举世尚未知重,而我则怏然自足,一若天特为我出之者。鸣沙之藏,则石室甫开,缥缃已散,我国人士,初且未知。宣统改元,伯希和君始为予具言之。既就观目录,复示以行笈所携,一时惊喜,如在梦寐,亟求影写,遽承许诺。后先三载,次第邮致,则斯编所载者是也。自夏徂秋,校理斯毕,爰书其端。予于斯编之成,欣戚交并,有不能已于言者七事焉。古人有育,名世之生,期以五百,神物出世,且数倍之,即时会幸至,而我生不辰。今则太卜所掌,若诏予以典守;荒裔宝藏,亦并世而重开。此可欣者一也。厘冢竹简,载以数车,而诸家写定,仅得七十五篇。今则简册盈千,卷轴逾万,此编所刊,千不逮一,数已相埒。此可欣者二也。秘藏既启,遗书西迈,东土人士,末由沾溉,伯君念我所自出,亟许以传写,一言之诺,三岁不渝,邮使屡通,异书荐至。此可欣者三也。

敦煌之游,斯丹前驱,伯氏继武,故英伦所藏,殆逾万轴,法京所弃,

数亦略等。吾友狩野君山，近自欧归，为言诸国典守森严，不殊秘阁，苟非其人，不得纵览。英伦古简，法儒沙畹考释学竟，行将刊布。其余卷轴，检理未完，刊行无日，此可戚者一也。

往者伯君告予，石室卷轴，取携之余，尚有存者，予亟言之学部移牍甘陇求之，乃当道惜金，濡滞未决。予时备官大学，护陕甘总督者适为毛实君方伯庆蕃，与予姻好；总监督刘幼云京卿廷琛，实同乡里，与议购存大学。既有成说，学部争之。比既运京，复经盗窃，然其所存尚六七千卷，归诸京师图书馆。及整比既终，而滔天告警，此六七千卷者，等于沦胥。回忆当时，自悔多事。此可戚者二也。遗书窃取，颇流都市。然或行箧字析，以易升斗，其佳者或挟持以要高价，或藏匿不以示人。遇此仓荒，何殊覆瓿。此可戚者三也。往与伯君订约写影，初企合力，已乃无助。予为浭阳端忠敏公言之。忠敏亦谓前约已定，义不可爽，因慨任所费，然公时已罢官，力实未逮。沪上书估某，适游京师，予为构合，偿忠敏金，约以估任剞劂，予任考订。顾时逾数年，未出一纸，乃复由予赎回，自任刊布，而既竭吾力，成未及半，此可戚者四也。呜呼！天不出神物于乾嘉隆盛之时，而出于国势陵迟之日，今且赤县崩沦，礼亡乐斁，澄清之□，期以百年，而予顾汲汲为此，急若捕亡，揆以时势，无乃至愚，而冥行孤往，志不可夺。此编既成，将如孔鲋所云"藏之以待其求无宁，守之以慰幽独"。苟天不使我馁死海外，尚当遗书伯君，更求写影，节啬衣食之资，赓续印行，以偿夙愿。知我笑我，非所计也。

岁在癸丑九月二十三日，上虞罗振玉书于日本寓居之大云书库。

（近）罗振玉《石室佚书序》，《雪堂类稿 乙 图籍序跋》，辽宁教育出版社，2003年3月版，第41页

剑川按：罗振玉于八月十五日观伯希和盗买敦煌经卷，次日即撰成《敦煌石室书目及发见之原始》，刊于九月廿五日出版之《东方杂志》第6卷第10期等处，则罗欲电请毛庆蕃保护剩余经卷之想法，及请乔茂柟以学部名义致电等事，应在此之后。

八月二十二日（11月3日），学部致电毛庆蕃，饬请保护

敦煌文物。乃令安肃道廷栋、安西州侯葆文、敦煌知县陈泽藩办理，遂以三千金购得八千余卷解往京师。

行陕甘总督请饬查验齐千佛洞书籍解部并造像古碑勿令外人购买电

敦煌县东南三十里三危山下千佛洞石室，储藏唐人写本书籍甚多，上年经法人伯希和亲赴其地，购获不少……即希选派妥员迅往查明，现共存有若干，无论完全残破，统行检齐解部，幸勿遗失散落。所需运费，由部认还。此外各洞中造像、古碑亦颇不少，均属瑰异之品，并希派员详细考查，登记目录，咨部存案，勿再令外人任意购求，是为至要。

《学部官报》第104期，宣统元年（1909年）第28册，《文牌》页三，右

八月二十二日（11月3日），参劾劣员裕端。

护理陕甘总督毛庆蕃奏道员裕端劣迹素著请革职折

奏为道员劣迹素著，据实纠参，请旨惩处，恭折仰祖圣鉴事。

窃维吏治之清浊，为民生休戚所关，而疆吏之激浊扬清，则及一省官常风气所视为转移者也。方今时局艰难，尤贵大法小廉，以共励维新之治。乃查有甘肃试用道裕端，声名恶劣，前在署平番县任内，私卖粮石，擅买旗女为婢，经该管道府禀由前督臣崧蕃撤任饬查属实，其卖粮赢过，寄存汇号银二千两，罚作红城保赈款，并将旗女退回。该员均一一认罚，并由该管道禀陈在案。其时该员已由同知保有知府升阶，经前督臣崧蕃汇入甄别案内，以气质骄盈、难资表率，奏请以同知、通判降选，嗣随办番务，由前督臣升允奏请开复知府原官，旋因达赖到甘，委令帮办供应，该员宜如何奉公守法，痛改前非，乃竟借此唆索滥縻帑项，扰累民力，为青海办事大臣庆恕所深恶，又复借势凌辱文武官吏，睚眦必报，并有喀打州县情事，至今官场言之切具。此皆前督臣升允为臣面述其劣迹如此，并谓屡诫不悛，亟宜参劾。而以前此开复，气焰愈张，途次又复骚扰驿站，需索供应，经地方官具禀前来，臣覆加考核，参稽旧卷，并证以前督臣之言，如该员之胆大妄为，罔知悛改，实属有玷官箴，且到省未久，而借事招摇，人言啧啧，现值朝廷讲求宪政之初，

甘肃又灾祲叠告之后，若以声名狼藉、劣迹昭著之员，转听其滥厕道班，遗害边方，败坏风气，陇右吏治何堪设想。臣忝权疆寄，不敢稍涉徇隐，理合据实纠参，请旨将甘肃试用道裕端予以革职，并不准在甘省地方逗留，以肃吏治，伏乞皇上圣鉴训示，谨奏。

宣统元年八月二十二日，奉硃批："着照所请，该部知道。钦此。"

《政治官报》八月二十六日，1909年10月9日，第701期，第7页至8页

京师近事

甘肃候补道裕瑞，去年护送达赖进京，理藩部、内务府两衙门以该员熟习藏情，奏留在京照料，并派其护送回藏。乃近因事与护督毛庆蕃不合，昨日毛护督有折到京，奏参裕瑞在甘劣迹夙著，请予革职。未识政府准如所请否。

《申报》1909年10月14日（九月初一），第10版

八月底，御史奏参毛庆蕃妄劾裕端。

某御史奏参护甘督毛庆蕃妄劾属员，奉旨："交新任甘督长庚查办。"

《时报》八月三十日，1909年10月13日第3版

八月，奏请为祈雨灵应之太白泉、仙女祠、龙神祠请封。

护理陕甘总督毛庆蕃奏请加兴隆山太白泉神封号等折

奏为神灵显著，叠沛甘霖，恳恩敕部议加封号，并颁发匾额，以答神庥而慰民望，恭折仰祈圣鉴事。

窃维各省水旱之灾，官吏莫不祷于山川及列在祀典之神。《云汉》之诗曰："靡神不举，靡爱斯牲。"盖自古已然。而其灵应昭著者，历由疆吏上闻于朝，或请封号，或请颁匾额，圣朝保惠黎元，无不仰邀俞允，所以报神惠重民食也。甘肃处积高之区，岁恒苦旱。皋兰近省十数州县，自前岁旱歉，去秋尤甚，今春又复不雨，二麦失种，民心惶惧。臣于三月初旬履任甘肃藩司，从事祈祷，四月下旬亲诣金县兴隆山太白泉虔诚祷祀，是日下山，雷雨大作。兼护督篆后，复率属致祷于敕封灵感金氏仙女之祠，五月初九、十三、十五、

十七日等日叠次得雨，民间始得赶种小糜荞麦，六月朔大雨倾盆，自暮达旦，农亩一律深透，民心大定。秋苗芃芃，可望有收，咸谓非神之灵不及此。

查甘肃境内童山弥望，惟兴隆山林木葱郁，蔚为一方之镇。而太白泉出于山半，祈雨辄效。自嘉庆年间前督臣那彦成即为文纪事，刻石梵宇，盖太白西方之精灵，湫布泽而庙祀阙如，士民惜之。臣此次复登山报谢，躬自履勘，拟即就民间新构数楹，加以修葺，借申崇报之诚。至灵感仙女祠，民间奉祀，历数百年，求雨屡应。经前大学士督臣左宗棠一再奏请，敕赐封号，列入祀典，实皆有功德于民。臣维《礼经》"能御大灾则祀之"，我朝百灵效职，秩祀弥虔，今兴隆山太白泉暨灵感仙女祠，灵应昭著，合无仰恳天恩，敕部议回兴隆山太白泉神封号，列入祀典，俾地方官春秋致祭，并于新葺神祠及灵感仙女祠颁发御书匾额各一方，由臣祗领敬谨悬挂，此后雨旸时若，岁获屡丰，小民渥荷神庥，更涵濡圣泽于无既矣。除咨部查照外，谨恭折具陈，伏乞皇上圣鉴训示施行。谨奏。

宣统元年八月二十二日，奉硃批："该部议奏，片并发，钦此。"

又奏：请加五峰山龙神祠封号片。再据西宁府廉兴禀称，城西八十里之五峰山，向有龙神祠，本年入夏旱暵，禾苗几萎。爰于五月初八日，率同西宁县郑廷琮亲诣兹山取水，虔诚祷告，少顷，大雨倾盆，彻宵达旦，农民欢慰。又据署镇番县知县张銎禀称，县属水田分川地湖地两等，均赖河水灌溉。去岁八月河堤决口数丈，堵塞合龙。十二月水势浩大，又将西堤冲塌十余丈，水急势猛，底深莫测。柴薪绳缆，随下随没。人力已无可施，急诣龙神祠祭祷，加派夫役昼夜抢堵，忽于次夜导水分流，别开沟道，乘势堵合，转危为安，保卫民生，厥功甚伟各等情，先后恳请奏明，敕加封号前来。臣覆查无异，合无仰恳天恩，敕部议加封号，以昭灵贶而顺舆情，除咨部查照外，谨附片具陈伏乞圣鉴敕部议覆施行，谨奏。

宣统元年八月二十二日，奉硃批："览。钦此。"

《政治官报》八月二十六日，1909年10月9日，第701期，第15页至16页

八月，创办甘肃舆图局，以西法测绘全省地形。

是月，布政使毛庆蕃开办甘肃舆图局。

《甘肃文史资料选辑》第 10 辑《甘肃解放前五十年大事记 1898—1848》，中国人民政治协商会议甘肃省委员会文史资料研究委员会编，甘肃人民出版社，1980 年 3 月版，第 25 页。

宣统元年，甘肃布政使毛庆蕃创设甘肃典图局，勘测、绘制地图。

金钰铭《兰州历史文化 历史沿革》，甘肃人民出版社，2007 年 1 月版，第 160 页

八月，仿左宗棠、郭嵩焘遗意，开放兰州城墙及"节园"。

清光绪四年（1878）前后，左宗棠督甘住兰州时，和甘肃的一位乡人郭嵩焘交上了朋友，二人书信往来，无所不谈。一次，郭给左写信说："目前西方各国都市，皆有公园之设，供市民游览，示官与民同乐。兰州为甘肃总督驻节之地，可仿照西方，开辟公园，以庄升平。"左认为他的这个意见很好，便决定于是年 4 月开放"节园"，这就是兰州最早开放的公园。

节园原为明肃王时修建的"凝熙园"。园内亭台楼榭，花木葱郁，风景十分优美。园中有一个名为"饮和池"的巨池，用"火轮机器日吸水龙，取黄河水入城，过园积池，使之清，供城内居人食用"。左宗棠还在园内"备香茗"，置"磁碗百余"供游人解渴。当时兰州市民闻讯后喜笑颜开，扶老携幼，争往参观游览。可惜不久左便离甘，该园复成禁域。宣统元年（1909）秋 8 月，毛庆蕃主甘，他又效左故事，一度开放，但门禁森严，人民只能望园兴叹。

张尚瀛《兰州最早开放的公园》，载兰州晚报社编《兰州风采》，甘肃人民出版社，1987 年 8 月版，第 55 页至 56 页

左宗棠督甘时，与乡人郭嵩焘函牍往来。筠仙谓甘肃回乱十余年，人民困苦久矣。泰西各都会皆有公园，与民共乐，兰州古金城郡，且为总督驻节地，必有园亭可作为公共产。宗棠乃于（光绪四年）四五月间开放节园——节园者，在督署后，逼近北城根，登之则河山举在目中矣。此明肃邸所辟之凝熙园，前清总督二百余年修葺而成者也。听民人等随意游览，来游者从东

箭道入。园内备香茗，煎数大锅，磁碗百余，渴者尽量饮之。箭道大门内凿巨池，名"饮和"。池北城即黄河，用西洋火轮机器，曰吸水龙，取水入城过园，积池使之清，供城内居民食用。池北即箭道二门，从此进节园，上北城，周围远眺。欲东者至东城大门而下，欲西者至西城大门而下，欲南、欲北者亦各随其所欲，如此者凡两月。北城有大楼三层，登之高接云霄，额云"拂云楼"，志书悉载，俗云"院署看河楼"，误矣。楼下小碑二：一古隶书，剥落不可辨真，细视，乃汉将霍骠姚败匈奴于皋兰山下及始建金城之事，一明肃藩《拂云楼诗》，大草书，佳绝，爱不忍释。复见上有发迹如丝，询守卒，知为明肃王妃颜氏殉难触碑死，血迹至今尚存，遇阴雨，垂珠如滴，此固一时之盛也。后三十二年（1906），毛庆藩（甘肃布政使）护理陕甘总督，于宣统元年八月朔，开放节园十日，任人游览，以步左宗棠之后尘。游人感怀往事，歌诗以记其事。

秦翰才辑录《左宗棠逸事汇编》，岳麓书社，1986年3月版，第213页至214页

八月底至九月初，抢修会宁、伏羌等处道路、桥梁，赈济秦州、秦安、三岔灾区。

札东路工委员萧令庆鲁刘典史玉亮勘修会宁桥工由（八月二十二日）

为札饬事。

案查前据会宁县申报，城东二十里张城堡之小土桥，被水冲塌。虽该县从河身修理车道，以便行旅。又距城十五里之遮桥沟砖桥，并城东二十五里西宁城砖桥各一座，洞内所砌之砖，现均被水冲毁等情。查该县张城堡小土桥，地当东大路冲途，往来行旅络绎不绝。前经被水冲毁，虽由该县暂从河身修开车路一条，诚恐河中水势涨发，必致有碍行旅，自应及早将桥兴修，仍复旧道，以期稳妥。至遮桥沟、西宁城二处砖桥洞内所砌之砖，既被水冲损坏，均应一并查勘补修完固，庶免由此坍塌，以致多费工程。除批示外，合亟札饬。为此札仰该委员等，就近驰往会宁县小土桥等处，勘估明确，及早兴修，务使工程完固。桥边均须增筑拦马矮墙，或设阑干，以免车马沿边失足，致伤行旅之患。此外，沿途如有冲毁道路，有硬行人者，均即一并补

修，所需工料一切，据实开报，以工代赈，惟不得丝毫扰累民间，是为至要，切切毋违。再，正札行间，适接该委员等由会宁来禀，述及桥工，亦另抄由一件批复矣。此札。

札委龙绅协麟带同匠工估计会宁桥工由（八月二十七日）

为札饬事。

案据会宁□印委等折开，兴修张城堡砖桥并估用工料价值等情前来，亟应委员带同省城匠工前往复勘，以昭核实。查该员堪以派委，合行札饬，为此札仰该员遵照，迅即带同龙姓工头，驰赴张城堡核实，估计应用砖石木料若干，大小匠工各若干，开列详细清单，先行驰禀外，该员即饬龚姓工头，确估按照公允价值，购备各料，赶速兴工，毋得扰累民间，亦不得增高料价，致縻赈款。是为至要，并饬会宁县帮同照料，切切。凛遵毋违。特札。

札会宁县俟绅匠到境会同购料勘修张城堡砖桥工程由（八月二十九日）

为札饬事。

照得该印委等折开，会同勘估兴修张城堡砖桥一座，需用物料工价等情前来，自应遣派耐劳熟习之人，带同工匠驰往复勘，以便克日购料兴工。兹已委派龙绅协麟，带同工头龚姓前往，勘估兴修。俟该绅匠等到境，仰该县会同指示一切。至于木石物料，均以公平购运，不得丝毫扰累民间，亦不得高抬物价，致縻赈款。事属要工，该令尤宜照应一切，无令浮冒草率，同干未便。切切凛遵。特札。

札伏羌放赈委员任典史钺辉（俟赈务散毕兴修路工由）九月初四日

为札饬事。

本月初二日，据秦州散赈委员余令泽溥函禀，伏羌、秦州接界之关子镇梁上车路，多有被水冲塌成坎之处等语。查关子镇系南路冲途，亟应兴修，以便行旅。该员现在伏羌散赈，一俟赈务完竣，就近驰往该处兴修路工，最为顺便。合行札饬，为此札仰该员遵照，一俟赈务散毕，迅即驰往该处，一面查勘，一面雇工兴修，所用之夫，即雇该处贫民，每日每名给足钱一百二十文，借寓以工代赈之意，要知赈款来原不易，总以身到、眼到为主，既不得虚縻款项,亦不得□□约保,扰累民间,是为至要。仍将每日修过道路里□□夫名数,填写报单,递辕备考。切切凛遵毋违。特札。

札秦州直隶州札饬赈款不敷先行由州拨借由(九月初四日)
为札饬事。

据该州散赈委员余令泽溥函禀,秦州、秦安、三岔州判三处灾情皆重,急盼赈济。所带赈款一特恐不敷用,只得先行由州拨借,以顾要公各等语。查救灾如救火,必应从速办理。为此亿仰该州遵照,该委员余令等赈款不敷之时,与该州面商明白,即由该州一面先行垫发,速交该委员等散放,免使灾黎嗷嗷待哺。一面迅将垫发银钱数目禀报到司,以凭动拨赈款发还归垫。除札行该委员外,仰即遵照毋违,特札。

札委员萧开翼驰赴秦州解送赈银由(九月初五日)
为专札委解银两事。

据秦州散赈委员余令泽溥函禀,秦州、秦安、三岔三处灾情甚重,待赈孔亟。前带赈银三千两,深恐不敷赈放等情前来。亟应续发赈银,委员驰解,以资接济。查该员堪以派委,合行札饬,札至该员刻即具领续发秦州等三处赈济库平银三千两,解赴秦安三岔一带,探明办赈委员余令等交收清楚,取具押领赍案备查。该员务须沿途谨慎,毋稍疏虞,致干重咎。如该处赈务未毕,亦即暂留彼处帮同委员散放,勿稍疏忽,切切。此札。

计发库平银三千两。

稿钞本《录案件簿》

九月,校阅甘肃新军,奖荐统带周务学等。

兼护陕督毛庆蕃奏校阅秋操申明赏罚折
奏为本年校阅秋操,申明赏罚,恭折具陈,仰祈圣鉴事。

窃惟编练陆军,为新政之要端,尤边防之急务。甘省边徼岩疆,回番错壤,不得不整顿陆军,为建威销萌之计。新军常备各标步队、马队、炮队,前督臣升允甫经试办,尚拟整饬变通,未及具奏。臣此次届阅秋操,亟应认真从事。近年叠奉部章，尤为慎重。

查省城共计常备二标，一驻城外军垒，炮队及马队亦驻焉，一驻城东十里空心墩军垒。臣于九月中亲诣教场阅操，并以操场较狭，传令分日分地逐一阅看。十二日在教场先阅看第一标步队三营，继阅省城绿营。十三日阅看马队二营、炮队一营。十四日驰赴空心墩，阅看第三标步队三营，并先期轻骑密往，次第抽阅综观各营，以第三标军队操演较为娴熟，该标自上年秋间成军，即演新操。观其一标教练、一营教练、一队教练、军人教练，而以第三营尤为出色，人亦强壮。其操散兵线式，分合进退，最称精健。其后各营合操野外攻击、卧地放枪，一律整齐。臣复策马周历巡视，其常备马队二营，以中营操练最为娴熟。观其一营教练、四伍教练、二伍教练，各标化排甚为合法，其左营马队则操演生疏，散漫不整，炮营马匹既乏，营制复多不合。其第一标饬改新操，演练未熟。以上各营官弁兵丁打靶，则自十六日起，逐日督同司道以次监视，并阅军垒军械，先后通共阅看。十九日，甘省阅操，向循旧制引次，因新军添练较多，不得不认真校阅，应即考核优劣，申明赏罚，以振军人志气。

查管带、常备左营马队，系守备卢学礼因循玩泄，业已撤去管带，应并请以千总降补。管带常备第三标第三营知县周务学，忠勇朴诚，廉勤耐苦，接带甫及五月，破除积习，焕然改观，应即拔充该标统带，以资整顿。其兼带之常备中营马队，接带亦仅两月有余，与该营督队官武备毕业学生刘文绣，精心训练，著有明效。刘文绣，朴实沉鸷，应拔充该营管带官，仍饬周务学督练，以竟前功。第一标统带总兵张定邦接统未久，而督率究有未力，应责令上紧督练，不得稍涉松懈。其各营官长之不力者，臣已分别撤换，以肃军律，而作士气。至左营马队，今正甫改旗为营，而习气已深，难期整顿，已饬汰弱留强，仍改为巡防马队。左右两旗各精选八千骑，遴员接充分扎冲要，余皆遣撤，以节饷糈。而重编练炮队一营，亦应妥为改编，以期核实而免虚糜。

方今海国兵学甚精，臣识浅才疏，所知无几，要不敢不实力整顿，并详告新任督臣，以期仰副圣朝修明武备、编练新军之至意。除分札行知并咨陆军部外，所有本年校阅秋操申明赏罚以肃军律各缘由，理合恭折具陈，伏乞圣鉴训示。谨奏。

硃批："陆军部知道。"

《新闻报》十一月十二日，1909年12月24日，第27版。另《皇朝续文献通考》卷二百三十一，兵考三十《校阅》节录部分内容

周务学，字本斋，天水人。性豪爽，为诸生时，即慕江忠源之为人。乡选后，知交杨增新权河州篆，敦请襄理赈灾，实事求是，全活颇多。（中略）以疾旋里，督修东关城垣，以兵法部勒夫役，箬笠草履，身先操作，以故事半功倍，嗣增新保荐，赞襄陆军学堂事宜，权司监督。勖励学子不遗余力，时与诸生竞较技艺，精益求精，一时学风丕变。暇则研究兵书无停晷。甘督升允稔其贤，荐之朝，授安徽知县。旋奏调回甘，充常备第三标第三营步队管带。毛庆蕃护督篆，深契重，特升第三标统带，加协参领衔。务学训练有方，为一时诸军之冠。（中略）时杨增新督新疆，屡电约，乃毅然出关。增新假以兵权，荐授阿山道尹，加副都统衔，兼任外交特派员、垦务监督，倚为北门锁钥。地邻俄疆，适俄新旧党交哄，旧党奔入阿境，新党蹑追，其势甚骤，交涉不效，而众寡悬殊，战守无所可，务学生平以义烈自命，不肯以弃职图苟活，志决身殉，客有以走计进者，斥之，旋叱退左右，题壁曰："毋毁我室，毋伤我民，尽守土责，杀身成仁。"掷笔以手枪自戕，家人闻声集视，则右鬓洞穿，已毕命矣。年五十有三，时十年五月九日也。

（民国）《天水县志》卷十一《周务学传》

九月，整顿吏治，劾免贪庸。

（宣统元年九月）辛未。谕内阁：毛庆蕃奏《考核吏治据实纠劾》一摺，甘肃前署海城县事试用知县陶崧年贪婪昏纵，丈地扰民；前调署武威县事镇番县知县方景周胆大妄为，不恤民隐；崇信县知县史文光，谬戾鄙琐，不顾累民；碾伯县知县杨麟瑞，气习浮诞，工于取巧，开缺另补。前武威县知县梅树南，才疏识暗，纵差酿命。西宁县典史华廷洵，荒谬无耻，罔知检束；试用巡检田瑞麟，办事糊涂，形同聋瞆，均着即行革职。统捐局文案委员试用知州张鸣鸾，粗戾任性，罔识商艰，着以府经县丞降补。

《宣统朝政纪》卷二十二，宣统元年九月辛未条

（宣统元年）十月甲辰。谕内阁：毛庆蕃奏《考核吏治据实举劾》一摺，甘肃署皋兰县事议叙通判赖恩培、署河州事丹噶尔同知张庭武、署狄道州事宁州知州陈必淮，既据该护督胪陈政绩，均着传旨嘉奖。前署宁州知州候补知县惠占鳌，妄报开垦，荒谬糊涂；前办新固渠工即用知县薛位，执拗性成，类有心疾；西大通县丞马朝襄，浮躁喜事，妄改渠章；前办法政学堂收支委员试用典史周锦章，无帐可稽，有意侵蚀，均着即行革职。前署宁州事补用知县陈文明，貌似有才，办事草率，着以府经历县丞降补。开缺循化厅同知王开斌，年老多病，纵用门丁，着勒令休致。署华亭县事张掖县知县汪宗瀚才识庸暗，年力就衰，惟文理尚优，着以教职归部铨选。

《宣统朝政纪》卷二十三，宣统元年十月甲辰条

九月中，拨款抢修水毁道路桥梁。

札委员朱令希孝孙州判继述解送东路路工银两将银交毕留办路工由（九月十五日发）

为札委事。据东路修路委员萧令庆鲁等禀请，续领修工银库平一千两，本司业经批准照发。亟应委员解送，为此札仰该员遵照，迅即束装管解前项银两，解赴会宁以东面交萧、刘二委员，点收清楚，取具回文递司以备存查。该员沿途务须小心照料，毋稍疏忽，致干咎戾。再，东路工程由会宁直至泾州，以东至陕西交界地方，村镇止里数尚属绵长，现在天气渐寒，转瞬地冻，此工尤宜上紧督率，未可稍延。应即饬该二员将解银交毕，即留办东路路工，迅速商明将东路未修各工段分修举办，驰往前途，奋勉从事，是为至要。切切，特札。

札委员张令克宽前往北路接修徐杨从九路工由（九月十五日）

为札委事。

照得东北路皋靖一带路工前委徐杨从九另委他差，该处路工自应委员接连修理，以竟厥功。查该员堪以派委，合行札饬，为此札仰该员遵照，迅即驰往该处，将徐场从九经手各件检收清楚，及所修未完工程会同王典史妥商办理，毋得草率延缓干咎，切切凛遵。特札。

稿钞本《录案件簿》

九月下旬，奏报甘肃设立清理财政局事。

护理陕甘总督毛庆蕃奏设立清理财政局开办日期片

再近奉新章，各省应设立清理财政局，臣于本年三月到甘，接受藩篆，奉前督臣升允札，发准度支部咨行清理财政章程，委藩司为总办，兰州道彭英甲为会办，并奉度支部札，发调查财政条款，饬令迅速开办等因。维时陇右州县灾赈方殷，嗷鸿待哺，不敢不先其所急，竭全力以图之，迨赈务稍有端绪，适奉兼护陕甘总督之命，当经一面审度局区，一面慎选僚佐，在于藩司衙署东偏，就原有房屋略加修葺，于六月初一日设局开办，并由臣刊发"甘肃清理财政局"木质关防，以资钤用。而昭信守臣与会办兰州道彭英甲，督饬在局各员，遵章拟订办事细则，而正副监理官刘次源、高增融亦先后到甘，相与会商厘订。现在先调查光绪三十四年甘省出入款目，次及本年出入之数，用副朝廷慎重度支之至意。窃维外省财政与地方吏治相维系，此次清理宗旨，贵在得出纳盈虚之实，而不启纷更扰累之虞。臣本藩司，于财政责无旁贷，谨当认真讲求，并随时会商，次第妥办，除遵章将拟订办事细则咨部备案外，所有甘省设立清理财政局开办日期，谨附片陈明，伏祈圣鉴。谨奏。

宣统元年九月二十五日，奉硃批："度支部知道，钦此。"

《政治官报》九月二十九日，1909年，第734期，第9页

九月底，奏荐肃州知州潘龄皋送部引见。

护理陕甘总督毛庆蕃奏候选道肃州直牧潘龄皋请送引片

再：甘省吏才素乏，其能尽心民事，而又为守兼优者，亟应据实上陈，用备朝廷拔擢。查有候选道肃州直隶州知州潘龄皋，直隶进士，才识开爽，治行过人。初由翰林散馆，选授隆德县，单骑捕盗，四境肃然。狄道州素称难治，遇有回民械斗之案，该员策马往谕，众姓慑服。调补皋兰首县，日理词讼，整饬地面，不染官场积习。洎以保荐卓异，升补肃州直隶州，时值敦煌县民因粮务聚众滋事，获犯后，复啸聚观望，前督臣升允亟委该员往鞫，开诚谕导，尽得情实。抵首从三人于法，而事定。历任剧区，均有政声，实

为州县中不可多得之选。臣初至陇右，亟思得人佐理，该员方以开缺修墓，禀恳回籍，经臣暂留委办文案，并派充财政局员，深资得力，相处数月，知之较深，该员廉勤耐苦，年力正强，似此有用之才，若听其引退家居，未免可惜。合无仰恳天恩，俯准将该员潘龄皋送部引见，量材任使之处，出自鸿慈逾格，谨附片陈明，伏乞圣鉴训示，谨奏。

宣统元年九月二十五日，奉硃批："潘龄皋，着送部引见。钦此。"

《政治官报》十月初三日，1909年，第738期，第19页至20页

十月中旬，处分省内抢修路桥工程质量案件。

札委员密查各属散赈及修路工各员有无弊窦情事由（十月十七日）

为札饬密查事。

照得本年春夏荒旱成灾，其后连得大雨，又有水雹之灾，所□各处驿路桥梁，被水冲刷，均经本司札委员绅稽查散放，以恤灾黎。兴修路工，以便行旅。凡有奉委员绅，无不再三诫勉，不准扰累地方官吏，及私受各村庄绅民供应。于路工桥工，更不得偷工减料，草率从事。以致修如未修，或旋修旋坏，徒縻款项，无益行人。查各员绅中谨饬自爱者固多，而见小取巧办事，未能切实者，亦恐不免。本司颇有所闻，未便据以为实，非遴委随时密查，据实禀办，不足以清弊窦，以重帑项。合行札饬，为此札仰该员遵照，迅即改装驰往各路，不动声色，切实密查各属散赈及各路工员绅，有无不实不尽及骚扰地方、工程草率各情弊，据实禀复，以凭惩办，毋得瞻徇情面，互相隐瞒，自干咎戾。凛遵，特札。

札安定路工委员同知康敷镕府经历刘离堃加修拦马墙由（十月十九日）

为限行札饬事。

昨因访闻各路工程诸多草率，尤以该委员等所修安定一带为最。业经记过严饬在案。兹本司复闻会宁、泾州沿途所修拦门墙，均甚高厚，安定境内仅有秤钩驿接官厅外之墙，与会城相等，其余各处均嫌低矮，甚至甫经修筑，即被车马踏平，似此旋修旋坏，尚复成何事体。合亟由五百里札饬，为此札仰该员等遵照，刻即督催夫役，将原修各墙一律加增高厚，以期经久。窄狭

靠厓之处，应向内开挖，毋使车马往来易将拦马墙损坏，是为至要，无再仍□率忽，一误再误，致干未便。切切。此札。

札委员□□记过并通饬各路工委员知照由（十月十九日）

为限行札饬事。

照得道路桥梁，所以利济行人。古人之觇国者，入其国境，觇其道路之修废，而知政事之修勤惰。方今中外交通，驿站大道为往来行旅所必经，尤应视为当务之急。前因甘省亢旱成灾，虔诚祈祷，幸得雨泽。旋值大雨时行，山水骤发，沿途道路桥梁，多被冲损，行旅苦之。当经由赈款内，酌拨银两，饬委该员等驰往各路，招雇本处贫民，按段修理，于修治道路之中，寓以工代赈之意。又以赈款来源不易，涓滴须来实济，方不负好善者捐助之心。剀切诰诫，一再札谕在案。该委员等宜如何激发天良，振刷精神，认真将事，以期工坚料实，款无虚縻，方为不负委任。乃本司访闻各路工程，诸多草率，而尤以安定为最。本应即行撤参，姑暂从宽，先将该委员康丞敷镕、刘县丞离堃，各记大过一次，以示薄惩。除饬康刘二委员等遵照、各路工委员知照外，合亟由五百里札饬。为此札仰各路工委员等，一体遵照，赶即亲督夫役，迅将各处冲坏道路桥梁，切实修筑。如□一经修理，未尽完善，或修理甫竣，旋复坍塌者，务即赶紧加修。其有狭隘险峻之处，必须尽力向开挖，务令宽能容轨，车马得以通行无碍。如遇悬崖峭壁，工匠不能□□□□木帮宽，亦须力求牢固，以期经久。并即随时禀报，以□□□□查勘。经此次严饬之后，倘再仍前草率，一经查实，定即从严详请参处，□□□事姑容。本司言出法随，该委员等其各勉之慎之，切切毋违。此札。

稿钞本《录案件簿》

十月底，奏报甘肃全省出缺补用情况。

护理陕甘总督毛庆蕃奏委署府州县各缺片

再，甘肃省委署道府州县各缺，例应按季汇奏。兹查署甘州府知府全瑞调省，遗缺委补用知府王锦文署理。准补循化同知任肇新，准补灵州知州曾麟绶，准补化平厅通判崔纯祖，新选会宁县知县惟康，准补灵台县知县万庆昌，均饬各赴新任。肃州直隶州知州潘龄皋开缺修墓，遗缺委署安西直隶州实任阶州直隶州恩光调署。递遗安西直隶州，以署阶州直隶州准补安西直隶州侯葆文饬赴新任。递遗阶州直隶州委试用直隶州知州王福鸿署理。狄道州知州联瑛年满，遗缺委署灵州事实任宁州知州陈必准调署，署礼县知县邵韵棠调省，遗缺委议叙试用知县黄万春署理。署合水县知县杨懋源参革，遗缺委分缺先补用知县文桂林署理。署敦煌县知县陈问涂，饬回西宁县本任。递遗敦煌县知县，委候补知县陈泽藩署理。署陇西县知县冯卓英，与署张掖县事实任永昌县知县黄家模互相调署，递遗张掖县知县，委皋兰县知县朱远缮调署。递遗皋兰县知县，委议叙通判赖恩培署理。调署环县知县实任安化县知县孟滢，未及到任病故，其安化县知县，委试用知县陈源滉署理。所遗环县知县，委试用知县易襄署理。署清水县知县万钟禄调省，遗缺委试用通判刘炳堃署理。署两当县事新选伏羌县知县纪毓兰调省，所遗两当县知县，以新选斯缺张其霜饬赴新任。署宁州知州惠占鳌年满，遗缺委平凉县知县试用知县廖元佶署理。碾伯县知县杨麟瑞撤任，遗缺委候补知县林寿钧署理。署武威县知县方景周撤任，遗缺委教习试用知县杨金庚署理。靖远县知县傅曾熙撤任，遗缺委试用知县沈潮云署理。崇信县知县史文光撤任，遗缺委补用知县张文泉署理。岷州知州童立纲开缺，另补遗缺委大挑知县顾其义署理。署镇番县知县张鋆年满，遗缺委试用知县张树杭署理。徽县知县郑贤照丁忧，遗缺委仅先试用知县王建署理。署抚彝通判姚钧年满，遗缺委署金县知县邓尔康调署所遗金县知县，委候补知县余重寅署理。文县知县李汉光撤任，遗缺委候补知县李锦荣署理。署静宁州知州李联庆年满，遗缺委分缺间补用知县李支芳署理。署海城县知县陶崧年撤任，遗缺委实任贵德同知姚钧署理。署正宁县知县庆昌年满，遗缺委候补班前遇缺仅先补用知县谢祖植署理。大通县知县张钟骏撤任，遗缺委署平番县知县单志贤调署。递遗平番县知县委试用知县陈长龄署理，据藩、学、臬三司先后会详前来，理合附片具陈，伏乞圣鉴。谨奏。

宣统元年十月二十七日，奉硃批："吏部知道，钦此。"

《政治官报》十月三十日，1909年，第765期，第13页至14页

奏请将已故大学士阿桂在兰州专祠列入祀典。

兼护陕甘总督毛庆蕃奏故大学士阿桂功在边陲请列入祀典等折

奏为故大学士阿桂功在边陲，吁恳圣慈准将兰州旧建专祠列入祀典，恭折仰祈圣鉴事。

窃维故大学士诚谋英勇公阿桂，为我朝乾隆年间名臣，平定伊犁、金川，配享太庙者也。生平勋业，彪炳寰区，而其功绩之在甘肃者，则一为乾隆四十六年循化撒拉逆回扑犯省城之役，一为乾隆四十九年石峰保逆回称乱之役，两次亲提禁旅，来甘督师，扫荡逆氛，绥辑边徼，受命而出，成功而还，甘肃士民德之，私建专祠于兰州城西，岁时奉祀，所以申遗爱、报有功也。嘉庆、道光年间，伊孙故协办大学士谥文毅那彦成三督陕甘，著有政声，仁宗睿皇帝尝特诏褒奖，谓为不愧广庭相国之孙。当时那彦成在官，复将斯祠量为修葺，及身故，兰州士民亦为之肖像，附祀于伊祖阿桂之侧，今庙貌犹新。

今年春，臣恭履任藩司时，值连年亢旱，多方祷雨，奔走群望。谨案《礼经》:"仲夏之月，雩祀百辟，卿士有益于民者，以祈谷食。"注曰:"雩，吁嗟求雨之际也。"咨询吏士，始知此间旧有阿桂之祠。臣伏念阿桂功德在民，爰率守土各官，趋谒祠下，虔诚致祭，并祇祷于左宗棠、刘松山、刘锦棠敕建之祠，其后得雨，又复以次报谢。伏维圣朝崇德报功，凡勋臣皆许于立功之地建立专祠，春秋致祭。故大学士阿桂功在西徼，民不能忘，实与左宗棠诸臣先后辉映。而兰州祠堂独以士民私建，未列祀典，臣忝官斯土，心窃惜之。合无仰恳天成，准将故大学士阿桂兰州旧有专祠列入祀典，并以伊孙故协办大学士陕甘总督那彦成附祀，由地方官春秋致祭，以彰忠荩而顺舆情，除咨部外，谨恭折具陈，伏乞皇上圣鉴训示。谨奏。

宣统元年十月二十八日，奉硃批:"该部议奏。钦此。"

《政治官报》，十一月初二日，1909年，第795期，第14页至15页

十月至十一月，连上奏折奖荐纠劾属员。

兼护陕甘总督毛庆蕃奏请将武进士李凌云革职审办片

再据署甘肃清水县知县刘炳堃详称，该县张家川回民武进士李凌云，素

性豪强，屡被控告，检查档册，或向人讹索，或掠人衣物，或毁人器具，或殴人成伤，均经各前任查讯，因受害人虑其报复，求免深究从宽完结，并经该前县将其历年劣迹，通禀在案。上年李凌云因邀集钱会，往约回民苏俊入股帮助，因其以无力推辞，遂致怀忿，本年七月强将苏俊之子苏三十子骡头拉云勒赎，控经该县传讯，断令退还，复咆哮公堂，不服训诫，似此恃符胆妄，控案累累，实与棍徒无异。亟应照例革办，以儆效尤。详请具奏前来。臣查李凌云系光绪丙戌科武进士，以守备发往本省，收入督标差遣之员，嗣因案撤差回籍，宜如何安分家居，乃竟种种妄为，恃符滋事，自未便稍涉宽容，听其为害乡里，相应请旨，将该守备李凌云革职，归案究办，以肃法纪。除咨部外，理合附片东明，伏乞圣鉴训示。谨奏。

宣统元年十月二十七日，奉硃批："着照所请，该部知道，钦此。"

《政治官报》十一月初三日，1909 年 12 月 15 日，第 768 期，第 20 页

兼护陕甘总督毛庆蕃奏举劾属员折

奏为考核甘省吏治，据实举劾，恭折仰祈圣鉴事。

窃维吏治之修废，实关乎水旱之灾。将欲感召天和，必先澄清吏治，庶民生乃可蒙福。臣数月以来，于属吏详加考察，其廉励者，亟应吁请褒嘉，其贪劣败检者，臣前已具疏纠劾。此外尚有不职各员，不敢不随时甄别，期副朝廷激浊扬清之至意。

查有现署皋兰县事议叙通判赖恩培，才识明敏，居心恺恻，春间苦旱，深知体念民艰，亦长听断。前署安定县，具有政声；署河州事丹噶尔同知张庭武，持躬敦谨，政尚廉平，于艺谷、种树、引泉各事，捐赀举办，实力讲求；署狄道州事宁州知州陈必维，干练廉明，勤求民隐。前在灵州署任，遇有汉回词讼，区处有方。缉捕勤能，不遗余力。以上三员，应请传旨嘉奖。

前署宁州知州候补知县惠占鳌，妄报开垦，荒谬糊涂，屡有聚众哄堂情事；前办新固渠工即用知县薛位执拗成性，类有心疾；西大通县丞马朝襄浮躁喜事，妄改渠章；前办法政学堂收支委员试用典史周锦章无账可稽，有意侵蚀。以上四员，应请即行革职。

前署宁州事分缺间补用知县陈文明，貌似有才，办案草率，应以府经县丞降补，俸满开缺；循化厅同知王开斌年老多病，纵用门丁，应请勒令休致；

现署华亭县事张掖县知县汪宗瀚,才识庸暗,年力就衰,惟文理尚优,应请以教职归部铨选,以示惩儆。所有随时举劾缘由,谨恭折具陈,伏乞皇上圣鉴训示,谨奏。

宣统元年十月二十八日,奉硃批:"另有旨,钦此。"

《政治官报》宣统元年十一月初四日,1909年11月27日,第769期,第14页至15页

兼护陕甘总督毛庆蕃奏训导李涛初次俸满保荐折

奏为训导初次俸满循例保荐,恭折仰祈圣鉴事。

窃据甘肃藩学两司详称,两当县训导李涛,现年四十一岁,系伏羌县廪生。中式光绪甲午科举人,二十六年遵新海防例,报捐四项,间选教职。二十八年六月,分选授两当县训导。二十九年二月二十八日到任。今自到任之日起,连日闰扣至三十四年十一月二十八日初次六年俸满,由署两当县知县纪毓兰、署秦州直隶州知州徐普巩、秦阶道恒启验看,加考咨司会详保荐前来,查例载各省教职,历俸已满六年,各府州县申请巡道加考,移司查实转呈督抚,调取验看,详加甄别。果有才能出众、堪膺民社者,准出具切实考语,保荐等语。兹查该员李涛,训迪有方,留心吏治,堪膺保荐,除清册分送吏部给事中外,理合恭折具陈,伏乞皇上圣鉴训示。谨奏。

宣统元年十月二十八日,奉硃批:"吏部知道,钦此。"

《政治官报》宣统元年十一月初四日,1909年11月27日,第769期,第15页

十月二十八日(12月10日),获批整治吏治奏折。

十月二十八日,内阁奉上谕:毛庆蕃奏考核吏治,据实举劾一折,甘肃署皋兰县事议叙通判赖恩培、署河州事丹噶尔同知张庭武、署狄道州事宁州知州陈必淮,既据该护督胪陈政绩,均着传旨嘉奖,前署宁州知州候补知县惠占鳌妄报开垦荒谬糊涂,前办新固渠工即用知县薛位执拗性成,类有心疾,西大通县丞马朝襄浮躁喜事,妄改渠章,前办法政学堂收支委员试用典史周锦章无账可稽,有意侵蚀,均着即行革职,前署宁州事补用知县陈文明貌似

有才,办案草率,着以府经历县丞降补。开缺循化厅同知王开斌年老多病,纵用门丁,着勒令休致。署华亭县事张掖县知县汪宗瀚才识庸暗,年力就衰,惟文理尚优,着以教职归部铨选,该部知道,钦此。

《北洋官报》,十月廿九日(1909年12月11日),第2280期,第1页。

十一月初,委任金承荫接办筹赈处。

札委员金直牧承荫接办筹赈处一切事宜由(十一月初十日)

为札委事。

照得甘省本年春夏旱灾,本司设立筹赈处于藩司署内,由本司随时督饬办理,不另设局,以期撙节而昭核实。当委张树杭等筹办,张令委署镇番后,即拟派该直牧接续筹办。屡经面谕,嗣以平番等处赈务吃紧,正当愚民因天旱怀疑砍毁电杆,且其地均与土民错壤,民情刁悍,该员老成精干,晓事耐劳,派往查放赈务,甚赀[资]得力。旋又委查马莲泉盐池报抢存盐,及堪[勘]修河州军装局工程,并碾伯求赈查放各要案,现已竣事,亟应委员筹赈处,总核一切,认真经理,将目前各处情形,详加体察,应如何择尤酌办冬赈,其前此被旱最重地方,穷民有无购买籽种之户,深堪悯念。应如何为之筹画,或以春麦豆石分别购放,或酌给钱文,令其自行购买,究以何者为善,均须先期筹□,妥速布置,庶来春农事不致有误。仰即悉□□□,会同该处各委员,详慎咨取,随时禀办。至入夏来□□□收到恩赏库帑,及各省督抚藩司协助官□,各省义赈官绅商会捐助赈款,以及本司任内遴委员绅,分赴各处庭赈银、赈粮数目,均须一一查明,与各委员核实,妥为造报,以清款目。其冬春赈务,亦即如前造报,并将来刊入征信录,及本省官报,分寄东南各省督抚藩司、各省义赈官绅商会,以重赈务而昭大信。除报院并分行外,札到该员,即便遵照,即日到差,每月由处支给兼差夫马银十六两,以赀[资]办公。切切。此札。

稿钞本《录案件簿》

十一月初,遭财政监理官刘次源不睦,度支部尚书载泽弹劾"玩误宪政",革职。

（宣统元年十一月）丙子。谕内阁：度支部奏《藩司玩误要政据实纠劾折》，清理财政，为豫算决算入手办法，于立宪前途，大有关系。乃甘肃布政使毛庆蕃，于藩库款项，既不定期盘查，亦不遵章造报，违抗玩误，实属咎无可辞。毛庆蕃，着即行革职，以为贻误宪政者戒。

《宣统朝政纪》卷二十五，宣统元年十一月丙子条

甘肃省清理财政正监理官刘次源，愤甘藩毛庆蕃阻挠清理财政，多方为难，无从着手，电度支部坚请辞差，度支部恐各省效尤，不允所请，故严劾毛庆蕃，以儆其余。（初七日戌刻北京专电）

《时报》十一月初八日，1909年12月20日，第3版

各省将军、督抚、都统、参赞办事大臣钧鉴：

本日召见军机文征内阁，奉上谕：度支部禀，藩司玩误要政，据实纠参一折，清理财政局预算决算入手办法，于立宪前途，大有关系。乃甘肃布政使毛庆蕃于藩库款项，既不定期盘查，亦不遵章造报，违抗既误，实属咎无可辞。毛庆蕃，着即行革职，以为贻误宪政者戒。钦此。

监国摄政王钤章，军机大臣署名：奕劻、世续、鹿传霖、那桐、戴鸿慈。京。鱼。

上海图书馆盛宣怀专档，致各省将军、督抚电谕，档号SD112562

各省将军、督抚、都统、参赞办事大臣钧鉴：

本日召见军机玉崑、内阁，奉上谕：毛庆蕃禀，考核吏治，据实举劾一折，甘肃署皋兰县事、议叙通判赖恩溥、署河州事丹葛尔、同知张庭武、署狄道州事宁州知州陈心淮，既据该护督胪陈政绩，均着传旨嘉奖。前署宁州知州候补知县惠占鳌，妄□开垦，荒谬糊涂；前办新固渠工即用知县萨位，执拗性成，类有心疾；西大通县丞马朝襄，浮躁喜事，妄改渠章；前办法政学堂收支委员、试用典史周锦章，无□可稽，有意侵蚀，均着即行革职。前罢宁州事补用知县陈文明，貌似有才，办案草率，着以府经历、县丞降补；开缺循化厅同知王开斌，年老多病，纵用门丁，着勒令休致。署华亭县事、张掖县知县汪宗瀚，才识庸暗，年力就衰，惟文理尚优，着以教职还部铨选。

该部知道。钦此。内阁奉上谕，本日引见之降补都司、补用总兵李家昌，着以副将用，钦此。

监国摄政王钤章，军机大臣署名：奕劻、世续、鹿传霖、那桐、戴鸿慈。京。二十八日。

<blockquote>上海图书馆盛宣怀专档，致各省将军、督抚等电谕，档号 SD112575</blockquote>

度支部尚书载泽，久愤藩司抵抗监理官清理财政，此次揭参毛庆蕃本，连及宁藩樊增祥、豫藩朱寿镛二人，嗣因从宽，姑暂免樊、朱。（初八日亥刻北京专电）

<blockquote>《时报》十一月初九日，1909 年 12 月 21 日，第 3 版</blockquote>

度支部奏参甘肃藩司之严厉（北京）

甘肃藩司毛庆蕃革职明谕，已载前报。兹得度支部奏参原折，节录于下：

窃维清理财政，为立宪大纲。臣部屡据各监理官来禀，佥以官场积习疲玩，阳奉阴违，办事之难，几同一辙。良由各省财政紊乱已久，脂膏所在，奸蠹丛生。欲举百年之锢弊，遽令廓清，人情本多不便，然未有抗违玩误如甘肃布政使毛庆蕃者。

查臣部于本年二月奏定各省清理财政局章程折内，请饬各省赶紧派员设局，迅将开局日期专案奏明，开具局员职名，酌拟办事细则，咨报立案。该藩司于三月到任，即经陕甘督臣派充清理财政局总办，五月间兼护督篆，直至六月间始行遵章设局，八月底始奏报开局日期，其办事细则，至十月底甫经送到局员职名，则迄未开报，事事延缓。而甘肃正监理官刘次源、副监理官高增融来禀，亦屡以办事棘手为言。臣部念当清理之初，或有为难之处，复经分电严催，叠据该监理官等，将先后情形禀复，据称"该藩司平日宗旨，不以清理财政为然，訾謷部章，诋为多事。设局以来，仅派局员五人，并不分科治事。监理官督同局员纂拟各项规则表册文件，例送总办画行，该藩司阁置数旬，始行发出。藩库款项，既不定期盘查，亦不遵章造报，外销之款，尤讳莫如深，迄无一字到局。财政局会办、兰州道彭英甲，管理统捐，意欲据实开报，商诸该藩司，大被申斥。于是各衙门局所，承伺风旨，观望迁延，监理官知敝笔枯，叠催罔应"等语，臣部以甘肃清理财政局奏报开局日期及办事规则，先后到部月日，与该监理官等所禀情形，两相印证，该藩司之抗违玩误，实属显然。若各省相率效尤，则财政永无澄清之日。贻误宪政，关系匪轻，臣部惟有据实纠参，请旨严惩，以为玩误要政者戒。现在春夏季报告限期早过，而各省报告尚未到齐，其逾限省分，容臣部查取该管官员职名，随后遵章参处。

《申报》1909年12月28日（十一月十六日），第5版

论内外臣工无实行宪政之心（醒）

朝廷怵于内忧外患之纷至沓来，又鉴于内政外交之废弛败坏，以为非改弦易辙，不足以谋挽救而图国事之起色也。于是先有推行新政之举，今又有筹备立宪之谋，责成内外诸臣，实力奉行，数年来谆谆诰诫，不啻三令五申矣。内外诸臣，其曲体朝廷之用心而切实办理者，固不乏人。然因循玩忽，视诏敕为具文，专以涂饰目前、敷衍场面为得计者，亦非可屈指数也。至于显示反对之意，遇事敢于阻挠者，则前有甘督升允，今有甘藩毛庆蕃。而朝廷赫然大怒，加以严谴，以为阻挠宪政之惩戒者，亦惟此两人而已。不图时隔半载，而甘凉一省，竟出此两怪物，亦可谓物必有偶、后先辉映者矣，诚我国宪政史上之污点也。（中略）筹办立宪，必以清理财政为入手，办法乎此，乃一定不易之理，固无无所容，其阻挠者，甘藩毛庆蕃，虽不谙立宪制度之精义，然亦夙负时名者，今乃昧昧若此，敢于弁髦朝旨，与监理官为难，多见其不自量耳。（中略）而各省藩司，虽有与监理官不甚融洽者，然未闻有逾越规范之行动也。今毛甘藩竟敢匿藏案牍，秘不示人，甚至造报清册，逾限不发，其玩视诏令，亦云甚矣。加以严谴，谁不曰宜。第恐京朝大员，各省封疆，以及百官有司，与前甘督、甘藩相类者，尚不乏其人，安得一一而加以严谴哉，但惩一儆百，亦足以稍寒若辈之胆。我国宪政之前途，或有一线之望乎。然亦不可必之事也。

窃谓方今内外诸臣，约分三派：甲，固守成见，牢不可破者；乙，临机应变，善于趋时者；丙，依违其间，无所可否者。甲派之施行政事也，不问外界之趋势若何，不问朝廷之意若何，亦不问人民之意念若何，但求合于彼一人之私见而已，如升允、毛庆蕃之流是也。乙派之施行政事，但求粉饰，不顾实际之利害。丙派之办事，但求虚应故事，不顾得失之如何。甲派尝不

免显于外之形迹，而遭摈斥。所可惧者，乙、丙两派之暗藏无踪，未易觉察耳，其其如是，而一国政事已败坏于无形之中矣。当此筹备宪政之际，经营事业，种类既多，头绪尤繁，苟非实力实心、勤慎从事，安能期成效之可得哉。要而言之，当今内外诸臣，其能实心办事、坦然以君国为念者，试问果有几人耶。仅去升允、毛庆蕃二人，恐仍无裨于大局也。（中略）至各省藩司，生与监理官有所龃龉，尤觉无谓。大抵因清理财政后，于出入财政之权，大有损害，故不惜施其阻挠之计，且因监理官又属年轻位卑之流，藩司以前辈大员自居，以故尤多阻格。殊不知一日在位，即有一日之责。及去位后，责亦随之而无，不过暂时执掌其事而已。今有监理官从事清理，无论一省财政之盈亏若何，仅可一秉大公，与监理官悉心调查，何必以公事而挟私见，徒取纷扰也耶。呜呼，公之处心积虑，无乃太慎乎。观于前甘督、甘藩之猝遭不测之罚，亦可恍然于前此之失计矣。

《申报》1909 年 12 月 31 日（十一月十九日），第 2 版

光绪三十四年（1908）十二月，清政府颁布了《度支部清理财政章程》，明确规定了清理全国财政的组织机构及其职责。度支部设立清理财政处，各省设立清理财政局，专办清理财政事宜。清理财政处复负责开列各省出入各项条款，发交各省清理财政局分别调查与办理。地方各省所设清理财政局，其组织机构大致是：设总办一员，以藩司或度支司充之，会办无定员，以运司、关盐粮等道及现办财政局所的候补道员充之，设监理官二员，由度支部派员充之。其职责是：造送该省各年预算报告册、决算报告册；调查该省财政沿革利弊，分别门类，编成详细说明书，送部查核；拟订该省各项收支章程，及各项票式簿式送部。

光绪三十四年（1908）十一月二十八日，度支部奏定清理财政办法六条，接着又拟定清理财政章程，在度支部设清理财政处，各省设立清理财政局，全面调查光绪三十四年（1908）的出入款项，编制财政说明书，限于宣统元年（1909）六月底报部。

宣统元年（1909）闰二月十四日，度支部派定各省财政正监理官，直接干预地方财政清理。各部院大臣、各省督抚大为不满，"各部院之中，竟有主张一部中财政独立之说者"。甘肃藩司毛庆蕃阻挠清理，被革职，但"监理官

之电部辞职、沥陈困难者，不一而足"。尽管阻力重重，但由于度支部尚书载泽威权最重，虽部臣疆吏心中不满，未有敢公然抗命者。

马平安《晚清政坛纪事》，哈尔滨出版社，2016年6月版，第135页

    在短短半年时间内，升允以阻挠新政，毛庆蕃以玩误要政，俱被先后革职。这也反映出，由甘肃旱灾引发的吏治问题，并未发展到朝廷十分关注的地步，而朝廷真正关注的是当前新政是否顺利推行。所以，中央政府和甘肃政府的矛盾表现在新政推行方面。甘肃新政开展近十年，成效如何，救灾能力是一条重要的检验标准。救灾之际，库藏空虚、办赈无力不力等现象，及其大员革职，说明中央对甘肃新政非常不满，也意味着甘肃新政成效甚微。对于陕甘总督人事任免，《申报》及江南义绅将其与办赈联系，认为是办赈不力而遭中央政府革职，如此之官，理应如此结果；也反映出江南义绅对甘肃政府从希望到失望的心理转变。

    从救灾行为来看，三任陕甘总督各有不同。升允经历了匿灾不报，到灾情恶化不得不报、报而不全进而请求官赈义赈。毛庆蕃从办赈求赈，到指责义绅夸大灾情、侵吞赈款并对其打击。灾情严重期间，长庚一直在赴任的路上，几次请求义赈，但从不知悉灾情。升允和毛庆蕃的行为表现出既不想积极作为又不想被外界过分知情的心理态度，长庚的行为表现出棘手问题既然发生在自己还未实际到任期间就采取拖延、敷衍的阴谋策略，共同反映出晚清甘肃政府不作为的消极态度及其对问题互相包庇、沆瀣一气的处理方式。升允因匿灾不报加重灾情而受到义绅的揭露与批判，遭到甘肃灾民的告状和围攻；毛庆蕃看似实心办赈，却因灾情和办赈不透明而受到义绅质疑，因办赈不力而遭到灾民毁拔电杆和捆绑赈官的反抗。

    在救灾过程中，江南义绅、甘肃灾民、中央政府三方与甘肃政府之间存在着尖锐的矛盾。匿灾不报、灾情和办赈信息不透明加剧了江南义绅与甘肃政府的矛盾，灾情严重、办赈不力恶化了甘肃灾民与政府的矛盾，顽固不化、不意变革加深了中央政府与甘肃政府的矛盾。三种矛盾，深刻反映出晚清甘肃政治生态的恶化。

杨继业《宣统元年甘肃大旱的社会应对——以〈申报〉为中心》，载《甘肃高师学报》2022年第6期，第51页至57页

革职后所遗政务，着交长庚妥办。

（宣统元年十一月）癸酉。谕军机大臣等：已革前护理陕甘总督甘肃布政使毛庆蕃具奏折七件、片十三件，着交长庚覆核具奏。

兼护陕甘总督甘肃布政使毛庆蕃奏：甘省自六月得雨，秋苗赖以补种。九秋气候温暖较久，农田已一律收获。并将被水被雹地方，分别赈抚，察看情形，酌办冬赈。如有余款，酌量兼购储粮石，专备凶荒。又奏：甘肃农地苦旱，宜谋凿井之方，来春冻解。但冀赈务稍有所余，借资补助，提倡开凿。得旨："着长庚将赈务善后办法，妥筹酌办为要。"

《宣统朝政纪》卷二十六，宣统元年十一月癸酉条

兼护陕甘总督毛庆蕃奏秋间雨泽农田收获情形及赈务善后办法折

奏为甘省秋间雨泽暨农田收获情形、赈务善后办法，恭折具陈仰祈圣鉴事。

窃臣前于七月间奏陈五、六两月叠次得雨，现办赈务并循案具报五月分雨水粮价情形，恭奉硃批"知道了，甘肃苦旱，今幸得雨，深慰朕心"，仰见圣朝轸念边民之至意，莫名钦感。查甘省自六月以来，连得大雨，秋苗赖以补种，至七月中旬后，秋阳过烈，民田又觉畏旱。臣谨竭诚祈祷，洎交八月雨水，又苦过多，复致祷神祇，幸亦开霁，惟尚有甫经播种，被雨冲失及山水涨发淹没田庐之处，仰赖朝廷福庇，尚无大害。禾稼芄茂者，多惟甘处西边，每苦地寒气肃，八月即已霏霜，秋禾易于失望。本年九秋，气候温暖较久，农田已一律收获，连年灾歉之余，民气稍苏，堪以上慰宸廑，实非臣始念所及。其从前被旱最重之区，并被水被雹地方，秋间遴委员绅，分别赈抚。现复察看情形，酌办冬赈并灾后各处穷黎来春无力购买籽种者，详细咨诹，先期筹画，酌就赈款于春初妥为办理。惟冀今冬再得雪泽，来春农事庶可无误。至省城向乏备荒储蓄，绅士曾以为言，臣拟俟赈务毕时，如有余款，即酌量购储粮石，专备凶荒，仿照前人丰备仓成法，以重本计。

又甘肃农地苦旱，宜谋凿井之方。臣曩道经直隶、山东，见有数州县民田，大都赖井水灌溉。旱岁深资其利。臣于试士时举此以条询多士，而东南义赈官绅侍郎臣盛宣怀等亦皆询陇右水利有无办法，能否凿井开渠为斯民防

永远之患。灾后议办绅民或不致畏难，查滨河开渠，往往多费而寡效。近新固渠工，臣曾亲往勘，视以水难汲引，停罢，是其明证。惟开井一节，窃拟设法试办，俟来春冻解，官为提倡，开凿以广敦劝，但冀赈务稍有所余，借资补助，能为民间开此风气，亦官斯土者之责也。所有甘省秋间雨泽既农田收获情形、赈务善后办法各缘由，理合恭折具陈，伏乞皇上圣鉴。谨奏。

宣统元年十一月二十七日，奉硃批："着长庚将赈务善后办法妥筹酌办为要，钦此。"

《政治官报》，十二月初一日（1910年1月11日），第795期，第7页至8页

天津报纸论端方、毛庆蕃革职，惜之。

一月之中，大吏革职者有二人焉，一为端方，一为毛庆蕃。端方办理陵差，不谙旧例，此维新太过之故也；毛庆蕃筹备宪政，违背新章，此守旧太过之故也。然使以毛庆蕃而办陵差，以端方而筹宪政，不知两人之处分可幸免否？

天津《大公报》1909年12月21日（十一月初九日），第2版

十一月初八日（12月20日），上海报纸刊发匿名文章，称毛庆蕃"平生最痛恨甘人"。

甘藩毛庆蕃革职感言

自朝廷遣使巡行各省，清查财政，各省藩司，失其所据，深怀异议，而又不敢昌言反对。但每事借间接之手段，阴行其挠阻而已。近日部员与地方官龃龉之事，叠有所闻，然从未有敢悍然弁髦朝旨者。有之，自甘藩毛庆蕃始。宫廷赫然震怒，既已予以严谴，而又申儆其辞，使海内大员之贻误宪政者，咸知所戒。盖自预备立宪以来，大吏以反抗宪政被黜，且见诸明发之谕旨者，实以毛庆蕃为第一人。雷霆震迅，万汇昭苏。自今以往，天下咸晓然于朝廷意旨所在，虽有极端顽谬之夫，亦不敢固执己见，轻为尝试矣。宪政之前途，庶有豸乎。

呜呼，毛庆蕃之颠顶昏愚，为国人所共嫉者，宁俟今日而后见乎。方其官江苏提学使时，任意妄为，为学界所哗笑者，殆不可屈指计。东南人士，

至今犹能道之。而京朝官为之奥援者孔多，竟得超迁，擢甘藩以去，其生平最痛恨陕甘人，不知其用意之何在。然既恶其人，既不当履其地，顾居然赴甘藩之任且升署督篆者数月，试问其所衣食而奉养者，有一焉非甘民之膏血也乎？恶其人而爱其财，此何理也。疆臣之冥顽不灵，以前甘督升允为最。更得毛庆蕃之颠顸昏愚以济之，甘民乃永堕九幽矣。西垂奇荒三载，草根树皮，掘爬悉尽，而升允曾不一顾。升去而毛继之，守其政策，不少立异。沪上绅筹办义振，毛恶其形己之短，视之若仇雠，试之以莫须有之辞，觊兴非常之大狱。不惟此而已，且欲并后来无穷之义赈事业，俨然以一手障之，误国殄民之罪，虽借其赀，而肆诸市朝，亦奚足以谢孑遗之甘民耶。

毛庆蕃为黄崖教徒，今京朝要人与之同学者闰不一而足，而毛实亲承衣钵，为彼教中都讲其蒙密保而获大用，实缘于此。闻其在苏时，凡彼教徒之往来江表者，悉主其家，每日食客殆不下百余人。其祭祀祈祷之仪，最为秘密，不使外人窥见其教旨。贵贱平等，故虽贩夫走卒，得与卿相抗礼。夫宗教当别为一问题，其是非得失，非局外人所能言。且吾国为信仰自由之国，虽异教，而苟不作奸犯科，在社会原不当禁人信奉。然以方面大员，而公然身兼异教之祭酒，讽经拜箓，昼伏夜动，踪迹诡密，亦足骇听闻而惑黔首矣。以信奉宗教之故，故能坚忍刻啬，耐劳茹苦，其官户部曹司也，以强敏综核称，遂负善理财之誉。得大力者负之以趋，遂扶摇而直上矣。迹其坚执狼戾，使得外绾疆符，内跻政地，其贻祸天下苍生，岂有纪极。今朝廷奋然斥去之，此真海内生民之福，岂惟西北一方之幸，所当曲踊距跃，颂吾君之能错诸枉者矣。吾恐天下之士不知毛庆蕃之始末者，徒见其以得罪监理部员之故，遽获褫职之严谴，而误疑朝廷之用心，徒以张大中央集权之政策，将以风示各省大吏，使皆舍其职守以徇部员之意旨也，故不惮尽言，而备论之，以释海内之疑，而扬中朝赏罚之公，庶于立宪前途，不无万一之裨也乎。

《新闻报》1909年12月20日（十一月初八日）第2版

拙哉毛庆蕃

我向谓度部之清理财政，所以为各首藩司地也。外以总其责于藩司，内以受其成于大部，早一日清理，即早一日有所归宿。则藩司自以早日清理为得计，而不谓毛庆蕃之玩延有如此者。我向谓正副监理之奏派，所以佐藩司之不及也。藩司于督抚为堂属，监理则以京秩而位居敌体。有正副真理，斯督抚之权日削，则藩司自应与正副监理，相为指臂。而不谓毛庆蕃之违抗有如此者。然则财政之清理，亦于藩司有不利乎？噫嘻！吾不知之矣。

《申报》1909年12月20日（十一月初八日），第6版

《申报》匿名发文，追论求雨事属迷信等事。

中国伟人之不死，生英欤？死灵欤？

呜呼！古人有言，生而为英者，死则为灵。乃图于今日，仿佛遇之。以张文襄灵爽式凭，即便于着手编纂国民必读课本，岂张文襄魂归天上，已备位文曲星与？否则，必为奎星无疑。使或不然，而荣相何以饬各编辑员，必于广福寺也？其证一。

以阿文成诚谋英勇，功德在民，万世烝尝，宜也。而毛庆蕃必于奔走群望，多方祷雨之时，亲率守土各官，趋谒祠下，虔诚致祭，岂阿文成陟降在天，上帝鉴其忧国忧民之诚，而遂授以风师雨伯之职欤？不然，何以祷之而则应耶。且秦陇甘凉之雨师，更有左宗棠、刘松山、刘锦棠其人，英姿飒爽，以左右文成耶。如曰不信，毛护督何以言之凿凿也？其证二。

虽然，神之恪思，不可度思。文明愈进步，迷信愈破除。中西先哲之名言，历历其不爽者。记者曰："是亦可以觇吾大使心理之一般！"

《申报》1909年12月22日（十一月初十日），第12版

时评：甘肃布政司

咄咄！毛庆蕃何大愚不灵、大惑不解者，竟一至于此乎？清理财政，立宪基本也。而该藩司乃敢訾謷部章，诋为多事也，果胡为者？设局分科，盘查库款，清理要举也，而该藩司乃既不分科治事，复不定期盘查，果胡为者？外销之款，遵章造报，清理本旨也。而该藩司乃讳莫如深，迄无终一字到局也，果胡为者？

侧闻各直省藩司，以甘肃为第一大缺。腥膻之地，久不易居，不谓以"清廉"自命之毛庆蕃，而习俗移人，乃竟至于此！

《申报》1909年12月28日（十一月十六日），第6版

倔强哉！毛庆蕃之末路

咸丰时，无锡邹中丞鸣鹤，巡抚广西。以严守桂林罪开赛钦差，构陷落职，归为东林山长，郁郁不自得。好事者，至以楹帖相揶揄，词曰："抚院不为为监院；桂林失守守东林。"邹见之，恚甚，发愤请缨，思欲有以一雪，此语值亲家翁陆建瀛总制两江，被命为沿江一带钦差大臣，遂奏留江宁总办后路团练，城陷殉节，时论悲之。

顷者，甘肃藩司毛庆蕃，以阻挠宪政，为监理官刘次源所举发，度部揭参，奉旨革职。江西人士，以毛系赣籍人，虽顽固，才尚不无可取，拟公推为江西存古学堂监督，以展其才，然则毛庆蕃今日殆可谓末路矣。前者奉简苏学，心颇鞅鞅。夤缘升甘藩，识者已早知非远大之器，有"学政不司司财政"之目。到任后，误公溺职，今也果"陇中不居居赣中"矣。章江人士，仍以学务相馈饷，诚哉其所谓"还我本相，得大自者"欤？设彼邦而尚有好事者，出联语以相赠，窃不知于此当作何语。

意者，毛氏至今日，必且闭门思过，晏然以罪臣自居，无复有发愤请缨之大志矣。而乃长电辩诬，志不得逞，尚觍然语所亲云："我虽革职，永不叙用字样，开复自在指顾间，待到尔时，无论刘次源如何势位，吾必有以对待此僚。"然则，其亦闻邹氏之故事乎？特表而出之，以为毛庆蕃告。

《申报》1910年1月11日（十二月初一日），第12版

长庚致电盛宣怀，商议余款处置办法。

商约大臣盛宫保鉴：

洪、谏电二纸谨悉。甘肃灾情，仰蒙大力高呼，活兹黎庶，莫名感佩。请奖一节，本应遵办，惟各处义赈共实银二十余万两，适准部章"各省赈捐，宜核实造报，不准减收虚捏，并分别常捐七项，及衔封贡监，酌减请奖"办法，业经毛护院查悉具奏矣。俟奉批后，再行布闻。庚。简。

上海图书馆盛宣怀专档，长庚致盛宣怀电，宣统元年十一月二十二日（1910年1月2日），档号 SD013834

十二月，被参后仍为地方陈奏事件（为李颙从祀孔庙事）。

（宣统元年十二月）癸巳。又谕："毛庆蕃业经革职，不应奏陈事件。所有奏片二件，着发交长庚核覆具奏。"

《宣统朝政纪》卷二十八，宣统元年十二月癸巳条

已革护理甘督毛庆蕃奏请以甘省籍绅、安徽知县周务学量予拔擢，现奉谕旨，赏给周务学协参领衔。此为向来未有之事。

《申报》1909年12月26日（十一月十四日），第12版

宣统元年十一月，护理陕甘总督毛庆蕃据盩厔知县左一芬禀请，以先生从祀，疏入，不报（《政府官报》，下同。毛庆蕃（字实君，江西丰城举人，户部主事，历官甘肃布政使）。

《关中三李年谱》卷二《二曲先生年谱二》

宣统元年四月，盩厔知县左一芬禀请前督臣升允奏恳从祀文庙，未及核办，卸事。移交前护督臣已革甘肃布政使毛庆蕃，于是年十一月专折具奏在案，原折留中未发。仰测圣意，盖以该藩司系革职人员，不应陈奏事件，非谓李中孚不当从祀也。

《关中三李年谱》卷四《二曲先生年谱四》

十二月中，长庚奏设甘肃宪政督催处。

陕甘总督长庚奏设立宪政督催处并派员分任催办折

奏为设立宪政督催处，遴派委员分任催办，以免延误要政，恭折仰祈圣鉴事。

宣统元年五月二十日，在伊犁时承准军机大臣电称："陕甘地方紧要，希作速兼程赴任，至二年内应行预备之各项立宪事宜，尤不可视为缓图。赴任后，即将应办各事次第举办，随时奏闻，勿稍延误遵旨电达"等因，奴才遵于交卸伊犁将军篆务，即日就道，沿途均未敢稍事延缓，十月初三日行抵甘肃，初八日接印任事，业经奏报在案。惟甘肃应办宪政虽经前督臣升允与护督臣毛庆蕃先后饬办，并未办有端倪。奴才到任后，询知第二届筹备事宜已

由毛庆蕃于十月具奏，当即电达宪政编查馆查照。奴才清厘尘牍，将关系宪政之事逐一考查，有已举办者，有正在设立者，有尚未施行者，现已叠次严催。而头绪纷繁，若不设法督催，必致贻误要政。因在奴才署中设立宪政督催处，遴委候补道孙庭寿充当总办，分派各员分任督催之责，按照颁发抄单，内开第二年应办各事，调查档案，于已办者作奏咨，未办者勒限严催，总期赶紧清理，依限呈送，以免延误。除将办理情形电知军机大臣暨宪政编查馆外，所有设立宪政督催缘由，理合恭折驰陈，伏乞皇上圣鉴训示。谨奏。

宣统元年十二月二十五日奉硃批："该衙门知道，钦此。"

《政治官报·折奏类》，十二月二十九日，第八百二十三号，第 16 页

十二月十七日（1910 年 1 月 27 日），致电盛宣怀等，缕述赈务本末。

盛宫保暨江浙商会周、严、焦、陈诸君子公鉴：

此次陇右旱灾，仰赖宫保与诸大善士鼎力筹济巨款十万五千两，使甘民有再生之感。蕃近被论列，清厘在甘经手事件，以赈款为大宗。承诸公电请鄙人专理，待罪藩宣赈务，民生义无可诿。计先后收到恩帑六万，各省督抚藩司协赈十二万有奇。上海义赈、宫保暨诸君子并各省义赈官商绅士，协助银共二十六万有奇。现截至冬月廿二交卸前一日止，除办过夏秋冬赈，现尚存银二十五万两之谱。时属冬深，必须于腊月内赶放穷黎来春籽种，以广仁人之赐。蕃既荷诸公专电之重托，又念灾区春种之方殷，不敢以东行在迩，意存诿谢，叠次陈商长帅暨陈署方伯，督同委员，酌拟应散各州县购买籽种银两数目，约银十万有奇。又从省绅刘编修为炘等购粮备荒之请，拟拨银四万两，合之刘编修所称同乡四川官商，续募赈款银一万二千余两，共五万余两，以立省垣储粮建仓之基。又以工代赈，系古人救荒善策，复从刘编修等之请，修理省垣府县文庙，先后共拨银七千余两。又自六月连得大雨后，山水涨发，川地间遭冲没；又东西各驿路，亦多冲坏。以及山崖崩塌，压毙人民，庐舍地亩并间有被雹之处，均经派员分投抚恤修理，统由赈款酌拨。又遵宫保暨诸公电示，办赈必先蠲缓之义，其被灾停征，官吏瘠苦者，仿照前年徐、淮水灾，大府酌给津贴办法，发给金县津贴银二千两，会宁津贴银一

千两，稍示体恤，庶免急于催科，借纾民力。又遵宫保暨诸公电示开渠之策，计酌发河州北乡开引黄河渠工银二万两，中卫七星渠工银一万两，靖远渠工银六千两，均分年缴还，专储藩库，留备甘省日后赈务之需，他项不得动用。又遵宫保暨诸公电示开井之策，俟来年春夏之交，赈务办讫，应由官绅悉心酌办，延致京师打磨厂开井工师，熟谙东洋新法者，酌雇来甘，仿照本司前在直藩任内，在省城开挖东洋井工办法，深约二三十丈，水泉甚甘，似亦可为。甘民示开风气，灾后办理，民间或不致为难，诚有如雅谕所及者。至各省善士捐款，有好善而愿请奖叙者，有乐善而不愿奖叙，亦不愿奏闻者，宫保曾赐函电见询捐例，并嘱发实收湖北商会集捐万金，亦函请给发实收。蕃感诸公厚谊助赈，曷敢于奖叙，稍存吝惜，只以收少报多，融销窒碍，筹思实乏善策，故答复皆迟。其后闻南北洋各督抚合电，据实奏明，尽饬部臣核定划一办法，则甘省可援办矣。蕃硁硁之愚，至此无所用其却顾，当经具折奏请开办赈捐，意在请奖者，可以答其好义之诚；不请奖者，仍可展其好施之志，各如所愿，两不相妨。疏稿暨片稿于交卸护篆时入告，计荷交议，想尊处早有所闻。原稿各件，蕃并已咨呈尊处矣。其赈款各省来往电稿，亦已排印成帙，拟并邮呈。蕃本日行抵泾州，并闻。

蕃叩。愿。

上海图书馆盛宣怀专档，毛庆蕃致盛宣怀等电，宣统元年十二月十七日（1910年1月27日），档号SD013832

兰州长制军去电（十二月十八日）

支电未奉台复，今接毛藩司泾州愿电，称甘振截至于支卸日止，尚存银贰拾伍万两之谱，腊月内拟购放籽种拾万有奇，其余拟建仓开井，抚恤州县等语。查本年江鄂等省受灾均重，因闻甘灾舍近及远，现接毛藩司详电，始知义振款项，尚未运用。向来义振款只能放振，不作别用。况上海解款拾万五千两，银行钱铺垫款居多，既难请奖，又未文等振，啧有烦言，同人公议，拟请钧处迅速饬司汇还银陆万两，以便分拨湖北、江苏灾振，移缓就急，俾可多救民命，何日交明，何号电汇，乞速电复，至祷至感。宣等同叩。啸。

上海图书馆盛宣怀专档，盛宣怀致长庚电，宣统元年十二月十八日（1910年1月28日），档号SD005074

十二月底，革职事聚讼纷纭，均逊谢之。

时载泽为度支部尚书。（中略）右侍郎陈邦瑞极力反对（中略）"且近时藩司负时望者，甘肃藩司毛庆蕃及王乃征等数人耳。本部方将毛庆蕃奏参革职，外间已人言啧啧，若再参一王乃征，恐益滋物议。"

（近）徐一士《王乃征二事》，载《亦佳庐小品》，北京出版社，1998年2月版，第302页

毛庆蕃革职余闻（北京）

甘肃布政使毛庆蕃自奉旨革职后，即有长电达军机处自辩被参之诬，借伸复职之请。该电为摄政王所见，益不以毛庆蕃此等举动为然。当日即嘱军机大臣，另钞一分送交度支部阅看。闻当日度支部参劾毛庆蕃折上时，军机拟旨，本着交部议处。后经摄政王亲笔改为"即行革职"，当时并有某大臣大抱不平，拟向泽尚书理论，嗣以引嫌，未果闻。日前曾向所亲云："监理官与藩司争权，其间两有是非。若听监理官一面之词，殊非持平之道，且必至日益水火，财政安望清理，云云。"

近闻学部以毛庆蕃学问尚优，电询该藩有请调为该部丞参上行走之议，毛得电后，已覆电力辞，有"才不胜任，退志已坚"等语。

又闻毛未曾参革之先，京中有人密电该藩，嘱其从速设法，毛置之不理，遂有此祸。毛原籍江西，刻闻江西人士，以毛旧学尚佳，拟公推为江西存古学堂监督，未知确否。

陕甘总督长庚，日前有长电至京，分致民政部、宪政编查馆、资政院等处，力陈近日所办各事，力反前督升允及前护督毛庆蕃之所为，所有一切，应行筹备事宜，均当克期照办云云，该督可谓见见张帆矣。

《申报》1910年1月11日（十二月初一日），第5版

十二月三十日（1910年2月9日），兰州咨议局劾其独断赈务。

盛宫保钧鉴：

敝省灾情重大，蒙诸善士竭力协振，绅民同深衔感。六月后，雨泽沾足，秋禾虽畅茂，收成之地不过十分之二。日前暂行停振，现一冬无雨，旱象又成，来年籽种，民食既无所思，明岁情形，深为可虑，此振务所以万难中止也。敢为灾民请命，留余款以资拯救，则数百万生灵，终始受惠矣。至毛藩司办理此事，并未令绅士与闻，其不实不尽，早已在洞鉴之中。甘肃财政官将振账细查，大为不平，合并声明。甘肃咨议局叩。

上海图书馆盛宣怀专档，兰州咨议局致盛宣怀电，宣统元年十二月三十日（1910 年 2 月 9 日），档号 SD034260

是年，聘任甘肃高等学堂总教习刘尔炘筹办存古学堂，督修皋兰文庙。

三十二年丙午，四十三岁。高等学堂总教，讲授《春秋》。是年，升孔子为大祀，甘督升允、护督毛庆蕃先后畀先生以改修文庙之任。（中略）毛庆蕃书称："执事于安溪之学，服膺者二十年"，并请创设存古学堂。会毛去，不果。

（近）王烜《刘果斋先生年谱》，载陈尚敏《清代甘肃进士传记资料辑录》，甘肃人民出版社，2013 年 8 月版

光绪末，以大祀崇祀孔子，护甘督毛庆蕃以重新文庙事，聘先生董其役。先生经营擘画，详稽典制，一时礼乐咸备，识者韪之。更以余资立修学社，垂久远。毛公尝谓："时流骛西学，仅得其形貌，而于固有之国粹反多遗弃。"乃就商于先生，倡办存古学堂，会毛去甘，不果。

（近）王烜《刘果斋先生事略》，载武新里注《刘尔炘集校释》（下），甘肃人民出版社，2018 年 12 月版，第 895 页

重修皋兰县文庙记

吾乡先辈诸君子尝结社，号曰"修学"，为岁时修治学宫计，光绪丙午（1906），炘承里鄹交推，谬膺社事，稽社中所有租赋，而岁会只不过数十金；

学宫则颓败久，非巨金，不克葳事。每循宫墙过，睹上雨旁风，徒欷欷焉内疚于心，无所方计。适奉我德宗景皇帝诏以大祀祀先师，其庙制，则令各直省府、厅、州、县通覆黄瓦。于时制府蒙古吉甫公升允重文教；踵其后摄制府篆者，为方伯毛公庆蕃，先后授炘帑五千四百余金，而事乃以集。

噫！皋兰一邑耳。即令观感兴起，尽纳闾阎子弟于仁义道德之途，亦区区一隅事耳。虽然，孔子之道扩之四海九州，而不为大；约之一乡一邑，而亦不见为小。况乎四海九州者，一乡一邑之合而成之者也。倘世之一乡一邑，皆懔懔乎《诗》《书》《礼》《乐》《易象》《春秋》之传，则四海九州内，凡有血气，莫不尊亲。庶几可以收一道同风之效，而异端邪说不致惑世误民乎！

宣统三年（1911）辛亥春三月，邑人刘尔炘谨撰。

高焱《金声玉振　城关碑刻墨迹撷萃》，甘肃文化出版社，2017年5月版，第164页；薛仰敬《兰州古今碑刻》，兰州大学出版社，2002年7月版；武新里点校《刘尔炘集校释》（上），甘肃人民出版社，2018年12月版，第163页

剑川按：刘尔炘为甘肃近代著名学者，字又宽，号果斋、五泉山人，兰州人。光绪十五年进士，选翰林院庶吉士，授编修，应聘为五泉书院讲席，致力于发展甘肃文教与实业。辛亥革命后，任甘肃省临时议会副议长，后潜心撰写学术专著，有《刘尔炘集》。

是年，创育才馆，擢拔韩定山、周希武、姚钧、景欣、刘雪岩、宋如璟、南贡雄、李润芳等入馆。

存古学堂成立，首先把原文高等所附育才馆（毛庆蕃护理陕甘总督时所设）的八个学员，无条件地收入。其次是招收旧日廪、增、附生五十人，原有的一班师范生，也允许留堂学习，和存古学生同样待遇。廪、增、附生报名投考时，监堂张承煜（湖北人）鼓励我说："存古学生资格比师范生高，将来毕业，就是出去当教员，也可得较好的待遇，你文字做得不坏，可以报名参加考试。"我接受了他的意见就考人了存古班。（中略）学生是学校的主体，前边提到，这个存古的学生，首先是育才馆的八个学员，这些学员是天水的周希武、姚钧，定西的景欣、陇西的刘雪岩、秦安的朱如璟、通渭的南贡雄、

文县的李润芳（还有一个记不起了），他们都在宣统元年应拔贡、优贡的试，未曾中选，被毛庆蕃特加赏识，设馆培养的人材，因为来堂受了特别优待，我们称他们为"八大贤人"。

（近）韩定山《我所亲历的存古学堂》，载《韩定山诗文校释》，漆子扬校释，甘肃文化出版社，2011年3月版，第174页至175页。另载刘醒初主编《甘肃文史精萃1史料卷》，甘肃人民出版社，2009年11月版，第154页

周希武先生（1885—1928），字子扬，甘肃天水人。他生于贫农家庭，自幼颖悟异常，艰苦励学，所读辄过目不忘，十五岁时即以优异成绩入庠。天水为陇上人才辈出之地，时乡先生张宜生文章德操，为时所重。他即徒步橐笔，赴张先生工作的陕西渭南及西安等地，向其求教，并与关中名士牛梦洲等相互切磋，过从甚密。1906年至1908年之间，又就读于兰州甘肃书院，为江南名士毛实君所器重。他益博涉群书，钻研文史，以经世致用自励。

吴均校释，周希武《玉树调查记》绪言，青海人民出版社，1986年3月版，第3页

是年，奖掖陇西县才俊王海帆、王天柱。

怀旧篇为亡友家天柱作

凄凉当世事，慷慨少年场。垂髫交辅嗣，卓荦天骨张。骏足跨驽骀，辨口倒箧筐。许身在三代，得气自五凉。酒酣剑斫地，四顾天茫茫。同时诸年少，气噤声不扬。光绪丁戊际，伏处共家乡。风雨结高楼，朝夕会一堂。情如昆与仲，谊逾左同羊。辅仁勤攻错，古学恣较量（光绪丁未戊申，同读书邑紫霄观之文昌楼。订辅仁录，日相互监记功过，探讨宋明以来理学）。我时习黄顾，向往在衡阳。君学本良知，帜树余姚王。语录求心得，日记必精详。志亢声尤侈，昔贤冀颉颃。岂不来揶揄，谓此憨且狂。相视抵掌笑，若辈谅未遑。譬彼燕雀飞，安知鸿鹄翔。迄岁在己酉，相偕贡上庠（己酉宣统改元，余受知丰城毛实君师，以优行贡成均，君亦与拔选）。春望秦关月，秋踏燕市霜。岁暮一分手，关陇遥相望（余签分陕西，君就兰州教习）。辛亥仅越岁，汉帜树武昌。余出延秋门，芒鞋归梓桑。曩时读书约，旦夕何能忘。重

违父老责，乡举膺议郎。方期闲岁月，旧学共略商。中复为专使，国议调蜩螗（癸丑，余复经省议会推选代表赴沪宁）。世事多反覆，壮志坚行藏。国总盗新莽，节不改范滂。自幸比逢梅，未肯颂虞唐。龙蛇起厄运，烂漫焕国光。我驰专城马，君泛大海航（戊午，余出宰化平，君于逾岁赴欧美）。岂期此一别，终古成凄惶。源方探江海，病已入膏肓。文星陨西极，噩耗来东方。中道蹶骐骥，半天落凤凰。所志百未遂，所谋一未偿。大道方坠地，四海望汪洋。同志能有几，横览徒彷徨。况庭有老母，况室有孤孀。厄之何太酷，无处问苍苍。我昨过西郊，树发前度秧。我昨经南山，花吐前度香。平生游钓处，重到若割肠。君容不可见，君魂如在旁。眉毛思皎皎，凄然动神伤。人生天地间，如驹过隙忙。孤云迷黑塞，寒风响白杨。春草风吹绿，秋雨叶飘黄。逝水不复西，仆柳又出墙。惟有无情月，夜夜绕屋梁。

（近）王海帆《怀旧篇为亡友家天柱作》，载袁第锐评《王海帆诗集》，甘肃人民出版社，2000年5月版，第68页至69页

王海帆《书陈文恭公手札节要后》

宣统己酉，余以优行贡成均，出丰城毛实君师之门。谒次，师以《文恭公手札节要》见赠，意有在也。书刻本精美，为师同武清张汝曦刊之直隶者，师有序，述及文恭公轶事，后赴京、赴陕时，置箧自随。

剑川按：王海帆（1888—1944），原名永清，字海帆，以字行，号半船，又号梧桐百尺楼主人，甘肃陇西县城人。宣统元年为毛庆蕃选拔至省，宣统二年（1906），毕业于甘肃文高等学堂，民国元年（1912）当选省参议员。民国七年，任甘肃化平县（今宁夏泾源县）知事，一年后调任省长公署参事、甘肃省议会史总纂，民国二十一年任庄浪县长。

是年，奏请启用甘肃能吏上海刘至顺，未至而卒。

刘至顺，字简行，号让水。（中略）中同治十二年举人，大挑知县，历署甘肃宁夏张掖县事，补秦安，调山丹，擢固原直隶州知州。（中略）后六年，护甘督毛庆蕃奏请起用，宣统元年冬咨到，至顺适卒。

（民国）《上海县续志》卷十八《刘至顺传》

是年，檄调参将刘珏至甘肃洮河办佛僧案。

刘钰（1849—1914），字式甫，灵丘县大道地村人。清授武功将军，晋授武显将军，赐进士出身，御前花翎侍卫，陕西西安城守协镇，署陕甘都中协镇，委肃州挂印总兵等职（中略）。同治九年（1870）乡试领解元。殿试"拉斜"，中武翰林，连中三元，故刘氏堂名曰"三元堂"（中略）。光绪九年（1883）授甘肃庆阳府游击，驻十余年。光绪二十三年（1897），合水县文在洪倡乱，他连夜驰往，在乡民的协助下，当即擒获抢劫民财的盗贼。后在庆阳府平凉营期间，体恤民众疾苦，发粮赈饥，救活不少饥民。1901年升任陕西西凤营参事，1903年被引见朝廷，给以嘉奖。1909年甘肃总督毛庆藩委充督署顾问官，檄查甘肃洮河佛僧事案，刘钰自告奋勇只身入蕃，明为公断，得旨嘉奖。1910年调署督中协镇，邦统甘肃中路巡防，1912年正月，被委任甘肃总兵。由于共和告成，告归灵丘，于1914年卒于灵丘县后山角村，享年65岁。

大同市政协文史资料委员会、灵丘县政协委员会《大同文史资料》第25辑《灵丘县专辑》，1994年9月版，第214页至215页

刘钰（1849—1914），字式甫，大道地村人，清授武功将军，晋授武显将军，赐进士出身，曾任御前花翎侍卫，陕西西安城守协镇，署陕西都中协镇，委肃州挂印总兵等职（中略）。宣统元年（1909），甘肃总督毛庆蕃委充督署顾问官，檄查甘肃洮河佛僧事案，因情况复杂，无人承办。他自告奋勇，单骑入蕃数月，调查了解，明为公断，众所佩服，事后得旨嘉奖。

赵成玉主编《灵丘县志》，山西古籍出版社，2000年11月版，第759页

是年，呈请购买本年甘肃军装局设备零件。

毛庆蕃造呈光绪三十三年甘肃修整军装购买物料价银清单（节录）

一、支甘肃省城军装局并归并制造机器局，采买军火、修整军装物料价银。内计陆续采买生煤炭五万三千四十斤，每百斤价银三钱三分，合银一百七十五两三分二厘。清油七百六十八斤，每斤价银四分五厘，合银三十四两

五钱六分。牛油三十六斤，每斤价银六分五厘，合银二两三钱四分。白线麻一百二十八斤，每斤价银六分，合银七两六钱八分。牛皮胶一百七十斤，每斤价银一钱五分，合银二十五两五钱。熟漆一百二十五斤，每斤价银三钱，合银三十七两五钱。牛皮条三百五十二根，每根价银六分，合银二十一两一钱二分。熟铁条七千五百斤，每斤价银六分，合银四百五十两。湖钢二百五十六斤，每斤价银一钱六分，合银十两九钱六分。青铜片一百六十斤，每斤价银三钱二分，合银五十一两二钱。红铜片一百九十二斤，每斤价银二钱八分，合银五十三两七钱六分。大小钢锉一百一十五个，每个价银二钱五分，合银二十八两七钱五分。摇钻一十六把，每把价银一两，合银一十六两。螺丝钉一千二百八十个，每百个价银一钱九分，合银二两四钱三分二厘。焊锡八十两，每两价银一分二厘五毫，合银一两。大松木五十根，每根价银一两五钱，合银七十五两。大榆木一百一十二根，每根价银三两二钱，合银三百五十八两四钱。铁钉六千五百三枝，每枝价银二厘，合银一十三两六厘。白粗布六十四匹，每匹价银四钱五分，合银二十八两八钱。钢锯皮三十五根，每根价银一钱二分，合银四两二钱。大洋火四百六十五万五千二百二十颗，内除动用上届存储大洋火一百九万九千八百三十二颗外，计本省采买大洋火三百五十五万五千三百八十八颗，每百颗价银六分一厘九丝，合银二千一百七十一两九钱八分七厘。拉火八千八百八十枝，每千枝价银二十五两三钱八分九厘，合银二百二十五两四钱五分四厘。共支修整军装采买军火物料价值湘平银三千八百二十四两六钱八分一厘。

（陆军部档）

《中国近代兵器工业档案史料》，兵器工业出版社，1993年版，第1册，第745页至746页

是年，旌奖寿民李生潮。

颁发耆民奖件札国朝布政毛庆蕃

为札饬事。案奉督宪札，准礼部咨开，奉上谕："李生潮，着于例赏外，加恩多赏一倍，并加赏御书匾额一方，用昭嘉惠耆民至意。钦此"等因，除行固原州外，札仰该司知照。到司，奉此。查该州寿民李生潮，五世同堂，

百龄上寿。家传柱史，重绘香山九老之图；壤击尧衢，亲见纯庙十全之盛。笑绛老人为后辈，呼张元始为同年。值膺符受箓之初，兆地久天长之庆。洵属熙朝人瑞，宜邀盛成褒嘉。除"例赏银缎听候部发，其建坊银三十两，应由司库发给该州，即补具文领"外，兹由本司加送青蓝布各二端，羊酒花红等件，专员赍送，以示优崇。合行札饬。为此札仰该州传谕该家属，将建坊银两及各表里一并如数领回，借伸养老引年之意。该寿民际遇昇平，涵濡德化。饮荆州之菊水，颐养天和；餐商岭之芝英，益征精爽。百忍玩张公之字，知和厚可享大年；三乐闻启期之歌，冀仁寿蒸为善俗。爰伸礼义，仰即传知。此札。

（宣统）《固原县志》卷九《艺文志·禀牍》

宣统二年（1910） 庚戌 六十五岁

正月初，盛宣怀以毛庆蕃遭撤，拟调回剩余赈款。

公电悉。前闻贵省旱灾，大声疾呼，垫捐电汇，惟恐或后。督藩来电，均允照章请奖。乃腊月间接毛藩司来电，尚存振银贰拾伍万，敝款动用无多，亦未奏明照各省请奖，使此间垫款一无归着，闻者莫不寒心。又因江浙皖鄂皆各有灾，佥请拨还数万，移缓就急，尚未奉制军电复承示。拟留余款，以办本年振务，诸公在甘言甘，敝处顾名思义，原可曲从。惟义振救命不救贫，务求禀明制军，万不可拨作别用，至碍以后劝振，并请咨明度支部，收到敝处垫解协振实银拾壹万壹千余两，应准统按新章，候敝处咨请核奖，以期一律为祷。宣怀。虞。

上海图书馆盛宣怀专档，盛宣怀复兰州咨议局电，宣统二年正月初七日（1910年2月9日），档号SD034260-1

江苏咨议局公函
致复者，正月间接奉惠函，并承录示兰州咨议局来电，敬已聆悉。查上年甘省旱灾，敝处得电后，即经邀集同人，奔走号呼，始得集款有十一万一千余两。内有六万，系属公同义垫，前接毛护院电，尚存振款有二十五万两。敝处捐款动用无多，亦未奏明照各省请奖，故只得电请发还，以免赔累。曾电长制军及咨议局，如能照章核奖，原可曲从，否则万不可拨用等语。迄未接复，兹承推许，敢懈初衷？尚祈转致甘局，就近商准。长制军将此垫款六万两，务必准照核奖，免受赔累，并不致有碍将来劝捐之路，实深感幸，肃复，敬请台安，统希公鉴。

上海图书馆盛宣怀专档，盛宣怀复江苏省咨议局函，宣统二年一月初八日（1910年2月17日），档号 SD009377-2

元月，学部拟荐毛庆蕃为京师政法学堂监督，坚辞。

毛庆蕃可以无憾（北京）

已革甘藩毛庆蕃，前闻学部拟请为京师法政学堂监督，业经该藩力辞，现闻陕甘总督长制军又有电到京，谓毛革藩于甘肃情形颇称熟悉，请暂留办一切，不能即行进京云云。

《申报》1910年2月23日（正月十四日），第6版

朝野论毛庆蕃去职，实为宪政态度之争。

毛庆蕃革职之原因

甘肃省清理财政正监理官刘次源愤甘藩毛庆蕃阻挠清理财政，多方为难，无从着手，电度支部坚请辞差。度支部恐各省效尤，不允所请，故严劾毛藩，以儆其余。

上海《大同报》1910年，第12卷，第23期，第30页

自南皮谢世后，毛庆蕃即有革职之命。有评其事者谓："皮之不存，毛将焉附？"可谓吻合。余谓毛庆蕃之革职，以其玩误财政也。今毛庆蕃既去，可谓"拔一毛，而利天下矣"。

《大公报》1910年1月13日第2版

有某公语人曰:"自南皮薨后,我即知毛实君之将不免。"客问曰:"何也?"曰:"皮之不存,毛将焉附?"

《时报》己酉十一月二十日,第5版

毛庆蕃在苏,与署臬朱之榛倡议开设存古学堂,人嘲人为"朱毛和同",今毛因阻挠财政,由部奏参革职,近闻汴藩朱寿镛阻挠财政,不亚于毛,部臣亦将奏参,是又一条"朱毛和同"矣。

《大公报》1910年1月29日第2版

毛名庆蕃,江西新建人,己丑进士。授户部主事,擢员外郎,改官道员,充江南制造局总办,未几授江苏提学使,擢甘肃布政使,摄陕甘总督。以事为载泽所劾罢官,非其罪也。入民国,授参政院参政,坚卧不起。

(近)陈灉一著《新语林》,上海书店出版社,1997年1月版,第81页

御史胡思敬上疏,为毛庆蕃辩诬。

御史胡思敬奏请厘定新设各官任用章程,并严杜幸进

(前略)国初,各道御史皆有出巡之责,后恐其扰民也,而罢之。巡盐、巡漕以次俱废,两害相形,则取其轻,诚不得已也。今度支部设监理财政官四十余员,或选自曹郎,或拔自试用道府,或起自废黜,或荐自苫块之中,说者谓陛下不信亲简之督抚,而信一二暴起领事之小臣,固已启天下之疑矣。且若辈衔命以出,沿途擅作威福,酿逼人命,凌压道府使司,报章腾说,屡有所闻。其事为武断之事,其人非安静之人,盖可知也。故抚陈启泰劾一上海道事,下两江密查,未遽加罪也。部臣听监理官一面之词,遽将藩司毛庆蕃奏革,不数日而甘肃册报至矣。既欲恢张权力,毋乃形迹太露乎!

论我朝官制,道府以上皆由特简,监理官乃部臣指名奏派,内不请训,外不专折言事,一朝得志,遂嚣然以钦使自居;如是,则学部已派员视学矣,法部又将派员稽察监狱审判矣,民政部且派员查警察,陆军部且派员查新军矣,各凭借京朝势力,百计苛求,言辞不逊,贪者罔利,强者逞威,命令二三不相关白,上损疆吏之威严,下乱地方有司之耳目,伏机弩于阱中,而寝

覆其上，患有不可胜言者。

（近）刘锦藻《皇朝续文献通考》卷一百十五

二月，上海《新闻报》刊登匿名文章，指称毛庆蕃"玩灾仇赈"。

论已革甘蕃毛庆蕃冒振婪贿之实迹

毛庆蕃玩灾仇赈之已事，记者于去岁曾详论之。读本报者，固无不知其事矣。虽然，人第知其仇赈之可恨，而犹不知其冒赈之可诛。自甘肃咨议局致盛大臣电文发现于报端，于是东南之人，始知去岁义岩一款，用之甘民者不过万余金，而所余二十五万之巨款，犹不知其冥所归也。今读该革藩与盛大臣及盛大臣致长督两电而后，知此二十万金者，亦已随毛庆蕃而东归矣。是用揭而出之，俾吾同胞之救灾恤邻者，咸获知兹事之究竟焉。

其上盛大臣电略曰：此次陇右旱灾，计收到恩帑六万，各省督抚藩司协赈十二万有奇，上海义赈二十六万有奇。截至冬月廿二，蕃交卸日止，除办过夏秋冬赈，尚存银廿五万两之谱，时届冬深，必须于腊月内，赶放来春籽种。蕃不敢以东行在迩，意存诿卸，叠次陈商长帅，暨陈署方伯，酌拟应散购买籽种银十万有奇，又从省绅之请，购粮备荒。拟拨银四万有奇，以立储粮建仓之基。又以工代赈，系救荒善策。复修省垣及各州县文庙，共拨银七千有奇。又六月得大雨后，山川涨发，川地驿路，均被冲毁。经派员分赴抚恤修理，统由赈款酌拨。又遵宫保电示，办赈必先蠲缓，其被灾停征州县，官吏瘠苦者，发给津贴银二千两。又遵电示，闻渠之策，酌发河州黄河渠工二万两，中卫黄河渠工一万两，靖远渠工六千两。又遵电示开井之策，延聘京师开井工师，来甘仿办（以下系言请奖事，从略）。

其盛大臣致长督电略曰：按毛藩司泾州愿电，义振款尚存廿五万两，拟作购籽建仓开井之费等语，向来，义赈只能放赈，不作别用。请钧处迅速汇两袖清风银六万两，以便分拨鄂苏巡振，移缓就急云云。

观此两电，而毛庆蕃浮冒侵蚀之弊，不啻自画供招矣。该革藩此电，发于泾州，西去兰州已十余日程，振灾为甘藩任内之公事，非毛庆蕃一人之私事。既已革职交卸，则毛庆蕃于甘肃即无关系。赈款动用若干，留存若干，应及未交卸之前销算清楚,电致盛大臣,而以余款移交后任,以清界限。此行政上一定之办法,今该革藩之电报,不发于交卸之前,而发于起程以后,此何说耶?盖该革藩出省后,闻省中有提议清查振款者,故为此先发制人之举,且乞援耳。观其电文,于款项之出入,莫不含混其辞,一则曰之谱,再则曰有奇,而并无确数之可指,其未交卸时,并未尝报销清算可知。甘省振灾,非该革藩一人之私事,胡以放振之期,至该革藩交卸之日,遽尔停止,购籽种开渠井,储仓粮,皆来年之事,而目下嗷嗷待哺之侪,止届严冬,倏尔截止,其将何以为生。该革藩在任一日,则饥民可领振款一日;一去任而即绝食矣。此何说也,建仓储粮,以备凶荒,诚为善政。然必于有年之秋粮价低少时,始能行之。今麦尚未收,面价每斤尚须银四五分,民食尚无所资,宁有余力以谋将来。此时骤买粮入仓,岂非故昂粮价,使之益涨也耶?河州黄河渠工,乃该州牧张庭武以贿买缺,该革藩索银五万,以三万归己,以二万修渠,甘人莫不知其事。咸谓张庭武领银之印,领只有虚名,并无实款。人言啧啧,岂尽无因。且该革藩于凉州将成之新固渠工,且以不肯发银,听其中废,乃于此未经履勘估修之渠工,虽已去任,而犹殷殷不去怀,何其薄于新固而笃于河州也。至中卫、靖远两渠,则葳事多年,民间固久食其利,每岁岁修皆民间自办,其经费亦按亩摊认,无劳官家措意者,胡以必取资赈款耶。子虚乌有之辞,只可欺七千里外人耳。

该革藩革职之后,不回籍,而入都,亦已大干禁令。且于交卸之前,先令其心腹赵永年辇金二十万入都运动,甘省人人能言之。此二十五万金者,大抵亦其中之一部分耳。呜呼!以吾同胞节衣缩食之义举,而乃供赃吏暮夜金耶!回思高宗纯皇帝严惩勒尔谨王亶望一案,不禁有楚茨鱼藻之感也。

盛大臣复电,所谓赈款只可放振,不能移作他用者,真一语破的之论。其于小人之肺肝,固昭昭然如揭矣。闻长督得此电后,即饬司设法腾解,夫苟如该革藩所言廿五万金尚存留未动,则无论区区六万金,即尽数汇解,亦不过一纸札文力耳,何所用其设法必设法而后可汇解,则知此念五万金者,无非纸上之名词矣。记者诚不胜其愤悒之私,故揭而出之,以布毛庆蕃之罪案于天下。

上海《新闻报》1910年3月22日,第2版,宣统二年二月十二日载匿名《论说》

四月，长庚奏报筹备宪政情形。

陕甘总督长庚奏筹备宪政分别已办接办情形折

奏为筹备甘肃第二年两届宪政事宜，分别前任已办暨微臣接办情形，据实一并胪陈，仰祈圣鉴事。

窃照逐年筹备事宜，并分届奏报期限，业经宪政编查馆钦遵懿旨，奏定考核章程，限每年二月内及八月内各具奏咨报一次，行令遵照在案。臣上年蒙恩调补，时在伊犁。即承准军机处称乙年内应行预备之各项立宪事宜，赴任后，即将应办各事，次第举办，遵旨电达等因，当以抵兰，道途辽远，尚需时日。即电嘱护督臣毛庆蕃，赶为筹办。迨臣抵任，清厘一切。始知第二年内应行筹备各事，尚多未能举办，当于臣署设立宪政督催处，遴委专员，分科催办。

查第二年第一届甘省筹备事宜，先经已革前护督臣、布政使毛庆蕃具奏在案。嗣于十二月十四日，承准军机大臣字寄，奉上谕："着交长庚覆核具奏等因，钦此。"臣遵即稽核卷宗，考证事实，除咨议局选举外，余无成绩可定，盖因甘省连年旱歉，查灾放赈，昕夕鲜暇，亦属情有可原。惟限期已逾，臣系十月初八日接印任事，扣至年底，未满三月，以数月赶办两年未办之事，急遽补救，实属竭蹶不遑。兹惟有将第二年两届筹备事宜，分别前任所办，暨臣接办实在情形，敬为我皇上一并陈之。

查筹备宪政事宜，清单内开第二年督抚所应办者，共八项。一曰咨议局选举，此项选举，前督臣升允自奉文后，即将咨议局筹办处，于光绪三十四年十一月二十日设立，派藩、学、臬三司及兰州道为总办，一面择地鸠工修建厅舍，并派司选员分赴各属帮同办理。初选、复选事务，嗣据司选员会同各属册报，合选举资格者共九千二百四十九名，正分配间，适值交卸，经毛庆蕃接续办理，照章以本省议员额数分配，计二百一十五名，应选议员一名，凡八府六直隶州，共选定议员四十三名，至驻防专额议员，经升允先与宁夏将军、凉州副都统商定，宁夏二名，凉州一名，其初选、复选，附于宁夏、凉州、武威等府县一律举行。于上年八月催集来省，迨九月初一日开会之期，由前护督臣毛庆蕃率同司道等莅局，亲为监督，并就甘省应兴、应革，如禁种罂粟、讲求种树等事，先令分条详议，一时到会各员，尚皆恪循秩序，依条议覆,各守本分,亦无嚣张习气。该局议长照章投票,选定在籍翰林院检讨张林焱,副议长二员,选定徽县教谕郭锐嘉、丁忧陕西试用直隶州州判王黼堂,嗣王黼堂辞退,另选拔贡生何念忠接充,并选定常驻议员九员,应需旅费公费及书记等薪金,即饬统捐局拨给,作正开销。建筑工程早已完竣,当于咨议局成立后,随将咨议局筹办处,照章裁撤。此升允、毛庆蕃任内业已筹备者也。(后略)

《申报》1910年7月17日(六月十一日),第18版

五月,江西藩司刘春霖鉴于毛庆蕃前车,坚辞其职。

江西藩司刘春霖,因财政事宜,与监理官意见龃龉,鉴于毛庆蕃之革职,故请冯抚代为奏请开缺,虽经冯抚再三慰留,然刘去志甚坚,已将其意电达政府矣。

《申报》1910年6月15日(五月初九日),第6版

六月,传闻毛庆蕃谋求开复原职。

前甘肃藩司毛庆蕃革职后,久赋闲居,颇嫌岑寂,近闻已阴求枢府诸公,代为设法。并闻吴大军机颇为所动,拟即代为奏请开复。

《申报》1910年7月16日(六月初十日),第6版

八月,毛庆蕃交卸东归,其交代各项,均无侵蚀、亏短等事。

(宣统二年八月)已卯。又谕:电寄长庚,电奏悉。据称查明已革藩司毛庆蕃,交代数目各项收支,并无侵蚀亏短等弊,请免置议等语。度支部知道。

《宣统朝政纪》卷四十,宣统二年八月己卯条

电一(北京)

甘督前曾电奏:"革藩毛庆蕃吞款逾百万,奉旨即撤查,现据何彦昇覆

查，查无凭据，应请免议。"

《申报》1910年9月14日（八月十一日），第3版

时人指为清廷为权宜之计，并无立宪诚意。

末帝宣统元年春二月，降谕，宣示朝廷一定实行预备立宪。先是，光绪三十二年宣示立宪，以九年为之预备。数年以来，政府不职，百事堕废。筹备之事有名无实，至是以帝初立改元，欲一新国人之耳目，故为无聊之颁布，以自文饰。夏五月，命陕甘总督升允开缺，以奏阻立宪故也。秋八月，以九月初一日，各省咨议局开议，降谕诰诫议员及各督抚。冬十一月，革甘肃布政使毛庆蕃职，因玩误宪政也。十二月，直隶各省咨议局议员孙洪伊等请速开国会，不允。国人见时局日亟，佥谓非亟设监督机关无以促政府之改良，由洪伊等联合二十余万人上书政府，吁降旨定期召集议院，颁行府厅州县地方自治章程、颁行法院编制法。

（近）黄鸿寿《清史纪事本末》卷七十七《假饰立宪及组织贵族内阁》

夏秋之际，返苏州，太谷同门喜其来归。

喜毛子实君至归群草堂
万里崆峒望去尘，天涯凄断百年身。归群惊喜重相见，始信人间尚有春。
寒山迢递出西凉，行到江南花草香。皋庑春风吴市月，五噫声隐谏书藏。
此地江山最太平，不须惆怅念西京。敦诗笑向毛公说，鸣鸟嘤嘤好继声。
契阔难忘故旧恩，三君八及几人存。诸生共入春风座，喜奉当筵酒一樽。
（清）黄葆年《归群草堂诗集》卷一，载方宝川主编《太谷学派遗集》第二辑，江苏广陵古籍刻印社，1998年元月版，第2册，第209页至210页

十一月，年初毛庆蕃解来敦煌经卷，由学部移交入藏京师图书馆。

学部为片行事。前据陕甘总督委解炖煌经卷十八箱，业由贵馆派员取运

在案。查此项写经，上年曾由陕甘总督送到原样一卷，亦应一并检送收藏，并据原解委员续行呈到写经二十二卷，粘片二本，相应开单片行贵馆查收可也。须至片者。右片行（粘单一件、木匣一件，内经一卷）京师图书馆。

宣统二年十二月十二日。

《敦煌图史》第93页，附图164，《1910年清廷学部致函京师图书馆收藏敦煌文献》，上海古籍出版社，2000年7月版

剑川按：学部提及"上年曾由陕甘总督送到原样一卷"，指毛庆蕃先行呈送样卷原件《大般若波罗蜜多经卷一百五十七》，此卷保持了唐代卷轴装最初形态，于2023年在国家图书馆"20世纪初中国古文献四大发现展"（2月15日开幕，4月2日闭展）中展出。

十二月，敦煌知县陈泽藩、申瑞元依据原护督函谕，令道士王圆箓妥管千佛洞剩余文物。

谕钦加同知衔特授敦煌县正堂申谕千佛洞王主持知悉：

案准陈前县移开，奉督宪函谕，清查千佛洞经卷各等因，前县复查千佛洞唐人写本经卷，光绪三十四年曾经该庙住持、汉中王道人装成两木桶，油漆彩画，封订坚固。其桶空其中心，套立木柱，可以推动旋转，安于佛殿，名曰"转经桶"，其余仍堆集于洞中。前县去岁到任时，禀报地方情形，业已禀明在案。嗣后奉学部搜买，前县会同学厅，传集绅民，尽其洞中所存者，一律搜买，护解省垣，其经桶原封未动，除通详立案外，拟令移知，为此令移贵新任，请烦查照，严谕王道人将经桶看守，以免遗失等因。准此查千佛洞转经桶，业经禀明督宪，咨部有案，关系重大，自应谨慎保护。合亟谕饬谕到该住持王道人，将封固之经桶小心看守，不得私自开阅，倘有损伤遗失，定惟该住持王道人是问。懔遵毋违，切切。特谕。

右谕千佛洞住持王道人准此。

宣统二年十二月十四日。

《敦煌图史》第92页，附图162，《清宣统二年（1910年）敦煌知县陈泽藩给王圆箓的手谕，要他妥为保管藏经洞文物》，上海古籍出版社，2000年7

月版；另见姜洪源《藏经洞卷子流散之见证》，载《甘肃档案史话》，甘肃文化出版社，2011年9月版

是年，朱渊有书来论学。

致毛实君书

接奉来示，捧读之余，不禁为之色喜，又不禁为因而心愧矣。喜者何喜？君之闻言斯行也；愧者何愧？己之空言而未尝行也。虽然，愧己之空言而未行者，又不觉因君之能行而亦欲行也，先生其何以教我也。先生之能行，与渊之欲行，要皆自三先生之循循善诱，有以沃其心也；要皆由两夫子在天之灵，有以启其衷也，师恩友谊何如此之罔极也。

先生罢官归苏，日闻三先生微言妙论，未能者求其能，已能者充其能。勿生自满之心，常怀若不及之意。于以超贤入圣也，不卜可决矣。此渊所以遥闻焉而色喜也。惟渊离群既久，芼荒益甚，每因家境弗顺，常动一朝之忿。丧心败德，莫此为甚。先生其何以教我也，尚乞南针，时赐于渊之所长，勉之于渊之所短，直斥其非，勿留情面，俾将得于暮日残年，开一隙之明，庶不至宝山空回，而或得附骥尾也。则不胜盼祷之至。

（清）朱渊《养蒙堂遗集》卷二，载方宝川主编《太谷学派遗集》第一辑，江苏广陵古籍刻印社，1997年3月版，第5册，第121页至122页

复毛实君书

述明归，奉读来示，并询知德及时进、业随时修，一日万里，固有匪夷所思者矣。而又谦谦下人，以虚怀若谷推许，夫弟何令人感愧交集也。虽然，弟因先生之言，未始不于心而知求平，于气而知求顺也。心不平气昏之也，无庸遽求诸心、求诸气，可矣；气顺心，斯平气矣。气不和，心乱之也。无庸遽求诸气、求诸心，可矣。心平，气斯和矣，弟之为学少，心得多，知解即"体验"两字，言体体诸身，验验诸心，亦是两口人合成一口人，两口气合成一口气，二人同心，则为仁。同心之言，其臭和兰，香之至、和之至也，和之至，而气尚有不顺者乎？心尚有不平者乎？弟忝受训蒙之任，平素开导后学，不过敬以闻诸师友者，举以相告；或引而伸之，岂敢强不知以为

知哉？如有妄言妄解，即乞直言示下，勿使弟自误误人也。

（清）朱渊《养蒙堂遗集》卷二，载方宝川主编《太谷学派遗集》第一辑，江苏广陵古籍刻印社，1997年3月版，第5册，第123页至124页

毛庆蕃今昔之感

已革毛庆蕃氏于十八日至苏，当谒见陆护抚，次日又谒樊学使，遂偕往沧浪亭一游。毛于座间语人曰："园林如故，而时移事往矣。"言罢若不胜其太息者。盖毛署苏学时，固日以斯亭为钓游地也。今风景不殊，而举目有升沉之感，悲夫。

是年，为南丰刘庠遗著《俭德堂读书随笔》题写书名。

宣统二年铅印本《俭德堂读书随笔》，前署"毛庆蕃署检"，牌记为"宣统庚戌冬十月印"。

宣统三年（1911） 辛亥 六十六岁

川汉铁路督办端方，向盛宣怀荐毛庆蕃等为宜昌至夔州段铁路总办人选。

（端大臣来电）六月二十四日。参赞既分两路，总办拟分四段。武昌至长沙，长沙至宜章；广水至宜昌，宜昌至夔州，共分为四。……宜夔拟委高增爵，高系丁忧四川巡警道，其人才守并美次帅昆季，极加器重，与川人亦有感情，颇可用。此外尚有毛庆蕃、朱祖荫、钱绍桢、徐之棨、沈铭昌、钟文耀、喜源、陈树屏，皆可用之才。

（近）盛宣怀《愚斋存稿》卷十七八《电报五十五》

张一麐拜会毛庆蕃，问以天下运势。

和一厂先生步樊山原均之作仍次均书怀

自分山林老务光，无端禁御许回翔。晓风柳岸行如画，春日椒盘祓不祥。鹤讶今年多大雪，龟言初筮履新霜。似闻否极将开泰，才户浓薰卍字香。

辛亥之冬，访毛实君丈，叩以天下纷纷何时定？丈言，闻诸吾师，秦以后至今在否字，今后转泰字，汝试记之。其事甚怪。民佣。乙卯初春。

剑川按：据网载张一麐手札原件录入。

吴吾白来苏州，拜会毛庆蕃、黄葆年。

宣统间，予宦游苏州，拜见毛实君方伯于严衙前。至其厅事，见悬有李光炘先生撰书木联，只记得"希圣希贤又希天"一句。并于毛座中拜见黄葆年先生，两公均在六十外，岸然道貌，和蔼可亲。

（近）吴吾白《黄崖案的回忆》，1956年1月。转引自中国史学会济南分会编辑《山东近代史资料》第1分册，山东人民出版社，1957年9月版，第165页

仲秋，祝昌龄昔由毛庆蕃荐入归群草堂，是时由苏返甘。

清末甘肃布政使毛庆藩举荐洮州贡生祝昌龄游学苏州"归群草堂"始末——一段由《洮州厅志》引出的历史故事

毛庆蕃（1846—1924），字伯宣，一字德华，号实君，江西南昌府丰城县人。清光绪三十四年（1908）八月至清宣统元年（1909）十一月任甘肃布政使。

祝昌龄（1867？—1926），字寿嵩，临潭县石门乡鸦儿山村人。清末洮州岁贡。终生读书课徒，未曾入仕，乡人至今称其令誉。编纂出版于清光绪三十三年（1907）的《洮州厅志》，由时任洮州厅同知的张彦笃主修、曾任广东崖州知州的洮州进士包永昌总纂，宋育辰、吕芳规、祝昌龄、汪映奎四人分纂。据《临潭县志》（1997年版）载："祝昌龄曾从学甘肃护院毛实君，后又游学沪上，从事名儒黄锡朋。"不知《临潭县志》所载有何依据，令人感到十分好奇与不解的是，以当时当地风气和环境，在临潭石门那样一个异常偏远

闭塞的山乡村子，祝昌龄公是怎样到千里之外的沪上去师从海内名儒的呢？本人曾几次欲向县志编撰者了解详情，但均未如愿。查阅有限的各种地方志书，也未见叙其详情。

2012年初秋的一天，本人专程前往石门鸦儿山，看望了堂舅祝秉琏先生。堂舅祝秉琏先生终身在石门乡各小学辗转就教，也常常在村里为公私代事笔墨，颇知其乡间故事。当时，堂舅祝秉琏先生虽然年已76岁，但除视力听力有所减退外，记忆和思维依然清晰。我即向他询及外曾祖祝昌龄公曾游学沪上之事，堂舅便将自己祖父百年前的一段往事向我娓娓道来，一段闻所未闻的故事便走出历史深处的云烟。

当初，《洮州厅志》编纂告竣，由先外曾祖负责前往兰州付梓印刷。书印出来后，骡马驮载，取道临洮返回洮州。按今日交通，从临洮至洮州，必先至当时厅府治所今临潭县新城镇，再到石门。但昔日山间便道，可先到石门，再到新城。当昌龄公等人行至洮州北境莲花山一带时，了解到当时洮州东北境内遭受了比较严重的雹灾，遂决定暂将印出的《洮州厅志》先行运至家中，准备为当地向厅府起草因灾减免税粮的诉文，然后连同《洮州厅志》一起送交洮州厅府。但是，外曾祖管运《洮州厅志》暂至家中，减免税粮的诉文尚未拟就，不料厅府却以私藏官书派下罪来，而且要羁押他。好歹说明情由，才将官书运走，人听候发落。此后厅府数次派人前往家中传唤，因担心会蒙不白之冤，昌龄公便一直借故逃避藏匿。最终，料想难逃缉拿，为避祸端，乃赴省城，向毛藩台申诉（堂舅不明毛藩台究属何人何职，只知如此称呼，实即当时甘肃省布政使毛庆蕃。藩台：明清时布政使的俗称——笔者）。初未得见，便在门口留下一个百字纸条，上置三百枚麻钱，随即离去。后经人转交毛庆蕃，又被毛庆蕃派人找到。一番交谈之后，毛便决定介绍他去苏州归群草堂。

归群草堂是我国民间儒学太谷学派后期传道组织，毛庆蕃曾先后拜太谷学派传人李光炘、黄葆年为师。1902年，时任上海江南制造局总办的毛庆蕃，与刘鹗、黄葆年等太谷学派部分人在上海"愚园雅集"，议定在苏州设"归群草堂"，推黄葆年为山长。黄葆年（1854—1924），字锡朋，号希平，泰州姜堰人。光绪九年（1883）进士，曾任山东临淄等地知县。光绪二十八年（1902）辞官，在苏州归群草堂聚众讲学，许多朝廷大员亦投其门下。其影响之大，为晚清、民国之间所仅见。他继承并发展了周太谷、李光炘学说，被称为"太谷学派集大成者"。草堂讲学活动至1925年结束。就这样，先外曾祖祝昌龄公便成了"归群草堂"黄门弟子。他去时还带了一个岷县维新元山坪名叫赵玉成的弟子，但遗憾的是他师徒二人游学草堂的时间并不太长，前后未及两年。当他们辞别归群草堂返回洮州时，许多同门赠诗留别。根据其诗，他们于清宣统二年（1910）春天到达归群草堂，宣统三年（1911）仲秋，因弟子赵玉成母亲病危，师徒二人便结束游学，依依不舍，辞别同门，离苏返陇。

在赋诗赠别的诸多同门中，毛庆藩之子毛巽赠诗如下："辛亥秋八月朔日，寿嵩仁兄携其弟子赵君玉成自苏归陇，漫赋长句，以舒离绪，录呈吟正。毛巽。苏台杨柳尚依依，计到乡关雪正霏。陇坂烟云频在望，濂溪风月与俱归。天长道远宜加饭，秋老霜寒早授衣。此别相期各努力，不须惆怅暂时违。"黄葆年之子黄寿三，亦有赠诗："送别五律一章，敬求寿嵩学长大人教正，黄寿三。昔仰西河学，今传绛帐经。芝兰才入室，风雨又离亭。楚水分秋月，秦关度晓星。弦歌南国意，留待待重听。"其师兄李泰阶赠诗云："负笈相从幸有人，回头应念束脩身。青衿城阙喧斜日，红杏天坛感暮春。北去征鸿犹恋影，东来沧海易生尘。崆峒原是归根地，风月还期一再亲。"李泰阶，字平孙，江苏仪征人，太谷学派第二代传人李光炘长孙，后娶黄葆年女为妻。黄葆年去世，李泰阶承继太谷学派道统，主讲归群草堂。昌龄公亦赋诗留别同门，其一曰："辛亥七月，将归洮州，留别草堂诸学长，敬希赐正。春风座上共琴书，万里家山梦也疏。忽说离群滋别泪，一庭秋雨雁来初。"

昌龄公离苏返陇后，未再回苏，亦未公干，一直在乡间读书课徒。是否有叙及游学及其他著述，不得而知，因为其家中曾经失火，大量藏书化为灰烬。何况社会几经动乱，所剩个人藏书现已是凤毛麟角，除了几首诗作外，未见其他述作。外祖父祝励相为长子，曾奉外曾祖命，前往苏州归群草堂游历，并将外曾祖同门赠诗抄录成册保存于世，但似乎也只是部分诗作。流传至今的外曾祖墨迹，还有他亲录的黄葆年所作文课数篇，他认为可"尝海水之一滴，窥神龙之片鳞"。地方编撰于1940年前后、未正式定稿刊印的《临潭县志》在《人物志·列传中·遗逸》中为昌龄公作传，其文曰："戊申（1908）冬，谒见甘肃护院毛实君欲从学，毛公以上海黄先生学深可师为言，遂游学沪上，不惮万里，从中国大儒黄锡朋先生学圣贤心法、性命、格物之学。归而以隐逸卒。"

张俊立《清末甘肃布政使毛庆藩举荐洮州贡生祝昌龄游学苏州"归群草堂"始末——段由〈洮州厅志〉引出的历史故事》，载《甘南日报》2017年7月12日，A3版

从游归群草堂者，尚有金陵制造局提调、巢县胡维藩。

胡维藩，字伯宣，清末庐州府巢县人，因府试第一，晋京大挑朝考一等，以四品衔候补知府领直隶州知州，曾于清末主政如皋、泰州两地，续修《如皋县志》。（中略）胡维藩写有《八十自述》，诗中自注：光绪壬辰年（1892），已在金陵机器制造局会办局务（其时任职海防通判，兼职该局）。1897年，胡维藩离任海防通判，正式出任此局提调。（中略）湘淮两派之争，无法使一心立志报国的胡维藩大展鸿图。他在《八十自述》诗中详载其事。诗曰：

    一瞬年光八十秋，思寻往事到心头。
    浮名曾向明时恋，薄德多惭慧业修。
    枉用罪言雒越石，幸承恩绋感留侯。
    而今老作长干客，坐视秦淮水乱流。

诗中自注还记述了从黄锡朋、毛实君二先生游学太谷的历史过往，诗中描述了晚清之际，派系隔阂、时局动荡，使当时立志儒术、着意新学报国的胡维藩十分无奈。在胡维藩留下不多的诗作里，这是一份非常珍贵的历史见证。

胡章斌《清末如皋知县胡维藩往事——结缘金陵机器制造局》，载《如皋日报》，2020年9月10日，B3版

十二月，复弟子贾廷琳信，慰其父丧。

君玉贤弟礼次：

郑州别后，久不见吾子南来。自春徂秋，鱼雁亦无消息，屡属宾朋子弟

作书讯问，亦复迟迟未果。每一念及，怅然于怀。十月初四日，忽接九月廿八日手书，惊悉尊公大人弃养，曷胜惨愕。而叙述病状，尤觉哀音满纸，血泪俱流，盖老父疾中之苦如此，吾子其何以为心耶？诚可悲也。披览之馀，不忍卒读。亟思手致数行，以相唁问，而中肠凄恻，未能下笔，稽滞至今。吾子读《礼》之时，惟有于哀痛中，反求吾之本心本性，以求合乎千古圣人之心，慎修其受之父母之身，则所谓事死事生、事亡事存，免先人之恫怨，而奉老母之颜色者，将有密课于幽独，而非他人见闻所能及者矣。此不欲以流俗，望吾子惟吾子勉之。

蕃自东来，日承黄先生规诲，始知往者暴气之非，盖失德者多矣。近颇求诸心、求诸气，省察而涵养之，似少有得也。八月一书，竟付浮沉矣。敬唁孝思，不一。附呈楮敬八元。

友生毛庆蕃书。季冬十五日。

《毛实君先生手札》，通州徐景发藏

是年，江苏法政学堂监督朱祖谋离任，有以毛庆蕃接任之议。

法政学堂监督易人

法政学堂监督朱古薇侍郎因召用晋京，所遗监督一差，闻提学司与抚院商酌，有以前任提学司毛实君接办之说。

是年，读书归群草堂，启沃后学。

致李襄臣书

吾子好读书，念之不能忘，愿为吾子进一解焉。书者，圣人之所作也，读书者，将以进德修业，奉圣人为依归，以养吾之言行，而诚其身也。后世博雅相矜，不复以反身为事，多读一卷书，多增一傲人之具。甚者，自许为目录之学，而伊古圣人垂世立教之意，荡然尽矣。近年学堂，遂至束书不观，废经不读，纷纷藉藉，未知所届。然吾辈之读经，固非人所能废也。仆近者讲习之馀，读《大学》《中庸》《论语》《孟子》，亦时读《易》、读《诗》

《书》诸经。又读宋贤之书（如《周子通书》《朱子全书》），吾惟虚心平气以求之，反身切己以验之，始觉其味无穷，深悔从前之读如未读也，吾襄臣其有意乎？天下大乱，邪说诬民；有志之士，正宜竖起脊梁，打开眼界，奋乎百世之下，明圣人之心，学圣人之道，以维世翼教，为儒生之责任，河汾不远，有为者亦若是，未可溺于习俗，徒以近代博雅之流自囿也，吾襄臣其有意乎？

黄先生尝与学者曰，古今无孝悌忠信之人而饿死者。所谓学也，禄在其中矣，是也。若夫目前之变乱，黄先生亦尝语学者曰，古今无孝悌忠信而获祸者，所谓周于德者、邪世不能乱是也。敢告襄臣，犹是天地，犹是日月，孔孟之学，万古不废。勿惊心于一时之扰扰，遂气沮而神伤也。吾中国真圣功、真王道，此后方将大显于世。跻运会于皇古，此吾人发愤为学之秋也。勉为读书真种子，其在斯乎？其在斯乎！国士、天下士、千古之士，吾于襄臣望之，吾于诸同志望之，业师张星斋亦以此望之。曩所见都非也，余见复尊公书。远道相思，情何能已。惟善事高堂，幸甚。

谨按：丰城毛实君先生，光宣时理学名臣。晚年遁居吴门，从黄希平先生讲学论道，其学主躬行履践，以读经为修身入德之基。我满洲帝国以王道治国，忠恕临民，两年以来，民用康乐。自学校恢复读经，益致时雍协和之效。毛先生所谓"真圣功、真王道"，将大显于世，跻运会于皇古者也。令孙实孙，以先生致襄臣书见示，有味哉其言之也。爰载本刊，期有奋乎百世之下，以维世翼教为责者，庶几先生之志也夫。

后学钱定钧谨识。

《文教月刊》，1934年第2卷第3期，第75页至76页

民国元年（1912） 壬子 六十七岁

四月，胡思敬访旧苏州。

（壬子）四月二十日，始赴苏州，访毛方伯实君。苏城大宅，多闭门逃

徙，而实君与黄先生永年，住严衙前，坐待吉凶，啸歌不辍，有孔北海之风，殆所谓知命者与？夜与黄先生论学派，诸门人环侍而听，先生勉予以"忧道不忧贫，谋道不谋食"二语。实君指南丰鲁氏兄弟谓予曰："此吾乡后起之秀也。"次日返沪。

（近）胡思敬《吴中访旧记》，《退庐文集》卷十一

夏，胡思敬致书毛庆蕃。

自辛亥之变，巨盗倡共和以窃大清，内外百官同时失职，其栖留海上而不敢委贽以求伸者，岂皆慑于名义，休贰臣而不为哉？逆料智伯之头必漆，董卓之脐将燃，而屈伏以俟机耳。

（近）胡思敬《复毛实君藩司书》，《退庐笺牍》卷二

秋、冬之际，复贾廷琳书，慰其母丧，并谈及读书之法。

君玉贤弟左右：

八月中得手书，知一至都下，旋归奉母，菽水承欢，甚善甚善。浑河溃决灾状，如此闻之恻然。仲冬初旬，复得手毕，四方多故，吾子相念弥殷，重可佩也。数月以来，世事之变，简册所希有。大劫当前，人人失所。正吾辈恐惧修省之时，人生惟忧患可以进德，动心忍性，增益不能，乃为变化气质，实际大造玉成之意，不可负也。吾子好读书，然观其意之所向，博览而已，能文章而已，留心当世之务而已，此尚非学之本也。非所望于吾子也。

仆近者渐知切己反求，此中诚有以自乐，而恍然于既往之非，以吾子相念之深，其将何以语吾子无已，其惟寻孔颜之乐乎。夫书者，圣人所以传其心也。读书者，所以求见圣人之心也。读圣人之书，而不见圣人之心，以自淑其希贤希圣之身，天下曷贵有此学乎。年来日闻黄师讲论，复与诸同学相观摩，乃知惩忿窒欲，迁善改过，兢兢焉，约之于言，听视动者，实为学者修身下手之方也。近读《周子通书》，意之所至，有入手耳。而动于中者，咀嚼之，往复之，信亲切而有味也。然后叹向者读书之读如未读，而此日庶几可与言读书也。素心晨夕，上下古今，居易俟命，贫而能乐，吾子念我用相

告也。吾子质厚，昨书气颇静，而事理亦细，良用惓然。方今世运为千圣未经之变，吾辈今日所学，即宜守千圣相传不绝如缕之学，不独海外所谓科学，何补狂澜？即河间之言四部，博野之言实用，亦未可自囿于一乡一国。有志之士，奋然兴起，斯其时矣。《诗》曰："风雨如晦，鸡鸣不已。"《易》曰："遁世无闷，不见是雨无闷"，愿为吾子诵之。香圃远念可感，幸致区区，喻斋并为道意。天寒，惟慈闱强健为祝。诸希珍卫不尽。

友生毛庆蕃寄言，同门弟潘龄皋谨录。

君玉贤弟礼次：前展惠书，远怀方慰。九月廿三日复得手告，惊闻贤母之赴，曷胜悼怛。读至"前后两年之间"数语，孤儿肠断，我亦心伤。君子之执亲丧也，致吾诚而已，哀毁或过，不胜丧，乃比于不慈不孝，亦古人所慎也。卜葬不宜迟，骨肉归复于土为安，勿以世俗铺张缛节为厚于其亲。况在凶岁，况在乱世，《礼》曰："敛手足形，还葬而无椁，称其财，斯之谓礼"。为人子者，亦求本心之安，而无徇人言，可矣。

又吾子平日博览为文章，兼有意于政事，然非学之本也。盖所志者，近代通人之学，非所志乎。孔孟之学也，今连遭大故，吾子诚痛，吾亲诚不忍死，吾亲则当幡然猛省，反本还原，思吾之受生于父母者，莫重乎身心性命。今吾视息于天地之间，何以不负吾父母从一念幽隐中，激发真诚，举吾之本心本性，与吾父母之神明相接，而必求先圣先贤之道，所以修吾身，立吾命者，以报吾父母之德焉。而不甘以近代博雅之徒，自居而自画，则诚身在此，事亲在此，送死在此，尽礼亦在此，此之谓真学，此之谓真学，吾子惓惓于鄙人者，至矣。敢以是言为吾子勖焉。朔风日厉，惟冀节哀，敬唁孝思，不一。

友生毛庆蕃手复。十月廿九日。黄师同念。此信奉唁稍稽，歉甚。

君玉贤友足下：仲冬中旬连接手书，知于初冬经营葬母大事，闻之甚慰。又知居停张公，移居津上，锡九八月初来书，中多真至之语，久置案头群札中，未及作答。旬日以前，重复检阅，怅然于怀，嗣见报章，弥增远念。

寻披来束，得悉所由。知锡九盼信殊殷，昨亦复之矣。自惟学识粗疏，析义其果，即当否耶？弥增愧歉。此间同学，敬宣遽丧，继以西涯五十之年，而皆不远千里，精进过于恒人，良可叹惜。然人生数十寒暑，世变虽殷，而志业不坠，亦足风矣。两君身后诸事，师友为之经纪甚至。并闻宁垣之忧，吴门本尚无恙，茂老秋间来此，徐君惠斋前来受学，近复不肯轻出，自沪移回，移家相就，朝夕同堂，多得一共学之友，亦乐事也。此致善自珍重，不尽。

友人庆蕃手书。季冬朔日。

书中所未及者，已托惠斋，此后弟可常通音问也。

再。惠寄张愚生先生所刻《圣功编》，敬读一过，皆前贤法语。又如亲贺复斋先生教益也。又《杨和甫先生行状》，亦敬读一过，感怆无穷。愚世暨其世，兄现皆授读，良足佩仰。近来畿南雨泽何如，并念许酉山先生《体生编》及副本，并缴。又徐致初先生《福冈自课》一册，老辈暮年劬学，今人向往，惟亦似未成之书，并同缴。惟察收见复。馀不多及。

庆蕃又书。同日。

《毛实君先生手札》，通州徐景发藏

冬十一月，为黄葆年《唐宋文读本》作序。

唐宋文读本序

呜乎！文之难言也。一言也，苟为人心之所趋，而世运随之矣。言之醇驳，世运之盛衰系焉，是故圣人谨之。谨之者，知始知终，知微知显，知往知来，忧天下，忧后世，至深远无穷也。书契以来，圣人之有言者，皆其不得已也。不得已而有言，恐恐乎，惟获罪乎天地，遗祸乎生民是惧。故一言出，而上帝降鉴焉，生民托命焉。是故惟圣人为能立言，圣人之文，文之至者也。文之至者，德之至、道之至也。先圣后圣，其揆一也。三代以嬗，文日降矣。要其上焉者，无不以道德为归。其所称善于文者，或骋其才思以为文者有之；肆其意指以为文者又有之矣。后之人读而慕好之，而性情之微，学术之歧，有隐受其戕贼而不自知者，则不本乎德、不衷乎道之过也。呜乎，此近世文学之蔽，叔季人才之不古，若其不以此也欤？其在于今，恣为一切新奇邪慝之说，猎取海外缪悠之论，决道德之藩篱，以汩乱我伦纪、颠覆我邦家。后生何知，惟所鼓荡，而土崩瓦解之祸，遂遍于中国，书策所未有也。

其何能淑载胥及溺，呜乎，此又近今邪说淫辞之害，人才之所以沦丧，海宇之所以腾沸，其不以此也欤？

吾友海陵黄先生忧之矣。先是，庆蕃尝请于先生，而有事于古文之选。其时视学海上，见诸生读本，而大惧焉。学校初开，男女就塾，而学官无颁行之本，纷纷杂出，嚣陵狂惑，上无以为教，下无以为学，乱机亟矣。先生是选，起周末檀弓、邱明诸子，讫南宋文信国，别择加慎，评论加详，一以孝弟谨信、爱众亲仁为本，命曰《古文学余》，为之序言，而先生不居其名，谓庆蕃将布诸官私各校，异时学者，亦自知之也。嗣是复有事于唐宋文之选，将为家塾读本，以之教门人子弟，亦将以兴女教焉。

是选起徐贤妃《息兵罢役疏》，讫曾文定《宜黄学记》，中益以濂溪周子《太极图说通书》，暨有宋诸贤明道立教之文，择弥精、语弥详，总若数万言。盖于是世变为已极，而先生忧天下后世之心，于是为已至矣。庆蕃幸得朝夕相从讲论，与闻大旨，命为序言，惶愧不敢承，而终有不得而辞者。呜乎！今之世何世哉，今岂非洪水猛兽、人将相食之世哉？尧舜孔孟，数千年所守君臣、父子、夫妇之大经，至于今而扫地以尽，盖非独举所谓道德者，弃之而无复存，并自古之典籍文章，亦胥一世而弃之如遗矣。呜乎，此生民以来未有之奇变也。夫世运之由治而乱也，其始必自一二人倡之，则世运之由乱，而反于治也，亦必自一二人道之。是故惟圣人为能谨，所以持之者，先生今之守先待后者也，心孔孟之心，法尧舜之法，凡与门人讲说，莫不本诸师傅、本诸天道、本诸往圣之彝训，而又本诸数十年躬行心得之余，盖近世所未有也，学者何幸，而得闻之。且夫学文者，修德之余也。论文者，先生之学之绪余也。然即以文论，数千年言传之统绪，文章体制之源流派别，与其升降、正变、得失之故，一一求古人之真际，而各撷其精英，亦惟先生能尽之。今兹所评论，不惜其详且尽者，则又当此斯文将丧、存亡绝续之交，悬千钧于一发，故于文事之利病，凡所以导引津途、开示阃奥，教小子以逮成人者，谆谆乎不啻面命而耳提焉。而天德圣功，王道之大，天文人文之精，上下千古知人论世之公且明，一皆于论文之言，沛乎发之，其所兢兢者，学必以圣人为归依乎中庸。遁世不见，知而不悔，能为三代而上之学，而后能为三代而上之文，盖先生之谨于持世也如此，此又近世所未有也。学者何幸，而得闻之。庆蕃愚下，憯无知识，顾其得闻师友之绪论者，亦有年矣。呜乎，伊古圣人教育之心，一天地父母之心也，如见其光九域而照百世也。子思子之言曰："君子尊德性而道问学，致广大而尽精微，极高明而道中庸。"读是编者，当自得之。呜乎，惟我同志其敬念之哉。

宣统三年，岁在辛亥冬十一月，丰城毛庆蕃拜手谨序于姑苏之归群草堂。

苏州图书馆藏《唐宋文读本》稿钞本，五卷，五册，（近）黄葆年选评，胡从周誊录，陆保鋆录硃，鲁宗周校正，1951年归群草堂捐赠

民国二年（1913） 癸丑 六十八岁

夏、秋之间，与弟子贾廷琳往来论学，并议薛瑄、徐致初、许三礼、陈宏谋著作。

君玉贤弟足下：去冬奉致一书，甫邮寄固安，不数日即得涞水手毕，授读张中丞家塾主人，即贤玉老比邻而居，而往还诸公，又一时遗老，良可感叹。岁除，又得吾子复书，于鄙人提撕之语，自反深切，谓平昔所讲求所倾响者，率皆徇外为人之学，可谓近里著己矣。子曰："古之学者为己"，我辈夙昔每一动念，便在声闻中立脚，即此便是非心，此后为学读书，切须从念头密密洗涤，《易故》曰"圣人以此洗心，退藏于密"，顾与吾子共证之。班侯以近今风会所趋，足下独能一意授徒，不就他事，叹为难得。邢君西涯，述黄师曩日之言曰："天下自乱，吾心自治，吾心果治，天下未必终乱吾辈身心，乱乎治乎，是天下治乱之机也。"千里一堂，念之念之。

张公立身廉介，夙所敬仰。送蒙垂问，愧弗敢承，乞达下怀为嘱。潘君锡九闻去夏解组北归，曾通问否？病状何如？并念迟迟作答，不尽欲言，惟随时珍重。

癸丑孟夏廿四日，庆蕃手书。

仲修学有进益，二月东还时有书至。敬宣、西涯皆有进。

君玉贤友足下：月之九日，得四日复书，可谓至速矣。前函已达，快慰奚如。吾老矣，世变至此，夫复何言。中原文献之传，惧其扫地以尽窃，欲

就耳目所接，为中国多二读书真种子，是即区区一念之愚，与诸同学交相绳抵于无尽者耳，吾子其勉之。薛、徐集昨日到，两日披读，甚快。（蕃年十八，即乐观《读书录》，服膺文清公。及冠，得展徐公牧令诸书，心向往之，今老矣，学行无所成，炳烛之明，敢不勉诸）。草此先复，惟珍重。张公并谕，与刘府姻好，夙即问之。

仲夏十二日，庆蕃言。

君玉贤弟足下：暑时甚相念。昨见报章，言畿辅大水，贵县固安亦在水中，至以为念。正思作数行，一为问讯，顷适得月之四日手书，久旱得大雨，甚快。但愿无水灾，则今岁民其少苏乎。所谓酿乱之由，实为笃论。苏赣行将大定，此时正人心为急，我辈学人，正身尤宜急矣。自顾吾身吾心之治乱，隐微中未敢妄自宽假，此则愿与君玉共证之。君玉其即意乎此，同志者之责也。古今无不平之乱，勇猛精进，正在此时。

黄师近方从事于《礼记节》，极为敬慎，以为家塾读本，今日《曲礼》已卒业，逐节发明精义，本龙川夫子之遗训，真后学之本也。粗举以告，君玉识之。

自上冬所寄数书，文字皆觉整束，勉之。班侯前病足甚久，近从省长于海上。

蕃书。癸丑初秋十日。

君玉贤弟足下：久未得书，相思何已。今年贵体平善如念，馆事订于何处，均念。黄先生近于前月移居，盖在旧居之南，蕃亦相从得数晨夕，人生知过实难，近乃觉赋质刚褊，责善太过，其于旧交，失德多矣。晚岁犹然，可胜内疚。吾弟爱我，愿一证之。乔惺公近病，未知何似。绍曾常通问否，仲理今春赴班侯之约，至此间同学诸君子，德业精进，蕃佩之愧之，自顾衰年，颇出老境矣。相念辄草草作数行奉寄。吴中连得大雨，昨夜雨几达旦，可快也。长夏惟珍卫，不尽。

友人毛庆蕃手书。仲夏十六日。耳鸣气骤，头晕眼花诸证常见，往往手战，不能作书，知念琐闻。

君玉贤弟足下：连书均读，悉上年承寄示《体生编》一册，盖安阳许酉山先生所作，而安肃徐君致初所编订者，其时祇读一过，今得来书，即便奉缴。许先生言学推本于天地之大德，曰生而仁之所以为仁，所谓天地万物为一体也。其义最精，故论语多言"仁"。程子教人先识仁，又谓天原在自己心性中，语亦最精。又言顾諟天之明命，言无极而太极，言学者事亲事天，皆体认最得力处，吾辈后学，惟当明之于心，修之于身，乃不同一场话说。至《篇》中论说少觫似为当日未成之书，又论及儒先诸子，若少易者（此非小子所敢言，更未敢轻于下笔，欲俟晤吾子时略言之，而相见何时，姑一及之，吾过矣）。而《孝经》一书，实非出于孔子，盖汉儒之所托也。昔者闻诸师友矣，大道方兴，四子书是在有志者，其急先务乎，惟珍重，不尽。（茂老取书，早就并却寄）。

庆蕃病后书。仲夏廿一日。

君玉贤弟足下：前复数行，言收到《薛集》《徐稿》，吾子索寄《古文学馀》，兹邮递一部，凡十册，黄师评选甚精，观之当自得之也。又邮上《陈文恭手札节要》一册，为奉赠张公是荷。《读书录》《续录》系全本，读书之欣然。徐公于许公遗著，编纂而阐发之，亦复精深微至备，可乐也（其言生生之理，最与近来所见相契合，得我心，相觊何极。两书读竟，当以时函达，冀收磋砥之益也），此不多及。

庆蕃手书。仲夏廿五日。

君玉贤友足下：月之七日，得手书，并徐致初先生所著《体生编》，重录副本，足仰先辈为学之勤，已与原本敬读一过，拟就愚见所及，其精当者，妄加硃围以别之。张公属作便面，过辱爱厚，愧无以应。盖生平艰于作书，吾弟所稔，知非饰词也。希转陈是幸，此颂近安诸其。（锡九五月初即书来，并闻）。

蕃手书。季夏十四日。此间尚安辑，勿念。

君玉贤友足下：别后甚念，几于无日不思。亦不自知其何以如是也。寻读足下致惠斋一束，知渡海无风，舟行安稳，孟秋之末，得展手书，语之从性情中出，感人者深。通体四言，而本以真气，纬以清思，书法亦精神团结，观其文字，有振厉严肃气象。固肌肤之会，筋骸之束，德行文学，均有进益，可谓不负此行。同学诸子，传观称善老夫喜可知矣。勉之勉 。盛暑南来，往还无恙，古语云"天不吝道，道必归贤"，有志者如可与语，愿留意焉。孙君亦连函见复也。秋凉，惟珍重。不尽。

重九前三日，庆蕃手书。

黄师起居如昔，凌晨即出而讲学，精勤不懈，足疾亦未大发；谢公小病，仍健。江公病，未愈。同学中有数千里移家相从者，则南丰二刘也。筱公、华公，为我道感念为幸。同日又书。

附：1929 年徐世昌跋

毛实君方伯昔官曹郎时，有闻吾友刘镐仲言其朴学能文。其后出官京畿，时来京师，与余交至契，而议论时相上下。今贾君君玉出其手札相示，始见其学之朴而文之有根柢也，益信吾友镐仲之言为不虚矣。

己巳秋八月，水竹邨人。

《毛实君先生手札》，通州徐景发藏

民国三年（1914） 甲寅 六十九岁

五月，总统袁世凯聘毛庆蕃为参政院参政，辞之。

朱到京者

参政院未到之参政计二十三员，探其姓名于左：

周学熙、锡良、阿穆尔、灵圭、袁树勋、张振勋、李家驹、宝熙、陈钰、刘锦藻、杨度、李开侁、瞿鸿禨、唐景崇、宋小、吕海寰、徐绍桢、钱恂、于式枚、樊增祥、柯绍忞、王树枏、毛庆蕃等云。

《申报》1914 年 7 月 1 日（五月初九日），第 3 版

大总统策令

又令：参政院参冯煦、毛庆蕃因病呈请辞职，冯煦、毛庆蕃均准辞职，此令。

《申报》1914 年 7 月 10 日（五月十八日），第 2 版

北京电

于式枚、吕海寰虽经袁总统致书劝驾，赠以贵品，卒不肯出山，并璧返赠品，且以嫠妇自比，谓恐再醮之后，徒蒙羞辱。梁鼎芬、瞿鸿禨、毛庆蕃亦均辞参政之任。

《申报》1914 年 7 月 26 日（六月初四日），第 2 版

不为冯妇

前任甘肃藩司毛庆蕃光复以后，久居吴中。刻袁总统授为参政，恐渠不肯出山，特派专员到苏劝驾，并备程仪六百元，礼物十二色，亲笔信一封。惟闻毛公高卧情殷，不欲贻冯妇之讥，当将程仪璧还，礼物则领受两色云。

《时事新报》，1914 年 6 月 20 日（五月二十七日）

九月，为湖州许善钦《蜂巧梅兰花》图卷题诗。

风雨空山意杳然，国香零落感秋烟。一花一叶仍无恙，往事低徊二百年。甲寅秋九月，味闲主人属题。丰城毛庆蕃初稿。白文印：毛庆蕃。

剑川按：据苏州马骥先生藏卷录入。

民国四年（1915） 乙卯 七十岁

二月初一日，江苏巡按使齐耀琳来拜。

齐巡按到苏续闻

齐巡按使十四号到苏，即于十五号单乘轮赴太湖巡阅等情，已记前报。兹番齐使出巡太湖，后至十六号晚十句钟回苏，未及进城，仍驻浅水兵船。次晨登岸，答拜各官员。顺道至省立师范等学校及第二工厂察看情形后，分谒各绅士潘济之、郑福保、曹智安、刘传福、孔昭晋等十余家，逐一会晤，询问地方各事后，又至葑门前清苏提学使毛实君处拜会，至傍晚进奉直会馆休憩。

《申报》1915年3月19日（二月初四日），第7版

民国五年（1916） 丙辰 七十一岁

于式枚（晦若）婉拒袁世凯汲引归沪，称誉毛庆蕃、乔茂萱。

晦若月旦朝士，常曰："乔茂萱口多独到之言，毛实君面有忧国之色。"

（近）刘成禺《洪宪纪事诗本事簿注九十八首》，《洪宪纪事诗三种》，上海古籍出版社，1983年7月版，第56页

乔茂萱婿李范之来访苏州归群草堂，归述见闻于郑孝胥。

李范之谈苏州归群草堂事：黄锡朋者，海宁人，举人，尝为山东知县。归后，流寓苏州讲学，聚徒数百人，亦有女弟子。其学传于李龙川，李又传于周太谷，号为三教同源，然常谈者则多儒教。其斋壁悬联语曰："尧舜之道，孝弟而已矣。"又曰："夫子之道，忠恕而已矣"。其弟子来去自由，有终身相从者。赁屋于葑门内十全街。弟子寄宿者常数十人，毛实君与焉。李尝过实君，留宿数日，黄昧爽即起，弟子皆起，讲学数时，退而自修。其弟子皆崇奉黄，谓有前知之术。所持精语，曰"转识成智"，曰"心息相依"，略混释、道家之说。陈伯严、陈仁先皆尝往观，黄今已七十余矣。刘铁云亦黄

之徒也,所撰《老残游记》言革命事,时人以为前知。

《郑孝胥日记》,丙辰十月十四日(1916年11月9日)条

民国六年(1917) 丁巳 七十二岁

苏州归群草堂讲学。

民国五年(1916) 丙辰 七十三岁

苏州归群草堂讲学。

民国八年(1919) 己未 七十四岁

八月,与黄葆年等游苏州南园。

南园记

姑苏城南隅有园焉。自沧浪亭而东,皆其地也。辛亥夏,予从诸老泛舟游此。(中略)予老且病,诸老亦多谢世,然犹得从实君毛先生及诸同学,春秋佳日,与山泽之农相晒,对是犹得追随子真先生之后,而永为南园之民也,岂不幸哉。敬谨记之,时则己未秋八月也。

(清)黄葆年《归群草堂文集》卷二,载方宝川主编《太谷学派遗集》第二辑,江苏广陵古籍刻印社,1998年1月版,第2册,第132页

民国九年(1920) 庚申 七十五岁

夏,康有为至苏州,拜访毛庆蕃。

南海康圣人，日前由沪乘特别快车赴苏，抵站后，即雇就肩舆乘之，径入齐女门。当夜暂寓于娄斗北街之合肥李宅。该宅主人次日借汽油小艇一艘，以供游览。午后南海即偕李经羲、毛庆蕃等相继登舟，旋解缆起碇，驶至阊门外之白莲桥浜傍岸。

《大公报》1920年5月9日第11版

民国十年（1921） 辛酉 七十六岁

苏州归群草堂讲学。

民国十一年（1922） 壬戌 七十七岁

三月十六日（4月12日），李根源、张一麐拜访黄葆年、毛庆蕃等。

李根源张一麐听课

太谷学派传人黄葆年，在苏州讲学授徒，从者如云。蒋逸雪先生曾云："远近竞趋问业，有移家相就者。蒋门本冷落，至是万家烟火，顿成闹市。"可见影响之大。但是，该学派颇具神秘色彩，沈胜民（1878—1969）先生就告诉马叙伦："受业者先以占卜，下皆应其人，是以共神之。"又说："既执贽则授以真言，甚秘。"因此，结论是："黄门自有妙论胜义，外人不得窥睹。"简直有些神乎其神，加以一些名流学者，如王瀣（1871—1944）、陈三立（1853—1937）等都为之倾倒，这就不免引起了苏州两位知名绅士的好奇之心。

首先是李根源（1875—1965）。他那时住在新造桥附近，离开黄葆年讲学的归群草堂不远，耳闻目睹，长衫短打，不绝于途，难测奥妙，他就在1922年农历三月十六日上午，约了好友张一麐（1867—1943）一同走访了黄葆年，并在归群草堂聆听黄氏讲课。黄葆年讲的是《孟子见梁惠王》一章。据《雪生年录》回忆,所讲"针对时局,立言慷慨深切",没有其他玄妙莫测、神秘古怪之处。课后,黄葆年邀李,张二位共进晚餐,并由他的弟子毛庆蕃(1849—1927)、杨士晟(1858—1932?)作陪。席间,李根源忍耐不住,单刀直入,径向黄氏探问道:"先生于讲课之外,总还有什么秘密的东西传授给弟子吧!"黄葆年从容回答:"夫子之道,忠恕而已矣,孝悌而已矣,他无有也。"李根源碰了个软钉子,自然无法再问下去了。

自此以后,李、张二人再也没有重访。1924年,黄氏病逝于苏州,葬在城外。李根源在后来写的《吴郡西山访古记》中,仍然提到过去"居邻于余"的"黄锡朋先生葆年墓在汤家山山半",流露了崇敬和怀念之情。

冕良《李根源、张一麐听课》,载《苏州杂志》,1991年第6期,第70页

民国十二年(1923) 癸亥 七十八岁

苏州归群草堂讲学。

民国十三年(1924) 甲子 七十九岁

七月九日(8月9日)在苏州寓所去世。

民国十四年(1925) 乙丑

四月,葬苏州光福之龙山。

民国三十一年（1942） 壬午

是年，《江西文物》据叶玉麟《行状》，作毛庆蕃传。

江西近代乡贤列传

周维新

毛庆蕃传

毛庆蕃，字实君，江西丰城人。曾祖辉凤，四川巴县知县。祖震寿，陕西布政使。父隆辅，四川丹棱县知县。三世祀名宦，列清史《循吏传》。

庆蕃自幼庄谨，笃于程朱之学。清光绪十五年成进士，官部曹。与乔树構［柟］、马其昶、陈三立交，德业日进。三十一年钦差大臣刘坤一调办湘军粮台，蠲除平余折色诸积弊，坤一叹服。及坤一署两江总督，保庆蕃为道员，命总办江南制造局。崇实考工，为前总办弥公亏七十万。是时，两江总督、闽浙总督、山东巡抚交疏入荐，召见后，以道员留直隶，署永定河道，调通永道，未几，以治河功绩，擢署直隶按察使，一权布政使。力倡勤廉，察吏严峻，嫉恶如仇，往往面斥人非，至于盛怒抵几。三十三年，授江苏提学，见士习日坏，乃为文训诫诸生，中以约束。遇有过失者，则坐堂皇戒斥之，士子由是不敢放肆。时泰州黄隰朋方讲学于苏州，庆蕃尝与隰朋同师李晴峰，即所谓泰谷学派者，兼贯佛老，世或疑之。庆蕃至是以老友折节师事之，而隰朋遇之，酷于后生。

宣统元年，授甘肃藩司。甘肃久旱，赤地千里，庆蕃抵任，急施赈恤，活人甚多。及兼护总督篆，举劾属僚各数人，好恶同于民心，颂声大作，以为前所未有。度支部令各省设清理财政局，庆蕃奏言外省财政，与地方吏治相关，此次清理，贵在覈实，不启扰累之端。因再劾贪吏数人，置于法，与财政监理官不惬，乃有蜚语达亲贵，遂落职。及还京，已无馀赀，冬月典裘济日食。自师事隰朋后，克己过严，平居笃学，以刻苦简恪为主，戚戚寡欢，抑损局踳，隰朋思有以广其意，终不开解。则继之以呵挞，无不顺受，远近传以为异。七十后，益罕言笑，恒危坐终旦夕，不以为劳。民国［宣统］十六年七月终于苏寓,年七十九。著有《奏议》六卷、《古文学馀》十卷,均未刊。

论曰:子夏曰,"仕而优则学,学而优则仕。"古之君子,仕与学并重,盖修齐治平之理为一贯也。庆蕃微时笃守程朱。及显贵后,竟折节师事其老友,其志学之笃,即可见其济世之诚。故服官数省,始终以洁己爱民为务,甫经罢任,即典衣自活。而复不废所学,刻苦自励,至老死而后已。所谓君子忧道不忧贫,庆蕃当之无愧矣!

《江西文物》第一卷第六期,中华民国三十一年二月一日出版。

附 录

附录一：中国第一历史档案馆藏毛庆蕃档案目录

档号	题名	责任者	职务	时间
03-5328-061	奏为密保襄办湘军粮台户部额外员外郎毛庆蕃等员军务得力请旨饬军机处记名事	刘坤一	两江总督	光绪二十一年七月二十八日
03-6638-051	奏为湘军东征粮台划清界限分别由吴大澂陈宝箴毛庆蕃分案报销事	刘坤一	钦差大臣督办关内外军务	光绪二十一年九月二十七日
03-6137-103	奏为户部员外郎毛庆蕃办理湘军粮台事竣回京供职事	刘坤一	两江总督	光绪二十一年十一月二十二日
03-5340-001	奏请留毛庆蕃助理北洋事物事	王文韶	直隶总督北洋大臣	光绪二十二年三月二十八日
04-01-12-0573-031	奏请将户部员外郎毛庆蕃暂留北洋随时派办要务事	王文韶	直隶总督北洋大臣	光绪二十二年三月二十八日
04-01-12-0575-046	奏为准户部员外郎毛庆蕃销差回京事			光绪二十二年
03-5341-050	奏为留北洋差委户部员外郎毛庆蕃照例毋庸回避请旨事	王文韶	直隶总督北洋大臣	光绪二十二年五月初八日
03-6032-046	奏为户部员外郎毛庆蕃因患脾泄之症仍令回京供职以便就近医治事	王文韶	直隶总督北洋大臣	光绪二十二年八月二十九日
03-5614-027	奏为遵旨保荐江苏候补道杜俞员外郎毛庆蕃二员年皆富强践履笃实请准简用事	刘坤一	两江总督	光绪二十二年十一月二十五日
04-01-12-0574-095	奏为户部员外郎毛庆蕃奏留北洋差委与胞叔同省毋庸回避事			光绪二十二年

续表

档号	题名	责任者	职务	时间
04-01-12-0580-082	奏为奏留北洋委办事务户部员外郎毛庆蕃援案请免扣资俸事			光绪二十三年
04-01-12-0599-096	奏请将候选道毛庆蕃留于江苏补用事	刘坤一	两江总督	光绪二十六年十二月十九日
03-5399-046	奏为候选道毛庆蕃办事精祥请旨将其留江苏补用并饬补交班次及分发银两事	刘坤一	两江总督	光绪二十七年正月十六日
04-01-13-0406-012	奏为保举江苏补用道毛庆蕃等员皆道府中不可多得之选请旨破格录用事	李兴锐	署理闽浙总督	光绪二十九年闰五月二十一日
03-5419-021	着准毛庆蕃调回江苏差委事	谕旨		光绪二十九年六月二十四日
03-7092-015	奏请奖励署永定河道毛庆蕃等员永定河合龙出力事	袁世凯	直隶总督	光绪三十年十月初五日
15-02-001-000353-0223	拔补永定河协防南岸二工额外外委李维清履历单	毛庆蕃	署直隶永定河道	光绪三十年十一月
03-5439-022	奏为饬令新授永定河道毛庆蕃即赴新任事	袁世凯	直隶总督	光绪三十一年三月二十三日
15-02-001-000098-0118	直隶永定河南岸经制外委张仪文履历清册	毛庆蕃	直隶永定河道	光绪三十一年五月
15-02-001-000145-0191	升补直隶永定河营南岸守备余绍增出身履历清册	毛庆蕃	直隶永定河道	光绪三十一年七月
03-7093-073	奏为委令毛庆蕃署理直隶按察使事	袁世凯	直隶总督	光绪三十一年九月二十日
16-01-001-000025-0013	直隶开州获贼郑得运纠邀胡二麻子等行劫事主宋焕然家未得财放枪拒杀邻人并胡二麻子等在途在监病故等案清册	毛庆蕃	署直隶按察使	光绪三十一年九月
16-01-001-000003-0025	直隶获鹿县获贼孙成仔听纠械抢事主韩彦秀等骡马等物等案清册	毛庆蕃	署直隶按察使	光绪三十一年十月

续表

档号	题名	责任者	职务	时间
03-5449-039	奏为以天津道毛庆蕃升署直隶藩篆并新授直隶臬司增韫现已到省应饬即赴新任事	袁世凯	直隶总督	光绪三十一年十一月初七日
15-01-001-000004-0154	为呈解直隶光绪三十二年兵马奏销案内朋马及部饭银两事致兵部	毛庆蕃	署直隶布政使	光绪三十二年二月初九日
15-01-001-000004-0112	为委员呈解直隶光绪二十七年至二十九年军需车价报销销费银两事致兵部	毛庆蕃	署直隶布政使	光绪三十二年七月初五日
04-01-08-0102-030	奏为饬委署藩司毛庆蕃臬司增韫代为提勘本届秋审事			原缺
03-6665-153	奏为委任毛庆蕃署理直隶按察使事	袁世凯	北洋大臣直隶总督	光绪三十二年八月二十二日
03-5575-004	奏报接署按察使篆务日期并谢恩事原纪年	毛庆蕃	署理直隶按察使	光绪三十二年八月二十九日
16-02-003-000046-0025	直隶通州民人冯小对因救亲情切用尖刀扎伤马黑子越日身死案招册	毛庆蕃	署直隶按察使	光绪三十二年九月
16-01-001-000058-0023	直隶南乐县获贼武金朋听纠行劫事主史合冬家牛驴钱衣等物逸贼拒伤工人平复案招册	毛庆蕃	署直隶按察使	光绪三十二年九月
16-01-001-000058-0024	直隶迁安县获贼赵义堂等听纠执持枪械伙劫事主朱明家钱文首饰等物并王七头临时别故不行事后分赃案招册	毛庆蕃	署直隶按察使	光绪三十二年九月
16-01-001-000058-0026	直隶赵州获贼孟小胖等听纠行窃事主龚书祥饭店拒伤雇工平复劫去钱布等物并孟拉拉等先后在押在监病故案招册	毛庆蕃	署直隶按察使	光绪三十二年九月

续表

档号	题名	责任者	职务	时间
16-01-001-000058-002	直隶深泽县续获贼犯赵小刁听纠执持洋枪途抢事主宋俊德家牛驴首伙捆缚拒伤事主平复案招册	毛庆蕃	署直隶按察使	光绪三十二年九月
16-01-001-000058-002	直隶赞皇县罗和顺听纠执持洋枪途抢事主牛兴钱帖银元等情一案招册	毛庆蕃	署直隶按察使	光绪三十二年九月
16-02-003-000002-0005	直隶唐县民人刘双儿因奸起意用信末谋毒奸妇之姑刘屈氏并误毒其子刘银安致毙一家二命等情一案招册	毛庆蕃	署直隶按察司按察使	光绪三十二年十月
16-02-003-000002-0006	直隶宝坻县民人敬六用夺获切面刀砍伤周贾氏身死案招册	毛庆蕃	署直隶按察司按察使	光绪三十二年十月
16-02-003-000002-0010	直隶赤城县客民吕化详用铁锹砍伤墨有子越日身死并伤马德元等平复案招册	毛庆蕃	署直隶按察司按察使	光绪三十二年十月
16-02-003-000002-0023	直隶平山县民人张幅明用木棒等械共殴赵路祥致伤身死案招册	毛庆蕃	署直隶按察司按察使	光绪三十三年正月
16-02-003-000002-0024	直隶灵寿县民人杨二杠杠用刀扎伤王黑小越日身死案招册	毛庆蕃	署直隶按察司按察使	光绪三十三年正月
16-02-003-000002-0025	直隶龙门县民人屠明□用夺获小刀扎伤苏槐身死移尸不失案招册	毛庆蕃	署直隶按察司按察使	光绪三十三年正月
16-02-003-000002-0026	直隶通州民人王二用夺获木棍殴伤雷进忠越日身死案招册	毛庆蕃	署直隶按察司按察使	光绪三十三年正月
16-02-003-000002-0027	直隶获鹿县获贼刘新沅听纠途抢事主李桃气银物犯案监禁越狱脱逃旋被拿获案招册	毛庆蕃	署直隶按察司按察使	光绪三十三年正月

续表

档号	题名	责任者	职务	时间
16-02-003-000002-0028	直隶获鹿县获匪李七听从刨发李善述故媳李何氏坟冢见棺凿孔摸窃首饰并首伙李二妮等先后在监病故案招册	毛庆蕃	署直隶按察司按察使	光绪三十三年正月
16-02-003-000021-0026	直隶通州驻扎营兵陈□义用脚踢伤王凤林身死案招册	毛庆蕃	署直隶按察司按察使	光绪三十三年正月
03-5483-160	奏报接篆任事日期事	毛庆蕃	江苏提学使	光绪三十三年六月十四日
03-5484-006	奏为新授苏州提学使毛庆蕃现已到省着即饬赴任事	陈夔龙	江苏巡抚	光绪三十三年七月初三日
04-01-13-0447-014	呈甘肃实缺司道府布政使毛庆蕃等员考语清单			光绪三十四年
04-01-12-0670-10	奏为新授布政使毛庆蕃即赴新任等事	升允	陕甘总督	光绪三十四年
04-01-16-0299-020	奏为新授甘肃布政使毛庆蕃现病渐痊假满即赴新任事	陈启泰	江苏巡抚	宣统元年二月初二日
15-02-001-000599-0229	为呈送署甘肃肃州镇夷营游击唐连接收前署游击刘安泰移交原管营田地亩收获粮石并无短少交代册结事致陆军部	毛庆蕃	护理陕甘总督	宣统元年六月初七日
21-0492-0021	题名咨呈民政部为甘肃历年扩充警务一片奉朱批事	毛庆蕃	护理陕甘总督甘肃布政使	宣统元年六月十三日
04-01-26-0094-077	奏为审明阶州民人蒲淀□因奸商同奸妇蒲巩氏勒毙本夫蒲谢贵子命案按例定拟事	毛庆蕃	护理陕甘总督	宣统元年六月二十六日
04-01-12-0677-072	奏为靖远县典史贺有初次俸满循例保荐事	毛庆蕃	兼护陕甘总督	宣统元年六月二十六日

续表

档号	题名	责任者	职务	时间
04-01-12-0677-077	奏请以刘振镛调补兰州府知府所遗甘州府知府员缺遵旨以李廷飏补授事	毛庆蕃	兼护陕甘总督	宣统元年六月二十六日
04-01-12-0677-073	奏请以郑廷琮补授环县知县事	毛庆蕃	兼护陕甘总督	宣统元年六月二十六日
21-0418-0007	为甘肃巨区灾已筹赈抚善后若何希速示复事致护理挟甘总督毛庆蕃电	民政部		宣统元年六月
15-02-001-000088-0224	为附奏尽先补用都司第五煜借补甘肃西宁镇标左营守备一片恭录朱批同片稿一并咨呈事致陆军部	毛庆蕃	护理陕甘总督	宣统元年七月十八日
15-01-001-000024-0106	为咨解光绪三十一年份甘肃各车局及各州县支过车骡脚价银两报销案内应解饭食库平银两事致陆军部	毛庆蕃	护理陕甘总督	宣统元年七月二十日
15-01-001-000057-0048	为咨呈光绪三十一年份甘肃关内外转运新饷脚价等项用银交商汇解至日希即查收事致陆军部	毛庆蕃	兼护陕甘总督	宣统元年七月二十日
15-01-001-000057-0050	为咨解光绪三十一年份甘肃关内外转运新饷脚价采制军火物料等销费银两事致陆军部	毛庆蕃	护理陕甘总督	宣统元年七月二十日
04-01-02-0102-012	题名奏为甘省叠次得雨现在办理赈务情形事	毛庆蕃	护理陕甘总督	宣统元年七月二十六日
04-01-12-0677-157	奏为甘肃试用道裕端声名狼藉劣迹昭著请革职并不准在甘省地方逗留事	毛庆蕃	兼护陕甘总督	宣统元年七月二十六日
15-01-001-000057-0049	为咨呈光绪三十二年份甘肃关内驻防马步各营旗员弁勇夫册籍事致陆军部	毛庆蕃	护理陕甘总督	宣统元年七月二十九日
15-01-001-000057-0051	为咨呈光绪三十三年甘肃关内驻防马步各营旗员弁勇夫册籍事致陆军部	毛庆蕃	护理陕甘总督	宣统元年八月初十日

续表

档号	题名	责任者	职务	时间
15-02-001-000430-0299	为咨送署陕西留坝营守备赵得功接收前署守备刘成功原管营田地亩并额收租课粮石各数目交代册结事致陆军部	毛庆蕃	护理陕甘总督	宣统元年八月二十四日
04-01-38-0199-074	奏为甘省陆军小学堂经费照案报销事	毛庆蕃	护理陕甘总督	宣统元年八月二十八日
04-01-26-0094-164	奏为审明甘肃寻常命盗案件汇奏事	毛庆蕃	护理陕甘总督	宣统元年八月二十八日
04-01-12-0678-068	奏为渭源县训导李浑俸满循例保荐事	毛庆蕃	兼护陕甘总督	宣统元年八月二十八日
04-01-12-0678-069	奏请以程宗伊试署隆德县知县事	毛庆蕃	兼护陕甘总督	宣统元年八月二十八日
04-01-12-0678-070	奏为肃州直隶州知州潘龄皋祖墓坍塌请开缺回籍修墓事	毛庆蕃	兼护陕甘总督	宣统元年八月二十八日
15-01-001-000074-0126	为甘肃陆军小学堂光绪三十四年份开支过各项经费银两抄折咨呈谨请鉴照核销事致陆军部	毛庆蕃	护理陕甘总督	宣统元年九月二十五日
04-01-12-0679-094	奏报秦州直隶州知州张珩因病出缺日期事	毛庆蕃	护理陕甘总督	宣统元年九月二十六日
04-01-16-0302-011	题名奏请仍以马麒补授宁夏镇标右营游击并查明更正原保官阶事	毛庆蕃	兼护陕甘总督	宣统元年九月二十六日
04-01-12-0679-096	奏请以王肇基酌署靖远县知县事	毛庆蕃	兼护陕甘总督	宣统元年九月二十六日
04-01-12-0679-098	奏为金县知县张体信呈请开缺回籍修墓事	毛庆蕃	兼护陕甘总督	宣统元年九月二十六日
04-01-12-0679-099	奏为考核甘肃省吏治据实举劾事	毛庆蕃	护理陕甘总督	宣统元年九月二十九日
04-01-12-0679-101	奏请以曾宪清试署徽县知县事	毛庆蕃	护理陕甘总督	宣统元年九月二十九日

续表

档号	题名	责任者	职务	时间
04-01-04-0035-005	奏报宣统元年甘省皋兰等州县夏禾被旱成灾大概情形事护理陕甘总督原纪年	毛庆蕃	护理陕甘总督	宣统元年九月二十九日
04-01-01-1097-074	奏为光绪三十二年甘省关内常续备巡防各军收支各款请饬部核销事	毛庆蕃	护理陕甘总督	宣统元年九月二十九日
04-01-12-0679-099	奏为考核甘肃省吏治据实举劾事	毛庆蕃	护理陕甘总督	宣统元年九月二十九日
04-01-02-0102-016	奏为甘省秋间雨泽暨农田收获情形赈务善后办法事	毛庆蕃	护理陕甘总督	宣统元年十月初七日
15-01-001-000057-0052	为咨呈甘省关内外光绪三十三四两年份收支过车骡脚价并员役薪工局费等项银两核销册事致陆军部	毛庆蕃	护理陕甘总督	宣统元年十月初七日
09-01-03-0047-001	照填巩秦阶道光绪三十四年刑钱事实表册	毛庆蕃	甘肃布政使	宣统元年十月
09-01-03-0047-002	照填甘凉道光绪三十四年刑钱事实表册	毛庆蕃	甘肃布政使	宣统元年十月
09-01-03-0047-003	照填西宁道光绪三十四年刑钱事实表册	毛庆蕃	甘肃布政使	宣统元年十月
09-01-03-0047-004	照填西宁道光绪三十四年刑钱事实表册	毛庆蕃	甘肃布政使	宣统元年十月
09-01-03-0047-005	照填平庆泾固化道光绪三十四年刑钱事实表册	毛庆蕃	甘肃布政使	宣统元年十月
09-01-03-0047-006	照填巩秦阶道光绪三十四年刑钱事实表册	毛庆蕃	甘肃布政使	宣统元年十月
09-01-03-0047-007	照填巩秦阶道光绪三十四年刑钱事实表册	毛庆蕃	甘肃布政使	宣统元年十月
09-01-03-0047-008	照填西宁道光绪三十四年刑钱事实表册	毛庆蕃	甘肃布政使	宣统元年十月
09-01-03-0047-009	照填安肃道光绪三十四年刑钱事实表册	毛庆蕃	甘肃布政使	宣统元年十月
09-01-03-0047-010	照填巩秦阶道光绪三十四年刑钱事实表册	毛庆蕃	甘肃布政使	宣统元年十月

续表

档号	题名	责任者	职务	时间
09-01-03-0047-011	照填巩秦阶道光绪三十四年刑钱事实表册	毛庆蕃	甘肃布政使	宣统元年十月
09-01-03-0047-012	照填平庆泾固化道光绪三十四年刑钱事实表册	毛庆蕃	甘肃布政使	宣统元年十月
09-01-03-0047-013	照填西宁道光绪三十四年刑钱事实表册	毛庆蕃	甘肃布政使	宣统元年十月
09-01-03-0047-014	照填平庆泾固化道光绪三十四年刑钱事实表册	毛庆蕃	甘肃布政使	宣统元年十月
09-01-03-0047-015	照填西宁道光绪三十四年刑钱事实表册	毛庆蕃	甘肃布政使	宣统元年十月
09-01-03-0047-016	照填宁夏道光绪三十四年刑钱事实表册	毛庆蕃	甘肃布政使	宣统元年十月
09-01-03-0047-017	照填巩秦阶道光绪三十四年刑钱事实表册	毛庆蕃	甘肃布政使	宣统元年十月
09-01-03-0047-018	照填平庆泾固化道光绪三十四年刑钱事实表册	毛庆蕃	甘肃布政使	宣统元年十月
09-01-03-0047-019	照填光绪三十四年刑钱事实表册	毛庆蕃	甘肃布政使	宣统元年十月
09-01-03-0047-020	照填宁夏道光绪三十四年刑钱事实表册	毛庆蕃	甘肃布政使	宣统元年十月
09-01-03-0047-021	照填宁夏道光绪三十四年刑钱事实表册	毛庆蕃	甘肃布政使	宣统元年十月
09-01-03-0047-022	照填巩秦阶道光绪三十四年刑钱事实表册	毛庆蕃	甘肃布政使	宣统元年十月
09-01-03-0047-023	照填平庆泾固化道光绪三十四年刑钱事实表册	毛庆蕃	甘肃布政使	宣统元年十月
09-01-03-0047-024	照填平庆泾固化道光绪三十四年刑钱事实表册	毛庆蕃	甘肃布政使	宣统元年十月
09-01-03-0047-025	照填光绪三十四年刑钱事实表册	毛庆蕃	甘肃布政使	宣统元年十月
09-01-03-0047-026	照填甘凉道光绪三十四年刑钱事实表册	毛庆蕃	甘肃布政使	宣统元年十月
09-01-03-0047-027	照填平庆泾固化道光绪三十四年刑钱事实表册	毛庆蕃	甘肃布政使	宣统元年十月

续表

档号	题名	责任者	职务	时间
09-01-03-0047-028	照填光绪三十四年刑钱事实表册	毛庆蕃	甘肃布政使	宣统元年十月
09-01-03-0047-029	照填平庆泾固化道光绪三十四年刑钱事实表册	毛庆蕃	甘肃布政使	宣统元年十月
09-01-03-0047-030	照填宁夏道光绪三十四年刑钱事实表册	毛庆蕃	甘肃布政使	宣统元年十月
09-01-03-0047-031	照填光绪三十四年刑钱事实表册	毛庆蕃	甘肃布政使	宣统元年十月
09-01-03-0047-032	照填甘凉道光绪三十四年刑钱事实表册	毛庆蕃	甘肃布政使	宣统元年十月
09-01-03-0047-033	照填甘凉道光绪三十四年刑钱事实表册	毛庆蕃	甘肃布政使	宣统元年十月
09-01-03-0047-034	照填光绪三十四年刑钱事实表册	毛庆蕃	甘肃布政使	宣统元年十月
09-01-03-0047-035	照填光绪三十四年刑钱事实表册	毛庆蕃	甘肃布政使	宣统元年十月
09-01-03-0047-036	照填甘凉道光绪三十四年刑钱事实表册	毛庆蕃	甘肃布政使	宣统元年十月
09-01-03-0047-037	照填西宁道光绪三十四年刑钱事实表册	毛庆蕃	甘肃布政使	宣统元年十月
09-01-03-0047-038	照填光绪三十四年刑钱事实表册	毛庆蕃	甘肃布政使	宣统元年十月
09-01-03-0047-039	照填巩秦阶道光绪三十四年刑钱事实表册	毛庆蕃	甘肃布政使	宣统元年十月
09-01-03-0047-040	照填光绪三十四年刑钱事实表册	毛庆蕃	甘肃布政使	宣统元年十月
09-01-03-0047-041	照填兰州道光绪三十四年刑钱事实表册	毛庆蕃	甘肃布政使	宣统元年十月
09-01-03-0047-042	照填巩秦阶道光绪三十四年刑钱事实表册	毛庆蕃	甘肃布政使	宣统元年十月
09-01-03-0047-043	照填兰州道光绪三十四年刑钱事实表册	毛庆蕃	甘肃布政使	宣统元年十月
09-01-03-0047-044	照填西宁道光绪三十四年刑钱事实表册	毛庆蕃	甘肃布政使	宣统元年十月

续表

档号	题名	责任者	职务	时间
09-01-03-0047-045	照填兰州道光绪三十四年刑钱事实表册	毛庆蕃	甘肃布政使	宣统元年十月
09-01-03-0047-046	照填安肃道光绪三十四年刑钱事实表册	毛庆蕃	甘肃布政使	宣统元年十月
09-01-03-0047-047	照填平庆泾固化道光绪三十四年刑钱事实表册	毛庆蕃	甘肃布政使	宣统元年十月
09-01-03-0047-048	照填兰州道光绪三十四年刑钱事实表册	毛庆蕃	甘肃布政使	宣统元年十月
09-01-03-0047-049	照填平庆泾固化道光绪三十四年刑钱事实表册	毛庆蕃	甘肃布政使	宣统元年十月
09-01-03-0047-050	照填平庆泾固化道光绪三十四年刑钱事实表册	毛庆蕃	甘肃布政使	宣统元年十月
09-01-03-0047-051	照填平庆泾固化道光绪三十四年刑钱事实表册	毛庆蕃	甘肃布政使	宣统元年十月
09-01-03-0047-052	照填光绪三十四年刑钱事实表册	毛庆蕃	甘肃布政使	宣统元年十月
09-01-03-0047-053	照填平庆泾固化道光绪三十四年刑钱事实表册	毛庆蕃	甘肃布政使	宣统元年十月
09-01-03-0047-054	照填安肃道光绪三十四年刑钱事实表册	毛庆蕃	甘肃布政使	宣统元年十月
09-01-03-0047-055	照填安肃道光绪三十四年刑钱事实表册	毛庆蕃	甘肃布政使	宣统元年十月
09-01-03-0047-056	照填平庆泾固化道光绪三十四年刑钱事实表册	毛庆蕃	甘肃布政使	宣统元年十月
09-01-03-0047-057	照填巩秦阶道光绪三十四年刑钱事实表册	毛庆蕃	甘肃布政使	宣统元年十月
09-01-03-0047-058	照填安肃道光绪三十四年刑钱事实表册	毛庆蕃	甘肃布政使	宣统元年十月
09-01-03-0047-059	照填平庆泾固化道光绪三十四年刑钱事实表册	毛庆蕃	甘肃布政使	宣统元年十月
09-01-03-0047-060	照填巩秦阶道光绪三十四年刑钱事实表册	毛庆蕃	甘肃布政使	宣统元年十月
09-01-03-0047-061	照填巩秦阶道光绪三十四年刑钱事实表册原纪年	毛庆蕃	甘肃布政使	宣统元年十月

续表

档号	题名	责任者	职务	时间
09-01-03-0047-062	照填兰州道光绪三十四年刑钱事实表册	毛庆蕃	甘肃布政使	宣统元年十月
09-01-03-0047-063	照填光绪三十四年刑钱事实表册	毛庆蕃	甘肃布政使	宣统元年十月
09-01-03-0047-064	照填光绪三十四年刑钱事实表册	毛庆蕃	甘肃布政使	宣统元年十月
09-01-03-0047-065	照填安肃道光绪三十四年刑钱事实表册	毛庆蕃	甘肃布政使	宣统元年十月
09-01-03-0047-066	照填平庆泾固化道光绪三十四年刑钱事实表册	毛庆蕃	甘肃布政使	宣统元年十月
09-01-03-0047-067	照填巩秦阶道光绪三十四年刑钱事实表册	毛庆蕃	甘肃布政使	宣统元年十月
16-02-003-000044-0003	为查明甘肃平番县军犯蔡合等提禁同逃限满未获一案事	毛庆蕃	护理陕甘总督兼管甘肃巡抚事	宣统元年十一月十四日
15-01-001-000057-0053	甘肃关内光绪三十三年份支发过常备续备巡警巡防马步各军饷项正杂各款银两清单	毛庆蕃	甘肃布政使	宣统元年十一月
15-01-001-000057-0054	甘肃关内外光绪三十三年份支发运脚鞘匣钉箍纸张绳索工价银两清单	毛庆蕃	甘肃布政使	宣统元年十一月

附录二：潘烈士投海

白云词人

第一本

（生八字胡，儒服上）

（引）七尺昂藏，愁百姓爱国心肠。

（坐白）茫茫大陆战图开，亚雨欧风卷地来。志士共谈天下事，不知谁是出群才。我潘宗礼，号英伯，顺天府通州人氏。少习诗书，长通时务，从前科举未停的时候，曾下过乡闱多次。我想科举最是消磨英雄的事业，我这有用之身，岂能做这无用之事？因而研习天算、舆地、政治等实学。到了庚子国变以后，眼看我中国种种受外人压制，不觉悲愤填胸，就招了几个同志，在通州创设教育会、蒙小学堂，织工场几件事，居然粗有规模，咳！这不过一点萌芽罢了，将来能否发达，全在培养的工夫，我想要到外洋游学数年，回来尽些义务，无奈家贫亲老，有此心，无此力也呵！

（唱慢板）潘英伯，坐书斋，自思自想，思想起，国家事，好不心伤。我中国，最开化，全球无两。二千年，受专制，民气不扬。到如今，大通商，门户开放。国民的，强与弱，不能比量。我国民，才有了，文明思想。（转二六板）一个个，备资斧，结伴出洋。我也想，到东瀛，眼界开旷；我也想，泰西国，各处观光。怎奈我，发苍苍，年匪少壮。怎奈我，寒彻骨，剩有空囊。有谁人，怜念我，热心提倡？就使我，牺牲了，愿也能偿。（背手下）

（外红顶补服引仆从上）一寸丹心忧国计，半生青眼识英雄。下官毛庆蕃，号实君，恭膺朝命，特授直隶通永道。到任以来，延见地方绅士，留意人材，有个生员潘英伯，光明磊落，器宇不凡，听他谈论之间。终以不得出洋游学为恨。这是下官义不容辞的事了。

（唱）好个潘生貌堂堂，留心时务志高扬。他是寒儒无力量，长官提倡我应当。

（白）下官昨已禀请袁宫保，派赴东洋留学，让下官再修书一封，备了纹银二百两，叫人送与潘生。左右！

（杂应）有！

（外白）将此书信一封，纹银二百两，送到潘相公家，请他即日起身，说我还要到长亭相送。（杂应）是！

（杂持书函银两下）

（外随下）

（生上，以手指划作忧愁状，低头咳声叹气介）咳！我们中国怎样得了呵！

（丑扮书童上）咳！我里相公又勒浪作啥，赛过发子痴哉！让我问问俚看。相公！耐日逐咳声叹气，呵是想做官呢，想发财呢？

（生摇手介）咳！你那里晓得我的心事呵！

（丑作鬼脸介）相公咯心事，勒浪相公肚皮里向，倪哪哼会晓得呢？阿好说拨倪听听？

（生）你不明白的？

（丑）相公！耐读书格是明白人，倪勿说末，耐明白，倪总归不明白。

（生）你要明白，我讲与你听。我有可恨、可笑、可怜、可忧四件事。

（丑）啥叫可恨呢？

（生）那可恨么，皇上好比个开店的大老板，大小官员好比开店的伙计，那做伙计的应该替大老板出力才是道理。那些伙计非但不能出力，还要瞒了老板，作弊弄钱。你想廿一行省，大小官员有多少，竟没有一个不要钱的。百姓怎样会不苦？国家怎样会不穷？你道可恨不可恨？

（丑）可笑呢？

（生）可笑么，那些官场好比纸糊的老虎、金漆的马桶，只晓敷衍对付，面子上很好看，里头却是空的、臭的，他还要呼幺喝六，顶儿帽儿，补儿褂儿，轿儿马儿的摆架子，你道可笑不可笑？

（丑）可怜呢？

（生）可怜么，从前科举的时候，靠着几句八股，就可以骗功名，捐官的例开了，靠着几个银钱，就可以买功名，不要说是外交公法，他一概不知，就是问他大清常行的律例，他还要去找师爷哩。那些师爷呢，不是抽鸦片，便是叉麻雀。中国用这班人去治百姓，百姓岂不遭殃？你道可怜不可怜？

（丑）可忧呢？

（生）咳！可忧么，在上的人这种腐败，在下的人又这样闭塞，你看铁路、矿务、商业，哪一样不是外人的势力。铁路没有了，那土地权不是就没有了吗？矿务没有了，那财政权不是就没有了吗？商业没有了，那百姓的生机不是都没有了吗？中国上下的人，不趁此时大家振作起来，渐渐的挽回，弄到后来，样样都没有了，那就只好做人的牛马，做人的奴隶了！你道可忧不可忧？

（丑呆介）

（生）你听了明白不明白？

（丑）倪你头到蛮明白格，拨相公实概一说，倒弄得我加二勿明白哉。

（生）咳！也不得你。像你这样不明白的人，也不知多少，这都是你们不识字、不读书的缘故，所以要开学堂，要出洋游学呵！

（唱）民智不开真可伤，要开民智在学堂。我辈热心有志向，须要取法东西洋。

（白）没有学费如何是好？

（杂持书函银两上）忙将得意事，报与有心人。来此已是潘相公门了。

（进见介）这里书信一封，纹银二百，毛大人送与潘相公的，请潘相公即日起身，毛大人还要到长亭相送。

（生白）管家回去，先多谢大人，再当亲往叩谢。

（杂下）

（丑）相公！这是医心事格先生来哉。

（生）不要胡说，快请老太太出来。

（老旦扶杖上）（白）白发催人老，青阳逼岁除。老身张氏，潘英伯之母也。我儿特地请我出来，不知有何话说。且让我问明则个。

（见介）（生白）母亲！

（老旦）我儿有何话说？

（生）孩儿告禀母亲，毛大人送来书信一封，纹银二百两，说是已经禀请袁宫保派遣孩儿游学东洋。

（老旦）哈哈哈，我儿好喜也！

（唱）风云际会此非常，喜煞龙钟年迈娘。我儿本是有志向，从此鸾凤得飞扬。

（生）母亲，毛公派遣孩儿出洋，固然可喜，只是孩儿远离膝下，定省有违，如何是好？

（老旦）我儿说哪里话来？

（唱二六板）男儿有志在四方，岂能困守在家乡？只要此去心向上，烈烈轰轰做一场。他年名登青史上，祖宗地下有辉光。我虽女流识不广，也还明白大纲常。我今年已古稀上，风中之烛草中霜。厮守百年终弃养，岂不误你好年光。况且媳妇能侍养，妇代子职又何妨。孝道须从大处想，莫学儿女小心肠。

（生唱）母亲一番道理讲，孩儿牢记不敢忘。取了书函并银两。今朝就去整行装。

（老旦）好个我儿也。

（先后下）

（旦上）鹊噪鸦鸣听未休，吉凶两字系心头。无端枨触缘何事？步下妆楼不自由。奴家赵氏，丈夫潘英伯，要往东洋游学，奴何敢以儿女情长，使他英雄气短？只是如何今日心中总觉不自在也呵！

（唱慢板）闺房里，方才的，罢了梳妆。又来到，厨房下，料理羹汤。忽听得，有人来，赍送银两。说道是，要儿夫，游学东洋。这个是，好消息，也应欢畅。为何的，不由得，心内惊慌？莫不是，这其中，伏了坏象？急急的，移莲步，禀白高堂。（下）

（老旦上）

（旦上）

（儿介）

（旦）婆婆。

（老旦）媳妇坐了。

（旦）婆婆，媳妇有一言告禀。婆婆！儿夫游学东洋，还是不去的好。

（老旦怒介）呸！你说那里话来？难道我没有母子之情，单是你有夫妇之情么？你们妇人家见识，你不用讲了。

（旦低头掩泣介）

（生西装、丑随上）剪了发辫改了装，低头细看心感伤。四十年华髭已长，咳！阿婆还入少年场。

（各相见介）

（老旦笑介）我儿！好文明气概也！

（丑诨介）老太太，相公像倒像格，可惜头发勿黄，眼睛勿绿，皮肤勿白，只怕还勿会变透呢。

（老旦）不要胡说！你好好送相公到上海去，等相公上了轮船，你就回来。

（丑喜欢下介）

（小生、贴各中国学生装捧书包上）

（小生）四海重英豪，文明教尔曹。

（贴）万般皆下品，唯有学堂高。

（小生）潘知远。

（贴）潘智英。

（丑译介）老太太要唔送相公到上海，上海好白相呢。唔！去带两个皮球转来拨俚耐白相嘎。（奔下）

（小生、贴见介）（旦劝止生介）（小生、贴牵长跪介）

（俱虚白）（生）母亲！孩儿就此告别了！

（唱摇板）一声要别年迈娘，不由五内裂肝肠。母亲呀，切莫朝朝倚闾望，使儿挂心在他乡。回头又向贤妻讲，你须要好好奉高堂。莫学闺中少妇样，向那杨柳楼头怨春光。又看儿女站一傍，叫声我儿我女听端详。我儿须存爱国想，我女须争女界光。（生、旦、小生、贴俱跪哭别介）

（生唱）欲别还留心怅怅，洒却英雄泪几行。

（生作欲别数回转数下）（丑担行装随下）（老旦、旦俱下）

（外扮毛观察上）潘生今日出洋，下官已派人传知众人，一齐到长亭相送。左右打道！（杂应，排道同下）

（生上）（唱）出得家门心怅怅，无尽马上看风光。短长亭在面前望，道旁又见祖筵张。

（外引导上）（末、副扮各官同上）（各下马介）

（生）多谢明公提奖寒士。

（外）莅官斯土，分所应当。（入席介）

（外）下官敬酒三杯，以壮行色。

（举杯介）第一杯，愿足下长途珍重，安抵东邦。第二杯，愿足下研求实学，日进文明。第三杯，愿足下学成归国，大展宏猷。

（生）明公垂爱过深，但恐不才难副期望。

（各官依次进酒饮介）（出席各作别介）

（外）分付奏乐。

（生唱）离筵宴罢意彷徨，想起国事暗心伤。此去不知终何样，前程渺渺又茫茫。

（生、净、副、丑各儒装扮教育会友上）

（白）教育会友恭送行旌。

（生唱）教育人人都要讲，诸君同把责任当。

（杂中国学生装扮小学生上）（白）蒙小学堂学生恭送行旌。

（生唱）尔等少年精神旺，中国前途未可量。

（杂扮工人上）（白）织工场工人恭送行旌。

（生唱）那经济实业上，要与中国要兴商。拜别众人把马上。（拱手作别介）（外率各官引导盘旋下）（余以次均下）

（生唱）但愿早去早还乡。（下）（丑担行装同下）

（副末水晶顶蓝翎行装持令箭上）五品虚衔官职小，一生无事送迎忙。我乃北洋大臣袁宫保辖下一个差官便是。今日奉了宫保之命，送潘相公出洋游学，要新军排队相送，这是我宫保大人优待学生，当得在此伺候。新军队可曾齐备？（内应）齐备了。（副末）演队。（洋操兵上、排演下）（差官暂下）

（生引丑上）（丑）相公到了天津哉。

（生唱）兵舰重重泊在洋，此地曾经作战场。眼前风景望一望，不觉又是感沧桑。

（差官上相见介）请了。

（副末白）奉了宫保之命，叫新军排队，恭送潘相公出洋。

（生）草野寒儒，何敢当此？

（副末）这是宫保提倡学界起见，并非专为潘相公一人，不必过谦。

（高喊介）排队！（洋操兵盘旋数转下）

（生与副末作别各下）

（末便服扮上海商会总董上）扶持中国兴黄种，联络同胞抵白人。我曾少卿，现当上海商会总董。我们中国的商业，已败坏到极处了。近年来受了外人的刺激，大家才添了些新思想。各处开设商会，研究商学，中国的商界才放了一线光明。从前商界与学界总是合不拢来，自从我创议抵制美约，居然哄动了商学两界中人，如今商界学界自然渐渐的融合，也是极可喜的事情，这也不在话下。昨日得了天津电报，袁宫保特派潘英伯出洋游学，我听说这潘英伯是个经天纬地之才，等他到了上海，要开个会请他演说演说，长长见识。我已备好请帖，派人到码头相迎赴会便了。茶房哪里？（杂上应）有。（末）将此请帖到招商码头，天津轮船到埠时候，问明通州来的潘相公，请他赴会演说。（杂应）是！（下）（末下）

（场设烟榻，灯枪俱备）（副扮吃烟人，衣衫褴褛上，自说自悔介）（杂扮上海流氓，丑旦扮媒婆上相见毕，劝副卖妻，立纸笔，写信骗妻到上海介）（分下）

（旦携小女上，作怨天盼信介）

（杂扮邮局送信，旦请邻人看信，收拾行李携女上路介）（至上海遇流氓，媒婆送至副处，旦作大惊，副、杂、丑、旦均互劝卖身为娼，旦怒骂，携女逃投黄浦，副、杂、丑、旦同追介）（俱下）

（生引丑上）

（丑）相公又到子上海哉，上海热闹得有趣吓！

（生）你看热闹有趣，我看热闹实在不有趣。

（丑）相公又来迂哉。

（生唱）马龙车水道中忙，处处楼台歌管扬。国弱民贫到此样，依然大梦混茫茫。

（付杂丑上、追救旦，小旦介）（生丑同上，遇介）（生劝旦，责副、责杂、丑、旦，给小旦银洋一封，副作悔悟，携妻女向生叩头，誓戒烟作生意介）（杂、丑、旦作悔悟、向生叩头，杂愿作征兵，丑旦亦誓改过介）（分下）

（阿持帖上问丑介）借问一声，这位阿是通州来格潘相公？

（丑）是呀，阿是请我里相公吃酒碰和？

（杂）铁胆格，我里是商会请潘相公去演说。

（丑）倷个演说？悟勿懂格。耐搭我相公说罢。

（生）嗄！管家取帖子来看。（杂呈帖介）

（生）原来是曾君直邀赴会，这是一定要去的。管家，你先回去，我即刻就来。（杂下）

（生吩咐丑介）你先寻客栈，好好将行李安顿，我就此前去赴会，等赴会回来，便要起身。

（下）（丑）去罢去罢！好哉好哉！耐去演说，让俉安顿好行李，要到四马路去舒齐舒齐哉！

（设高台，台下推座位介）（老生上）（各色人扮会友同上）（老生虚白）

（杂报介）潘相公就来哉。（齐迎介）（生上脱帽相见介）

（老生）久仰宏名，如雷贯耳。

（生）幸蒙不弃，惭愧登场。（登台折腰介）

（演白）今日曾公开会，特邀不才前来演说，不才自愧幼年失学，到如今须发苍苍，才奋志出洋。晚了晚了。咳，我们中国，自与各国通商以来，那一件不是相形见绌？十年以前的事情，不用说了。近十年来，人人都讲维新，究竟新在那里？你看，政治上，官场仍是如此的腐败；教育上，学堂仍是如此的冲突。商业上，进口的货仍是如此的日多一日，出口的货仍是如此的日少一日。这都是事事因循，事事敷衍，弄到这个地步，中国若照这样因循敷衍下去，只怕中国的国不能保，各人的家也不能保，连各人的身子也不能保呵！（拍掌）诸公！今日是商会演说，不才就商界上说起。你看我们中国市面上哪一件不是外洋的东西居多？中国四万万人民的膏血钱，哪一个不被外洋卷了几个去？照此说来，外洋把货物换了我们的钱，应该感激我们才是。哪晓得非但不感激我们，还要欺侮我们、压制我们，那美国虐待华工，不过千百端中的一端罢了。想起来能不羞死恨死吗？幸而有曾公创议，抵制美货，凡有血气的人，没有不闻风感动。这件事，就是我们中国近年来第一件自立的光荣了。但愿事事都能有此群力，那让堂更光荣了。（拍掌）还有一说，人人都说商界、学界，其实商界、学界是分而不分的。各国的商业，所以蒸蒸日上，都是科学发明的缘故。诸君要求商界发达，须要学界联合起来。（拍掌）诸公诸公，20世纪的中国，要想自己立住脚根，不论商界、学界，总求人人晓得公德，不可存一点私心，这才可以保种，不可保家，可以保身呵！（拍掌）

（折腰下演台介）拜别诸公。

（众拱手介）（生下）

（老生）诸公！潘君此番演说，甚是激烈。想潘君到了东洋，必有一番的事业做起来，大家以后再看罢。（齐下）

第二、三、四本

（生扮潘英伯上、丑随上）收拾行李，就此送行。

（丑）相公！耐真格要去哉，俉要哭哉！

（生）你听我讲者。

（唱）叫一声童儿听我讲，你回家一一道端详。你说一路长途都无恙，你们一路眠食都照常。你说一路风光有观赏，你说一路送别朋友忙。将言禀靠高堂上，叫家中不必挂心肠。我到了东洋看怎样，自有书信寄回乡。

（丑担行囊同下）（复上）（卸行李介）

（丑叩别介）相公！一路保重点嘎！耐要加起来格嗻，勿好勿转来格呢。

（生）咳！书童又去了。正是，别离多少恨，家国两茫茫。（下）

（老旦上坐介）咳！自从我儿起身，我真是朝朝挂肚，夜夜牵肠。早知如此，当日听了媳妇的言语，不叫他去也罢了，如今怎样是好呢。

（唤介）媳妇来。

（旦上）婆婆。

（老旦问介）孙儿、孙女呢？

（旦）在学堂还没有回来。

（小生、帖同上）祖母、母亲。

（老旦）好乖乖！你们回来了。

（各坐介）（老旦）媳妇，英伯儿去了多日，怎样书信还没有回来？

（旦）想必就要回来的。

（丑上）行行去去，去去行行，到子屋里哉。

（进见介）老太太、奶奶、小相公、小姐。

（小生帖）你的皮球带来没有？

（丑）有格有格，让俉说完仔话嗻。老太太，我里相公到子天津，阿唷唷阔得来。宫保大人派洋操队接送，只怕做子官，还吮拨该样阔呢。到子上海，又是倽格商会请俚演说，实头闹忙格。前日子上仔东洋公司船哉，叫俉转来，说屋里向勿要牵记俚。俚到子东洋，就有信转来格。

（老旦唱）听罢言语喜非常，我儿此去有荣光。不知他何日归来把心放，老怀不觉黯然伤。

（旦唱）魂惊魄战意皇皇，听了此言倍感伤。但愿他早日归来把心放，依然是母妻子女聚同堂。

（老旦）我的儿吓！（哭介）

（旦）我的夫吓！（哭介）

（小生、贴亦哭介）（丑亦哭介）

（老旦忽惊介）嗄！怎样大家好端端的，大家哭起来了，岂有此理，岂有此理！

（旦惊介）我也不晓得怎么样就哭起来了吓！

（小生、帖各惊介）我也不晓得怎样就哭起来了吓！

（丑）连俚也勿晓得俉事体跟仔理笃哭起来哉！阿要诧异！（先下）（小生、帖下）

（老旦白）咳！媳妇呵！去日苦多来日。

（旦白）婆婆呵！别时容易见时难。（同下）

（武生扮陈天华上）痛饮狂歌东海滨，回头祖国感前因。只教唤醒同胞梦，何惜区区七尺身？我陈天华，留学东京，已经数载，受了外人种种的刺激，每到愤极的时候，惟有到东海边痛哭一番，消我胸中块垒。咳！不知近年来我中国的国民，到如何程度了。

（唱）一日离家一日深，数年踪迹寄东瀛。欲归不归悲且愤，爱国空悬一片心。

（生上唱）一路风波一路程，来到东邦觅同群。闻道湘人有陈姓，今朝特地访斯人。

（白）来此已是陈君寓所，不免径入。

（问介）足下就是陈兄天华么？

（武生）正是。请问足下，高名上姓？

（生）小弟姓潘，号英伯。

（武生）阿唷，就是潘英伯兄，失敬了！失敬了！

（生）耳熟宏名，特来聆教。

（武生）欣瞻丰采，快惬积怀。（坐介）近年来留学界中，我国人数日多一日，可为盛了。

（武生）唉！我国四万万人，要大家同心鼓舞起来，国势才能强盛，单靠我们留学几个人，犹如沧海之粟，何能有济？

（生）陈兄识见高明，议论慨爽，令人佩服。

（武生）潘兄从故国而来，请问故国近来情形究竟如何了？

（生）咳！一言难尽！

（唱）提起了，故国事，令人气愤。一年年，一日日，依旧因循。

（武生）各省各府州县学堂都办了么？

（生唱）地方官，动开言，经费节省。将书院，改学校，博个空名。

（武生）各省警察都办了么？

（生唱）不过是，将保甲，改为巡警。借权势，行凶暴，鱼肉良民。

（武生白）征兵征齐了么？

（生唱）征兵令，初下时，国民欢幸。又谁知，种种的，虐待军人。

（武生拍案立起介）咳！我国的官场如此情形，难道没有好的么？

（生唱）岂没有，好官长，热心行政。无奈是，是与非，黑白不分。

（武生复坐介）还要请问两件事，第一件是戒烟。

（生唱）依然是，大烟间，昏云成阵。一个个，瘦彻骨，不像人形。

（武生）第二件是不缠足？

（生唱）依然是，脚伶仃，寸步不稳。一个个，风摆柳，好像妖精。

（武生又拍案立起介）咳！这两件又是如此情形，难道没有醒悟的么？

（生唱）岂没有，有心人，大梦唤醒。无奈是，众愚民，知识不明。

（武生）咳！罢了！罢了！

（生唱）这就是，四万万，智愚相混。那能够，四万万，与我同心。

（武生白）潘兄呵！中国若不力行改革，那前途真是大海茫茫，我与你死无葬身之地了！

（生）陈兄！我们尽我们的心，将来就我的学问，做我们的事业，倘然学问不成，事业不成，就死了，也要博个好好的名誉！

（武生起执生手介）好同志，好同志！哈哈哈！（同下）

（杂扮卖报人上）新闻一纸传来快，留学诸公归去忙。卖报呵！

（各色人扮男女学生装先后上）

（武生上）（生上）（均买报纸介）

（同白）不好了！取缔的规则颁下了！

（武生）咳！罢了！我们在他国不能自由，还不如回去的好。

（生）回去的好。

（众）回去的好。

（武生）我们不能自由，还不如死的好！

（生）生的好！

（众不应介）

（武生执生手介）（同唱）归心如箭各人惊，况是严寒岁月深。再雪漫天都不问，但求还我自由身。

（生）嗄！今日为何不见陈兄，难道他不去吗？

（杂扮学生奔上）潘兄哪里？

（生）为何如此慌张？

（杂）不、不好了！陈天华投海死了！

（众惊高声喊介）嗄，陈天华投海死了！

（生大笑介）陈兄！你死得好也！

（唱摇板）陈兄作事令人敬，欲死就死不留停。你们那世界翻腾何日定，我辈是虽生犹死乱昏昏。倒是如撇去尘寰反干净，还留得清清白白世闻名。但愿得从此人心能一振，陈兄呵！虽然死了胜于生。莫说道一介书生无责任，（白）就陈兄的一死？

（唱）居然是一腔正气满乾坤。

（杂）陈兄既死，我们留学界中，必定要追悼会，不如大众追悼一番再去罢。

（生）可以不必。我们此去，好像飘蓬断梗，自悼尚且不暇，还要追悼他人，未免多事了。去的好！去的好！

（众）去去去！

（众下）（生作激烈状后下）

（众上作站立不稳）

（生）轮船将到了仁川了，好大风浪，好大风浪，大家睡觉去罢。

（生上）咳！万顷波涛，一天皓月，谁人知我潘英伯的心事呵！

（生唱）一轮明月照天心，旅客情怀海样深。想起了家乡凄凉情景，想起了出东京狼狈万分。功不成名不就依然归隐，愧煞我昂昂的七尺男身。好一个陈天华牺牲性命，千载后青史上赫赫留名。

（白）陈兄呵！

（唱）你阴灵也应该同回乡井，今夜里能否是梦里相寻。

（内打时辰钟一下介）（睡介）

（武生阴魂上）我陈天华，以身殉学，正果已成。潘兄是我同志，我须要梦魂中指点一番者。（下）

（丑、副、丑副三人各领顶补服上）（同白）我们都是官人家的姓名三个字，两个字，我们是一个字，大家报名啊。

（丑）我叫钻。

（副）我叫贪。

（丑副）我叫拼。

（丑）什么叫做钻呢？京城里招老师，走路子，送冰敬，送炭敬，弄几封八行，到了省，今天上衙门，明天上衙门，坐门房，拜弟兄，有缝就钻，只要钻到一个好缺，我就是个官。

（副）什么叫做贪呢？我得了好缺，不管人家笑我、骂我、打我，无论卖祖宗的钱，卖老婆的钱，卖儿女的钱，有钱就要，无钱不贪，我做我的好官。

（副净）什么叫做拼呢，我有了钱，回家去置田产，造房子，开几爿当铺，开几爿钱庄，尽他百姓去告，尽他上司去参，我拼了不要这个官。

（丑）我会钻。（副净）我会拼。

（同白）我们三个人，是一路子的，倒要结个团体。（下）

（生醒介）好个中国官场的怪现象，可叹吓可叹！

（唱）中国官场怪现形，令人见了顿心惊。鬼蜮成群人不问，青天白日任横行。（复睡介）（内打时辰钟两下介）

（杂扮两黄瘦人，一老一少，抬大烟枪上）

（少白）老大！这个烟枪为何这么大？

（老白）这里头东西多呢，老二你瞧瞧罢。（少一眼向枪杆看介）

（老数板）你来瞧，我来讲，富的人，有家当。开了几爿大钱庄，开了几爿大典当，还有开了几爿洋广杂货行，顽了这个枪，一齐弄得一扫光。穷的人，哪里有家当？住的几间破楼房，穿的几件旧衣裳，还要三睡两顿断了粮，也顽这个枪，弄得饿死这路旁。瞧一章，又一章，我还要把吃烟人的模样讲一讲。嘴皮青，脸皮黄，眼光没有神，说话不会响。拿了这杆枪，沙沙沙，嚷嚷嚷，一夜吃到大天光。人家起来他上床，三分像个人，七分鬼模样。瞧一章，再一讲。顽了这个枪，天下大事他不想。凭他死了爹和娘，过了烟瘾再商量。凭他火烧大门墙，过了烟瘾再搬场。凭他刀兵杀到颈脖旁，我不过烟瘾你不要忙。

（小）老大，这里头好看得很呢。

（老）你不要看这个，你看我两人自己就是了。（抬烟枪下）

（生醒介）好个中国吃烟的怪现象，可叹吓可叹！

（唱）现身说法吸烟人，令人听了暗心惊。黑海风波何日定，几多性命此中沉。（复睡介）（内打时钟三下介）

（贴丑二人扮小脚妇女上）我裹才是小脚，有只曲子，叫做戒缠足歌，唱唱白相罢。

（同唱红绣鞋调）一双红绣鞋，唉唉呀！正月里梅花儿开，唉唉呀，四岁五岁把脚裹起来，唉唉呀，伤天理呀，我的那个小乖乖，唉唉呀！二只红绣鞋，唉唉呀！二月里杏花儿开，唉唉呀！哭哭啼啼板子打上来，唉唉呀，狠心肠呀，我的那个乖乖。唉唉呀！三双红绣鞋，唉唉呀！三月里桃花儿开，唉唉呀！十指屈曲寸步也难抬，唉唉呀！走不动呀，我的那个小乖乖，唉唉呀！四双红绣鞋，唉唉呀！四月里芍药花儿开，唉唉呀！三寸金莲好不美哉，唉唉呀！皮包骨呀，我的那个小乖乖，唉唉呀！五双红绣鞋，唉唉呀！五月里石榴花儿开，唉唉呀！解开看时肉烂与皮开，唉唉呀！臭难闻呀，我的那个小乖乖，唉唉呀！六双红绣鞋，唉唉呀！六月里荷花儿开，唉唉呀！一勾新月挑起在郎怀，唉唉呀！没廉耻呀，我的那个小乖乖，唉唉呀！七双红绣鞋，唉唉呀！七月里牵牛花儿开，唉唉呀！水火刀兵跑也跑不上来，唉唉呀！白送命呀，我的那个小乖乖，唉唉呀！八双红绣鞋，唉唉呀！八月里桂花儿开，唉唉呀！潘妃步步上了金莲台，唉唉呀！真祸水呀，我的那个小乖乖，唉唉呀！九双红绣鞋，唉唉呀！九月里菊花儿开，唉唉呀！窅娘缠足留下这祸胎，唉唉呀，亡国货呀，我的那个小乖乖，唉唉呀！十双红绣鞋，唉唉呀！十月里芙蓉花儿开，唉唉呀！满洲大脚一样坐八抬，唉唉呀！遵懿旨呀，我的那个小乖乖，唉唉呀！十一双红绣鞋，唉唉呀！十一月里茶花儿开，唉唉呀！东西洋人走路爽快哉！唉唉呀！女权伸呀，我的那个小乖乖，唉唉呀，我的那个小乖乖，唉唉呀！

（贴白）人家说放脚，倪格脚放勿来哉，放煞也有数目哉。

（丑）倪格脚倒好放格，倪是装高底格，耐勿相信，倪解拨耐看。（脱鞋解散脚带介）（贴暗下介）（丑急起追）

（生醒介）好个中国缠足女人的怪现象，可叹吓可叹！

（唱）人生不幸女子身，令人见了暗心惊。四万万人同性命，可怜一半作残人。（复睡介）（内打寺辰钟四下介）

（武生上）潘兄！（生惊起介）

（唱）耳边听得唤我名，分明是陈兄生前音。陈兄梦中来指引，果然陈兄有阴灵。为何不见陈兄影，但听得船外不铮铮。满船鼾声睡不醒，剩我凄凉一个人。（下）（内打时辰钟五下介）

（杂扮学生装上）到了仁川，大家上岸去逛逛。（下）

（生上）我也上岸去，看看韩国近年来是何光景？（下）

（二杂扮商人上）海外经商客，天涯归路人，酒家那里？

（丑）来了来了！客人吃酒，请里面坐。（摆设杯尽即下）

（杂上）酒家。（丑）来了，来了。

（生上）这里是酒家，且小饮三杯。酒家！（丑应介）（同座介）

（生）我们都是同胞，此地聚会，难得难得。你看这韩国，本来是我们的属国，如今名为自立，实在毫无主权。难道韩国竟没有个忠臣志士，要想自强的吗？

（商）怎么没有呢，我韩国的忠臣闵永焕殉国遗书一卷在此，大家看看罢。（递书介）（生看罢大哭介）

（唱）忠臣忠臣叫连声，读此遗书涕泪零。一死九泉有余恨，可能唤醒国中民。

（白）咳！我听了陈兄的死信，已是肝肠寸裂，又看了闵公的遗书，更觉痛悼难名！我的魂早被他二人勾摄去了，叫我对此酒杯，如何饮得下去？我先回轮船去了。（下）

（众）潘兄对酒伤怀，我们也同深感触，大家去罢。（齐下）

（生上）我潘英伯，是个堂堂的男子，岂同偷生人世，湮没无闻，也得要留个纪念，让我把条陈写起来。

（唱）洒泪和墨墨成冰，写在纸上痛在心。一行行的是条陈。倘然我国要强盛，照我条陈州师施行，我死在泉台也目瞑，好与陈兄结同情。

（白）条陈写完，且藏在身边，等到那时候，再办我的终身大事便了。（下）

（杂扮学生上）夜深人静，行旅无聊，我们下棋消遣罢。（对弈介）

（生上背手观棋介）唉！这一着错了，好一块地方，竟被他占去了。（又看介）这一着更错了，好好一块地方，竟被他割去了。（长叹介）自古道，一着错，满盘输，我不看了，我不看了！（掷下书函介）这里头自有妙着，你看罢。（杂仍弈介）

（生下复上，立台角高处介）潘英伯，潘英伯！今日是你死的好日子！此地是你死的好所在，你要不怕死，才是个男子！（作欲投海势介）且住！我的母亲呵！

（唱）想起高堂白发亲，朝朝盼望在家门。有儿不能将孝尽，罪孽如同海样深。

（白）我的妻呵，我的儿女呵！

（唱）想起糟糠心暗疼，想起儿女痛不禁。我想你们你不省，你们哭我我不闻。

（白）咳！潘英伯！你痴了！你今日为国而死，难道还舍不得家吗？

（高声介）要死就死！（作投海状，水神上拥下）

（杂罢弈惊起介）船外什么一声大响？

（内大呼介）有人投海了！

（杂作慌观介）不、不、不好了，潘兄死了！

（杂作忽想状介）潘兄有信函在此，且来看看！

（拆书念介）从此永别，仆有日记及条陈十四条，求代呈毛公，转禀袁宫保。

（杂持函大哭介）（下）

（红净扮童尚强上）铮铮血气真男子，烈烈须眉大丈夫。我童尚强，与潘兄同学，也是家贫无力，困守家乡。潘兄既已出洋，所有他办的事务，如教育会、蒙学堂等，都是我代为料理。就是他的家事，我也时时当心，总不使他在外有内顾之忧。友道人情，理应如是，这也不在话下。昨见报纸，东京留学生纷纷回国，想我潘兄必定在内，为何潘兄竟没有一信回来，好生令人疑惑也。

（唱）潘兄有志未能成，定然愤气满胸襟。等他归来劝他信，丈夫有屈乃能伸。

（杂持函仓皇上）童兄请了。（净）两兄回来了，潘兄呢？

（杂哭介）潘兄死了！

（净）阿嘎！潘兄死了，我的潘兄呵！

（唱）你竟牺牲个人身，要想警动世间人。

（白）你的条陈。

（唱）我定然与你代呈进，使你身后得扬名。（同下）

（外扮毛方伯上）下官毛实君，升任直隶布使司，蒙袁宫保十分倚重，宫保力行新政，百度振兴，陆续咨送学生出洋，以备将来储用。昨见电报，东洋留学生纷纷归国，未知潘生如何？好生记念。

（净持函仓皇上）昨日得了潘兄耗信，星夜驰往保定，来此已到藩司衙门，门上有人么？

（杂）是那个？

（净）敢烦通报，通州教育会员求见。

（白禀白介）（外）有请。

（净进见介）（外）足下为何仓皇到此？

（净）潘英伯在仁川投海而死！有遗书一封，条陈十四条，呈方伯钧览。

（外阅函哭介）潘生，潘生，下官害了你了！

（唱）当日遣人赠你银，要你此去学业成。你学业未成将身殉，令我怎不涕泪零？

（净）潘英伯的条陈，要求方伯禀求宫保入奏请恤，以伸士气，而慰忠魂。

（外）这是不消说得。下官即刻去见宫保，沥陈烈士一片苦衷便了。

（净）潘英伯家贫如洗，还求方伯济助，存没感恩。

（外）这也不消说得，潘烈士的家计，下官一人担任便了。

（净唱）难得明公仗义心，中国官场有几人？潘兄地下有灵应，也该结草报公恩。

（白）就此告辞。（下）（外下）

（老旦、旦同上）

（旦）婆婆。

（老旦）媳妇吓！我听得东京留学生纷纷回国，我儿怎没有一信回来？好生疑惑。

（旦）婆婆吓！媳妇心惊肉跳，睡梦不宁，看来定是凶多吉少。刚才已叫两个孩子打听去了。

（小生、贴扮潘智远、智英奔上）（净随上）

（小生、贴）祖母，母亲，不好了！刚才遇见童伯伯，说是爹爹在仁川投海死了。

（老旦、旦哭晕介）

（老旦）我的儿呵！（旦）我的夫呵！

（唱）你撇下高堂心太忍，孀孤怎度此光阴？

（净劝介）老伯母，老嫂，事已如此，还望稍释悲怀，商量后事。我昨日得了这信，已是赶往保定，见过毛公。毛公大动感情，说是潘兄条陈，当转求宫保代奏请恤，又说潘兄家计，他一人担任。潘兄虽死，却还值得，需要开个吊才是。恐怕政、学、军、商各界人，都要来吊奠的。

（老旦、旦）我们方寸已乱，一切全仗帮忙。

（净）理当的。（下）

（老旦、旦、小生、贴齐下）

（场设灵帏，老旦便服、旦孝服、小生、贴俱孝服上）

（老旦、旦入帏哭介）（小生、贴伏帏、帖外介）

（外引各官上吊奠介）（杂扮教育会友上）（杂扮上学生上）（杂扮织工厂工人上）（俱吊奠介）

（外白）今朝吊丧客，前日送行人。潘生已死，诸君须要不负潘生的一死才是。下官有一番道理，诸君听者。

（唱）诸君来吊烈士魂，听下官一一说分明。烈士岂不爱性命，为了爱国竟亡身。不过要四万万人同唤醒，人人触目与惊心。叫一声智远、智英你且听，你须要记念你父亲。你父亲为求学仁川殉命，你做子女的要与他争个好名。叫一声教育会友你且听，你须把通州学务来振兴。学务蒸蒸能日进，才不负烈士的一片苦心。又叫一声小学生，你们功课要认真。又叫一块众工人，你们工业要改新。事事都要求增进，时时刻刻要念那死的烈士魂。况且国家将强盛，你不见派出洋的五大臣？五大臣归来好整顿，必定立宪可施行。三年五载立宪定，一番气象一番新。大家振起精神等，仿个伟大好国民。我还要现身说法与众听，第一要改革官场人。中国官场腐败甚，那知爱国与爱民。将来立宪基础定，人人都有自治能。在下须知安本分，在上要有提倡心。那才是上下同心国势振，不愧对我中国两字名。

（外引导下）（教育会友、小学生等。次第俱下）

（末扮差官上）我乃袁宫保辕下差官，奉了宫保之命，吊奠潘烈士，来此已是潘府。

（小生接见介）（末拜尊介）（白）奉宫保之命，送来奠敬千金，殡葬烈士的灵魂。

（送银介）还有咨文一件，派小相公出洋游学，成就烈士的志愿。（递文书介）

（小生拜受介）多谢宫保隆恩。（末下）

（老旦、旦出帏介）（老旦）有子能成烈士名，（旦）一心守节奉高亲。（小生）出洋本是男儿愿，（贴）女学从今大振兴。（俱下）

据改良剧社单行本。

后　记

　　毛庆蕃为近代知名学者，同时也是封疆大吏。于史而言，其贡献难言为大，但不可谓小。

　　由于各种原因，毛庆蕃的履历事功，在近代史甚至地方志中并不多见。以方志为例，因清代同治以来至中华人民共和国成立，特别是改革开放之前，《丰城县志》失修一百余年，包括毛庆蕃等众多近代人物几近失载，所以包括1989年版《丰城县志》在内的地方文献，均未立传或记录。

　　笔者自幼从祖父裕森公处，饫闻毛庆蕃事体，但对具体史实则不得其详，后曾拜观宗谱，但谱牒资料也不是很完备。为了弥补这个遗憾，此后多年，笔者不断搜访文献，撰写文章，约在2008年左右，第一篇介绍毛庆蕃的论文《毛庆蕃与晚清政局》发表，并在参与编撰《江西省志》之《江西省人物志》时，补入毛庆蕃传记。另一方面，先后到江苏、上海、北京、四川、陕西、甘肃等地查找文献、踏勘遗迹，其中在苏州、上图、南图、中国第一历史档案馆等处收获尤多，又购回其主政甘肃时稿钞本《录案件簿》及手札若干，使研究取得了新的突破，并初步形成了一些学术成果。2023年初，为了配合丰城市政府修复毛庆蕃故居及"毛青天"世家建筑群，相关研究工作也加快了进度，《毛庆蕃年谱长编》便是其中的主要成果。

　　为毛庆蕃撰写年谱的想法，也起始于2008年5月，其后陆续撰成七千余字，遽因赴北大中文系访学而中辍。2021年6月，根据已有资料重新开始起草，暑期在南京与南昌集中精力撰写，始得16万多字。其后又因工作变化，撰稿工作再次中断。2022年底到2023年上半年，侨寓苏州，重新启动，增补修订，最终成此40万字之《毛庆蕃年谱长编》。

　　《年谱》的撰写前后时间跨越20年，期间得到诸多师友帮助，如南昌王

后 记

令策、廖垠之，北京洪文雄、徐景发、周鼎，南京薛冰、徐雁、吴政，杭州封治国，苏州江澄波、王稼句、马骥、卜若愚、杜祯彬、张毅、杨科、卿朝晖等诸位先生大力支持，尤其是封治国教授，无偿提供他发现并整理的刘孚周、赵惟熙二人日记稿本，对毛庆蕃与南丰世族交谊资料增益甚多。在此一并感谢。

一稿虽成，缺憾尤巨。囿于识见及诸多方面原因，一些史料未能增补进来；加上笔者对清代典章制度及人文掌故了解未深，学问未精，肯定在结构、史料掌握与运用方面存在非常多的问题，在此，笔者敬请各位读者不吝指正，以使《年谱》不断得到丰富与完善。

剑川毛静
2023 年 5 月撰记于苏州桑田岛；
2024 年 5 月再订于句容郭庄寓所